그리움 너머 역사가 된 이름   **이중섭, 그 사람**

愛を描いたひと
AI O EGAITA HITO ⓒ THE MAINICHI NEWS PAPERS 2021
All rights reserved.
Korean Translation copyright ⓒ 2023 by Hyehwa1117
This Korean edition is published by arrangement with CUON Inc.

이 책의 한국어판 저작권은 쿠온 에이전시를 통해 저작권자와 독점 계약한 혜화1117에 있습니다.
저작권법에 의해 한국 안에서 보호를 받는 저작물이므로 무단 전재 및 복제를 금합니다.

그리움 너머 역사가 된 이름   이중섭, 그 사람

오누키 도모코 지음 · 최재혁 옮김

그 사람, 이중섭

李仲燮, 1916. 9. 16.~1956. 9. 6.

화가. 호는 대향大鄕. 평안남도 평원군 출생. 평양 공립종로보통학교, 평북 정주 오산고등보통학교를 졸업하고 1936년 일본으로 건너가 도쿄 제국미술학교, 문화학원에서 공부했다. 오산고등보통학교 재학 중 제3회《전조선남녀학생작품전람회》에서 입선한 이후 1943년 일본에서 돌아올 때까지《자유미술가협회전》을 비롯한 여러 전시회에 작품을 출품, 화가로서 인정을 받았다.

1945년 일본인이자 도쿄 문화학원 후배인 야마모토 마사코山本方子와 원산에서 결혼, 이태현·이태성 두 아들을 두었고 해방 이후 원산미술동맹·원산신미술가협회를 결성·활동했다.

1950년 12월 아내와 두 아이를 데리고 월남, 부산을 거쳐 제주도에 머물다 다시 부산에 정착했다. 1952년 6월 아내와 두 아들을 일본으로 보낸 뒤 홀로 남은 그는 1953년 7월 일본에 가서 가족들을 만났으나 일주일 만에 홀로 돌아왔고, 이후 통영·진주를 거쳐 1954년 6월 서울로 이주했다.

1955년 1월 서울 미도파 화랑, 4월 대구 미국공보원 갤러리에서 개인전을 연 뒤 병을 얻어 대구 성가병원, 서울 수도육군병원을 거쳐 성베드로 신경정신과병원에서 회복하여 6개월의 정릉 시절을 보냈으나 재발하여 청량리 뇌병원을 거쳐 1956년 9월 6일 서울 서대문 적십자병원에서 세상을 떠났다. 그의 아내 야마모토 마사코, 한국명 이남덕은 그가 떠난 뒤 70년 가까이 홀로 지내다 2022년 8월 13일 세상을 떠났다. 이로써 한 여인에게 평생 그리움의 대상이던 그의 이름은 이제 역사가 되었다.

그 사람, 이중섭의 그림 세계

[01, 59쪽] 1951년에 그린 은지화 〈정 2〉
온화한 표정을 한 아이들 몇 명이 서로 뒤얽혀 있다. 제주 시절에 그렸다는 설부터 1955년경 작품이라는 견해까지 다양하다. 은지화 가운데 가장 큰 작품이다. 15.5×19.5, 이건희 기증 국립현대미술관.

[02, 59쪽] 1952~1953년 무렵에 그린 은지화 〈아이들 놀이 9 오줌싸개 1〉
뒤얽힌 아이들을 향해 다른 아이가 오줌을 싸며 장난치고 있는 모습을 그렸다. 응석 부리는 두 아들을 생각하며 그린 그림일지도 모르겠다. 8.6×15.2, 이건희 기증 국립현대미술관.

[03, 59쪽] 1954년에 그린 은지화 〈화가의 초상 10 가족 4〉

왼손에 팔레트, 오른손에 붓을 쥔 아래쪽 남자는 이중섭 본인으로, 아내와 두 아들, 그리고 아버지로서 든든한 표정으로 지켜보는 자신까지 포함해 그린 가족상이다. 15.3×8.2, 이건희 기증 국립현대미술관.

[04, 65쪽] 1951년에 그린 〈서귀포 풍경 1 실향의 바다 송頌〉
섬의 특산물 감귤이 주렁주렁 열린 풍경과 흰 갈매기를 탄 아이들의 존재가 환상적인 이미지를 만들어낸다. 56×92, 합판에 유채, 개인.

[05, 67쪽] 1951년에 그린 〈서귀포 풍경 2 섶섬〉
이중섭 가족이 살았던 제주 서귀포 집 근처에서 바라본 풍경이다. 주변에는 그들이 살던 집과 비슷한 모양의 초가집이 늘어서 있다. 41×47, 합판에 유채, 이중섭미술관.

[06, 82쪽] 1954년에 그린 〈과수원 2〉
이중섭은 '과수원'이라는 제목이 붙은 작품을 여럿 남겼다. 그 가운데 아이들이 사과 같은 둥근 과일을 따서 여성이 들고 있는 바구니에 집어넣는 모습을 그린 이 작품이 특히 유명하다. 20.3×32.8, 종이에 잉크와 유채, 개인.

[07, 82쪽] 1954년에 그린 은지화 〈과수원 1〉
유화로 그린 〈과수원 2〉와 구도 및 분위기가 거의 비슷하다. 15×11.5, 개인.

[08, 98쪽] 1940년 12월 25일에 보낸 엽서화 〈소가 오리에게〉

교제를 시작한 지 얼마 되지 않은 무렵 마사코를 향한 넘치는 사랑을 담아 보낸 엽서화. 남성적인 소가 여성적인 오리에게 구애하는 모습으로 소는 이중섭, 오리는 마사코를 떠올리게 한다. 9×14, 엽서에 먹지와 수채, 이건희 기증 국립현대미술관.

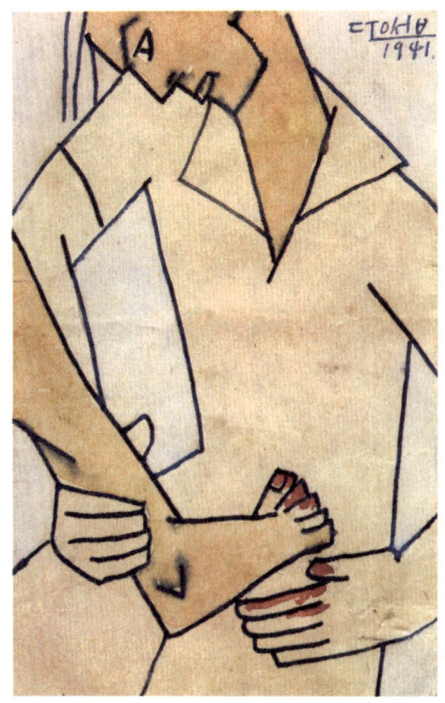

[09, 99쪽] 1941년 6월 3일에 보낸 엽서화 〈발 씻어주다〉

데이트하다 마사코가 발가락에 상처 입은 일을 떠올리게 하는 엽서화. 이중섭은 마사코의 발가락 모양을 보고 '아스파라거스 군'이라고 별명을 붙일 정도로 사랑스러워했다. 14×9, 엽서에 먹지와 수채, 개인.

[10, 99쪽] 1941년 6월 4일에 보낸 엽서화 〈하나가 되는〉

양 무릎을 세운 여성이 알몸으로 바닥에 누워 있다. 여성의 발 밑으로 실 한 올이 늘어져 하늘에서 그녀를 덮을 듯 내려다보는 남성의 손과 연결되어 있다. 마치 마사코와 평생을 같이 하고 싶다는 바람이 담겨 있는 듯하다. 9×14, 엽서에 먹지와 수채, 개인.

[11, 99쪽] 1942년 1월 1일에 보낸 엽서화 〈새해 인사〉

새해 인사를 전하는 엽서화로 태평양 전쟁 직후이긴 하지만 두 사람이 함께 하면 분명 밝은 미래가 찾아올 것이라는 다짐을 담았다. 14×9, 엽서에 먹지와 수채, 개인.

[12, 109쪽] 1942년에 보낸 엽서화 〈어두운 남자〉

옅은 분홍색 등 연한 색채가 많았던 1941년의 편지화와 비교하면 남자 얼굴에도 강아지에게도 검은 그림자가 드리워졌다. 전쟁이 본격화되는 시국을 반영한 듯한 암울함이 전해진다. 14×9, 엽서에 먹지와 수채, 개인.

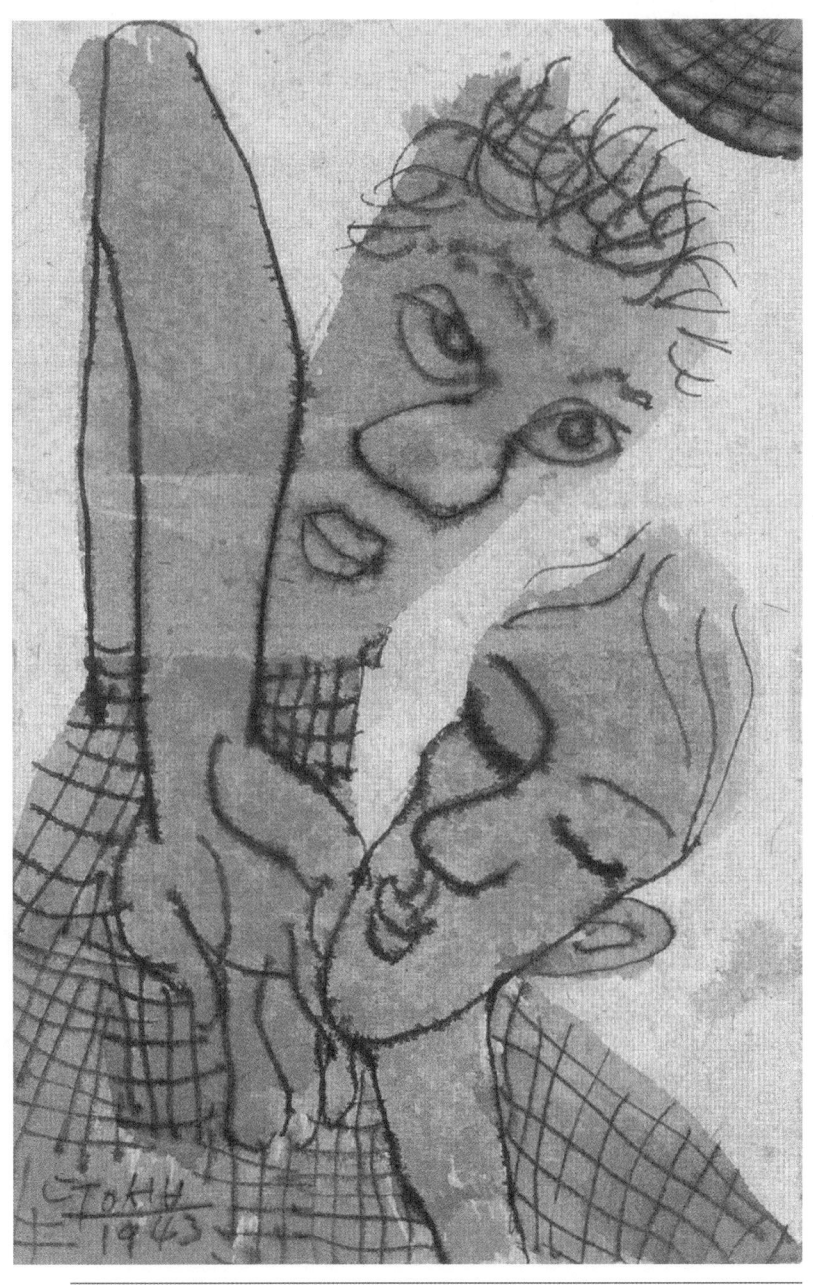

[13, 110쪽] 1943년 7월 6일에 보낸 엽서화 〈이별〉
남아 있는 엽서화 가운데 가장 마지막 작품으로 알려져 있다. 귀향을 결심한 굳은 표정의 남자는 마음속 갈등이 깊은 듯하고, 그런 남자에게 살짝 몸을 기댄 여성은 그의 결단을 존중하며 다시 만날 날을 믿고 있는 듯하다. 14×9, 엽서에 먹지와 수채, 삼성미술관리움.

[14, 148쪽] 1947년 6월에 그린 『나 사는 곳』 속표지화

오장환의 시집 『나 사는 곳』의 속표지화 그림으로, 튼실하게 선 늠름한 소나무에 가느다란 가지가 뻗어 있다. 나뭇가지 위로 빨간 옷을 걸친 여성이 올라간다. 어딘지 선명하지 않게 그린 얼굴이지만 토라진 듯한 표정이다. 그런 여성을 아래에서 올려다보는 남성이 달래고 있는 듯 보인다.

[15, 164쪽] 1955년에 그린 〈대구 눈과 새와 여인〉

제주도에 도착한 이중섭 가족을 기다리는 건 추위와 배고픔이었다. 이 그림은 피난민으로 넘쳐나던 섬의 모습을 그렸다고 알려져 있다. 32.5×49.8, 종이에 에나멜과 유채, 이건희 기증 국립현대미술관.

[16, 167쪽] 1954~1955년 무렵에 그린 은지화〈부부〉
남녀가 격렬하게 서로를 갈구하는 모습을 가느다란 선으로 표현한 은지화로,〈부부〉외에
〈사랑〉이라는 제목이 붙기도 했다. 7.5×15, 개인.

[17, 170쪽] 1951년에 그린 〈서귀포 바닷가의 아이들〉

그림 속에서 발가벗은 일곱 아이가 제 몸과 비슷한 크기의 물고기와 놀고 있다. 조금 떨어진 바다 위에서는 배에 오른 두 남녀가 아이들을 지켜보고, 오른쪽에 선 남성이 손을 흔든다. 태현과 태성도 저 아이들 속에 있을 것이고, 지켜보는 이들은 이중섭과 마사코일 것이다. 일상과 상상의 세계가 뒤섞인 듯한 그림이다.

[18, 202쪽] 1952년에 그린 편지화 〈서귀포 게잡이〉

제주도 해변에서 보낸 한 장면을 재현한 그림으로, 일본어로 '그리운 제주도 풍경', '엄마', '아빠', '태현', '태성'이라고 써놓았다. 35.5×25.3, 종이에 잉크. 개인.

[19~21, 210쪽]
1952년 시인 구상의 요청으로 그린 잡지
『민주고발』삽화의 밑그림들.

[22, 231쪽] 1954년 7월 10일 무렵에 보낸 편지화 〈나의 귀여운 태성군〉
26.4×20.2, 종이, 개인.

[23, 244쪽] 1954년에 보낸 편지화 〈화가의 초상 5〉
이중섭은 창작에 몰두하는 자신의 근황을 그려 가족에게 쓴 편지와 함께 보냈다. 방 왼쪽 구석에는 제주도 시절의 추억을 상징하는 게도 그려 넣었다. 27×20.3, 종이에 잉크와 유채, 이건희 기증 국립현대미술관.

[24, 247쪽] 1953~1954년 무렵에 그린 〈통영 선착장〉
이중섭은 통영에서 풍경화를 많이 그렸는데, 높은 곳에서 선착장을 조망한 이 작품은 조화로운 구도로 특히 높은 평가를 받고 있다. 41.5×29, 종이에 유채. 이중섭미술관.

[25, 250쪽] 1954년에 그린 〈통영 붉은 소 1〉
이중섭의 '소' 연작 중 가장 유명한 작품. 우렁찬 외침이 들리는 듯한 소의 강인한 모습이 붉은 석양을 배경으로 빛나는 유화다. 32.3×49.5, 종이에 유채, 개인.

[26, 258쪽] 1954년에 그린 〈통영 충렬사〉
이순신 장군을 기리는 충렬사를 그린 작품으로 매우 사실적인 화풍의 유화다. 41×29, 종이에 유채, 호암미술관.

[27, 263쪽] 1954년에 그린 〈닭 1〉
두 마리의 닭이 서로를 갈구하고 있는 모습으로, 마사코와 자신의 모습을 형상화했다고도 하고, 남북 분단의 비애를 그린 것이라고도 한다. 48.5×32.5, 종이에 유채, 호암미술관.

[28, 263쪽] 1954년에 그린 〈닭 3〉
〈닭 3〉 역시 〈닭 1〉과 비슷한 도상으로 그렸다. 41.5×29, 종이에 유채, 국립현대미술관.

[29, 265쪽] 1954년에 보낸 편지화 〈복숭아와 아이〉

아이들도 읽을 수 있도록 히라가나와 가타가나로 쓴 편지로 복숭아와 두 남자아이를 그린 도상은 이중섭 작품을 대표하는 주제 중 하나다. 26.7×20.3, 종이에 유채. 개인.

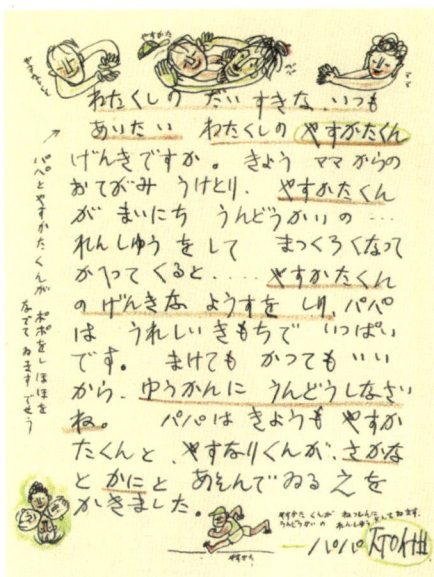

[30, 266쪽] 1954년 10월 무렵에 보낸 편지화 〈내가 제일 좋아하고 늘 보고 싶은 태현군〉 26.2×20.7, 종이, 개인.

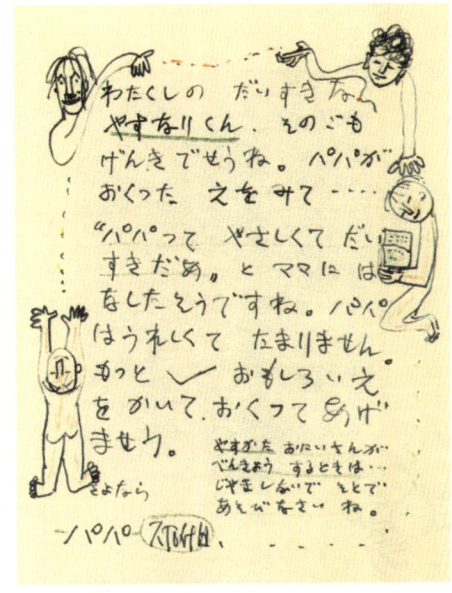

[31, 266쪽] 1954년에 보낸 편지화 〈내가 제일 좋아하는 태성군〉 약26×20, 종이, 개인.

[32, 266쪽] 1954년에 보낸 편지화 〈태현군〉 27×21, 종이, 개인.

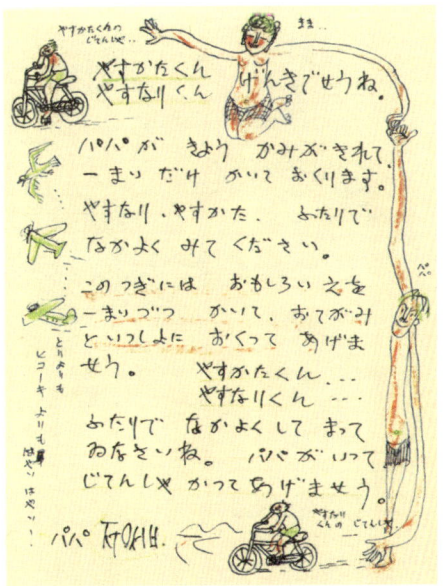

[33, 266쪽] 1954년에 보낸 편지화 〈태현군 태성군〉 26.5×20, 종이, 개인.

**[34, 272쪽] 1954년에 보낸 편지화
〈현해탄 1〉**

군청색 파도 사이로 낚싯배 같은 작은 배가 떠 있다. 물고기들은 펄떡펄떡 뛰어오르며 그의 항해를 축복하고 있는 듯하다. 하지만 항해에 나서는 배의 앞길을 방해라도 하듯 화면 가운데 그려진 '현해탄'은 끝없이 넓다. 마치 희망과 엄혹한 현실을 뒤섞어 놓은 듯도 하다. 21.6×14, 종이에 색연필과 유채, 이건희 기증 서귀포 이중섭미술관.

[35, 272쪽] 1954년에 그린 〈현해탄 2〉
같은 주제의 그림을 편지화가 아닌 그림으로도 그렸다. 14×20.5, 종이에 색연필과 유채, 이건희 기증 국립현대미술관.

[36, 272쪽] 1954년에 그린 〈남쪽나라를 향하여 1〉

'현해탄'이 희망과 엄혹한 현실을 뒤섞은 작품이라면, '남쪽나라를 향하여'는 자신의 이상과 바람을 투영한 그림이라고 말할 수 있다. 가로가 세로의 두 배 이상 긴 이 작품은 왼쪽에서 소달구지를 끄는 아버지와 운반용 손수레 위에서 꽃과 새를 손에 든 아이들 사이에 엄마를 배치했다. 29.5×64.5, 종이에 유채, 개인.

[37, 272쪽] 1954년에 보낸 편지화 〈남쪽나라를 향하여 3〉

〈남쪽 나라를 향하여 1〉의 원화가 되었다고 알려진 편지화로, 그림 밑에 히라가나로 편지를 써놓았다. 편지는 2장인데, 한 통은 '야스카타군', 또 한 통은 '야스나리군' 앞으로 보냈다. 아이들을 위해 그린 그림책의 일러스트 같다. 20.3×26.7, 종이에 연필과 유채, 개인.

[38, 273쪽] 1954년에 보낸 편지화 〈화가의 초상 4〉
서로 얼싸안고 하나가 된 가족의 모습을 그리는 자신을 묘사한 편지화. 항상 아이들을 생각하고 있다는 아빠의 마음을 전하고 있다. 26.3×20.3, 종이에 잉크와 색연필, 개인.

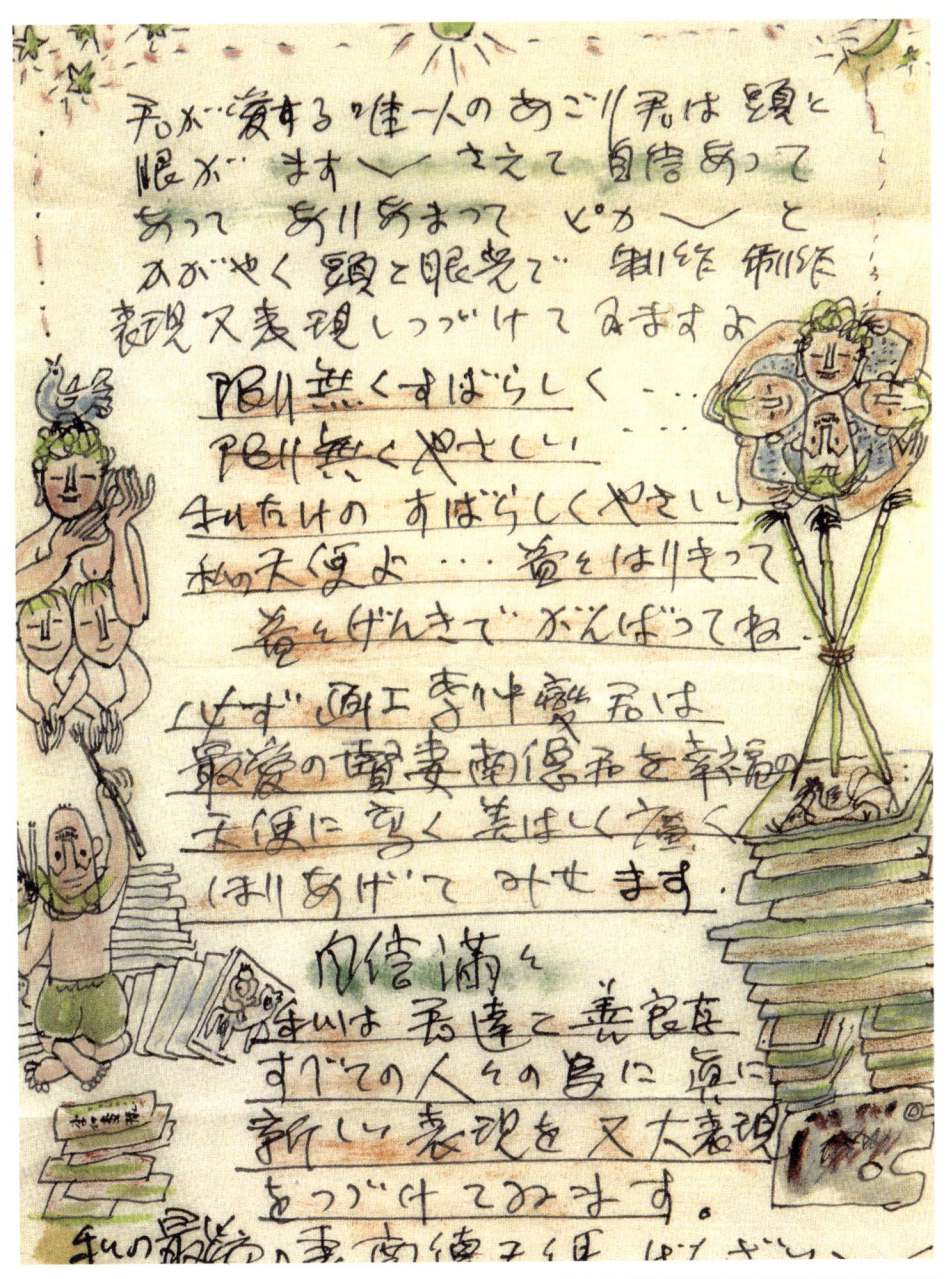

[39, 273쪽] 1954년 11월에 보낸 편지화 〈당신이 사랑하는 유일한 사람〉

개인전을 앞두고 자신감 넘치는 근황을 전한 편지로, '나의 천사', '가장 사랑하는 현명한 아내'라는 애정 표현이나, 둥글게 끌어안은 가족의 묘사에서 이중섭의 특징이 드러난다. 26.5×21, 종이에 색연필, 국립현대미술관.

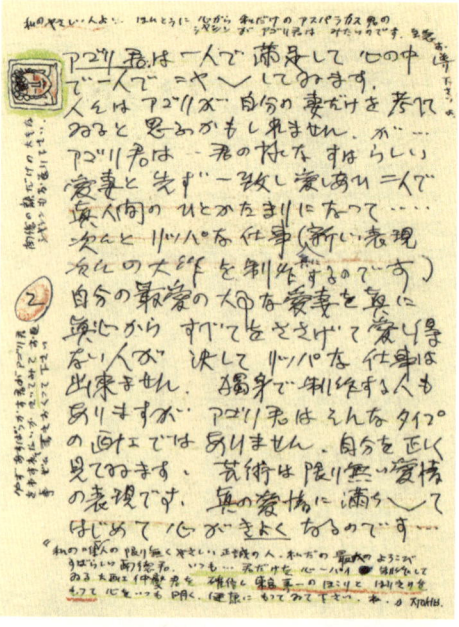
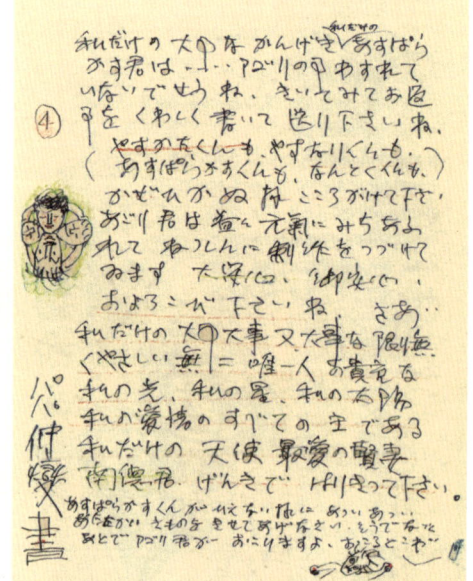

[40~43, 274쪽] 1954년 10월 중순에 보낸 편지화 〈나의 가장 높고 크고 가장 아름다운〉
각 27.2×20.2, 종이, 개인.

[44, 283쪽] 1955년에 그린 〈대구 춤추는 가족〉
가족 네 명이 둥글게 손을 잡고 춤추는 모습을 그린 것으로, 흰 색조의 사용은 힘이 빠진 이중섭 자신의 마음속 풍경을 반영하고 있는 듯하다. 41.3×30, 종이에 에나멜과 유채, 이건희 기증 국립현대미술관.

[45, 284쪽] **1955년에 그린 〈시인 구상의 가족〉**
친한 벗인 구상의 아들이 세발자전거를 타고 즐거워하는 모습을 그렸다. 오른쪽에 앉아 아이에게 손을 내미는 이중섭의 표정에는 아이들에게 자전거를 사주겠다던 약속을 지키지 못한 안타까움이 배어 있다. 32×49.5, 종이에 연필과 유채, 개인.

[46, 292쪽] 1955년에 그린 〈피 묻은 소 2〉
'소' 연작 중 드물게 소의 머리가 오른쪽으로 향한 작품이다. 이마에서 흐른 피가 뚝뚝 떨어지는 소는 괴로워 몸부림치는 이중섭의 자화상처럼 보인다. 27.5×41.5, 종이에 유채, 개인.

[47, 298쪽] 1956년에 그린 〈돌아오지 않는 강 3〉
생애 마지막 무렵에 그린 것으로, 같은 제목의 작품이 다섯 점 있는데 모두 거의 같은 구도로 그렸다. 그칠 기미 없는 눈 속에서 창문을 열고 어머니가 돌아올 하염없이 기다리는 소년은 어머니를 그리워하는 이중섭 자신의 모습처럼 보인다. 18.8×14.6, 종이에 유채, 순천제일대학교 임옥미술관.

[48, 299쪽] 1955년에 그린 〈회색 소〉
물감을 덜 묻혀 휘갈기듯 그린 발굽은 기운이 빠졌고 왼쪽 눈에는 희미하게 눈물이 어려 있다. 여러 점 남긴 '소' 연작 중에서 가장 힘 없고 연약한 인상을 준다. 사는 것이 너무 힘겹다는 이중섭의 절규가 들려오는 것 같다. 29×40.3, 종이에 유채, 개인.

[49, 300쪽] 1954년에 그린 은지화 〈도원 3 사냥꾼과 비둘기와 꽃〉
나비와 비둘기가 하늘에서 춤추듯 날아다니는 낙원에 사는 가족을 그렸다. 오른쪽 아래에 몸을 뉘인 여성에게 콧수염 난 남성이 유달리 큼직한 복숭아를 내밀고 있다. 마치 이중섭이 마사코에게 가장 좋은 과일을 먹게 해주고 싶다며 선물하는 모습 같다. 8×14.4, 미국 뉴욕근대미술관 모마.

[50, 300쪽] 1954년에 그린 은지화 〈도원 2 천도와 꽃〉
복숭아를 따며 노는 아이들을 담았다. 가로선 한 줄로 새긴 눈과 표정은 과일에 정신이 팔린 동심을 그린 것일까. 8×14.4, 미국 뉴욕근대미술관 모마.

[51, 300쪽] 1954년에 그린 은지화 〈신문 읽기〉
만원 전차 같은 곳에서 어깨를 기대고 나란히 앉은 사람들이 신문을 읽고 있다. 기사 속 세상이 팍팍하기 때문일까, 모두들 조금은 험악한 표정이다. 9.8×15, 미국 뉴욕근대미술관 모마.

[52, 325쪽] 1954년에 그린 〈흰소 1〉

2016년 이중섭의 탄생 100주년을 기념하여 국립현대미술관에서 열린 《이중섭, 백년의 신화》 전시 도록의 표지를 장식한 작품.

1955년 1월 이중섭이 승부수를 던지듯 개최한 미도파 화랑에서의 《이중섭 작품전》에 출품한 그림으로 전력을 다해 달려나가는 굵은 선이 특징이다. 이중섭의 아들 태성도 이 강인함에 강하게 끌렸다고 한다. 30×41.7, 합판에 유채, 홍익대학교박물관.

• 한국의 독자들께

이중섭과 야마모토 마사코 부부에 대한 취재를 시작한 지 7년이 지났습니다. 마이니치신문사 특파원으로 서울에서 일하던 2016년 쓴 기사를 계기로 시작된 이 책은 2021년 6월 25일 일본에서 『사랑을 그린 사람』愛を描いたひと이라는 제목으로 출간되었습니다.

이 책을 쓴 목적은 한국의 국민 화가 이중섭과 그의 일본인 아내 마사코 여사의 이야기를 일본 독자들에게 소개하는 것이었습니다. 일본에서 이중섭을 아는 이들은 거의 없다고 해도 과언이 아니었던 터라 일본의 편집자는 제게 '이중섭과 마사코 여사 부부에 대한 일본 최초의 책이니 이중섭의 생애와 작품에 대해 자세히 설명할 필요가 있다'고 조언을 해줬습니다.

이를 위해 우선 한국에서 구할 수 있는 정보를 수집하는 데 집중했습니다. 과거 여러 한국 신문에 실린 이중섭 지인들의 회고록과 각종 관련 서적을 읽었습니다. 이처럼 비극적인 사연을 지닌 화가가 오늘날 한국 국민들에게 큰 사랑을 받고 있다는 사실을 전달하는 것만으로도 충분히 의미가 있다고 여겼습니다.

하지만 책을 쓰는 동안 문득 제 작업이 한국에서 이미 다 알려진 사실을 모아서 재편집한 것에 머물지 않을까 하는 생각이 들었습니다. 한국에서는 이중섭의 생애에 대한 정보가 이미 차고 넘치는데 세상을 떠난 지 70년 가까이 된 이 분에 대해 새로운 사실을 찾아낼 수 있을까 하는 우려가 들기 시작했습니다.

미술에 대해 워낙 문외한이라 그런 생각이 더 들었던 것일 수도 있습니다. 초등학생 때부터 가장 자신 없는 과목이 미술이었고, 그림은 못 그리지만 글쓰기라면 그래도 해볼 수 있지 않을까 하는 마음에 기자가 됐을 정도이니 말입니다. 그런 제가 이중섭의 작품에 대해 어떤 예술적 가치가 있는지, 기법의 특징은 무엇인지를 설명하려니 어떻게 해야 하나 감을 잡을 수가 없었습니다.

다루는 시대는 또 얼마나 어려웠는지요. 일본 식민지 시기에다 한국전쟁까지 이어지고 있으니 특정한 역사 인식을 반영하거나 드러내지 않기 위해 최대한 주의를 기울여야 했습니다. 역사적인 논쟁을 일으키는 것이 이 책의 목적이 아니었으니 말이지요. 이를 위해 전문가의 책과 논문 등을 참고하면서 중립적으로 서술하기 위해 노력을 했습니다. 그렇지만 한편으로는 정치 외교 분야를 주로 취재해온 기자로서 정확하고 정중한 태도로 설명하고 싶은 마음도 있었습니다. 그러자니 공부가 부족한 게 자꾸 걸려 작업 속도는 느려지곤 했습니다.

고민만 거듭하던 제게 존경하는 미술사학자 최열 선생님의 조언은 큰 힘이 되었습니다. 선생님은 제게 이렇게 말씀해주셨습니다.

"일본인 독자가 관심을 갖는 분은 야마모토 마사코 여사일 테니 극단적으로 말하면 이중섭이 아닌 그의 아내 마사코 여사의 생애에 초점을 맞추면 되지 않겠는가."

이 말씀을 듣고 나니 비로소 뭘 해야 하는지가 분명해졌습니다. 책을 준비하는 동안 야마모토 마사코 여사를 세 차례 인터뷰했습니다. 2016년 9월 1일, 2017년 8월 9일, 그리고 2019년 7월 24일에 만나서 이야기를 나눴습니다. 길게는 두 시간 남짓, 짧게는 45분 정도의 시간을 함께 했습니다. 직접 만나서 이야기를 나눈다는 건 단지 이야기를 듣는다는 의미만은 아니었습니다. 답할 때의 어조와 분위기, 표정, 말의 속도 등을 통해 입 밖으로 나오는 말과 말 사이에 흐르는 많은 것을 이해하게 되는 걸 뜻합니다. 그렇다 보니 원고를 쓰면서 그녀의 육성을 때로로 넣기도 하고, 그녀가 회상하고 있는 듯한 구성을 해보기도 하고, 저 역시 아이를 키우는 엄마로서 그녀의 입장을 떠올리며 쓰기도 했습니다.

그러다 문득 이 책이 어쩌면 한국어로 번역 출간될 가능성도 있지 않을까 생각하게 되었습니다. 한국의 국민 화가에 대해 일본인의 시각으로 쓴 책이 아직까지 나오지 않은 데다 이중섭 화가가 세상을 떠난 뒤 마사코 여사가 어떻게 살아왔는지 한국에서는 거의 알려지지 않았으니 한국과 일본 양국의 독자들 모두에게 관심을 받지 않을까 하는 생각에 이른 것입니다.

이를 염두에 두고 책을 쓰는 동안 가장 크게 도움을 받은 건 역시 두 사람이 주고받은 수많은 편지였습니다. 이중섭 화가가 아내에게 보낸 편지는 이미 한국에서 유명하지만 마사코 여사가 남편에게 보낸 편지는 거의 알려지지 않았습니다. 다행스럽게도 작은아들 태성 씨로부터 그동안 간직해온 편지를 제공 받을 수 있었습니다.

태성 씨는 2018년 서울에서의 근무를 마치고 도쿄로 돌아간 제게 40여 통의 편지 사본을 보내주었습니다. 날짜 순으로 누가 누구에게 보낸 편지인지 일람표를 꼼꼼하게 달아서 보내준 덕분에 마사코 여사가 부산에 살 때 당시 도쿄의 친정 어머니에게 생활의 어려움을 호소한 것이나, 귀국 후 한국 지인들이 이중섭의 근황을 마사코 여사에 전하는 편지들을 볼 수 있었습니다. 내용도 내용이지만 오늘날의 일본어 표기와 다른 그때 그 시절의 표현들도 인상적이었습니다. 편지를 꼼꼼히 읽다보니 자연스럽게 당시 사람들의 온기가 전해지는 듯도 했습니다. 여기서 끝이 아니었습니다.

2020년 태성 씨는 우연히 발견했다며 미공개 편지를 추가로 보내주기도 했습니다. 특히 눈에 띈 것은 이중섭이 마사코 여사에게 보낸 8통의 편지였습니다. 글자로만 되어 있는, 그림은 거의 없는 편지인 데다 왜 답장을 바로 보내주지 않느냐는 추궁으로 시작할 만큼 초조함을 드러내는 내용도 있었습니다.

이중섭 작품의 대표적인 장르로 많은 분들이 편지화를 떠올립니다. 새로 발견한 8통의 편지는 그동안 한국에서 공개된 것들보다 이전에 쓰여진 것으로, 이 편지의 발견으로 편지화가 두 사람이 주고 받은 편지 가운데 비교적 후기에 속하는 것임을 알 수 있었습니다. 이중섭이 한창 편지화를 보내던 당시는 그가 서울로 올라와 개인전 준비에 몰두할 때였습니다. 전시회만 성공하면 곧장 도쿄로 출발하겠다고 의기양양하던 시기였지요. 그림을 잘 그려서였는지, 떨어져 있는 시간이 길어지면서 가족에 대한 그리움이 커져 편지에 그림을 넣기 시작한 것인지 마음껏 그의 마음을 상상하면서 나름대로 이중섭에 대한 새로운 책을 쓸 수 있지 않을까 하는 기대도 커졌습니다.

이렇게 완성한 원고는 뜻밖에도 2020년 일본의 3대 출판사로 꼽히는 쇼가쿠칸小学館의 논픽션 대상작으로 선정이 되었습니다. 태어나서 처음 써보는 책

2016년 9월 1일 첫 번째 인터뷰 당시의 야마모토 마사코 여사. 등뒤로 이중섭 화가의 사진과 두 사람의 결혼식 사진이 보인다. 오누키 도모코 촬영.

2017년 8월 9일 두 번째 인터뷰 당시의 야마모토 마사코 여사. 오누키 도모코 촬영.

2019년 7월 24일 세 번째 인터뷰 당시의 야마모토 마사코 여사. 첫 인터뷰 당시만 해도 두 시간여를 이야기했으나 세 번째 때는 한 시간을 채 넘기지 못했다. 오누키 도모코 촬영.

이라 수상은 전혀 예상하지 못한 터라 얼떨떨했습니다. 코로나19로 인해 한국과 일본 사이의 교류가 거의 끊겼던 때였습니다. 언제든지 마음만 먹으면 만날 수 있던 소중한 사람들을 갑자기 못 만나게 되는 당혹스러운 상황이었습니다. 그런 때였던 만큼 서로 다시 만나기를 간절히 바라던 이중섭 가족의 이야기가 심사위원들의 마음을 사로잡았던 건 아닐까, 짐작합니다.

  수상할 때의 제목은 '돌아오지 않는 강'帰らざる河이었습니다. 이중섭의 작품 제목에서 가져온 것으로, 제가 가장 좋아하는 그림이기도 합니다. 눈이 펑펑 내리는 날, 한 어린 아이가 어머니가 돌아오기를 기다리는 듯한 흑백의 그림은 고향에 대한 그리움으로 가득 차 있습니다. 마사코 여사는 '가장 행복했던 것은 신혼생활을 했던 원산 시절'이라고 했습니다. 그녀는 "전쟁만 없었다면…"이라고 자주 말했다고 합니다. 한국전쟁만 일어나지 않았다면 이들 가족이 헤어지는 일은 없었을 텐데 어떻게 해도 원산에서 지낸 그 행복한 시절로 돌아갈 수 없는 게 이들이 마주한 현실이었습니다. 그 슬픔을 제목에 담고 싶었습니다. 그러나 일본에서는 이중섭이 실향민 화가라는 사실이 거의 알려져 있지 않아서, 그가 비운의 화가라는 사실을 좀 더 잘 전달할 수 있도록 책으로 출간할 때는 '사랑을 그린 사람'이라는 제목으로 정했습니다.

  책을 읽은 일본 독자들로부터 "코로나19로 소중한 사람을 만날 수 없게 된 만큼 이들의 사연에 가슴이 뭉클했다"는 소감을 많이 들었습니다. 이중섭의 전시회를 일본에서도 꼭 열어달라는 의견도 많았습니다.

  일본어판의 출간 이후 이제 한국의 독자들을 만나게 되었습니다. 기쁜 일이지만 아쉬움도 있습니다. 일본어판은 야마모토 마사코 여사께도 보내드릴 수 있었지만, 한국어판은 그러지 못하게 되었습니다. 한국어판 출간을 앞두고 안타깝게도 지난 2022년 8월 13일 세상을 떠나셨기 때문입니다. 그녀를 향한 추모의 마음을 담아 세상 떠나신 지 1년이 되는 날에 맞춰 이 책을 한국의 독자들께 전해드립니다. 제목은 일본과 달리 한국에서의 압도적인 인지도를 고려해 '이중섭, 그 사람'으로 바꿨습니다. 일본어판에는 이중섭과 한국에 대한 기본적인 소개 정보가 더 있었지만, 일부를 덜어내고 대신 이미지를 훨씬 더 많이 넣었습니다. 일본어판 출간 이후에 이어진 취재를 통해 새롭게 알게 된 부분을 보완하기도 했습니다.

　코로나19로 올 수 없던 한국에 다시 자주 올 수 있게 되었습니다. 마침 한국어판으로 이 책이 출간되니 마치 마사코 여사가 한국으로 건너와 이 가족이 재회한 것 같은 마음마저 들어 감회가 새롭습니다.

　이중섭 화가와 마사코 여사 두 분이 부부로 함께 지낸 시간은 꼽아보니 7년 남짓입니다. 남편이 세상을 떠나고 아내는 70년 가까이 홀로 살아왔습니다. 이 여성은 과연 어떤 생애를 보냈을까요? 그런 아내에게 이중섭이라는 사람은 어떤 인물일까요? 사람은 젊은 날의 행복한 추억만 있으면, 그걸 가슴에 품은 채로 그토록 오랜 세월을 견딜 수 있는 걸까요? 그런 생각을 하면서 읽어주시길 기대합니다.

2023년 8월 13일
고 야마모토 마사코 여사의 1주기에
오누키 도모코

이남덕 李南德
일본명 야마모토 마사코 山本方子, 1921. 10. 12.~2022. 8. 13.

이중섭 李仲燮
1916. 9. 16.~1956. 9. 6.

일러두기

1. 이 책은 저자 오누키 도모코大貫智子가 화가 이중섭에 관해 취재한 내용을 바탕으로 일본에서 최초로 출간한 이중섭 화가의 평전 『사랑을 그린 사람』愛を描いたひと(쇼가쿠칸, 2021)의 한국어판이다. 2016년부터 시작한 그의 취재는 일본어판 출간 이후에도 이어져 이 책을 위해 그가 쌓아온 시간은 7년여에 달한다.
2. 저자는 집필 과정에서 이중섭 화가의 부인 야마모토 마사코 여사는 물론 생전의 이중섭 화가를 기억하는 주변인과의 인터뷰를 수 차례 진행하고, 이중섭 화가의 유족으로부터 이중섭 화가와 야마모토 마사코가 주고받은 편지와 주변의 친구 및 지인들에게서 받은 미공개 편지 다수의 사본을 제공받음으로 그동안 미처 알려지지 않은 여러 이야기를 이 책에 담았다. 여기에 더해 저자는 화가의 생전 족적을 좇아 서울과 도쿄는 물론 부산, 제주, 통영 등을 다녔으며 북한의 원산 지역에 대한 예전 취재 경험을 적극 활용하였다.
3. 한국어판에는 일본인 독자를 위해 서술한 '한국'과 '이중섭 화가'에 대한 기본적인 정보를 줄이고 일본어판에는 실리지 않은 여러 도판을 다수 추가 수록하였다. 또한 일본어판 출간 이후 새롭게 밝혀지거나 업데이트된 정보를 최대한 반영하였다. 이를 위해 저자는 한국어로 된 원고를 직접 읽고 수정 및 교정, 보완을 수 차례 진행하였다.
4. 책에 실린 '한국의 독자들에게' 원고는 저자가 한글로 직접 작성한 것이다.
5. 이중섭 화가가 생전에 지정한 제목이 없는 작품의 제목 및 기본정보 등은 저자가 이 책의 집필 과정에서 주요하게 참고한 미술사학자 최열의 저서『이중섭 평전』(돌베개, 2014)의 것을 기준으로 삼았다. 이외 소장처 및 제작 시기 등 변화한 사항은 최열의 도움을 얻어 새롭게 반영하였다.
6. 작품명은 홑꺾쇠표(〈 〉), 전시 및 대회명은 겹꺾쇠표(《 》), 문학 작품·신문 기사·노래와 연극·영화 제목 등은 홑낫표(「 」), 책자와 도록·신문 등은 겹낫표(『 』), 강조하거나 간접 인용문의 경우 작은 따옴표(' '), 직접 인용의 경우 쌍따옴표(" ")로 표시했다. 한국 문헌의 원문을 인용할 경우 가급적 교정 없이 그대로 실었다.
7. 본문의 이해를 돕거나 출처를 밝히기 위해 작성한 주석은 본문 하단에 각주로 배치하였다. 참고한 문헌의 목록은 책 뒤에 따로 '참고문헌'으로 정리하였다. 일본 문헌의 경우 각주에는 한글로 표시하고 원문을 병기하였으나 '참고문헌'에는 원문으로만 정리하였다. 각주 가운데 옮긴이 주는 별도로 표시하고, 출처 및 저자 주는 따로 표시하지 않았다.

차례

— 그 사람, 이중섭의 그림 세계 5
— 한국의 독자들께 44
— 옮긴이의 글 357

프롤로그		55
제1장	아고리	71
제2장	전쟁을 겪으며	97
제3장	남쪽으로	125
제4장	실향민	157
제5장	다시 올게	195
제6장	편지	243
제7장	최후	297
제8장	툇마루의 재봉틀	315
에필로그		349

부록
— 이중섭과 야마모토 마사코 주요 연보 362
— 참고문헌 366

프롤로그

2019년 제주 서귀포를 찾았을 때 바라본 바다 풍경. 오누키 도모코 촬영.

바다가 가까워지면서 어두침침하게 하늘을 뒤덮던 비구름이 점차 걷혔다. 리무진버스 안으로 햇빛이 쏟아져 들어와 차츰 눈이 부셨다. 소한이 다가오는데도 그날 제주의 기온은 영상 8도까지 오른다고 했다. 두꺼운 다운 점퍼를 벗지 못하는 서울의 매서운 추위가 거짓말 같았다.

한반도 최남단의 제주도로 향한 날은 2019년 1월 5일이었다. 섬 북쪽에 위치한 제주국제공항은 등산복 차림의 중년 남성 무리와 작은 트렁크를 끌고 온 가족 단위 여행객으로 북적였다. 서울에서 출발하면 비행기로 겨우 한 시간 남짓이면 도착할 수 있는 제주는 한국에서 손쉽게 이국 정취를 느낄 수 있는 대표적인 관광지다. 내가 목적지로 삼은 곳은 남한에서 가장 높은 한라산도 대형 리조트 호텔도 아닌 섬 남쪽 서귀포 항구 근처에 자리잡은 이중섭미술관이었다.

이중섭은 한국에서 압도적 인기를 누리는 화가다. '국민 화가', '한국의 반고흐'라고도 불리며 초등학생도 대부분 알 만큼 스타 화가다. 작품은 물론 생애를 다룬 평전이나 연극 등을 통해 한국인의 마음을 사로잡고 있다. 가장 유명한 작품인 소를 소재로 삼은 일련의 그림은 소에 화가 스스로를 투영했다고 이야기될 만큼 에너지로 가득 차 있다.

1916년 평안남도 평원군에서 태어난 이중섭은 식민지 시기인 1936년 일본 도쿄로 유학을 떠나 그곳에서 훗날 아내가 되는 여성을 만났다. 이름은 야마모토 마사코山本方子, 한국 이름은 이남덕李南德. 태평양전쟁의 전황이 나빠지자 1943년 이중섭은 가족이 있는 함경남도 원산으로 돌아왔고, 1945년 야마모토 마사코는 대한해협을 건너 이중섭을 찾아와 결혼했다. 이후 일어난 한국전쟁으로 1950년 12월 아들 둘과 함께 남한으로 내려와 실향민이 되었다.

제주도는 남한으로 피난 온 이중섭 일가가 부산을 거쳐 1951년 1월부터 그해 12월까지 살던 안식처였다. 이 무렵 피난지는 어디나 심각한 식량 부족을 겪었다. 제주도를 떠나 다시 부산으로 거처를 옮긴 뒤에도 상황은 달라지지 않았다. 이들 부부는 '우선 아이들이라도 제대로 먹일 수 있게' 하자며 야마모토 마사코가 두 아들을 데리고 도쿄의 친정으로 돌아가 있기로 결정했다. 1952년 6월 야마모토 마사코와 아이들이 일본으로 떠나긴 했지만 두 사람 모두 별거는 어디까지나 '긴급 피난'의 의미를 가진 임시 조치로 여겼다.

한국과 일본이 국교를 맺지 못한 시절, 바다로 가로막힌 가족을 연결한 것은 200통이 넘는 편지였다. 우리 가족은 반드시 함께 살 수 있다는 일념 아래 두 사람은 서로의 근황을 주고받았다. 한국에서 도쿄로 보낼 때는 큰아들 태현泰賢과 작은아들 태성泰成*이 읽을 수 있도록 히라가나로 쓰고 일러스트도 다양하게 덧붙인 편지를 썼다.

희망으로 가득 차, 때로는 사무치는 고독감 속에서 이중섭은 붓을 놓지 않았다. 제주도의 추억은 담담한 색채로 묘사했고, 우렁찬 울음이 들리는 듯한 소는 강하고 굵은 터치로 그렸다. 작품 하나하나에 이야기가 담겨 있어 보면 볼수록 그림 속으로 끌려 들어간다. 지금도 미술관을 찾는 사람이 끊이지 않는 까닭은 39세로 요절한 그의 비극적인 생애 때문이기도 하다.

이중섭이 제작한 작품은 수백 점이라고도 수천 점이라고도 한다. 원산에 살던 시절 그린 작품은 소재를 알 수 없고, 남한에 와서도 여기저기로 거점을 옮겼기 때문에 실제로 얼마나 많은 작품이 남아 있는지 아직도 연구가 진행 중이다.

제주도의 이중섭미술관을 찾은 것은 두 번째였다. 미술 문외한인 내가 이중섭에 관해 알게 된 것은 서울 특파원 시절인 2016년 6월이었다. 한국 부임 4년 차를 맞아 '위안부' 문제 등을 둘러싼 한일 관계를 취재하느라 쫓기는 나날이 이어졌다. 일상생활에서 한국인들의 반일 의식을 느끼는 일은 거의 없다는 칼럼을 쓰곤 했지만, 국가 간 골이 깊어진 감정 대립에는 점차 피로감을 느껴가던 무렵이었다.

그해는 이중섭 탄생 100주년을 맞아 한국 각지에서 관련 행사가 열렸다. 가장 큰 이벤트는 국립현대미술관 덕수궁관에서 열린《이중섭, 백년의 신화》전시였다. 한국에서 개최된 이중섭 화가의 개인전으로는 최대 규모로 알려지면서 미술관 앞으로 입장을 기다리는 긴 행렬이 이어질 정도로 인기가 있었다. 한국을 대표하는 화가와 일본인 아내, 그 가족 이야기에서 무언가 위로라도 얻을 수 있을까, 그런 기대를 품고 미술관으로 발걸음을 옮겼다.

---

* 장남 태현은 야스카타, 차남 태성은 야스나리라는 일본식 이름으로 부르기도 했다.

전시장에는 이중섭의 대표작 여러 점이 걸려 있었다. 그 가운데 특이한 그림이 있었다. 아니, 이걸 그림이라고 부를 수 있을까. 세로 10센티미터, 가로 15센티미터 정도 되는 은박지에 1밀리미터도 채 되지 않을 정도로 가느다란 선이 새겨져 있었다. 선묘를 통해 떠오르는 형상은 물놀이를 하는 아이들이나, 과수원에서 과일을 따며 노는 가족, 그리고 온몸으로 서로를 원하며 입맞춤하는 부부의 모습이다.

이들 작품은 은지화[화보01~03]라고 불린다. 이중섭은 담뱃갑을 열면 빼꼼히 보이는 은색 포장지를 캔버스로 여겼다고 말해도 좋을까. 그림을 그릴 재료가 부족하던 당시 애연가였던 이중섭이 만들어낸 독특한 기법이 바로 은지화다.

우선 은박지에 송곳이나 못 등으로 형상을 긁어 새긴다. 구멍이 나거나 종이가 찢어지지 않아야 하니 미묘한 힘 조절이 필요하다. 그 다음 검은색이나 갈색 계열 물감으로 전체를 얇게 칠한다. 물감이 없으면 담뱃진을 짓이겨 썼다고도 한다. 그러고 나서 천으로 표면에 칠한 물감을 닦아내면 새겨 놓은 홈으로 물감이 파고 들어 또렷하게 선이 드러나며 완성된다.

은지화가 언제쯤 탄생했는지에 관해서는 미술계에서도 여러 설이 제기되었지만 여기서 상세히 다룰 수는 없다. 다만 확실한 것은 "함께 살던 무렵에는 본 적이 없어요"라는 마사코의 언급이다. 그래서 나는 이중섭이 가족과 헤어진 직후에 은지화를 그리기 시작했다고 생각한다. 몇 점이 남았는지도 여러 의견이 있지만 은지화만 300점이 넘는다고 추산한다.

지금은 이중섭을 상징하는 화풍으로 은지화가 한국에서 큰 인기를 얻고 있다. 탄생 100주년 기념전에서는 은지화 코너를 특별히 마련하기도 했다. 전시실에는 적당한 조명을 받아 은박지가 반짝반짝 빛났다. 그런데 종이 끝단이 잘린 것이 눈에 띄었다. 일부는 작가의 사인을 새기기도 했지만, 이중섭은 딱히 은지화를 하나의 작품으로 의식하지는 않았던 것 같다. 쉽게 구할 수 있던 종잇조각에 가볍게 데생을 한 것 같은 느낌을 받았다. 작가 본인이 대형 벽화를 그리기 위한 밑그림이라고 말했다고도 전해진다.

"나중에 일본에 가서 큰 그림을 그릴 거야."

이중섭은 그렇게 말했다고 한다. 원산에서부터 이중섭을 스승으로 모시며 한때 부산에서도 함께 생활했던 화가 김영환의 회상이다. 잠들기 전 엎드려서 은지화를 몇 장씩 그리면서 했다는 이 말은, '밑그림 설'을 뒷받침하는 증언이다. 언제든 그릴 수 있게끔 항상 은박지를 가지고 다녔다고도 했다.*

그림과 함께 관람객의 눈길을 끌었고, 나 역시 넋을 잃고 보았던 것은 이중섭이 미시코 앞으로 보낸 일본어 편지였다. 회화 작품과는 별도로 편지 특설 코너도 마련되어 있었다. 히라가나로 쓴 원문 옆에 한국어 번역을 붙여 놓았는데 유리 진열장 속에 늘어놓은 편지지는 이미 색이 바래 세월의 흔적이 전해졌다. 한 통 한 통 눈으로 훑어가다가 이런 문장을 발견했다.

"私は君が見たいです." 나는 당신이 보고 싶습니다.

"미타이." 見たい 이 한 문장을 눈에 담은 순간, 나는 이중섭이 '보고 싶다'라는 말을 머릿속에 떠올렸으리라고 직감했다. 한국어로 보고 싶다는 말을 일본어로 직역하면 '미타이'가 되기 때문이다. 편지 속 일본어는 거의 원어민 수준이었지만 꼼꼼히 읽어보면 먼저 한국어로 생각한 다음 머릿속에서 일본어로 옮겼다고 여겨지는 문장이 곳곳에 보였다. 모어가 아닌 일본어로는 전부 전할 수 없는 미묘한 뉘앙스나 괴로움이 분명 있었을 것이다. 이중섭은 이런 아쉬운 마음을 그림에 담은 건 아닐까. 그 마음이 이중섭의 화풍으로 알려진 강렬한 필치를 만들어냈을지도 모른다.

미묘한 감정을 한국어로 표현하는 일이 얼마나 어려운지를 매일매일 느끼던 나는 이 한 문장 앞에서 여러 가지 생각에 사로잡혔다. "당신이 보고 싶습니다"라는 한마디를 통해 이중섭의 내면 풍경을 살필 수 있는 사람은 이 전시장에서 아마 나 말고는 없을 것이다, 그런 자부심 같은 마음도 일었다. 일본어를 모어로 하는 내가 아니라면 이런 미묘한 위화감을 느끼지 못하리라고 생각했

---

* 김영환이 언급한 내용은 2005년 6월 영화 촬영 준비를 위해 한국인 여성이 취재한 메모가 남아 있어 이중섭의 작은아들 이태성으로부터 제공 받았다. 이 책에서는 '김영환 메모'라고 밝히며 인용한다.

기 때문이다. 이중섭과 마사코의 이야기를 더 알고 싶다는 마음이 강해졌다.

"이중섭은 역사가 된 지 오래지만 부인 이남덕은 현재를 살고 있었다."

전시에 맞춰 공동 주최사인 조선일보사 계열의 주간지 『주간 조선』에 실린 마사코의 긴 인터뷰 기사의 한 구절이다. 2016년 취재 당시 마사코는 95세로, 시부야 부근에서 살고 있다고 했다. 기사 속에서 눈길을 끈 말은 "10년의 추억으로 60년을 살다"라는 소제목이었다. 마사코는 이중섭과의 짧은 결혼 생활을 마음에 담고서 지금까지 살아왔다고 했다.

10년의 추억만으로 어떻게 60년을 살아갈 수 있을까, 틀림없이 심지가 강한 여성일 것이다, 마사코를 만나고 싶다는 생각에 사로잡혀 서울의 일본대사관에 협력을 요청했더니 지인 중 일본 외무성 직원이 마사코의 친척이라고 했다. 덕분에 순조롭게 연결이 되었다. 그해 9월, 나는 처음으로 마사코의 집을 찾아갔다.

가슴께에 가느다란 세 줄짜리 진주 목걸이가 빛났다. 옅은 베이지색 재킷 옷깃 언저리에도 진주 브로치를 달았다. 머리는 밤색으로 염색했고 피부도 생기가 있었다.

'이렇게 나이를 먹을 수 있다면 멋지겠구나.'

그녀를 만났을 때 내가 받은 첫 인상이었다. 마사코는 처음 만나는 나에게 두 시간에 걸쳐 이중섭과의 만남부터 원산에서 보낸 신혼 시절, 한국에서 겪은 피난 생활, 그리고 이별 후 일본에서의 생활까지 이야기해주었다. 이중섭에 관해 이야기할 때는 표정이 부드러워졌다. 다만 조금 질문을 파고들면 말투가 어쩐지 짧아지는 느낌을 받았다.

"그리 심각하게 생각하지 않으니까요. 하하하."

긴 세월을 혼자 어떻게 버티고 지내왔는지를 알고 싶어서 이것저것 물어봤지만 그녀의 대답은 변함이 없었다. 그냥 얼버무리는 걸까, 아니면 숨김없는 본심인 걸까.

육아에 쫓기다 정신을 차려보니 수십 년이 흘렀는지도 모른다. 아들을 낳고 키운 경험이 있는 나로서는 짐작할 수 있는 일이다. 그렇다고 하더라도 34세에 남편을 잃은 여성이 "그리 심각하지 않게" 60여 년 세월을 살아왔다고는 상상하기 어렵다. 게다가 일본과 한국의 복잡한 역사마저 가로놓여 있다. 시간이 흘러감에 따라 파도치던 마음도 차분히 가라앉은 것일까. 그런 생각이 머리에서 떠나지 않았다. 그녀의 마음속으로 가닿기 위해서는 어떻게 하면 좋을까. 혹시 실마리는 제주도에 있지 않을까. 제주도 시절은 가족이 함께 지낸 1년 반 남짓의 피난 생활 중에서 가장 행복했던 시간으로 알려졌기 때문이다.

마사코와 인터뷰를 마치고 2주가 지난 2016년 9월, 나는 처음으로 제주도 이중섭미술관으로 향했다. 제주공항에서 택시를 타고 행선지를 말하니 운전기사는 되묻지 않고 바로 출발했다. 기사분과 잡담을 나누며 30여 분을 달려 도착하니 그곳이 서귀포를 대표하는 관광지라는 점을 한눈에 알 수 있었다.

미술관으로 향하는 길 입구에는 '이중섭 거리'라고 써 있는 커다란 아치가 있었다. 1996년, 한국에서는 처음으로 화가 이름을 거리에 붙인 획기적인 시도였다고 한다. 음식점과 기념품 가게가 늘어선 길을 따라 언덕을 300미터 정도 오르자 이중섭 가족이 살던 초가집을 복원한 단층집과 미술관이 눈에 들어왔다.

서귀포 바다를 한눈에 조망할 수 있는 언덕에 2002년 미술관이 개관하자 한국에서는 '이중섭=제주도'라는 이미지가 만들어졌다. 일가가 제주도에서 살던 시간은 1년이 채 안 되지만, 이중섭은 섬을 떠난 후에도 제주도 생활을 그린 작품을 많이 남겼다.

내가 찾아간 날은 평일이었지만 이중섭의 그림을 보러 온 사람들로 북적였다. 하루 평균 1천 명이 방문한다고 했다. 한라산에 다녀왔는지 등산모를 쓴 관람객도 눈에 띄었다. 이중섭미술관에서도 개최 중이던 탄생 100주년 전시는 이중섭의 작품보다는 마사코와 두 아들에게 초점을 맞추었기에 서울 국립현대

2016년 9월 찾은 서귀포 이중섭 거리 모습. 오누키 도모코 촬영.

미술관에서 열린 전시와는 분위기가 달랐다. 이중섭의 가족과 10년 가까이 교류를 이어온 학예사 전은자의 기획이었다.

   나의 목표 역시 이런 가족전을 보는 것이었다. 들어가면 바로 왼쪽 전시실에 세 통의 편지를 액자 속에 넣어 전시하고 있었다. 예전에 마사코가 이중섭 앞으로 보낸 편지였다. 일본어로 쓰인 이 편지를 한국어로 번역한 전은자는 이렇게 말했다.

     "편지를 보면 이남덕 여사가 이중섭과 함께 살기 위해 얼마나 노력했는지를 알 수 있어요."

   이남덕이란 이중섭이 마사코에게 선물로 붙여준 한국 이름이다. 편지에는 마사코의 흔들리는 심경이 극명하게 담겨 있었다.

프롤로그 · 63

"아빠가 빨리 일을 마치고 오지 않으면 생활도 해결되지 않고 불안해져요. (중략) 어떤 일이 있는지 자세히 상황을 알려주지 않아서 너무 섭섭합니다. (중략) 아무리 사소한 일이라도 당신이 어떤 일상을 보내는지 알고 싶은 아내의 심정이니까 앞으로는 아무리 시시한 일이라도 써서 보내주세요."_1955년 4월 24일.

"일요일은 두 아이를 디즈니에서 만든 「사막은 살아 있다」를 보여주러 데리고 나갔습니다. 너무 재미있어 해서 지금도 여러 동물을 떠올리며 서로 이야기합니다. 야스카타는 바로 그림일기를 써서 선생님에게 제출했어요. 늘 생각하지만 아빠까지 우리 네 명 모두 사이좋게 놀러 갈 수 있으면 좋겠어요. 만약 앞으로도 계속 이렇게 엄마 혼자 아이들을 기쁘게 해주러 영화를 보러 가거나 놀러가야 한다면, 그런 생각만으로도 쓸쓸한 기분이 들어요."_1955년 5월 10일.

　대체 언제쯤이면 네 명이 함께 살 수 있을까, 그런 불안에 휩싸인 마사코의 모습이 떠올랐다. 30대였던 마사코의 마음속을 들여다본 듯한 기분이 들었다.
　2층 건물인 이중섭미술관은 옥상에서 바다가 내려다보인다. 옥상에 올라가 시원스레 펼쳐진 푸른 하늘을 바라보았다. 마사코도 이중섭과 두 아이와 함께 이런 풍경을 보았을 것이라고 생각했다.
　제주도에서 '이중섭 투어'를 한다면 이 일대를 한바퀴 돌아보면 충분할 것이다. 하지만 나에게는 한번 더 찾아오지 않으면 안 될 이유가 있었다. 그때는 늦더위가 한창이었다. 눈이 부셔서 제대로 뜰 수 없을 정도의 햇빛 아래로 야자수 나무가 흔들렸다. 그래도 이 무렵 서귀포는 한라산에서 불어오는 바람 때문에 비교적 서늘한 기온이 느껴졌다. 관광하기 좋은 날씨였다. 이중섭 가족이 제주도로 피난 온 것은 1월이었다고 했다. 조금이라도 따뜻한 곳을 찾아 떠나왔겠지만 도착해 보니 눈으로 뒤덮인 곳이었다. 오키나와와 비슷하다고 착각한 이 관광지에 눈 내리는 모습은 상상도 못했다. 그렇다면 나도 겨울에 찾아와 봐야 하지 않을까, 생각했다.

다시 방문한 2019년 1월의 하늘은 맑게 개었지만 섬 한 가운데 우뚝 솟은 한라산은 희끗희끗 눈에 덮여 있어 아름다웠다. 지역 사람들 말에 따르면 어제까지 눈이 내렸다고 한다. 화산섬의 변덕스럽고 혹독한 겨울의 하루를 피부로 느끼면서 마사코가 이 섬에서 추위에 떨었던 나날을 떠올려 보았다. 나는 서귀포 앞바다로 향했다.

이중섭은 가족 네 명이 모여 살았던 추억을 수많은 작품으로 남겼다. 대표작은 〈서귀포 풍경 1 실향의 바다 송頌〉[화보04]이라는 제목이 붙은 유화다. 〈서귀포의 환상〉이라는 제목으로도 불린다. 하얀 갈매기에 올라탄 아이가 바다 위를 날고 있다. 해안선을 따라 과수원에서는 여섯 아이들이 커다란 감귤을 따거나 둘씩 짝 지어 과일을 나르면서 한창 바쁘다. 감귤은 제주도의 특산물이다. 과수원의 황토색 흙과 보랏빛을 띤 드넓은 바다의 색채가 따뜻함을 전해주는 이 작품을 두고, 미술사학자 최열은 "20세기 미술사에서 지울 수 없는 걸작"*이라고 절찬했다. 갈매기를 탄 아이는 천사 같다. 이중섭은 각각의 작품에 어떤 생각을 담았는지 많은 이야기를 하지는 않았다. 동화 속 삽화 같기도 하고, 지상 낙원을 그린 듯도 하다.

마사코와 인터뷰를 할 때도 화제는 종종 제주도로 옮겨 갔다. 당시 어떤 나날을 보냈을까, 마사코의 족적을 따라가기 위해서는 나도 바다로 내려가보자, 그런 생각을 하며 이중섭미술관의 학예사 전은자에게 연락을 했다. 2016년 첫 번째 취재에 이어 그날 안내를 맡아준 전은자의 차를 타고 미술관에서 남쪽으로 수백 미터를 내려갔다.

"지금은 여기저기 건물이 들어서서 바로 바다까지 내려갈 수 없으니까 돌아돌아 걸으면 30분 정도 걸려요. 그렇지만 당시는 큰 건물이 없었으니까 어린 아이들을 데리고도 충분히 걸어서 갈 수 있었겠죠."

전은자가 주변을 손가락으로 가리키며 설명했다. 서귀포항 앞에서 내렸

* 최열,『이중섭 평전』, 돌베개, 2014년, 279쪽.

2016년 9월 이중섭미술관 옥상에서 바라본 서귀포 시내. 오누키 도모코 촬영.

2019년 1월 서귀포 바닷가에서 본 손 모양 청동 오브제. 오누키 도모코 촬영.

다. 갯내음이 퍼졌다. 발 밑 옅은 갈색 잔디는 손질이 제대로 되어 있었다. 해안을 따라 여기저기 벤치가 늘어선 풍경은 가나가와 현 출신인 나에게는 요코하마의 야마시타 공원을 떠올리게 했다.

바다 주변에는 작은 섬이 두 개 둥실 떠올라 있었다. 항구 선창 너머로 보이는 이 섬을 문섬, 그 너머 왼쪽은 섶섬이라고 부른다. 섶섬은 바위 표면이 조금 보이는 봉긋한 모습이다. 저녁놀을 받아 섬 전체가 희끗희끗 뿌옇게 보인다. 두 섬 모두 작은 무인도다. 그 섶섬을 바라보며 데생을 하는 듯 보이는 거대한 손 모양을 한 청동 오브제가 서 있다. 양팔과 스케치북만으로 이루어진 기발한 디자인이다. 오른손에 가느다란 연필을 쥐고 왼손은 스케치북을 붙잡아 받치고 있다. 억세 보이는 팔뚝이다.

집 가까이 있는 언덕에서 문섬이나 섶섬을 바라보며 그렸으리라 여겨지는 작품도 남아 있다. [화보05] '자주 스케치를 했던 모습이 기억난다'고 당시 근처 살던 사람들은 이야기했다. 이중섭은 매일같이 여기를 찾아 부지런히 오른손을 움직였을 것이다. 그런 모습을 이미지로 구상해 만들어낸 오브제라고 한다.

바나 냄새에 이끌려 걷다보니 바위가 많은 곳에 발을 들이게 되었다. "미끄러지기 쉬우니까 조심하세요"라는 말을 듣자마자 엉덩방아를 찧었다. 내 운동화보다 전은자의 하이힐 쪽이 훨씬 불안하게 보였는데도 그녀는 전혀 균형을 잃지 않았다. 듣자하니 전에도 이중섭이 걸었을 발길을 따라 여기까지 내려와 본 적이 있다고 한다. 발밑으로 물이 조금씩 차올라 왔다. 전은자는 멈춰 서서 돌을 하나하나 걷어내듯 집어 들고 그 밑을 확인했다. 바위 그늘 아래에는 수많은 생물이 숨어 있다고 했다. 나에게 보여주기 위해 돌을 치운 것이다. 처음으로 눈에 들어온 것은 숨이 끊어져 하얗게 변한 게였다. 살아 있는 게는 없는 걸까. 이중섭이 그린 일러스트에서 게는 빼놓을 수 없는 존재였다. 여기서 게를 무척 많이 잡았을 것이다. 나는 팔팔하게 살아 움직이는 게를 찾고 싶었다.

"있다!"

전은자가 손바닥 안에 딱 들어올 크기의 게를 발견했다. 게는 다리를 종종 거리며 움직였다. 한 번 찾으니 갈색 게가 여기저기서 바위 그늘 사이를 스으스 윽 미끄러지듯 이동하는 모습이 보였다.

"게라던가 그런 걸 쪄서 먹었어요."

마사코의 말이 문득 머리에 떠올랐다. 배급 받는 쌀 말고는 제대로 된 먹을거리가 없었다. 입에 넣을 수 있는 것은 무엇이든 구해야 했다. 게는 가족에게 귀중한 식재료였고 때로는 같이 놀 수 있는 친구였다. 마사코는 내게 그렇게 말했다. 68년 전에도 분명 여기에 이렇게 팔딱거리는 게가 많이 있었을 것이다. 이중섭은 두 아들에게 여기 봐라, 또 한 마리 잡았지, 하며 보여줬을 것이다. 아들과 남편이 즐겁게 게를 잡으며 노는 모습을 마사코는 미소를 지으며 지켜본다. 시간 가는 줄 모르다가 어느덧 해가 저무는 걸 깨닫고 네 사람은 손을 잡고 집으로 돌아간다. 그런 광경이 이중섭의 작품과 오버랩되며 떠올랐다.

행복은 분명 소소한 일상 속에 있을 것이다. 그런 나날을 떠올림으로써 긴 세월을 버티며 살아나갈 힘을 얻는지도 모른다. 꼬물거리는 게들의 움직임을 눈으로 좇으며 그런 생각을 하니 마사코의 심정을 조금이나마 이해할 수 있을 것 같았다.

이중섭 가족이 걸었던 길을 뒤쫓을수록 내 가슴속은 뜨거운 무언가로 가득 찼다. 그리고 둘의 이야기를 일본에도 전하고 싶다는 열망에 사로잡혔다. 이중섭에 관한 책은 한국에 여러 권 출판되었지만 일본에서는 번역조차 되어 있지 않았다. 한국에서는 압도적인 인지도를 가지고 있지만 일본에서는 거의 무명이나 다름없는 화가다. 개인전이 열린 적도 없다. 예전에 기획된 적이 있지만 한국의 소장가가 난색을 표해 실현되지 못했다고 한다. 하지만 반짝반짝 빛나는 은지화와 일본어로 쓴 편지를 보면 내가 그랬던 것처럼 일본에서도 많은 이의 마음을 움직일 수 있을 것이다. 마사코와 인터뷰하면서 육성을 있는 그대로 발신하고 싶다는 생각도 강해졌다. 그녀는 이중섭을 얼마나 사랑했을까, 아니 여전히 사랑하고 있을까. 그 사실이 한국에 제대로 전해지기는커녕 곡해되고 있다. 알려지지 않은 가족의 이야기를 묶어내고 싶어서 2016년부터 한국과 일본을 오가며 취재를 하는 동안 어느새 2019년이 되었다.
 이렇게 시간이 흐르고 있다는 생각에 빠져 있을 때, 딱 초등학생으로 보이는 여자아이와 네다섯 살쯤 되는 남자아이가 있는 힘껏 바다로 자갈을 던졌다. 옆에서 아버지로 보이는 남자가 허리를 굽히며 이렇게 던지는 거야, 라고 말하듯 물수제비 시범을 보였다. 그 뒷모습이 어쩐지 이중섭과 겹쳐 보였다. 파도는 잔잔했다. 모든 것을 감싸안듯. 남자가 돌멩이 하나를 다시 던졌다. 퐁퐁퐁. 바다에 돌멩이가 빠지는 소리가 들렸다.

제1장 아고리

→ 1954년 5월 진주에서 허종배가 촬영한 〈줄담배를 피우는 이중섭〉.

원산에서 온 유학생

도쿄 간다 거리의 스루가다이 언덕의 호텔에서 북쪽으로 수십 미터 걸어 올라가면 베이지색 벽에 짙은 녹색 담쟁이가 창을 뒤덮은 2층 건물이 보이기 시작한다. 1층 정면 입구는 3미터 정도 될까 싶은 높이의 아치 형태인데, 대학교나 입시학원으로 번잡한 간다 대학가에서 이곳만큼은 레트로 감성이 물씬 풍긴다.

마사코는 이렇게 눈길을 끄는 모던한 건물이었던 문화학원에서 이중섭을 처음 만났다. 문화학원은 '다이쇼大正 데모크라시'*의 세례를 받은 건축가 니시무라 이사쿠西村伊作나 시인 요사노 아키코與謝野晶子 등이 창설한 명문 예술학교였다. 요사노 아키코가 소망했던 일본 최초의 남녀공학으로도 잘 알려져 있다. 창립 100주년을 눈앞에 둔 2018년 3월 문화학원은 역사를 마감했고 지금은 건물 일부가 보존되어 있을 뿐이다. 그래도 하늘 높이 뻗은 히말라야삼나무가 무성한 대학 구내로 한걸음 들어가면, 마사코와 이중섭이 만났던 그 시대의 정취가 풍겨온다.

"복도 구석에는요, 붓을 씻는 곳이 있었어요. 거기서 우연히 만나서 한두 마디 정도 이야기를 나눴던 것 같은데……."

마사코는 80여 년 전의 어느 가을날의 이야기를 천천히 건네기 시작했다. 한반도 중북부 항구 도시 원산에서 온 유학생 이중섭은 1937년 문화학원 미술부에 입학했다. 고등여학교를 졸업한 마사코가 문화학원의 문을 두드린 해는 1939년이다. 이중섭은 다섯 살 위였다. 한 학년 숫자가 수십 명 정도로 조촐한 학교였기에 휴식시간이 되면 뜰에 옹기종기 모였다. 학년이 달라도 이름과 얼굴 정도는 알 수 있는 분위기였다.

"마사,** 여기로 좀 와봐."

---

* 다이쇼 시대(1912~1926)에 걸쳐 정치, 사회, 문화 각 방면에서 일어난 자유주의와 민본주의 운동과 풍조, 사조를 통칭하는 말. 옮긴이 주.

문화학원의 오늘날 모습. 오누키 도모코 촬영.

　　자기를 손짓하며 불렀던 같은 학년 남학생 '이케다 군'의 이름까지 마사코는 확실히 기억했다. 나이는 30세 정도였고 마사코가 다니던 반에서 가장 나이가 많은 사람이었다는 것까지도. 그만큼 그날 일은 마사코의 뇌리에 선명히 남아 있었다. 마사코는 교실이 있던 건물 2층에 있었다. 이케다 군이 부르자마자 창가로 다가갔다. 그러자 커다란 검은색 창틀에 끼운 유리 너머로 중앙 정원에서 배구를 하는 학생들이 눈에 들어왔다.

　　"저 남자 핸섬하지? 조선에서 온 친구래."

　　이케다 군이 가리킨 손끝에는 173센티미터 정도의 키에 훤칠한 청년이 있었다. 당시로서는 큰 키였다.

＊＊　마사코의 애칭.

"그렇네, 멋지네요."

마사코는 맞장구를 쳤다. 앞머리는 깔끔하게 뒤로 넘겼고 단정한 눈썹이 남자다웠다. 보통 남학생들과는 달리 개성적인 느낌이 드는, 마사코가 좋아하는 타입이었다. 이케다 군이 왜 두 사람의 큐피드 역을 맡았는지는 알 수 없다. 미시코와 이중섭은 분명 잘 어울릴 것이라고 직감석으로 와닿는 무언가가 있었는지도 모른다. 그날로부터 며칠이 지났을까.

"안녕하세요."

복도 끝 수돗가에서 유화용 기름이 묻은 붓을 빨던 마사코 옆에서 누군가 말을 걸어왔다. 목소리의 주인공은 그 '훤칠한 청년'이었다. 두 학년 차이가 났지만 교실은 같은 건물에 있어서 수돗가에서 마주치는 일은 처음이 아니었을지도 모른다. 다만 마침 두 사람만 있었기 때문이었는지, 혹은 마사코가 '아, 그 핸섬한 청년이다'라고 가슴이 두근거려서였는지, 아담한 몸집의 마사코 옆에 서자 그날따라 이중섭의 키가 더 크게 느껴졌다. 마사코의 머리는 이중섭의 턱 언저리에 올 정도였다. 과연 특징 있는 턱이구나, 하고 생각하며 바라봤을 것이다. 학교에서 그의 별명은 '아고리'였다. '아고'는 일본어로 턱이라는 뜻이다.

당시 문화학원에는 조선에서 온 유학생 가운데 이 씨 성을 가진 학생이 세 명 있었다. "리 상!"하고 부르면 세 명이 동시에 "네!"하고 뒤돌아보곤 했다. 그래서는 곤란하다는 생각에 사람들은 각각 애칭을 붙였다. 한 명은 덩치가 커서 '데카리', 또 한 명은 조그마해서 '지비리', 그리고 긴 턱이 트레이드마크였던 이중섭은 '아고리'로 불렀다.* 면식이 없던 마사코도 그가 '아고리'로 불린다는 정도는 알고 있었다. 붓을 씻으며 이야기를 나누다가 두 사람은 호감을 갖게 되었다. 낯가림이 심했던 마사코가 바로 마음을 열었던 까닭은 이케다 군이 예상했

---

* 데카리의 데카는 크다, 지비리의 지비는 꼬마라는 뜻이다. 아고리의 아고는 앞에 말한 대로 턱이라는 뜻이다. 옮긴이 주.

듯 이중섭에게 강하게 끌렸기 때문일 것이다. 말로는 설명할 수 없는, 본능적인 어떤 끌림이었을까.

이중섭은 남녀 할 것 없이 누구와도 잘 사귀는 쾌활한 성격이었다. 일본어도 유창해서 일본인 친구도 많았다. 그중에서도 은사였던 서양화가 이시이 하쿠테이石井柏亭의 넷째 딸 다사카 유타카田坂ゆたか는 문화학원의 동급생으로 무척 친했던 듯하다. 이과회 결성 회원인 이시이 하쿠테이는 1910년대부터 조선에서 개인전을 여는 등 조선 미술 진흥에도 힘을 기울인 화가였다. 문화학원에서는 미술부 최고 책임 교수로 근무하며 '아고리'라는 별명을 붙여준 선생으로도 잘 알려져 있다. 예전에 다사카를 인터뷰한 이중섭미술관 학예사 전은자는 그녀로부터 이중섭에 관한 다음과 같은 일화를 들었다고 했다.*

> "늘 웃는 얼굴을 하고 다니는 아고리도 음악을 좋아했습니다. 좋은 음악을 듣고 나면 힘이 솟아나잖아요. 어느 날 아고리가 저에게 스페인 광시곡을 들을 수 있는 클래식 음악다방에 같이 가자고 했지요. 그런데 그때는 남학생과 단 둘이서 다방에 가는 게 매우 부끄러운 일이어서 도망치듯 도서관으로 갔습니다."

한국에서도 잘 알려진 사진이 두 장 있다. 첫 번째 사진에서 학생복 차림의 이중섭은 야외 사생수업 중이었는지 들판에 앉아 작은 스케치북을 들고 있다. 하얀 이를 드러내고 웃는 이중섭의 옆으로 다사카의 모습도 보인다. 다른 한 장은 이노카시라 공원 보트장을 배경으로 친구들과 함께 찍은 사진이다. 코트 주머니에 양손을 찔러 넣은 이중섭 옆에는 일본인 여학생과 조선인 남학생이 서 있다. 와이셔츠에 넥타이를 매고 상의 목 부분은 두 번째 단추까지 풀었다. 허리는 단단히 졸라매고 허벅지 주변은 터놓은 세련된 코트가 눈길을 끈다.

고향 친구이기도 한 화가 김영주는 당시 이중섭이 자기 취향에 맞게 옷을

---

* 전은자, 「전은자의 제주바다를 건넌 예술가들」, 『제민일보』 2010년 6월 7일.

야외 사생수업 중으로 보이는 위의 사진 속 오른쪽에서 두 번째가 이중섭이고, 이노카시라 공원 보트장을 배경으로 찍은 아래 사진 속에서는 오른쪽 첫 번째가 이중섭이다.

재단해서 입었다고 회상한 적이 있다.* 애연가였던 그는 손수 파이프를 만들어서 화가 친구들에게 나누어 주었다고도 한다.

그렇게 사교적인 이중섭이었지만 마사코 앞에서는 긴장해서 말을 잘 못하고 숫기 없고 부끄러워하는 모습을 보이기도 했다. 고향 후배로 같은 아파트에서 살던 유학생 홍준명은 다음과 같은 일화**를 전했다. 어느 날 홍준명이 이중섭을 위해 계획을 세웠다.

"내 생일이니 축하하러 와주실래요?"

홍준명은 학교 근처 간다의 레스토랑으로 마사코를 초대했다. 물론 생일은 거짓말이었다. 조금도 의심하지 않고 마사코는 레스토랑으로 찾아갔다. 그곳에 나타난 이는 이중섭이었다. 다른 친구들도 조금 늦게 '생일파티'에 얼굴을 비췄지만, 어느새 하나둘씩 사라졌다. 둘만 남게 된 이중섭과 마사코는 그날을 계기로 급속도로 가까워졌다.

"몇 번쯤 마주치고 나니 데이트를 해보자는 마음도 생겨서……."

마사코는 수줍게 말했다. 하지만 "먼저 데이트를 신청한 사람은 이중섭이었지요?"라고 묻자 "물론이지요"라고 확실하게 잘라 말했다. 여성이 주도하는 시대가 아니었기 때문이기도 하겠지만, 이중섭이 먼저 다가와서 연애가 시작되었다고 넌지시 자랑하듯 말하는 느낌도 전해졌다. 만남에 대해서 이야기하는 사이에 느긋했던 마사코의 말투가 빨라지고 말수도 늘어났다.

말이 많은 타입은 아니라고 미리 들은 적이 있어서 첫 대면에서 내게 어느 정도 이야기를 해줄까 불안하기도 했지만 기우였다. 나는 서둘러 이중섭의 어떤 점에 빠졌는지 단도직입적으로 물었다. 테이블 아래로 시선을 떨어뜨리며

* 김영주, 「내가 아는 이중섭 3」, 『중앙일보』 1986년 7월 5일.
** 최열, 『이중섭 평전』 돌베개, 2014년, 114쪽.

마사코는 손으로 입을 가리며 "아하하하"하고 웃었다.

"그 사람은 키도 컸고……. 그래요, 아고리는 여학생부 생도들에게 꽤 인기가 있었던 것 같아요. 호호호. 그리고 노래를 할 때 목소리도 근사했고. 모든 사람들 앞에서 노래를 부른 적도 있었지요."

마사코는 여전히 그를 '아고리'라고 불렀다. 당시 문화학원에는 고등여학교로 '여학생부'가 병설되어 있었다. 그들에게 대학부에 적을 둔 약간 연상의 이중섭은 동경의 대상이었다고 한다. 그를 아는 사람들은 남녀 불문하고 멋있다며 입을 모아 칭찬했다. 지금 남아 있는 사진을 보면 '잘 생긴 인기남'이었으리라 짐작할 수 있다. 물론 마사코가 사랑에 빠진 이유는 외모만이 아니었다. 대화가 무르익어 분위기를 타기 시작하자 인품이나 성격에 관해 물었다. 마사코는 "남들에게 무척 다정한 성격이었어요"라며 이중섭의 매력을 꼽았다. 당시 추억 이야기에 빠진 마사코는 표정이 점점 부드러워져서 마치 10대 소녀 같았다. 이중섭은 누구보다도 열심히 캔버스와 씨름하던 학생이었고 데생이 생각대로 잘 안 될 때는 종이를 구겨 창밖으로 던져 버리기도 했다. 사이가 깊어질수록 그런 정열적인 일면도 알게 되었다고 했다.

'올all 수'의 소녀 시절

마사코와 한반도의 인연은 부모 세대로 거슬러 올라간다. 어머니 도시코俊子는 고치高知 현에서 태어나 얼마 되지 않아 양친을 잃고 인천에서 물류 사업을 하던 숙부 부부의 양녀로 자랐다. 숙부의 회사에는 야마모토 히로마사山本浩正라는 청년이 있었다. 야마구치山口 현 출신이었는데 한반도로 건너오게 된 것은 지리적으로 가까웠기 때문이었던 듯하다. 도시코는 숙부의 주선으로 히로마사와 결혼을 하게 되었다. 그뒤 히로마사는 일본 최초의 민간 은행 미쓰이 은행의 창고부에서 분리 독립한 도신창고東神倉庫로 직장을 옮겼다. 도신창고는 본점을 도쿄에 두고 설립 직후부터 해양 물류의 거점이었던 고베와 모지門司에 지점을 열었다. 전시 중에 미쓰이 창고로 이름을 변경했고 히로마사는 그뒤 상무까지 승진했다.

야마모토 히로마사가 모지에서 근무하던 1921년 10월 12일, 마사코는 셋째 딸로 태어났다. 위로 오빠 한 명과 언니 두 명이 있었고 여동생도 태어났다.

"나는 별로 흔하지 않은 이름이라서……."

마사코는 인터뷰에서 내게 이렇게 말한 적이 있다. 확실히 '方'을 '마사'로 읽는 것은 드물다. 부모는 어떤 마음을 담아 이런 이름을 지어줬을까. 아들 태성에게 물어보자 "할아버지에게는 뭔가 강한 고집 같은 게 있었던 건 아닐까요?"라는 답이 돌아왔다. 네 자매 모두 이름에 '方'자가 들어간 한자를 썼던 점이 그 성격을 잘 보여준다고 했다. 장녀는 후사코房子, 차녀가 요시코芳子, 막내가 구니코圀子였다. 마사코方子라는 이름으로는 조선의 왕실로 시집온 '이방자' 여사가 유명하다.

"그 영향으로 당시 방方자를 붙인 이름이 유행한 건 아닐까요?"

마사코는 그렇게 말한 적도 있다고 한다. 오빠가 태어난 뒤 곧 뇌성마비 진단을 받자 마사코의 부모는 크리스천이 되었다. 아버지가 그뒤 고베에서 지점장으로 근무하면서 마사코는 고베기독부흥회에서 세례를 받았다. 교회 홈페이지에 따르면 1924년 창립 당시는 흰 벽으로 지은 건물이었다고 하며 전쟁이 끝난 후 고베 이쿠타生田 교회로 개칭했다. 메이지 시대로 바뀌기 직전에 효고兵庫 항으로 개항했던 고베 항은 아시아에서도 손꼽는 항구로 발전했다. 마사코는 그런 도회지 항구 마을에서 유소년기를 보냈다.

마사코가 심상尋常소학교* 2학년에 올라갈 무렵, 히로마사가 도신창고 모

---

* 근대기 일본에 존속했던 초등 보통교육기관 학제. 소학교 과정을 심상소학교와 고등소학교로 나누어 설치했고 1941년 국민학교로 통합했다. 옮긴이 주.

지 지점장으로 발령받아 전근을 하게 되자 가족은 다시 기타규슈北九州로 이사를 갔다. 간몬關門 해협"*에 아직 터널이 없던 시대, 모지는 규슈의 현관과도 같은 역할을 했다. 메이지 시대 이래 대륙 무역의 거점이 되어 일본 내외의 화물선과 여객선의 주요 항로로 발전했다. 가장 전성기에는 연간 600만 명의 승객이 배를 이용했다고 한다. 벽돌색 창고가 늘어선 모지 항은 갯내음이 풍기고 갈매기가 하늘을 춤추듯 날아다니는 곳이었다.

"초등학교 때부터 마작을 했어요."

인터뷰에서 소녀 시절 추억을 이야기하다가 마사코의 입에서 의외의 이야기가 튀어나왔다. 늘 온화한 표정이라서 잘 드러나지는 않았지만, 승부를 겨루기 좋아하는 성격도 있었던 걸까. 어떻게 마작을 하게 되었냐고 묻자, 모지에서 살던 시대로 거슬러 올라갔다.

"이웃집 주인이 중국 여기저기와 거래를 했는데 마작으로도 수익을 얻고 있었어요. 그런 이유에서죠."

모지는 외국과 자주 접할 수 있기에 이국정취가 넘치는 마을이었다. 독서를 좋아했던 마사코는 성적도 우수했다고 한다. 당시 성적표는 '갑을병정' 4단계 평가로 나누어져 있었는데 모조리 '갑'으로 도배를 했다. 1학년부터 6학년까지 성적표가 상자에 담겨 있는 것을 최근에야 태성이 우연히 발견했다고 한다. 마사코는 잦은 이사와 공습을 겪으면서도 추억이 담긴 물건을 꼼꼼히 보관하고 있었다.

"지금 말로 하면 올 '수'네요. 저는 어머니가 머리가 좋았다는 느낌이 전혀 없었어요. 본인이 공부를 잘했다고 말씀을 해도 "정말?"이라고

* 일본의 혼슈와 규슈 사이 해협. 옮긴이 주.

물었는데, 이렇게 성적표를 찾으니 아, 진짜였구나, 싶네요."

그렇게 말하며 웃는 태성 옆에서 마사코도 "하하하"하고 소리를 내 웃었다. 히로마사가 도쿄 지점장으로 승진하자 세타가야世田谷 구 미슈쿠三宿에 집을 마련했다. 마사코가 초등학교 6학년이던 가을이었다. 2층짜리 단독 주택은 사방이 담으로 둘러싸여 있었고 소나무가 무성했다. 대문 앞부터 현관까지 자갈을 깔고 툇마루 앞쪽으로는 널찍한 정원이 펼쳐졌다. 그렇게 순 일본풍이면서도 현관 오른쪽에는 세련되고 가느다란 창틀에 커튼을 드리운 서양식 방도 꾸며놓았다. 난로 앞에서 소파에 앉아 여유롭게 시간을 보내는 아버지 히로마사의 사진이 남아 있다. 가늘고 둥근 연두색 안경을 쓰고 콧수염을 기른 히로마사가 기모노 차림으로 다리를 꼬고 앉아 있다. 비슷한 시기에 촬영된 것 같은 사진에서는 정장을 제대로 차려입어 엄격한 분위기가 느껴진다. 마사코의 부드러운 눈매는 어머니 도시코를 닮은 듯했다.

도쿄로 와서 얼마 지나지 않아 마사코는 어렵다고 알려진 도쿄부립 제3고등 여학교에 합격하여 주위를 놀라게 했다. 1902년에 개교한, 도쿄를 대표하는 명문 여학교였다. 동네 이름을 따서 "아사쿠사의 제1고녀, 고이시카와의 제2고녀, 아자부의 제3고녀"라고 불릴 정도였다. 롯폰기에 있던 학교 건물은 전쟁 때 공습으로 불타서 전후에 도쿄 대학 고마바駒場 캠퍼스 근처로 이전했고 남녀공학인 고마바 고등학교로 이름을 바꿨다. 고마바로 이전하기 전 제3고녀의 자취는 지금도 그 자리에 남아 있다. 롯폰기 교차점에서 이모아라이 언덕을 내려가 아사히 신사를 지나면 미나토 구립 롯폰기 중학교가 있다. 예전 제3고녀는 그곳에 자리잡고 있었다. 교문에서 십몇 미터 안쪽으로 커다란 은행나무가 서 있다. 제3고녀의 졸업생이 1910년에 기념 식수로 심은 것이라고 한다. 높이는 중학교 건물을 훌쩍 뛰어넘을 정도이고 나뭇잎 뒤로는 롯폰기힐즈가 우뚝 솟아 있다. 고층 건물이 없던 당시는 아득한 저 멀리까지 푸른 하늘이 펼쳐져 있었을 것이다. 제3고녀에는 향학열에 불타던 학생들이 모여들었다. 다이쇼 시대의 부인참정권 운동을 거치면서 일반 여학교보다 더 상급학교로 진학하고자 했던 여학생이 늘어났다. 마사코는 이 학교에서 평생 우정을 이어갈 친구도 얻게 된다.

부농 집안의 차남

이중섭은 1916년 9월 16일, 차남으로 태어났다. 형은 열한 살 연상, 누나는 다섯 살 위였다. 아버지가 스물여덟에 낳았는데, 당시로서는 뚝 떨어져 낳은 막둥이였다. 태어난 곳은 평양에서 북쪽으로 30킬로미터 정도 떨어진 평안남도 평원군 조운면이다. 평원군은 이름 그대로 넓은 평원 지대라는 뜻인데 고구려 시대부터 이어온 유서 깊은 지명이라고 한다. 평인도는 예로부터 북방민족과 전쟁을 반복했던 용맹하고 적극적인 기질의 사람들이 많이 사는 땅으로 알려져 있다. 조선시대에는 '숲 속에서 나타나는 사납고 용맹한 호랑이'라는 의미인 '맹호출림'猛虎出林이라는 말로 이 지역 사람들을 평가할 정도였다. 이중섭의 정열적인 스타일도 평안도 땅에서 태어난 것과 조금은 관계가 있을까.

평원의 적토로 이루어진 밭을 종단하듯 철도가 놓인 것은 러일전쟁 직후였다. 청일전쟁 이전부터 한반도에서 철도 권익을 노리던 일본은 러시아와 전쟁을 앞두고 만주 방면으로 철도 부설을 서둘렀다. 그리고 전쟁에 돌입하자 본격적으로 건설에 착수하여 경성의 용산에서 신의주까지 500킬로미터에 달하는 경의선을 개통했다. 이에 앞서 부산과 경성을 잇는 경부선이 개통되어, 남쪽에서 북쪽까지 한반도 전체를 연결하는 육로가 완성됐다. 평원은 만주로 빠져나가는 요지에 있었다.

이중섭의 생가는 건평만 100평을* 자랑하며 700석에 이르는 토지 외에 과수원까지 소유한 부농 집안이었다. 이중섭은 나중에 '과수원'이라는 제목이 붙은 작품을 여럿 남겼다. [화보06~07] 아이들이 사과 같은 둥근 과일을 따서 여성이 들고 있는 바구니에 집어넣는 모습을 그린 작품이 특히 유명하다. 유소년기의 기억에서 비롯된 주제라고 전해진다. 여성은 가족의 구심점이던 어머니일 것이다. 한 가운데 그렸다는 점이 그런 사실을 보여주는 듯하다.

부모 모두 고려시대부터 이름을 날린 양반 출신인 데다 이중섭의 생가는 천석꾼을 바라보던, 지역에서도 유명한 지주였다. 기록에 따르면 아버지 이희

---

* 1평은 약 3.3제곱미터로 환산하여 표시하지 않고 당시 시대 상황을 고려하여 평으로 그대로 두었음을 밝힌다. 본문의 다른 곳에도 동일하게 표시하였다. 옮긴이 주.

주의 본적은 동해 쪽 원산이다. 여기에서 조상 대대로 살아온 것 같지만, 어떤 이유에서인지 아버지 때부터 평원으로 건너왔다. 뒤에 서술하겠지만 가족은 다시 원산으로 돌아갔다. 평원은 잠시 살던 곳 같다.

형의 이름은 중석, 누나는 중숙, 그리고 중섭까지 세 자녀 모두 이름 첫 자에 '중'仲자를 붙였다. 아이들이 '입신출세에 얽매이기보다 다툼에 휩쓸리지 말고 원만하게' 살기를 바라는 마음에서 붙였을지도 모른다. 미술사학자 최열은 "양쪽으로 치우친 것을 익혀서 고르게 펼쳐가며 조화롭고 온화하게 다스리는 존재를 희망"하는 마음을 담았다고 해설했다.* 불꽃 섭燮자에는 힘이 넘치는 이미지가 담겨 있어 요즘도 남성 이름에 자주 쓴다.

아버지와 어머니는 대조적인 성격이었던 듯하다. 아버지는 내향적이라 다른 사람과 교류하는 것을 즐기지 않았지만 어머니는 여장부라 불릴 정도로 호방한 성격의 소유자였다. 별명은 만물박사. 말 그대로 만사에 정통하고 이치에 밝았다고 한다. 집안이 재산을 모을 수 있었던 것은 이중섭의 외할아버지가 대단한 야심가였기 때문이다.

형의 장남이자 이중섭의 조카인 이영진이 나중에 기록한 「이중섭 연보」**에 따르면, 이중섭은 아버지가 병으로 돌아가신 무렵부터 그림에 푹 빠졌다. 과일이 있어도 먹지 않고 오랫동안 바라보다가 스케치에 몰두하는 그런 아이였다. 형은 도회지의 학교에 다니기 위해 평양에서 생활하고 있어서 그때 이미 집을 떠난 상황이었다. 집에 남자는 이중섭뿐이었다. 그런 막연한 불안감 때문에 무언가에 열중할 만한 일을 무의식 중에 찾고 있었을지도 모른다. 이것이 화가 이중섭의 출발점이라고도 말할 수 있지 않을까.

어린 나이에 가장이 된 형은 부모와 마찬가지로 10대 중반에 역시 양반가의 딸과 가정을 꾸렸다. 남달리 책임감이 강했다는 형답다. 장남인 자신이 집안을 위해 일찍 결혼하는 걸 당연하다고 받아들였던 셈이다. 차남인 이중섭은

---

* 최열, 『이중섭 평전』, 돌베개, 2014년, 23쪽.
** 이영진, 「이중섭 연보」, 『대향 이중섭』, 한국문학사, 1979년. 앞으로 이 책에서는 「이중섭 연보」라고 밝히고 인용한다.

상대적으로 자유로웠다. 조카 이영진은 엄격했던 자신의 아버지와는 달리 숙부는 부드러운 성격이었다고 이야기했다.*

"내가 서너 살 때인 것 같다. 누구에게 야단을 맞았는지 어쩐지 나는 아무튼 되게 울고 있었는데 어린 내가 양팔로 안기 힘들 정도의 과자 봉지를 안겨주며 달래어 울음을 그쳤는데, 그 분이 바로 나의 첫번째 기억의 삼촌이었다."

이영진은 열여섯 살 위인 숙부를 아버지처럼 때로는 형처럼 따르고 좋아했다. 그 때문이었을까 이중섭에 관한 기록을 많이 남기기도 했다. 그는 또 다른 일화도 전했다. 1940년대 중반, 한여름 어느 날 저물 무렵이었다. 20대 후반의 이중섭은 과일을 산처럼 쌓은 바구니를 안고 집으로 돌아왔다. 헐떡헐떡 숨을 몰아쉬면서 널찍한 마루에 과일을 털썩 내려놓으며 오늘은 기분이 좋아서 한턱 낸다고 했다. 대체 어디서 그렇게 많은 과일을 가져 왔을까 궁금했던 어머니와 누나가 눈을 동그랗게 뜨며 무슨 일이냐고 묻자 이중섭은 오늘 그림이 잘 그려졌다고 대답하며 뿌듯해했다. 이 말을 들은 이영진은 서둘러 삼촌의 아틀리에로 향했다. 가보니 30호 크기의 대형 캔버스에 닭 한 마리가 그려져 있었다. 수탉이 새벽에 울어 젖히기 전 힘껏 날개를 펼치고 고개를 높게 치켜세우는 모습을 그린 힘찬 작품이었다. 그날밤은 온 가족이 모여 과일을 맛있게 먹었다.

문화통치 아래서

일본이 한국을 병합한 것은 이중섭이 태어나기 6년 전인 1910년의 일이었다. 1920년대에 소년기를 보낸 이들은 조선총독부가 펼친 통치 정책의 영향을 직접 받으며 자라난 세대였다. 제1차 세계대전이 끝난 후 민족자결주의의 기운

---

* 이영진, 연극 「길 떠나는 가족」 팸플릿, 2001년. 이중섭 관련 일화가 담긴 이 팸플릿을 어떻게 입수하게 되었는지에 대해서는 제2장에서 서술한다.

이 높아가던 1919년 3월 1일, 한반도 전역에서 독립을 요구하는 운동이 일어났다. 3·1독립운동은 조선총독부의 허를 찌른 사건이었다. 이를 '교훈' 삼아 조선총독부는 피지배 민족의 동향을 파악할 목적으로, 무단통치라고 불리던 강권적인 지배에서 융화 정책으로 전환했다. 문화통치로 불리는 새로운 방향으로 전환하면서『조선일보』와『동아일보』같은 신문 창간도 허용했다. 조선인들 사이에 교육열이 점점 높아가던 시기이기도 했다. 저명한 근현대사 연구자인 서울시립대학교 정재정 교수는 이를 두고 "학문으로 국력을 길러 독립을 이루자는 운동"으로 설명한다.

조선미술전람회가 시작된 것도 문화통치 기간인 1922년이었다. 동아시아 근대미술 연구자 요시다 지즈코吉田千鶴子에 따르면, 조선과 일본 예술가 사이의 왕래는 그보다 이전 시기인 청일·러일전쟁 무렵부터 시작되었다. 먼저 일본인 화가가 조선으로 건너와 전람회를 열었고, 1900년대 초반에는 조선에서 도쿄로 첫 번째 유학생이 건너갔다. 조선총독부가 주최한 조선미술전람회는 이러한 토대 위에서 시작된 셈이다.

일본은 메이지 유신 이후 서구 열강을 뒤쫓고자 근대화를 추진하는 와중에 미술계에서도 동아시아에서 가장 먼저 서양화를 받아들였다. 한국 근대미술을 전공한 오타니 대학 교수 기다 에미코喜多惠美子는 이러한 일본 쪽의 자세에 관해 이렇게 해설한다.

"일본인은 '일본적인 것'이나 일본의 가치관을 최고로 두고 거기에 맞추는 것이 근대화이자, 조선에게도 좋은 것이라고 믿었다."

기다 에미코에 따르면 원래부터 조선과 일본은 '그림'畵에 대한 사고방식이 달랐다. 조선의 전통적인 '서화'는 유교 문화를 배경으로 했기에 심미주의적 성향을 가진 일본의 관학자들에게는 그다지 볼 만한 가치가 없는 것으로 배제되었다. 이러한 상황에서 조선미술전람회가 개설되면서 조선 화가들이 화단에서 인정받고 출세하기 위해서는 일본적인 미의식을 내면화할 수밖에 없었다. 따라서 한국에서는 조선미술전람회를 통해 일본적 가치관을 강요당했다는 견해가 있다. 지배하는 측과 지배당하는 측이었다는 점을 생각해보면, 이러한 견해차가 생기는 것은 당연하다. 조선미술전람회는 일본이 패전하기 직전인 1944년까지 이어졌다.

이중섭이 학교를 다니던 시기는 이러한 문화통치 기간에 해당한다. 어머니는 할아버지 댁에 가서 공부하라며 평양의 보통학교에 아들을 보냈다. 보통학교란 당시 조선인이 다니던 4년제 소학교였다. 이중섭의 외할아버지는 평양 중심부에 살던 유력한 사업가로 평양상공회의소 회장 같은 요직을 두루 거쳤을 정도였다.

이중섭은 도시를 남북으로 나누듯 흐르는 대동강이 얼면 강 위에서 얼음을 지치며 놀던 장난꾸러기 아이였다. 그림에는 물론 출중했고 운동과 음악도 누구에게 뒤지지 않는 미소년으로 알려졌다. 평양 시절 동급생으로 나중에 문화학원에서도 함께 배우게 되는 서양화가 김병기는 신문에 기고한 글에서 이중섭은 이미 보통학교 시대부터 그림에 푹 빠진 아이였다고 말한 적이 있다.*

> "중섭과 나의 첫 미술과 관련된 기억은 국민학교 4, 5학년 때로 여겨진다. 그가 기거하던 평양 이문리 외가에서 중섭은 나에게 닳고 닳은 몽당 수채 붓 하나를 보여준 일이 있었다. 물감이 너무 많이 묻었을 때 '몽당붓'을 대면 쭉 빨아먹는다는 것이었다."

색이 너무 연해지지 않도록 붓의 물기를 스스로 조절한다는 의미이다. 이중섭은 열 살 때 이미 그런 기법을 터득하고 있었다. 김병기의 아버지는 서양화가 김찬영이다. 1910년대 초반 도쿄미술학교, 오늘날의 도쿄예술대학에서 수학한 그는 초기 도쿄 유학생을 대표하는 화가다. 이중섭은 김병기의 집에 놀러 가면 김찬영이 쓰던 서양식 그림 도구를 만져보거나, 거대한 캔버스에 그려놓은 작품을 넋을 잃고 바라보곤 했다. 공부하고 돌아오라고 보내준 평양은 이중섭의 재능을 꽃피우기에 충분한 환경이었다. 그들이 다닌 보통학교에는 역시

* 김병기, 「내가 아는 이중섭 1」, 『중앙일보』 1986년 6월 23일.

초기 도쿄미술학교 유학생이던 김관호의 50호짜리 대작도 전시되어 있었다고 한다. 선배들의 뛰어난 작품을 볼 때마다 언젠가 도쿄에서 그림을 배우고 싶다는 생각으로 이중섭의 가슴은 뜨거워지지 않았을까. 김병기는 100세를 넘어서까지 현역 화가로 활동하다가 2022년 세상을 떠났다.

90세의 김병기가 남긴 귀중한 육성을 태성으로부터 받을 수 있었다. 태성이 일본 방송사 쪽 지인에게 의뢰해 한국에서 취재한 내용을 기록한 DVD였다. 인터뷰 날짜는 2006년 2월로 기록되어 있었고 김병기는 일본어로 대답했다. 그는 자신이 걸어온 길이나 예술론, 그리고 학우 이중섭에 관해 솔직하게 이야기했다.*

김병기의 할아버지는 지역에서 가장 부자였다고 한다. 그런 환경이 아버지 김찬영의 일본 유학을 가능케 했을 것이다. 하지만 김찬영은 김병기가 아직 어릴 때 경성의 어느 여성과 살림을 차렸다. 이중섭이 만져봤던 김찬영의 그림 도구는 그가 평양 집에 남기고 간 것이었다. 그런 복잡한 가정환경 탓이었을까. 김병기는 "나는 조금 도회적이고 조숙했고 중섭은 거친 촌놈이었다"라고 회상했다. 도쿄에서 같은 문화학원에 다니면서도 이중섭과 함께 밤늦도록 놀러다니거나 하는 일은 없었다고 했다.

평양 시절로 다시 돌아가보자. 이곳에서는 이중섭의 장래에 결정적인 역할을 하는 또 한 가지 중요한 만남이 있었다. 바로 고구려 고분 벽화다. 그 무렵 학교 근처에 개관했던 박물관에서 고분 벽화가 전시되었다. 식민 통치가 시작된 1910년대 평양이나 그 근교에서는 고대 벽화가 많이 발굴되었고 일부가 박물관에 재현되었다. 말을 타고 사냥을 하는 사람, 묘주인 왕의 초상, 주작과 백호 등 사신도가 선명한 색채로 그려져 있었다. 고구려 고분군은 2004년 북한에서 최초로 유네스코 세계유산에 등재된 역사적인 문화재다.

소년 이중섭이 어떤 식으로 벽화와 접하게 되고 어떤 감명을 받았을까에 대해서는 상세하게 알려져 있지 않다. 확실한 것은 1천 년 전에 그려진 고대 미술의 낭만을 평양에 살던 무렵 느낄 수 있었다는 점이다. 미술사학자 최열은

---

* 앞으로 이 책에서는 '김병기 메모'라고 밝히며 인용한다.

『이중섭 평전』에서 이렇게 썼다.*

"평양부립박물관이 고분 벽화를 가장 중시하는 진열 방식을 취한 데서 보듯 당시 누구나 무덤에서 나온 저 괴이한 그림을 주목했고 그것은 천년의 신비와 매혹의 감동을 뿌려주고 있었다."

당시 평양 사람들은 고분 벽화의 매력에 빠졌던 것 같다. 세월이 흐른 뒤 이중섭의 친구들도 그의 작품의 근저에 고구려 벽화가 있다고 지적했다. 이를테면 김병기는 앞서 언급한 글에서 이렇게 회상한다.**

"당시 중섭의 아이돌(우상)은 다른 많은 학생들이 그러했듯이 피카소와 루오였다. 특히 중섭에게는 피카소의 신고전주의 데생과 루오의 강한 묵선이 작용되어 있었던 것으로 기억된다. 그러나 중섭은 이를 그들 서구인들의 차원에서 되풀이하지 않고 우리 조선시대 공장工匠들의 선각과도 같은 소박함과 고구려 벽화에서 느낄 수 있는 강인함으로 되살리고 있다."

회화를 향한 열정과는 대조적으로 이중섭은 공부에는 전혀 관심이 없었다. 보통학교를 졸업한 후에 시험을 본 평양 제2고등보통학교에는 불합격했다. 다음 해 할아버지는 이중섭을 고향 정주 근처에 있는 오산학교로 진학시켰다. 이곳에서 은사를 만난 일이 이중섭의 앞날에 결정적인 영향을 주게 된다.

오산학교에서 미술부에 들어간 이중섭을 지도한 이는 미국과 유럽에서 그림을 배운 선진적인 미술교사 임용련이다. 임용련의 귀국전이 경성에서 열렸다는 뉴스는 오산학교 학생들에게도 널리 퍼졌다. 서양에서 귀국한 스타 화가의 부임 소식은 학생들의 가슴을 두근거리게 했음이 틀림없다. 학생들이 임

---

* 최열, 『이중섭 평전』, 돌베개, 2014년, 37쪽.
** 김병기, 「내가 아는 이중섭 1」, 『중앙일보』 1986년 6월 23일.

용련에게 배운 것은 서양의 선진적인 기법만이 아니었다. 한글을 작품으로 잘 살려내 향토색을 불러일으키는 민족주의적 성향의 가르침도 받았다. 이중섭이 작품에 'ㅈㅜㅇㅅㅓㅂ'이라고 서명을 넣은 것은 임용련의 영향이 컸다고 알려져 있다.

오산학교를 연 사람은 3·1독립운동 독립선언서를 기초한 33인 중 기독교계를 대표했던 이승훈이다. 그런 설립의 경위에서도 알 수 있듯 오산학교는 민족 본위를 내세운 독립운동의 거점이었다. 많은 화가와 시인을 배출한 명문 학교로서도 이름을 날렸다.

오산학교 3학년이던 해 가을, 열여섯 살 이중섭은 임용련이 불러 학교 미술부원으로 경성에서 열린 동아일보사 주최 《전조선남녀학생작품전》에 출품했다. 이 대회에서 처음으로 입선한 이중섭은 전체 297점 중 우수작 64점에 뽑혔다. 제목은 〈촌가〉였다는 기록이 남아 있지만 아쉽게도 작품은 현존하지 않는다. 이중섭은 그 뒤로도 재학 중 종종 미술대회에서 입선을 하며 재능을 꽃피우기 시작했다.

도쿄로

형 이중석이 다쿠쇼쿠拓殖 대학에서 경영학과 경제학을 배우기 위해 도쿄로 건너간 것은 1920년대 후반이었다. 그는 도쿄에 도착하자마자 쓰디쓴 경험을 하게 된다. 하숙집을 찾아 헤매던 때의 일이다. 중국인인지 조선인인지 묻는 일본인에게 조선인이라고 대답하자 방을 빌려줄 수 없다고 거절을 당했던 것이다. 일본인들의 시선은 동아시아 지역 중 조선에게 좀 더 차갑고 가혹했다. 간토대지진의 기억이 아직 생생히 남아 있던 무렵이었다.

1923년 9월 1일, 매그니튜드magnitude 7.9의 지진이 간토 일대를 덮쳤다. 흔들림이 잦아들자 일본인 사이에 소문이 떠돌기 시작했다. 평소 당하던 차별에 복수하기 위해 조선인들이 폭동을 일으킬 것이라는 괴소문이었다. 근거 없는 선동에 사람들의 두려움은 커져갔다. 계엄령이 발표되고 경찰과 군인들까지 합세한 일본인 자경단이 죽창으로 조선인을 살해했다. 희생자 수는 수천 명에 이른다고도 전해진다.

　몇 년이 지난 뒤 도쿄에 간 이중석이 노골적인 차별을 경험한 것이다. 크게 실망한 그에게 주위 사람들이 우리는 일본 식민지 치하에 있으니 일본을 제대로 알아야 일본을 이길 수 있다고 설득했다. 겨우 하숙집을 찾아 그럭저럭 도쿄 생활을 해나가면서 일본인과의 교류도 이어졌다. 졸업논문을 쓰던 무렵이었다. 일본 식민지 정책의 부당함을 솔직히 시적하자 소선의 독립운동을 획책하고 있는 것은 아닌가라는 당국의 의심을 사게 되었다. 조선인 유학생에게는 늘 감시의 눈길이 뒤따랐다. 이중석은 연행하려면 하라고 각오했다. 그 무렵 그는 위험한 인물이 아니라며 도와준 사람이 있었다. 일본인 대학 교수였다. 이중석에게 일본의 이미지를 바꾼 사건이었다. 이중석은 귀향 후 동생에게 도쿄에서의 경험담을 들려주었을 것이다. 형의 경험은 이중섭의 일본행에 영향을 주었다고 한다.

　무사히 대학을 졸업한 이중석은 조선으로 돌아와 은행에 취직했다. 차차 사업에 흥미를 느끼게 되자 일가는 평원 땅을 팔고 군항으로 발전하던 원산으로 이사했다. 이중석은 악기나 레코드 판매를 시작하여 점차 사업을 확장해갔다. 가게 이름은 백두상회로 지었다. 한반도 최고봉 백두산에서 따온 상호였다. 백두산은 한민족에게 신성한 산이자, 특별한 의미를 지닌다. 조선총독부가 민족주의적이라고 문제를 삼아 어쩔 수 없이 산이라는 한 글자를 없앴지만 '백두'만큼은 그대로 지켰다는 일화도 전해진다.

　그렇게 형의 사업이 궤도에 오르자 이중섭은 드디어 도쿄로 향했다. 1936년 1월, 열아홉 살 때였다. 원산에서 경성으로, 경성에서 부산행 기차를 갈아탄 뒤 시모노세키로 향하는 약 3,600톤급 연락선 '게이후쿠마루'景福丸에 올랐다. 경복궁에서 이름을 딴 배였다. 부농으로 알려진 집안은 경제적으로 여유가 있던 터라 조카들 역시 도쿄에 유학 중이었다. 이중섭은 먼저 그들을 찾아갔겠지만 처음에 어디에서 살았는지 기록은 남아 있지 않다.

　도쿄에서 처음 입학한 곳은 기치조지吉祥寺의 제국미술학교였다. 나중에 무사시노武蔵野 미술대학과 다마多摩 미술대학으로 나누어진 사립 명문 미술학교다. 제국미술학교를 선택한 것은 개교한 지 7년 남짓된 이 신설 학교가 조선 유학생을 적극적으로 받아들였기 때문으로 알려져 있다. 앞서 언급한 요시다 지즈코의 저서에 따르면, 1929년부터 1945년까지 16년 동안 제국미술학교에서 배운 조선인 유학생은 총 147명에 이른다. 계산해보면 한 학년에 열 명 가까운 유학생이 있었다고 추정할 수 있다. 그중에는 평양에서 온 유학생이 많았다고 한다.

그렇지만 이중섭의 유학 생활은 곧 위기를 맞았다. 연간 총 수업 일수 189일 중 62일이나 결석했다. 현재 전해지는 학적부에는 정학을 의미하는 '停'이라는 글자가 적혀 있다. 어렸을 때부터 공부에는 그리 취미가 없어 열심히 하지 않았다는 점은 앞서 말한 대로지만, 1천 킬로미터 이상 떨어진 도쿄에 와서까지 왜 그토록 학업에 소홀했을까. 제국미술학교 시절에 관한 증언은 많지 않아 정확한 사실은 알 수 없지만, 학내 분위기가 이중섭의 결에 맞지 않았던 듯하다. 서양화과에는 당시 이중섭을 포함하여 여섯 명의 조선 유학생이 다니고 있었다. 유학생 사이의 엄격한 상하 관계를 좋아하지 않았다는 설도 있다. 당시 학내에서는 학교 이전파와 잔류파 사이의 내부 분쟁이 격화되어 소송으로 발전했던 사건도 일어났다. 이중섭은 정치적인 투쟁에 휩쓸리는 것을 싫어했을지도 모른다.

일단 원산으로 돌아온 이중섭은 진로에 대한 고민이 깊어졌다. 화가에 뜻을 둔 청년들 누구나 한번은 품었을, 파리로 가고 싶다는 꿈도 꾸었을 것이다. 공부에 그다지 힘을 쏟지 않았지만 프랑스어 공부는 비교적 열심이었던 것은 분명 그런 이유 때문이었을 것이다. 그렇다고는 해도 파리 행은 현실적으로 바로 가능한 길은 아니었다. 도쿄의 다른 학교에서 배울 선택지로 이중섭은 문화학원으로 옮길 것을 결심했다. 누군가의 조언이 있었는지 스스로 판단했는지는 알 수 없지만, 자유로운 학풍과 최고 선생들의 예술 교육으로 잘 알려진 문화학원에 끌렸다는 점은 확실하다. 문화학원 또한 조선 유학생을 적극적으로 유치했다. 평양이나 오산에서 함께 공부했던 동급생들도 이미 다니고 있었다. 이듬해인 1937년, 이중섭은 다시 대한해협을 건넜다.

문화학원

마사코와 이중섭이 만난 문화학원과 그 창립자인 니시무라 이사쿠에 관해서 조금 설명해둘 필요가 있다. 앞서 이야기했듯 두 사람이 매우 자연스럽게 연인이 된 배경에는 이 학교 교풍의 영향도 들 수 있다.

와카야마和歌山 현의 신구新宮라는 곳에서 부유한 상인 집안의 장남으로 태어난 니시무라는 자유로운 예술 교육에 뜻을 두고 제국주의적인 국가 체제에 강한 저항감을 지녔다. 일곱 살 때 양친을 잃고 미국에서 돌아온 의사인 숙부 밑에서 자라난 니시무라는 생활의 서구화를 지향하여 모던한 생활을 스스로 설계하며 생활했다. 예술가와의 친분도 깊어 젊은 시절부터 독학으로 그림을 배워 가까이 했다. 그런 니시무라는 규칙이나 관습에 속박된 당시 교육 제도에 부정적이었다. 조금도 변하지 않는 하카마袴* 차림에 규율로 엄격하게 정해진 머리 스타일, 이유도 없이 학교 건물을 향해 강제로 인사를 시키는 여학교에 자기 딸들을 보내고 싶지 않았다. 그것이 문화학원을 설립한 계기였다. 새로운 학교의 설립 구상을 털어놓자 친분 있던 요사노 뎃칸與謝野鐵幹과 아키코 부부가 창립 멤버로 힘을 보탰다.

문화학원은 1921년 여학교로 먼저 개교했다. 영국풍 코티지 식 건물에 하얀 벽, 눈앞으로는 푸른 잔디밭이 펼쳐졌다. 단풍나무와 소나무 그늘 아래 벤치에서는 소녀들이 담소를 나눴다. 간다의 언덕에 세운 학교 건물은 니시무라가 직접 설계를 맡았다.

"학원 테라스에 장미꽃 피면 고니 깃털 아래에 있는 기분."

요사노 아키코는 교내 풍경을 이렇게 읊었다. 예술이나 문학계의 쟁쟁한 얼굴들이 교원으로 이름을 올렸다. 미술을 가르쳤던 이시이 하쿠테이는 사생 수업을 위해 학생들을 데리고 나갔다. 음악가 야마다 고사쿠山田耕筰는 학생들에게 무도복을 몸에 걸치게 하고 음악에 맞춰 즉흥적으로 춤을 가르쳤다. 제복

---

* 기모노 위에 입는 일본의 전통 바지. 옮긴이 주.

도 교칙도 일체 없었다. 교원과 생도는 상하 관계가 아니어서 식사도 휴식 시간도 함께 했다. 무엇보다도 눈길을 끄는 것은 센스 있는 양장 차림으로 통학하는 여학생들의 모습이었다. 문학을 가르쳤던 가와바타 야스나리川端康成는『문화학원사』서문에서 이렇게 회상하기도 했다.

> "제복 없이 등교하는 옷차림은 소녀들 각자 취향에 맞춰 세련됨을 뽐내도 전혀 문제가 되지 않았다. 당시로서는 문화학원에서만 가능했던 분위기였다고 생각한다."

간토대지진이 일어난 후인 1925년, 미술과 문학을 가르치는 대학부를 신설하면서 문화학원은 남녀공학으로 바뀌었다. 이중섭이 문화학원을 목표로 다시 부산에서 연락선을 탄 것은 개교 이후 16년이 지난 1937년의 일이었다. 만주국 건국 이후, 연락선의 수요가 급증하여 대형 선박이 진수되던 시기였다. 이 무렵 연락선 승객 중에는 일본의 탄광으로 일하러 가는 조선인들의 모습이 눈에 띄었다. 일본인 남성들이 군인으로 점점 대륙으로 차출되면서 부족한 일손을 채우기 위해서였다. 일본 거주 조선인은 1936년에는 69만 명이었지만 이듬해인 1937년에는 73만 명으로 늘어났다.

배에 오를 때부터 조선인과 일본인은 엄격히 구별되었다. 조선인은 수하물 검사도 엄격하게 받아야 했다. 겨우 배를 탔다고 해도 일본인 군인이나 부유층이 독점하는 1, 2등 객실에는 들어갈 수 없었다. 대부분 칸막이 없는 3등 객실로 몰아넣고 갑판으로 올라가는 것도 허용되지 않았다. 항해 중에는 특별고등경찰들이 갑자기 가방을 열라고 명령하기도 했다.

「연락선은 떠난다」라는 유행가가 크게 히트를 친 것도 바로 그해, 1937년이다. 사랑하는 연인과의 이별의 아픔을 평양 출신 신인 가수 장세정이 감미로운 목소리로 노래한 곡이다. 장세정은 이 노래로 스타로 떠올랐다. 조선에서도 레코드에 대한 당국의 검열이 강화되기 시작하던 무렵이었다. 사람들은 크게 인기를 끈 이 노래에 다른 가사를 붙여 드러낼 수 없는 감정을 실었다. 논픽션 작가 김찬정은『관부연락선 해협을 건넌 조선인』이라는 책에서 바뀐 노래 가사를 소개했다.

"무엇을 원망하나 나라가 망하는데
집안이 망하는 것도 이상할 게 없구나
실어만 갈 뿐 실어만 갈 뿐
돌려보내주지 않네
눈물을 삼키면서 떠나갑니다
연락선은 지옥선"

장세정은 이중섭보다 다섯 살 연하였으니 같은 세대라고 말해도 좋을 것이다. 이중섭이 이 유행가를 몰랐을 리 없다. 친구 앞에서 미성을 자랑하며 노래하기를 좋아한 그였다면 더더욱 그랬을 것이다. 일본이 펼친 전쟁의 전선은 점점 확대되었다. 조선인을 향한 차별도 더욱 가혹해졌다. 하지만 자유로운 예술 교육으로 알려진 문화학원이라면 지금까지와는 다른 유학 생활을 보낼 수 있지 않을까, 뱃고동 소리를 들으며 바뀐 노래 가사를 혼자 흥얼거리기도 하며 그런 기대에 마음이 부풀지 않았을까.

이중섭이 문화학원에 입학했던 1937년은 니시무라가 설계한 새 학교 건물이 완성된 해이기도 했다. 철근 콘크리트로 된 3층 교사로, 큰길에 접하고 있던 큰 아치는 문화학원의 상징이 되었다. 건축 규제가 시작되기 직전에 완성하여 '루거우차오蘆溝橋 사건'*이 일어나기 한 달 전에 상량식을 올렸다. 아치를 통과하면 세상과는 다른, 마치 별세계가 펼쳐지는 듯했다.

문학소녀였던 마사코가 문화학원을 선택한 것은 여학교의 선생님이 권했기 때문이었다. 화가를 지망한 것은 아니었지만 여학교에서부터 미술반에 들었기 때문에 선생님이 교풍과 잘 맞을 거라며 문화학원까지 데리고 갔다고 한다. 우등생이면서도 세련되고, 외국과 교류가 활발하던 항구 도시에서 자라나

---

* 1937년 7월 7일, 베이징 근교 루거우차오에서 발생한 발포 사건으로 중일전쟁이 전면전으로 치닫는 발단이 되었다. 옮긴이 주.

고정관념에 묶이지 않고 자유분방했던 마사코의 개성적인 성격과 문화학원은 딱 맞았다. 선생님은 그런 마사코라면 이성과 학창 생활을 보낼 수 있는 남녀공학도 좋겠다고 여겼을 수도 있다. 운명 같은 만남이란 그런 우연이 쌓여서 생기는 것일지도 모른다.

제2장 전쟁을 겪으며

→ 도쿄 세타가야 미슈쿠의 야마모토 마사코의 집. 야마모토 가문 제공.

글 없는 러브레터

두 사람이 만난 지 1년 정도 지난 1940년 12월 말의 일이었다. 한 통의 엽서화가[화보08] 마사코의 집으로 배달됐다. 소인은 기치조지 우체국. 이중섭이 살던 아파트가 기치조지에 있었다. 앞면 가득히 마사코의 집 주소와 수신인 '야마모토 마사'라는 글자가 약동하는 기하학적 문양처럼 쓰여 있다. 세로 9센티미터, 가로 14센티미터의 엽서 뒷면에는 옅게 수채화가 그려져 있을 뿐이다. 보낸 이의 이름도 없다.

'그 사람이 틀림없어.'

마사코는 바로 알아차렸다. 호수에서 뛰쳐나오는 거대한 소가 낭창낭창하게 휜 오리의 목 언저리에 부드럽게 입을 맞춘다. 소의 하반신은 남성, 오리의 몸통은 여성의 몸과 이어지게 그려 놓았다. 호수에서 헤엄치는 물고기 두 마리는 기세 좋게 꼬리를 흔들며 둘의 사랑을 축복하는 듯하다. 수면 위로는 연분홍빛 연꽃이 떠 있고, 우뚝 솟은 산 뒤로 나비가 춤춘다. 이런 낙원 같은 세계에서 당신과 살고 싶다는 생각을 담은 듯 이중섭이 보낸 크리스마스 선물이었다. 그뒤로 '글 없는 러브레터'는 사흘에 한 번꼴로 도착했다. 근처를 담당한 우편배달부도 차차 눈치를 챌 정도였다. 담담한 색채와 한글 서명에서 이중섭의 따뜻한 마음이 전해진다.

"집배원이 빙긋이 웃으며 전해줬어요."

당시를 회상하는 마사코의 표정이 부드러워졌다. '대문을 나와 자갈이 깔린 길을 걸어 현관 앞에서 집배원을 기다렸다'고 태성에게도 자주 이야기했다고 한다.

우체국 소인이 찍힌 엽서화 가운데 1941년 6월에 보낸 것들이 가장 많이 남아 있다. 11일, 13일, 14일, 15일, 16일 계속 보내왔다. 같은 날에 두 통을 보내기도 했다. 교제를 시작한 지 몇 년이 지나 마사코를 향한 마음도 점점 깊어가던 시기였다.

1941년 6월 3일자 엽서화는[화보09] 두 사람의 관계가 얼마나 깊었는지를 알려준다. 여성의 오른쪽 발끝에서 피가 흐른다. 흰 반팔 셔츠를 입은 남자가 오른손으로 그녀의 발끝을 들어올린다. 여성의 발을 살짝 어루만지듯 감싼 그의 왼손도 빨갛게 물들었다. 남자의 굳은 표정은 어찌 보면 함께 아파하면서 피가 빨리 멈추기를 바라고 있는 듯하다. 한창 데이트를 할 때 마사코가 다친 적이 있는지도 모른다. 어떤 일이 있었는지 그림과 관련된 사연이야 당사자들밖에 알 수 없을 테지만.

이중섭은 마사코를 '아스파라거스 군'이라고 부르곤 했다. 마사코의 발가락 모양이 아스파라거스와 비슷하다고 붙인 별명이었다. 이중섭은 그런 마사코의 발을 귀여워했다. 두 사람은 기치조지에 있는 이중섭의 아파트에서 흰 아스파라거스 통조림을 따서 같이 먹은 적도 있다고 한다.

6월 4일 소인이 찍힌 엽서화는[화보10] 마사코와 평생을 같이하고 싶다는 바람이 담겨 있는 듯하다. 양 무릎을 세운 여성이 알몸으로 바닥에 누워 있다. 여성의 발밑으로 실 한 올이 늘어져 하늘에서 그녀를 덮을 듯 내려다보는 남성의 손과 연결되어 있다. 한국미술계에서 오랫동안 〈하나가 되는〉이라는 제목으로 알려졌다.

1942년 새해가 밝아오자 희망에 가득 찬 연하장이 도착했다.[화보11] 남녀가 서로 어깨를 감싸 안고, 남성은 하늘을 향해 찌르듯 왼손을 치켜 올렸다. 그림 위쪽으로는 가운데를 도려낸 새빨간 태양에 회색 날개가 아래위로 하나씩 꽂혀 있다. 올해도 둘이서 행복하게 보내자는 메시지가 전해지는 것 같다.

엽서화를 바라보고 있으면 두 사람의 세계로 빠져 들어간다. 하지만 함께할 장래를 꿈꾸면서도 서로의 국가나 민족이라는 벽을 느끼지는 않았을까, 하는 의문도 문득 들었다. 일본의 식민 통치가 끝나고 80년 가까이 지난 지금, 한일 커플은 세계 곳곳에서 나날이 탄생하고 있다. 그래도 막상 결혼을 하려면 크건 작건 역사적 문제가 그늘을 드리우는 게 현실이다. 일본의 식민 통치는 1910년에 시작되어 마사코와 이중섭이 만났을 무렵에는 이미 30년 정도 흐른 시점이었다. 위정자들이 인위적으로 만들어낸 두 나라의 복잡한 관계는 사람들의 마음에도 무의식적으로 각인되었을 것이다.

마사코는 이중섭과 만난 이야기를 할 때는 기분이 좋은 듯 보였다. 하지만 그 당시는 마음속에 조금이라도 갈등이 있지는 않았을까. 나는 조심스럽게 말을 골라가며 이렇게 물었다.

"그가 조선에서 온 사람이라는 의식은 없었나요?"

그러자 마사코는 잘라 말했다.

"그런 편견 같은 건 없었어요."

다른 질문에는 "글쎄요", "그렇죠"를 반복했지만 이 질문에 대한 답에는 주저함이 전혀 없이 단호했다. 앞서 말했듯 문화학원의 자유롭고 개방적인 교풍에도 영향을 받았을 것이다. 당시 조선에서 온 유학생은 "반도 출신"이라는 말을 들었다. 하지만 그 표현에 멸시 섞인 뉘앙스는 전혀 없었다고 한다. 마사코는 회상했다.

"니시무라 이사쿠의 딸들은 거의 다 외국인과 결혼했어요. 그런 학교였기에 편견 같은 것은 별로 없었지요."

니시무라 스스로가 일찍부터 서구 모더니즘에 매료된 청년이었고, 여섯 딸 중 네 명이 서양 남성과 결혼했다. 그런 니시무라의 교육 방침에 동의한 리버럴한 가정의 학생들이 모인 곳이 문화학원이었다. 일본인과 조선인을 나누는 의식 같은 것이 없었다는 문화학원의 분위기는 지금 관점으로 보아도 배울 점이 많다.

이노카시라 공원

이노카시라 연못의 수면 위로는 회색 왕벚나무가 그늘을 드리운다. 매년 봄이 되면 이중섭도 그 광경을 보았을 것이다. 기치조지에 살던 이중섭이 특히 마음에 들어 했던 장소가 이노카시라 공원이었다. 교외형 도시와 풍부한 자연환경이 잘 섞인 기치조지는, 당시 살고 싶은 동네를 꼽았다면 오늘날과 마찬가지로 틀림없이 높은 순위를 차지했을 것이다. 간다에 위치한 문화학원으로 통학하기에도 교통편이 좋아서 하숙집을 정하는 데 중요한 조건이 되었다.

무사시노 시가 발행한『무사시노 시 백년사 서술편 1』에 따르면 공원 일대는 에도 시대부터 이어져온 한적한 농촌 지대였다. 그랬던 동네가 1917년 공원이 들어서고 2년 후 주오센中央線 철도가 기치조지까지 연장되자 많은 사람들로 북적이게 되었다. 간토대지진 후 인구가 급증하자 공원 주변에는 상점가가 늘어서기 시작했다. 영화관과 당구장, 마작장 같은 유흥 시설도 차차 문을 열어 도시화가 진행됐다.

그렇게 가족 나들이 장소나 젊은이들에게 인기가 있던 거리였지만 중일전쟁이 본격화되면서 전쟁 분위기가 짙어졌다. 나카지마 비행기 회사가 마을 북부에 제로센零戰* 제작을 위한 대규모 엔진 공장을 건설했기 때문이다. 인구도 점점 더 늘어 1938년 3만 명에서 불과 2년 만에 4만 명으로 늘었다. 기치조지역은 통근객으로 몹시 붐볐다.

이중섭이 기치조지 아파트에 살기 시작한 것도 그 무렵이었다. 두 사람은 이노카시라 공원을 자주 산책했다. 어떤 대화를 나누었을까.

"저는 주로 듣는 편이어서 제대로 된 대화란 어려웠어요. 여자가 어떻게 먼저 말을 꺼낼 수 있어요······."

마사코는 1986년 한국의『계간 미술』여름호에서 이렇게 대답했다. 마사코가 64세 때 이루어진 이 인터뷰는 이중섭과의 만남과 생활에 관해 상세하게

---

* 일본 해군의 주력 전투기. 옮긴이 주.

이야기했던 중요한 자료다. 일본어로 진행한 인터뷰는 한국어로 번역 게재되었다. 이중섭은 그림에 대해서는 그리 이야기하지 않는 편이었다고 한다. 그는 그림을 그리던 친구들 사이에서도 앞장서서 토론을 펼치거나 열띠게 논쟁하는 타입은 아니었다.

그런 이중섭은 마사코에게 19세기부터 20세기 전반기에 활동한 서양 시인들의 작품을 암송해주곤 했다. 직접 시구를 쓴 종이를 마사코에게 선물한 적도 있었다.

"그 사람은 말이죠, 소설 같은 것은 싫어했어요. 시는 자주 써줬어요. 발레리였나."

회상하는 마사코의 말투가 들뜨기 시작했다. 마사코가 좋아한 것은 소설 쪽이었지만, 문학을 좋아한다는 점은 같았다. 이중섭은 보들레르, 폴 발레리, 릴케를 좋아했다. 유소년기부터 가까이했는지 원산의 자택 책꽂이에는 이들의 시집이 꽂혀 있었다는 증언도 남아 있다. 미술사학자 최열은 『이중섭 평전』에서 이렇게 썼다.*

"프랑스나 독일의 근대 시인들은 1930년대 식민지 조선 청년을 사로잡았다. 예술을 한다면 누구나 한 번쯤 매료되었던 그들의 이름은 그러나 이중섭에게 너무도 강렬하게 파고들어왔다."

이중섭의 주변에는 나중에 시인이 된 친구도 많았다. 같은 붓이라지만 화필과 문필의 표현 방법은 전혀 다르다. 이중섭은 어째서 시에 매료되었던 걸까. 폴 발레리의 최고 걸작으로 알려진 장편시 「젊은 파르크」는 이렇게 시작한다.

우는 자 누군가, 거기서.

* 최열, 『이중섭 평전』, 돌베개, 2014년, 108쪽.

한 바탕 부는 바람이 아닐진대,

이 여명에 그저 홀로 궁극의 금강석과 함께 있을 때……

그런데 우는 이는 누군가?

이렇듯 내 몸 가까이서, 내가 울려 하는 이 때에.

발레리 연구로 저명한 교토 대학의 모리모토 아쓰오森本淳生 교수는 준교수로 근무했던 히토쓰바시 대학의 홈페이지에서 "제1차 세계대전의 황폐로 유럽이 자신감을 잃어갔다. 그런 때에 발레리가 매우 복잡하고 화려한 문체로 쓴 작품과 함께 등장하여 프랑스의 상류 계급과 지식인의 마음을 사로잡았다"고 해설했다. 프랑스어가 위기에 처한 것은 아닐까, 하는 의식이 고전적인 시를 탄생시켰다는 말이다. 그런 역사적 배경을 이중섭이 이해하고 있었는지는 알 수 없다. 다만 한글로 '중섭'이라고 서명한 작품이 많이 남아 있다. 발레리와 마찬가지로, 모어를 향한 집착이 강했던 것이다.

이 무렵 마사코는 문화학원에서 가까운 간다의 프랑스어 학원인 아테네 프랑세에도 다녔다. 이중섭이 화가를 시상하고 있으니 언젠가 함께 프랑스에 갈지도 모른다는 앞날을 꿈꾸며 프랑스어를 배웠던 걸까. 때로는 아테네 프랑세 수업이 있어서 데이트를 못한다고 프랑스어 공부를 우선시하기도 했다. 성실했던 마사코다운 일화다.

"제국, 영미에 선전 포고." 1941년 12월 9일자 『도쿄니치니치신문』은 석간 1면에 가로 제목으로 태평양전쟁 발발 소식을 전했다. 개전 결의를 역설하는 도조 히데키東條英機의 사진이 지면 중앙을 장식했다. 마을 여기저기에서 만세삼창이 울려 퍼지고 라디오에서는 군함 행진곡이 아침부터 소리 높여 흘러나왔다. 일본은 진흙탕 싸움 속으로 빠져 들어갔다. 이중섭과 마사코가 지적인 데이트를 하던 때는 호전적인 목소리만이 울려 퍼지던 그런 시대였다.

문화학원이 있는 조금 높은 언덕에서 고갯길을 내려오면 오차노미즈 방향으로 이어진다. 문을 열면 클래식 음악이 흐르는 찻집에서 느긋하게 시간을 보냈다. 수업을 마친 두 사람은 한 걸음 한 걸음씩 거리를 좁혀 갔다. 마사코가 당시의 데이트에 관해 이야기를 하던 중에 뜻밖의 일화를 떠올렸다. 이중섭과 바싹 붙어 걸어가던 모습을 어머니의 친구가 목격한 일이다.

"댁의 따님이 남자와 팔짱을 끼고 걷고 있었어요, 라고 어머니에게 일러바친 거예요. 아하하하."

아래로 시선을 떨어뜨리고 천천히 당시를 회상하던 마사코의 모습을 보니 그런 대담한 면이 있었다고는 상상이 잘 되지 않았다. 젊은 시절 어머니의 일화를 듣던 태성도 "저는 잘은 모르지만 어머니는 아마 조금 튀는 사람이지 않았을까 생각해요"라고 말하며 웃었다. 태성은 곁에 있던 아이패드에 담긴 한 장의 사진을 찾아서 내게 보여줬다. 전쟁 당시 치른 언니 결혼식에서 찍은 사진이었다. 친척 서른 명 정도가 한자리에 모인 단체 사진에서 신부는 물론 친척 여성들 모두 기모노 차림이다. 그중 단 한 명, 양장을 한 여성이 있다. 마사코였다. 선명한 파란색이 인상적인 반소매 드레스. 어깨가 조금 부푼 화려한 디자인의 세련된 옷이었다. 하얀 이를 내보이며 마사코가 말했다.

"저 때는 이미 아고리와 결혼하겠다는 생각을 하고 있어서 양재를 배우러 다녔거든요. 자, 결혼식이 있으니 내가 입을 드레스를 만들어볼까, 생각하고선 혼자만 저렇게, 아하하하."

친척 모두가 전통적인 기모노를 입고 오라고 물론 알고 있었지만 주위 분위기에 따르기보다 자신의 특기를 살려 좋아하는 옷을 입었던 것이다. 태성의 말대로 당시로서는 꽤 "튀는" 사람이었다고 말할 수 있을지도 모른다. 그런 강한 개성 역시 이중섭의 마음을 사로잡은 건 아닐까.

기치조지의 아파트

다다미 위에 크로키로 그린 그림과 캔버스가 산처럼 쌓여 있었다. 어수선한

4조* 남짓 아파트는 남학생 딱 한 명이 살 정도의 넓이였다. 매일같이 조선에서 온 유학생 친구들이 몰려와 때로는 이불 한 장 속에 파고들어 밤새도록 이야기를 나눴다. 각자의 작품에 관한 토론과 합평을 하기도 하고 시국 걱정을 하기도 했다. 그런 이중섭의 방에는 향긋한 난초 향기가 났다고 마사코는 기억한다. 방 가운데 꾸며놓은 화려한 꽃이 방 주인의 품격을 나타내주는 듯했다.

"아고리다웠어요."

이중섭은 친구들에게 그런 인상으로 여겨지는 사람이었다. 이중섭이 둘도 없는 친구 구상을 만난 것도 문화학원을 다니던 무렵이었다. 당시 일본대학에서 종교학을 공부하고 있던 구상은 훗날 한국의 유명 시인이 된다. 두 사람의 첫 만남을 머릿속에 그려볼 수 있도록 이중섭과의 만남에 대한 구상의 회상을 조금 발췌하면 대략 이렇다.**

나카노에서 살고 있던 구상은 어느날 고엔지高円寺에 있던 음악다방 르네상스에 들렀다. 거기서 만난 이가 이중섭이었다. 지인을 통해서 알게 되었다. 루오가 그린 성스러운 얼굴, 즉 예수상과 닮았다는 첫인상을 받았다. 20세기를 대표하는 프랑스의 거장 루오는 그리스도의 얼굴에 계속 관심을 가지며 소재로 삼았다. 예수의 얼굴을 그린 작품이 60점이 넘는다고 알려졌다. 구상이 그중에서 어떤 '성스러운 얼굴'을 연상했는지는 알 수 없다. 아마도 이중섭의 갸름한 얼굴과 뚜렷하고 짙은 눈썹, 시원한 콧날이 루오가 그린 명화 이미지를 떠올리게 하지는 않았을까.

고향이 같았던 두 사람은 바로 형, 아우하는 사이가 되었다. 나이는 구상이 세 살 아래였지만, 이중섭도 구상을 '구형'이라 불렀다. 구상의 회상은 이렇게 이어진다.

이중섭과 구상은 첫 만남을 갖고 1년 후 여름방학에 함께 귀향하여 원산

---

*   대략 2평(6.6제곱미터)에 해당한다. 옮긴이 주.
**   구상, 「그때 그일들 230」, 『동아일보』 1976년 10월 5일.

에서 술잔을 기울였다. 1년 전 도쿄에서 구상에게 점심식사를 대접받은 답례로 이중섭이 초대한 자리였다. 거기서 이중섭은 구상에게 "구형은 예수와 닮았어. 루오가 그린 '예수 얼굴'을"이라고 했고, 이 말을 들은 구상이 "아니, 내가 중섭 형을 그렇게 생각했어"라고 말하자 이중섭은 "말도 안 돼"라고 놀랐다. 구상은 "나야말로 말도 안 되지"라고 대답했다. 첫 만남에서 서로의 얼굴을 보고 예수를 떠올렸던 두 사람은 바로 의기투합했다.

당시 도쿄에서 친하게 지내던 지인들의 증언에 따르면, 이중섭은 서양의 거장 중에서도 특히 루오와 피카소를 좋아했다. 문화학원 동급생 다사카 유타카는 피카소의 화집을 골똘히 들여다보던 이중섭의 모습이 인상에 남았다고 회상한 적도 있다.*

입선

시대를 조금 거슬러 올라가긴 하지만, 도쿄 유학 시절 이중섭이 화가로서 어떻게 두각을 나타냈는지 잠시 언급해두려고 한다. 이중섭이 문화학원으로 옮긴 1937년은 무라이 마사나리村井正誠나 하세가와 사부로長谷川三郎, 야마구치 가오루山口薫 등 서양에서 배우고 온 화가들이 자유미술가협회를 창설한 해였다. 자유미술가협회는 유력한 미술 단체 중 하나로 발전해나갔다.

일본 추상화의 선구자로도 잘 알려진 무라이 마사나리는 니시무라 이사쿠의 고향인 와카야마의 신구에서 자랐다. 아무리 추운 날이라도 마을에서 이젤을 세우고 그림을 그리던 니시무라의 모습을 동경했던 무라이는 문화학원 미술과 1기생으로 진학하여 이시이 하쿠테이의 지도를 받았다. 강사로서 모교에 돌아온 해는 1938년이었다.

이중섭이 문화학원 재학 중이던 1938년 자유미술가협회 공모전에 다섯 점을 응모했던 일은 무라이가 권유한 것으로 알려졌다. 첫 응모에서 바로 입선하는 성과를 거뒀는데 미술평론가 이경성은 우에노에서 열린 이 전시에서 이

* 전은자, 「전은자의 제주바다를 건넌 예술가들」, 『제민일보』, 2010년 6월 7일.

중섭과 알게 되었다고 회상한 적이 있다.

이경성은 와세다 대학에서 법률을 배우다가 미술에 빠져 졸업 후 미술사를 전공했다. 이후 국립현대미술관 관장을 역임하는 등 한국미술계를 이끄는 인물이 되었다. 미술을 통한 한일문화교류에도 힘을 쏟아, 1988년에는 일본 정부로부터 훈장을 받기도 했다. 그는 이중섭에 대해 이렇게 회상하기도 했다.*

"그는 작품 〈소와 소녀〉, 〈불상〉 등을 출품했는데 첫 대면이었지만 그림에 대하여 꽤 여러 가지 이야기를 주고 받았다. 그후 같은 도쿄에 있으면서 여러 번 공적인 장소, 즉 전람회에서 만나 서로 인사를 나누었으나 사적으로 자리를 같이한 적은 없었다."

무라이가 살던 시나가와 아파트에서는 일본인뿐만 아니라 조선인 예술가도 함께 모여 그림에 관한 논쟁을 벌이곤 했다. 홋카이도 도립근대미술관 주임 학예원 이우치 가쓰에井内佳津惠는 무라이의 영향으로 "자유미술가협회에 수많은 조선인 미술가가 참가하여 추상회화의 중요한 기점으로서 양국 미술가가 절차탁마하는 장이 되었다"라고 했다.** 그에 따르면 이중섭이 입선하기 1년 전인 1937년 제1회 전시에서는 응모작이 675점이나 되었고 그중 입선은 49점이 엄선되었다. 이우치의 글에서는 1938년 전시에 관해서는 언급이 없지만, 이중섭의 입선이 얼마나 높은 평가를 받았는지는 짐작할 수 있다. 이우치가 "이 단체는 재야 단체로서 여러 한국인 예술가를 옹호했다는 점을 특히 주목할 만하다"라고 평가했듯, 입선자 중에는 이중섭의 친구들도 다수 이름을 올렸다.

자유미술가협회의 활동 무대는 도쿄에 그치지 않았다. 1940년에는 경성에서 전람회를 열었는데, 목록에 이중섭의 이름이 남아 있다. 응모작은 〈소의

---

*   이경성, 「내가 아는 이중섭 2」, 『중앙일보』, 1986년 6월 28일.
**   이우치 가쓰에, 「오고가는 사람과 사물, '생각' 그리고 조형-20세기 전반 동북아시아의 유동성 속에서」, 『한일근대미술가의 눈-'조선'에서 그리다』日韓近代美術家のまなざし—, '朝鮮'で描く, 2015년, 30쪽. 이 문헌은 한일국교정상화 50주년을 맞아 2015년 일본 6개 미술관에서 열린 《한일근대미술가의 눈-'조선'에서 그리다》 전시 도록이다. 옮긴이 주.

머리〉, 〈서 있는 소〉, 〈망월 1〉, 〈산의 풍경〉 총 네 점이다. 그때도 이미 소를 소재로 골랐음을 알 수 있다. 소는 이중섭의 자화상 그 자체였다.*

"반도에서 온 천재화가", "반도화가의 빛나는 활약" 등 협회에서 높은 평가를 받은 이중섭은 출품할 때 사전 심사를 받을 필요가 없는 정식 회우 자격을 얻었다. 그해는 진무 덴노神武天皇가 즉위한 지 2600년에 해당한다고 하여 기원紀元 2600년을 축하하는 여러 행사가 열렸다. 협회의 전람회도 '기원 2600년 기념'이라는 제목으로 열렸다. 성대한 축하 행사에 국가의 위세를 뽐내려는 의도와 목적이 있었음은 두말할 필요도 없다.

조선인 화가들의 활약도 활발해졌다. 이중섭은 친구들과 결성한 조선신미술가협회에 이름을 올리고 1941년에는 제1회 전시를 긴자의 화랑에서, 이어 그해 초여름에는 경성에서 전시를 열었다. 이중섭은 그렇게 화가로서의 걸음을 착실히 걸어갔다.

이런 상황 속에서 이중섭과 마사코는 장래를 고민하기 시작했다. 마사코는 그를 부모에게 소개하고, 원래 3년제로 졸업하는 문화학원을 2년만 다닌 뒤 중퇴했다. 신부 수업을 위해 요리와 양재를 배워야겠다는 생각으로 이어졌다. 바로 "아고리와 결혼하려고 생각하고 양재를 배우러 갔어요"라는 이야기와 이어진다.

귀향

미군기가 도쿄 상공을 처음 공습한 것은 일본군의 연전연승 소식이 전해지던 1942년 4월의 일이다. 두 달 후 미드웨이 해전에서 일본군의 항공모함이 큰 타격을 입자 전황은 급속도로 불리해졌다. 육해군 최고 통수기관 대본영의 발표가 실제 상황과 한참 동떨어져 있었다는 사실은 패전 후 밝혀졌지만, 당시에도 의문을 품는 사람들이 있었다.

이중섭도 그중 한 사람이었을까. 마사코 앞으로 도착한 엽서화에도 차차

---

* 소 그림에 대해서는 제6장에서 다시 이야기할 예정이다.

어두운 그림자가 드리워지기 시작했다. 길고 커다란 얼굴을 한 남자가 눈을 치켜뜨고 있다.[화보12] 커다란 귀, 귀와 비슷한 크기로 부릅뜬 눈동자, 턱수염은 삐뚤빼뚤 자랐다. 남자 주변에는 강아지와 바이올린을 켜는 아이 같은 귀여운 대상을 묘사했지만 남자의 시선은 어딘가 다른 곳을 향하고 있는 듯하다. 늘 보였던 한글 서명도, 1942라는 연도도 모두 먹으로 칠했다. 이 그림은 나중에 한국 미술계에서 〈어두운 남자〉라는 제목이 붙었다.

다음 해인 1943년 봄, 함께 구로사와 아키라黑澤明 감독의 「스가타 산시로」姿三四郞를 보러 갔던 일을 마사코는 기억하고 있었다. 당시로서는 드문 오락영화라 큰 인기를 모았다. 함께 보낼 시간이 얼마 남지 않았음을 짐작하고 조금이라도 즐거운 추억을 만들어보려고 했던 것일까.

조선인 유학생들에게 충격적인 사건이 일어난 것은 그해 7월이었다. 도시샤同志社 대학에서 유학 중이던 시인 윤동주가 조선 독립을 획책했다며 치안유지법 위반 혐의로 체포되었다. 한글로 쓴 시가 문제시되었다.

죽는 날까지 하늘을 우러러
한 점 부끄럼이 없기를
잎새에 이는 바람에도
나는 괴로워했다

곧 고향으로 돌아갈 요량으로 연락선 표를 구하던 윤동주는 송별회에서 「아리랑」을 불렀다. 정서적인 시구에 담긴 메시지는 결코 항일이나 민족주의를 고취하려는 것이 아니었다. 하지만 일본은 인정하지 않았다. 체포되고 2년 후 윤동주는 후쿠오카 형무소에서 사인이 명확하게 밝혀지지 않은 채 세상을 떠났다. 스물일곱의 젊은 나이였다. 전후에 발행된 시집 『하늘과 바람과 별과 시』는 일본에서도 널리 알려졌다.

전세가 더욱 불리해지면서 징병이 유예되었던 학생에게도 빨간색 입영통지서가 도착하기 시작했다. 가을비가 몹시 내리던 1943년 10월 21일, 메이지진구 외원 경기장에서는 학도병 출정 장도를 축하하는 행사가 열려 7만 명의 학생들이 군가「바다로 가면」을 제창했다. 학도병 출정식은 일본 통치 아래 있던 경성과 타이베이에서도 열렸다.

자유가 박탈되어가는 상황 속에서 문화학원 역시 존속이 어려워졌고 1943년 9월에는 강제 폐쇄라는 쓰라린 상황에 처하게 되었다. 비전非戰주의*로 일관하여 '비국민非國民'**이라는 비난을 받던 니시무라 이사쿠는 불경죄로 형무소로 이송됐다. 간다의 문화학원 건물은 육군이 접수하여 서양인의 포로 수용소로 사용되었다. 이중섭도 그런 시대의 분위기에 위기감을 느꼈을 것이다. 이대로라면 일본군 병사로 징병될 수밖에 없다. 차차 귀향이라는 두 글자가 무겁게 닥쳐오기 시작했다.

무언가를 결의한 듯 눈매가 단단히 치켜 올라간 남자의 손이 옆에 기댄 여인의 뺨을 어루만진다. 여인은 눈을 감고 남자에게 몸을 의지한다. 가지런한 체크 셔츠에서는 그물 속에 걸려버린 듯한 폐색감이 전해진다. 1943년 7월 6일에 보낸 이 엽서화를[화보13] 마지막으로 글 없는 러브레터는 끊겼다. 나중에 한국미술계가 이 작품에 붙인 제목은 〈두 사람〉이다. 하지만 나는 최열이 붙인 〈이별〉이라는 제목이 이중섭의 심정을 더 잘 반영하고 있는 듯 느껴진다.

원산으로 돌아가면 언제 다시 만날 수 있을지 알 수 없었다. 귀향을 앞둔 이중섭은 마사코에게 자기의 분신처럼 팔레트를 맡겨두고 떠나기로 했다. 자유미술가협회에서 이름을 바꾼 미술창작가협회 전람회에 출품하여 받았던 자랑스런 부상이었다. 세로 43센티미터, 가로 68센티미터의 반원형 나무 팔레트에는 흰색, 빨간색, 황록색, 청색이 그라데이션을 이룬 안료가 선명하게 남아 있다. 엄지손가락을 끼울 수 있는 작은 타원형 구멍에서 그의 체온이 그대로 느껴지는 듯하다. 점점 엄혹해지는 전시 상황을 생각해보면, 마사코가 돌아가지 말라고 붙잡는 일은 불가능했을 것이다. 조선으로 돌아가더라도 꼭 다시 만날 수 있을 거라는, 팔레트에 담긴 프로포즈의 의미가 마사코에게도 전해졌다. 마

---

*   전쟁이나 무력 행사를 부인하고 전쟁이 아닌 수단으로 문제를 해결하기를 주장하는 사회운동이나 입장. 옮긴이 주.
** 국민으로서의 의무나 본문을 위반한 자라는 뜻으로 특히 제2차 세계대전 당시 군부나 국책에 대해 비협조적인 사람을 비난하는 의미로 쓰던 말. 옮긴이 주.

사코는 이중섭의 그런 메시지를 믿기로 했다.

음력으로 칠월 칠석에 해당하는 1943년 8월 7일 밤, 이중섭은 시모노세키에서 연락선 고안마루興安丸에 올랐다. 1940년대 초반, 관부연락선으로 왕래하는 승객은 연간 100만 명에 달했다. 7년 동안의 도쿄 생활을 한 장면 한 장면 반추하기에는 북적이던 배 안에서 보낸 일곱 시간의 항해는 너무 짧았을지도 모른다. 얼마 지나지 않아 마사코 앞으로 조선신미술가협회가 8월 25일부터 29일까지 전람회를 연다는 안내장이 도착했다. 거기에는 다른 동료 여섯 명과 함께 이중섭의 이름이 쓰여 있었다.

원산에서 온 전보

이중섭이 조선으로 돌아간 이듬해인 1944년, 공습은 더욱 과격해졌다. 마사코의 집 앞마당에서도 미군기를 종종 볼 수 있을 정도였다. 어머니 도시코는 가나가와로 피신했지만, 마사코는 결혼한 여동생 부부와 함께 미슈쿠 집에 머물렀다. 곳폰기의 국제문화진흥회에서 일하고 있었기 때문이다. 국제문화진흥회는 일본 외무성의 외곽 단체로 오늘날 국제교류기금의 전신이다.

1943년부터 1944년 무렵 진흥회 이름으로 제작된 16밀리 필름 흑백 영상에는 흰 머릿수건에 반팔 셔츠, 스커트 차림의 여학생들이 일사분란하게 행진하며 체력을 기르는 데 힘을 쏟는 장면이 담긴 「총후의 체육」, 일본 벼농사의 우수함과 농민의 수고를 다루며 정신주의를 강조하는 「기타구니의 쌀(일본의 쌀)」 등의 제목이 붙어 있다. 일본 문화를 해외로 알리기 위해서라고는 했지만 차차 대외 공작이나 국위 선양을 위한 의도가 짙어졌다.

어느 날 진흥회에 사진가 도몬 겐土門拳이 나타났다. 마사코가 싸온 도시락 반찬에 도몬의 시선이 멈췄다. "그거 하나 줘요." 도시락 상자 속의 치즈였다. 전쟁 당시 유제품은 좀처럼 보기 힘든 음식이었다. 마사코가 도시락에 치즈를 싸올 수 있었던 것은 미야케지마三宅島에서 목장을 경영하던 어머니 도시코의 친구가 귀한 버터나 치즈를 집으로 종종 보내준 덕분이었다.

궁핍한 생활 속에서 마사코를 견디게 해준 것은 원산에서 이중섭이 때때로 보내오던 전보였다. 글 전체가 가타카나로 타전되었고, 요금을 아끼기 위해 글자 수를 최대한으로 줄였다. 게다가 문장이 어색하기도 해서 한 번 읽어서는 뜻이 잘 통하지 않는다. 비록 알아보기 쉽지는 않았지만 내 걱정은 말라는 마음 씀씀이가 느껴진다.

"건강한지. 홍 씨의 건으로 산에서 오늘 집으로 돌아왔어. 사세한 것은 편지를 쓸게." _1944년 5월 3일.

"전람회를 위해 제작 중. 3일 후에 편지 쓸게." _1944년 5월 29일.

보낸 이의 이름은 모두 '리타이코우'リタイコウ였다. 리타이코우를 한자로 표기하면 이대향李大鄕으로, 이중섭이 스스로에게 붙인 이름이다. 미술사학자 최열은 '대향'이라는 두 글자가 처음 등장하는 것은 1941년 7월 6일 마사코 앞으로 보낸 엽서화부터라고 한다. 가운데를 의미하는 자신의 이름 '중'仲보다, 한 층 더 위를 목표로 한다는 의미가 포함되어 있다는 것이 최열의 견해다.

   나는 원산으로 돌아간 이중섭이 마사코와 어떤 방식으로 연락을 취했을지 알고 싶었다. 하지만 마사코에게 물어보았더니 기치조지에서 보낸 엽서화에 대해 이야기할 뿐, 그뒤 몇 년은 기억나지 않는 듯했다. 예전에 받아 소중히 모아둔 글씨 없는 러브레터만 곁에 있다면 마사코의 마음은 이미 충만했는지도 모른다. 원산에서 보내온 전보를 보면 이중섭은 때때로 편지도 보냈음을 짐작할 수 있다. 마사코는 "원산 앞바다에서 매일 헤엄을 쳤다는 것 같아요"라고 말하기도 했다. 다만 태성은 "이상하게도 1944년이나 1945년에 아버지가 보낸 편지는 한 통도 없어요. 왜 그런지 알 수는 없지만요. 어머니가 편지를 버릴 사람은 아니니까 저한테도 수수께끼에요"라며 고개를 갸웃거렸다. 점점 격렬해지던 전쟁 탓으로 도쿄까지 편지가 도착하지 못했는지도 모른다. 확실히 닿을 수 있던 전보로 근황을 전한 것은 그 때문이 아닐까. 떨어져 있어도 당신을 잊지 않아, 그러니 당신도 나를 잊지 말아달라는 바람을 담은 건 아닐까.

   1944년이 저물어 가면서 일본의 패색은 더욱 짙어졌다. 일본 본토에서 일어나는 결전도 피할 수 없다고 죽창 훈련으로 내몰리는 나날을 보내고 있었다. 한반도까지 총동원체제로 전환되어 지원제에서 징병제로 바뀌었다. 조선총독부는 황국신민교육을 더욱 강화했다. 각 일터에서도 "천황 폐하는 살아 있는 신現人神이다", "대동아전쟁에서 반드시 승리하자!"라고 외치는 일이 일과가 되었다. 그런 광경을 이중섭은 어떤 생각을 하며 바라보았을까.

조카 이영진이 작성한 「이중섭 연보」에는 1944년부터 일본의 패전까지 미술과 관련된 기록이 전혀 없다. 전람회를 여는 일도 곤란했다. 앞서 말했듯 1922년부터 매해 열린 조선미술전람회도 1944년에 막을 내렸다. 이중섭으로부터 급한 전보가 도착했던 것은 그 무렵의 일이다.

"마사코와 결혼을 서두름. 자세한 것은 편지로 보내. 편지 줘."

더 이상 전쟁이 악화된다면 마사코가 조선에 올 수 없게 된다. 그런 비장함이 느껴지는 정식 프로포즈였다. 마사코도 주저하지 않았다. 1년 이상 만나지 못했고 그를 믿을 수밖에 없었다. 기다리고 바라던 힌미디였디. 미시코의 부모도 언젠가 이런 날이 오리라 생각하고 있었을 것이다. 부모로서 결혼을 걱정했던 이유는 다른 민족이어서가 아니었다. 아버지는 마사코에게 이렇게 말했다.

"어떤 나라 사람이라도 상관하지 않아. 다만 화가는 제대로 먹고 살기 힘들 거야."

재벌 계열 기업에서 중역 자리까지 오른 아버지로서 화가라는 직업은 분명 불안정하게 보였을 것이다. 그렇다고 해서 결혼까지 반대할 마음은 없었다. 이중섭을 향해 한결같던 마사코의 행복을 그저 빌어줄 뿐이었다.

대한해협을 건너

B29기 수백 대가 도쿄 하늘을 뒤덮은 것은 1945년 3월 10일 새벽이었다. 구석구석 불에 탄 들판으로 변한 우에노나 아사쿠사에서는 사람들이 행방불명된 가족을 찾아 헤맸다. 세타가야도 피해를 입었지만 마사코의 집은 다행히 화재를 면했다. 빨리 출발하지 않으면 조선으로 갈 수 없을지도 모른다는 생각으로 마사코는 준비를 서둘렀다.

도쿄를 떠나기 전 친구에게 맡아달라고 부탁하고 싶은 물건이 있었다. 이중섭이 원산으로 돌아가기 전 마사코에게 남겨둔 작품과 팔레트였다. 마사코는 문화학원 시대부터 친했던 벗이자 이중섭과도 친분이 있던 마부치 가즈요馬淵一世의 집을 찾아갔다. 그 사람이 있는 곳으로 가겠다고, 이것들을 나라고 생각하고 소중하게 간직해달라는 마음을 담았을 것이다. 마부치는 이중섭을 화가 선배로서도 흠모했다. 그의 작품을 보면서 데생을 한 크로키 수첩이 많이 남아 있을 정도였다. 언젠가 일본으로 돌아와 재회할 그날까지 마부치라면 반드시 이 물건들을 잘 지켜줄 것이라고 여긴 마사코는 친구에게 작별인사를 했다. 훗날 마사코는 일본으로 돌아간 뒤 마부치가 소중히 보관한 팔레트를 돌려받았고, 이후 제주도 이중섭미술관에 기증했다.*

일본 전역에서 미군의 공습이 격화되면서 시모노세키 행 열차표를 구하기가 어려워졌다. 아버지가 방법을 동원해 겨우 표를 손에 넣을 수 있었다. 아버지는 바다 건너 시집가는 딸에게 이렇게 말했다.

"너무 힘들면 언제라도 돌아오렴."

이 한마디에 마사코의 마음은 얼마나 가벼워졌을까. 쌀을 넣은 배낭을 등에 지고 양손에 조그만 가방을 하나씩 쥔 마사코는 서둘러 시모노세키로 떠났다. 그날 마사코는 벚꽃을 봤을까. 도쿄 대공습 이야기를 전하는 일을 평생의 업으로 삼았던 작가 사오토메 가쓰모토早乙女勝元는 그해 스미다 공원의 3월 중

---

* 이 이야기는 제8장에서 상세히 다룬다.

순 모습을 이렇게 읊었다.*

"스미다 강 제방 따라 '1리 꽃 터널'이라 불리는 벚꽃 길은 다시 보면 인공 꽃! 실은 머지않아 꽃구경 철인데도, 싹이라는 싹이 모조리 불타버린 가지에는 여기도 저기도 형형색색 엄청나게 많은 헝겊이 휘감겨 바람에 휘날리고 있어요. 그날밤 피난 가던 사람들의 몸에서, 짐에서 떨어져 나간 천 조각이 강풍에 휩쓸려 나뭇가지에 엉켜버린 게 틀림없겠죠. 도저히 손에 닿지 않는 높이까지 날아가 펄럭펄럭 북풍에 펄럭이는, 이상하게 한창인 어떤 벚꽃이라고 말해야 할까요."

화창하게 찾아온 새봄을 느낄 마음의 여유는 없었다. 오버코트를 입었지만 몸이 덜덜 떨릴 정도로 추웠다고 마사코는 기억했다. 부산으로 향하는 연락선은 미군의 격렬한 기뢰 공격에 시달렸다. 해가 저물면 B29기가 신형 기뢰를 간몬 해협에 뿌려댔다. 야간 항해는 중지되어 배는 낮에만 운행했고, 미군의 눈에 띄지 않도록 선체도 회녹색으로 칠했지만 기뢰 피해는 계속 늘어가는 형국이었다. 미군이 오키나와 본섬에 상륙한 4월 1일, 승객 2431명을 태우고 시모노세키를 출항한 고안마루는 큰 폭발음과 함께 거대한 물기둥에 휩쓸렸다. 다행히 사상자는 생기지 않았지만, 배는 기우뚱하며 크게 기울어 간신히 시모노세키 항으로 되돌아왔다. 그 이후 간몬 해협은 위험하다고 여겨져 시모노세키 발 연락선은 운항이 중단되었다. 조선으로 향하는 항로는 출발과 도착 모두 2년 전 개설된 하카타 항에서 이루어졌다. 마사코는 다시 하카타까지 이동해야 했다. 아버지로부터 만약 시모노세키가 위험해지면 하카타로 돌아가라는 조언을 미리 들었기 때문에 주저 없이 하카타 행 열차에 올랐다. 평상시라면 도쿄에서 경성까지는 40시간 정도면 도착할 수 있었다. 하지만 오카야마에서 공습을 만나 하루 꼬박 발이 묶였고, 하카타에서도 배에 오르기까지 이틀을 기다

* 사오토메 가쓰모토, 『불꽃 속 사과의 노래 도쿄대공습·스미다가와 레퀴엠』炎のなかのリンゴの歌 東京大空襲·隅田川レクイエム, 쇼가쿠칸, 1988년, 136쪽.

려야 했다. 지친 마사코는 집에서 출발한 후 도대체 며칠이 지났는지도 알지 못할 지경이었다. 부산으로 향하는 200킬로미터 운행 중 기뢰를 맞은 것 같은 폭발음이 여기저기서 들려왔다. 마사코는 이때를 이렇게 말했다.*

"정말 먹지 못하고 마시지 못하는, 그야말로 죽는 게 두렵지 않은 여행이었죠."

마사코에게는 이중섭과 만나야 한다는 생각밖에 없었다. 일본에서 출발하기 전 두 사람은 전화 통화로 만날 방법을 확인해두었다.

"바다만 건너오면 친구가 부산으로 마중 나갈 테니까."

이중섭은 마사코의 불안을 달래주려고 경성까지 오는 길을 설명해주었다. 대한해협만 무사히 건넌다면 두 사람의 밝은 미래가 기다리고 있다고 간절히 바라는 마음이었을 것이다. 배 위에서는 부둣가에서 들려오던 일본 각지의 방언은 완전히 사라지고 없었다. 연락선의 승객은 공습이나 동원을 피해 귀향하는 조선인들로 넘쳤다. 훗날 이중섭과 함께 활동한 서양화가 백영수가 떠올린 당시 모습은 이렇다.** 그는 두 살 때 어머니와 함께 오사카로 건너가 오사카 미술학교에서 서양화를 배웠다. 식료품 배급은 점점 줄어들고, 누구나 불안에 떨고 있을 무렵, 오사카 백영수의 집이 폭격을 만나 하룻밤 사이에 오갈 데가 없어졌다. 그만 조선으로 돌아가자며 가족과 함께 시모노세키로 향하니 부두에는 그들과 마찬가지 처지의 사람들로 가득했다. 시모노세키 주변도 폭격이 심해져서 배가 언제 출발할지 알 수도 없었다. 일주일을 노숙한 끝에 겨우 배에 오를 수 있었다. 폭격을 피하기 위해 불도 켜지 않았기에 칠흑 속에서 펼쳐진 항해였다. 도대체 어디로 가고 있는 걸까, 혹시 폭격기가 나타나면 어쩌

---

* 「이젠 모두 지나가버린 얘기니까 괜찮습니다」,『계간 미술』 1986년 여름호.
** 백영수,『성냥갑 속의 메시지』, 문학사상사, 2000년.

나 하는 생각으로 제대로 숨도 쉴 수 없었다. 모두 침울한 얼굴로 이 항해가 빨리 끝났으면, 하고 기다릴 수밖에 없었다. 그렇게 바라면서도 20년 넘게 살았던 일본을 떠나는 쓸쓸함과 새로운 출발에 관한 이런저런 생각으로 갑판에서 하룻밤을 꼬박 새우기도 했다.

백영수가 집이 불탔다고 한 사건은 1945년 3월 13일 늦은 밤부터 다음날 새벽까지 이어졌던 오사카대공습을 말한다. 모든 것을 잃고 배를 탈 돈도 없이 시모노세키로 향해 어떻게든 고향으로 돌아갈 배에 올라탔던 조선인들로 연락선은 꽉꽉 들어찼다.

다시 마사코 이야기로 돌아가보자. 날이 밝자 항구 뒤로 민둥산이 가까이 보이기 시작했다. 대륙의 관문인 부산은 산으로 둘러싸인 도시였다. 일본인이 살던 항구나 역 주변은 개발이 잘 되어 있었다. 이 광경이 눈에 들어왔을 때 마사코는 얼마나 안도했을까.

마사코의 도쿄 출발이 조금만 늦었다면, 아마 두 사람은 재회할 수 없었을지도 모른다. 1945년 5월 27일 부산을 출발한 곤고마루金剛丸가 하카타 만을 운행하나가 선체 가까이에서 폭발한 기뢰 두 발로 침수되면서 사상자도 다섯 명이 생겼다.* 점점 위험해지자 6월에 접어들 무렵부터 관부연락선은 모두 다른 항로로 변경되었다. 사실상 폐지한 것이나 다름없었다.

연락선에서 내린 마사코는 경부선에 올랐다. 부산을 출발하여 경성에 도착한 날이 사흘 뒤인지, 나흘이 지났는지 마사코는 정확히 기억하지 못했다. 바지가 헐렁헐렁하게 보일 정도로 야윈 마사코에게 기차에서 만난 양복 차림의 한 남성이 도시락을 반 정도 덜어준 일만 기억했다.

경성에 도착한 마사코는 경성을 대표하는 큰 호텔을 찾아가려고 마음먹었다. 이중섭에게 도착을 알리는 전화를 걸기 위해서였다. 행선지는 당시 조선 제일의 고층건물로 알려진 8층짜리 반도호텔이었다는 설과, 세련된 서양식 벽돌 건물로 유명했던 조선호텔이었다는 설이 있지만 어느 쪽이 맞는지는 확실하지 않다. 둘 다 남산 기슭에 위치했고 경성역에서 북동쪽으로 숭례문을 지나

---

* 『관부연락선사』關釜連絡船史, 일본국유철도히로시마철도관리국日本国有鉄道広島鉄道管理局, 1979년.

면 바로였다. 옛 반도호텔 자리에는 롯데호텔이, 조선호텔 자리에는 웨스틴조선 호텔이 들어서 있다.

"마사코가 경성에 왔다!"

반가운 소식에 가슴이 뛰었을 이중섭은 다음날 바로 원산에서 기차를 타고 달려갔다. 호텔 로비로 뛰어 들어온 이중섭의 양손에는 삶은 달걀과 새빨간 사과로 가득 찬 보자기가 들려 있었다. 식량난이 심했던 도쿄에서는 과일은 좀처럼 먹을 수 없었다. 그녀에게 조금이라도 맛있는 것을 먹이고 싶다는 생각뿐이었을까. 그의 얼굴만 다시 볼 수 있다면 이젠 더 바랄 것이 없다는 일념으로 홀로 경성까지 찾아온 마사코가 이중섭에게는 얼마나 사랑스럽게 보였을까. 함께 아삭아삭 사과를 먹으면서 "맛있지?"라고 곁에서 그가 이야기를 건넨다. 그때의 행복한 기억을 떠올리며 마사코는 지금도 그 맛을 잊지 못한다고 말했다.

원산의 신부

동해에 접한 항구 도시 원산은 조일수호조약에 의해 1880년 개항, 일본 영사관도 설치된 곳이었다. 처음엔 수백 명에 지나지 않던 일본인 거류민은 청일·러일전쟁을 거치며 급증했다. 해안선의 푸른 소나무와 흰 백사장이 아름다운 곳이었다. 주변에는 호텔과 임대 별장이 늘어서 있었다. 원산항의 서쪽으로는 한반도 제일의 해수욕장이 있었다. 잔잔한 파도가 치는 얕은 해안이 시가지 바로 앞으로 펼쳐졌다.

1930년 발행된 『일본지리대계 조선편』에는 원산 시가지의 사진이 게재되어 있다. '이마무라 치과의원', '라디오 전기점', '아사히 건전지'라고 쓴 일본어 간판이 늘어서 있다. 그 안쪽으로는 자전거포인 듯 가게 앞으로 자전거 여러 대와 길 중앙에 자전거를 탄 남학생의 모습이 찍혔다. 그리고 이렇게 기록되어 있다.

"원산항 구역은 주로 내지인의 상점이 늘어서 있고, 번지를 정리한

1930년대 일본에서 발행한 『일본지리대계 조선편』에 실린 원산 시내 모습.

구획이 절시 징연하며 싱업이 빈성했다."

상공회의소나 재판소 등 주요 기관은 이미 항구 부근에 모여 있었다. 그 부근 거리에는 '혼마치'本町, '사이와이초'幸町 같은 일본풍 이름이 붙었다.

마사코가 원산에 온 것은 그때로부터 15년 후였다. 도시화는 더욱 진행된 상태였을 것이다. 다만 화려한 중심가에는 대부분 일본인이 거주했다. 조선인이 모여 살던 곳은 번화가에서 떨어져 있었다. 이중섭의 집도 중심가에서 남동쪽으로 2킬로미터 정도 떨어진 원산리라는 곳이었다.

1945년 5월, 원산리 집에서 두 사람은 이중섭의 어머니와 친척, 많은 친구들에 둘러싸여 정식 부부의 연을 맺었다. 문화학원에서의 만남 이후 6년 가까운 세월이 지나고 나서였다. 마사코는 족두리를 머리에 쓰고, 머리카락은 뒤로 한 갈래로 단정히 묶었다. 알록달록하고 화려한 한복 치마가 바닥까지 넓게 퍼져 내려왔다. 신랑은 턱수염을 조금 기른 모습이다.

일본의 패전을 눈앞에 두고 있던 때라 식량 사정은 마찬가지로 힘들었지

1945년 5월 지러신 이숭섭과 야마모토 마사코의 결혼식. 이 사진은 야마모토 마사코 여사가 세상을 떠나기 전까지 그의 옆을 지켰다.

만 일본보다는 훨씬 나은 편이었다. 도쿄에서는 이미 찾아보기 힘들었던 싱싱한 생선과 고기, 채소와 과일을 푸짐하게 올린 접시가 두 사람 앞에 놓였다. 다산을 바라는 마음을 담은 대추도 물론 빠지지 않았다. 전국 각지에서 찾아온 화가 친구들은 일주일에 걸쳐 신랑신부 집에서 머물면서 새로운 출발을 축하하며 술자리를 벌였다. 결혼식에 참석한 사람 중 한 명인 시인 양명문은 이렇게 회상한다.*

"중섭은 시종 순수한 미소를 지으면서 대해주었고, 그 무한히 부드러운 바리톤으로 노래를 불렀는데 (중략) 노래하는 포즈도 좀 수줍은 편이어서 앉아서 부르는 것이었는데, 오른편 볼에 손길을 가볍게 펴 붙이고 부르는 것이었다."

'남남북녀'라는 말이 있다. 남자는 남쪽 사람이 잘 생기고 여자는 북쪽 여자가 곱다는 의미다. 이중섭은 이 말을 살짝 비틀어 자기네 부부는 '남녀북남'이라고 자랑심아 늘이놓기도 했다고 같은 고향 친구인 서양화가 김영주는 회상했다.**

신랑은 결혼 기념으로 신부에게 한국식 이름을 선물했다. 남쪽 지방, 즉 일본에서 온 덕이 있는 사람이라는 뜻을 지닌 '이남덕'李南德이라는 이름이었다. '남덕'은 남자 이름 같지만 이중섭은 개의치 않고 그저 마사코를 향한 애정을 담아 그렇게 이름을 지었다.

여기까지는 잘 알려진 일화다. 나는 취재하는 동안 뜻밖의 이야기를 들었다. 이중섭이 마사코에게 한국식 이름을 지어준 데에는 자기 가족을 배려하는 마음도 있었다는 것이다. 조곤조곤한 말투로 그렇게 털어놓은 사람은 조카 이영진의 첫째 딸 이지연과 셋째 딸 이지향이었다. 나는 이지연과 이지향을 서울에서 두 번 만나 인터뷰했다. 그녀들의 연락처는 좀처럼 얻기 힘들었는데 알고 지

---

* 최열, 『이중섭 평전』, 돌베개, 2014년, 183쪽.
** 김영주, 「내가 아는 이중섭 3」, 『중앙일보』 1986년 7월 5일.

내던『조선일보』기자를 통해 겨우 만날 수 있었다. 첫 만남이었던 2017년 12월 8일, 두 사람은 약속 시간보다 먼저 시내 호텔 커피숍에 와 있었다.

"큰 반대는 없었다고 해도, 일본 사람과의 결혼은 그래도 양반 집안에서 그렇게 간단치는 않았어요."

이지연은 내게 그렇게 말했다. 명문가라는 자긍심을 지닌 입장에서 식민지 지배자의 집안과 맺어지는 일에 저항감이 있었음은 상상하기 어렵지 않다. 그런 거부감을 누그러트린 것이 한국식 이름이었다는 뜻이다. 이지연과 이지향은 천천히 이야기를 들려줬다. 정신을 차려보니 두 시간 가까이 훌쩍 지나갔다. 점심시간이 다가와 이제 슬슬 정리하려는 분위기였을 때 이지연은 솔직하게 자신의 마음을 털어놓았다.

"일본인이라서……. 게다가 식민지 시기도 걸려 있어서…… 하지만 제가 생각한 것 이상으로 이해해주셔서 안심했어요."

일본인 내가 어떤 취재를 하려는지 만나기 전에는 꽤 경계심이 있었지만 이야기가 탄력을 받아 자연스레 진행되면서 점점 안도했다는 뜻이었다. 그녀는 복사를 해왔다며 가방에서 귀중한 자료를 꺼내 건넸다. 그것은 2001년 한국에서 상연된, 이중섭을 주인공으로 한 연극「길 떠나는 가족」의 팸플릿과, 이 책에서도 이미 몇 번이나 인용한 이영진이 작성한「이중섭 연보」가 수록된 도록이었다. 팸플릿에는 숙부에 관한 일화를 담은 이영진의 기고문이 게재되어 있었다. 곤란한 과거사가 얽혀 있는 것은 사실이지만, 마음을 나누었던 이중섭과 마사코 부부의 이야기를 일본에서도 적극적으로 소개해주었으면 좋겠다는 마음이 담겨 있는 듯했다. 도록은 꽤나 묵직했다.

이중섭 일가 쪽에서 일본인인 자신을 조금은 꺼려했다는 점을 마사코도 알아차렸는지는 확실하지 않다. 다만 패전 직전 도쿄에서 어려운 생활을 하고 있던 마사코에게 원산 생활은 무척 평온하게 느껴졌다. 집에는 정원과 화사한 화단도 딸려 있었다. 마사코가 느릿한 말투로 회상했다.

"이웃엔 일본인 부인도 계셔서 그렇게 외롭거나 하지는 않았어요."

근처에 역시 조선인 남성과 결혼한 일본인 여성이 살아서 자주 왕래했다고 말했다. 부유한 양반 집안답게 집안일을 해주는 사람도 있어 가사에 쫓기지 않고 여유 있는 나날을 보냈다.

마사코의 기억 속에 남은, 신혼 시절의 그리운 한 장면은 이중섭이 도둑으로 몰렸던 소동이었다. 어느 날 이중섭은 가까운 이웃집에서 키우는 소를 정신없이 관찰하고 있었다. 그러다 소를 훔치려고 한다는 의심을 사고 말았다. 숨을 헐떡이며 집으로 뛰어 들어온 남편의 시퍼렇게 질린 얼굴이 기억에 남는다고 했다.

그런 목가적인 나날도 한순간이었다. 소련이 일본과의 전쟁에 참전한다는 소문이 퍼지기 시작했다. 이중섭과 마사코는 소개령이 떨어져 공습을 피해 원산 교외의 과수원으로 거처를 옮겨야 했다. 그리고 얼마 지나지 않아 일본이 패했다는 소식을 접하게 된다.

제3장 남쪽으로

→ 1950년 10월 한국전쟁 당시 원산상륙작전 장면. 위키피디아.

패전

"어머님이 집을 사주셔서 그림도 편하게 그리며, 꽤 평화로웠어요."

마사코는 원산에서 보낸 신혼생활에 대해 담담히 이야기했다. 그녀의 말투에서는 기친 역사의 파도 속에서 한 시절을 보냈다는 식의 아픔은 전혀 느껴지지 않았다. 따뜻했던 시어머니의 존재가 컸다.

소련 참전을 앞두고 공습에 대비해 소개령이 떨어져 거처를 옮겼던 마사코는 일본 패전 후에도 원산 집으로 바로 돌아오지는 못했다. 소련군이 와 있으니 위험하다고 시어머니가 만류했기 때문이다. 새로운 지배자로 군림하게 될 소련군뿐만 아니라, 조선 사람들과의 관계까지 배려했던 것이리라.

그무렵 한반도는 어떤 상황이었을까. 당시 평양에 살던 전 통일부장관 강인덕과의 인터뷰를 통해 그때의 정경을 머릿속에 그릴 수 있었다. 강인덕은 북한 정세 분석에는 따라올 사람이 없다고 이야기될 정도로 한국을 대표하는 북한 전문가다. 원산 이야기와는 그다지 관계가 없지만, 마사코가 어떤 시대를 보냈는지 이해를 돕기 위해 강인덕의 이야기를 요약하면 이렇다. 평양 제3공립중학교 1학년이었던 강인덕은 1945년 8월 15일의 광경을 지금도 선명히 기억한다. 이 학교는 내선일체의 시범학교로 설립되어 강인덕이 입학했던 해는 일본인과 조선인 학생이 반반씩 다니고 있었다고 한다. 학교에 있었기 때문에 일본 천황의 종전 선언을 직접 듣지는 못했지만 일본인 대위가 양손을 들고 대한독립 만세삼창을 하는 걸 보았다. 함께 만세를 부른 일본인 학생은 교사가 집으로 쫓아냈다. 그들은 학교에 있던 조선인 친구들과 다시는 만나지 못했다. 독립운동가들이 일제히 석방되어, 동네 곳곳에서 만세 소리가 울려 퍼졌다. 손에 든 태극기는 일장기의 아래쪽 반을 파랗게 칠해 만든 것이었다. 36년 동안 계속된 식민 통치에서 해방을 맞이한 사람들은 환호했다.

일본인으로서 한반도 연구의 일인자인 게이오 대학 명예교수 오코노기 마사오小此木政夫는 당시 상황을 "전쟁 종결 후에도 일본군의 무장해제가 늦어져서인지, 혹은 망연자실하는 일본인을 동정해서인지, 그도 아니면 조선인들 스스로가 돌연 벌어진 사태를 이해하기에는 시간이 부족해서였는지, 일본인을 대상으로 하는 폭동이나 살육 같은 불온한 사태가 일어나는 일은 없었다"라고 썼다.* 다만 북한 지역에 주둔했던 소련군은 반일 정권 수립을 추진하여, 일본인을 향해 적의를 드러내는 사람도 있었다.

"(일본인) 선생들이 학생들을 모두 자기의 집으로 데려가 밖으로 나오지 못하게 했어요. 조선 사람들에게 복수를 당할지도 모른다고 생각했기 때문이겠죠."

그렇게 말하는 강인덕은 어느 날, 길에서 소련군의 일을 하고 있던 일본인 선생을 만난 기억을 잊지 않고 있었다. 선생님을 천진난만하게 불렀지만 근처에 있던 경찰이 가까이 오지 말라며 제지했다. 이미 일본인과 조선인은 사제 관계조차 허용될 수 없는 상태였다.

얼마 지나지 않아 미소 양국이 일본군의 무장해제를 목적으로 북위 38도에 한 줄의 경계선을 그었다. 38도선 이북에서 살던 일본인들은 소련군에 연행되기 전 귀국하려고 일제히 남쪽으로 향했다. 한시라도 서둘러 배에 오르지 않으면 일본으로 돌아갈 수 없었다. 일본인들은 북방의 만주에서도 속속 밀려 내려와서 당시 38도선 이북에는 대략 40만 명이 넘는 일본인이 체류했다고 한다. 북한에서 귀환한 사람들을 중심으로 모인 '전국청진회'**가 발행한 회보 『청진 헤이세이 25년』에 수록된 수기를 인용한다.

"일본인을 향한 (조선인의) 태도는 '손바닥이 뒤집어졌다'는 말 그 자체였습니다. 마을의 학교, 주재소, 직장 등을 전부 빼앗고, 일본군의 무장해제로 손에 넣은 무기로 위협하는 상황이었지요. 하늘과 땅이 뒤

---

* 오코노기 마사오, 『조선분단의 기원-독립과 통일의 상극』朝鮮分断の起源-独立と統一の相克, 게이오기주쿠대학 출판회慶應義塾大学出版会, 2018년.
** 일본 내에서 만들어진 단체로 이후 다른 단체로 이행되었다가 해산했다.

집어진 것 같은 하루였습니다. 대낮에 밖을 돌아다니는 것은 매우 위험하니 한밤중에 아이들을 등에 업고 손을 잡고 달빛에 의지해 해안을 따라 남으로 계속 걸어갔어요. (중략) 여성이 돈을 마련하기 위해 몸을 팔지 않으면 안 될 정도로 내몰렸던 모습이 지금도 무시무시하게 떠오릅니다. 또 곳곳에서 일본인들이 자기의 안전을 위해 어쩔 수 없이 현지인과 결혼했다는 이야기도 자주 들었습니다."_청진에서 학도병으로 동원되어 나갔던 일본인 남성. 원산을 경유해서 일본으로 귀국.

"8월 7일 소련 참전에 따라, 이를 요격해야 할 원산해군항공대에 급거 파견되어 다음 날 8일까지 기지에 도착했다. 8월 15일 공용외출 중에 라디오 방송으로 일본의 패전을 알게 되었다. 그리고 조선인의 동향이 싹 바뀌어 불안정한 형세가 되자 거류민의 보호 임무를 맡는 등 어수선한 상황 속에서, 8월 22일 소련군 상륙을 맞이했다."_비행 예비과 연습생으로 원산에서 대기하던 중 소련에 억류된 일본인 남성.

1946년에 들어서자 38선 경비가 강화되었다. 1945년 12월, 모스크바에서 열린 미영소 3국 외상 회의에서 이루어진 신탁통치 결정으로 남북 간 대립이 격화되었기 때문이다. 패전국 출신인 일본인들은 조선인들보다 이동의 자유가 한층 더 제한되었다. 남으로 가는 것도 불가능해 38선 북쪽에 머무를 수밖에 없게 된 일본인들은 굶주림과 추위, 전염병에 시달렸다. 일본 후생노동성에 따르면 패전 전후 북한 지역에서 사망한 일본인은 약 3만 4,000여 명, 그 가운데 2만 1,600명 정도는 고향으로 돌아가기를 바라다가 그곳에서 잠들었다.

한반도의 여러 지역에서 조선인과 일본인의 관계가 급변한 것은 분명하다. 나는 일본인이라는 이유로 험한 시선으로 바라봤던 사람은 없었느냐고 마사코에게 물었다. 그녀는 야무지고도 힘찬 목소리로 강하게 부정했다.

"나쁜 기억은 하나도 없어요. 일본인이라고 손가락질했던 사람도 없었어요."

마사코의 대답은 의외라고 생각할 정도로 시원스러웠고 그래서 단호하기까지 했다. 이남덕으로서 살아가야겠다는 각오가 사람들의 마음속 벽을 무너뜨린 걸까. 나중에 일본으로 귀향한 마사코 앞으로 한국의 친구가 보내온 편지에는 이런 글귀가 있다.

> "남덕 씨, 보고 싶어요. 이런저런 추억이 깃든 원산, 당신의 역사를 장식한 원산, 행복했던 원산. 그리고 춥던 우리 집 방에서 둘이서 떨면서 밥을 먹었던 일도 잊을 수가 없어요."_1953년 9월 1일.

편지를 보낸 이의 이름은 김안라. 주소는 부산으로 되어 있다. 마사코와 마찬가지로 한국전쟁으로 인해 원산에서 남한으로 피난을 내려왔다고 한다. 그녀는 일본에서 공부한 적이 있어서 일본어도 능통했다. 조선에서 일본어로 속을 털어놓고 대화할 수 있는 몇 안 되는 여성 친구였다. 이 편지를 통해서도 마사코가 분명 원산에서 평온한 생활을 보냈음을 알 수 있다.

새 나라 만들기

그 무렵 마사코를 불안하게 한 것은 남편의 부재였다. 마사코를 교외 과수원 근처 소개지에 남겨둔 채, 이중섭은 원산 시내 자택으로 돌아갔다. 해방을 맞이해 화가 친구들과 활동을 재개하기 위해서였다.

각계 유력가들은 새로운 나라를 건국하려는 일념으로 다양한 단체를 조직했다. 일본의 패전 당일인 8월 15일에는 먼저 국내 지도자들이 조선건국준비위원회를 결성했다. 얼마 지나지 않아 소련과 미국, 중국 등에 흩어져 있던 독립운동가들이 차례차례 귀국했다. 새로운 나라의 미래를 놓고 자유민주주의를 목표로 삼느냐, 공산주의를 기치로 두느냐의 격론이 펼쳐진 해방정국이 시작되었다. 전국의 문화인들은 8월 18일, 경성에서 중앙조직을 만들었다. 산하에 각 분과 모임을 두었는데 미술계에서는 조선미술건설본부가 결성되었다. 다음 날에는 영화계에서 조선영화건설본부를 발족했다. 각각의 분야마다 좌파와 우파, 거기에 식민지 시기 일본에 협력했던 '친일' 경력자까지 뒤섞였다. 그뒤로는 의견 대립에서 비롯한 이합집산과 단체들의 재편이 거듭되었다. 일본의 통치로부터 해방된 기쁨의 순간까지만 해도 앞으로 이렇게 복잡한 상황이 전개될 거라고 누구도 예상하지 못했을 것이다. 일본 패전 이후 연합군이 진주하자 사람들은 새로운 시대의 개막이라며 환호했다. 양손을 높이 들어 박수 치는 사람, 모자를 벗고 미소 지으며 환영하는 사람도 있었다.

경성에서 온 연락을 받은 이중섭도 조선미술건설본부에 가입했다. 평양의 친구나 문화학원 시절의 동창생 등도 함께 이름을 올려 회원은 200명 가까이로 늘어났다. 단체의 회원들은 진주하던 미국과 소련의 국기나 원수의 초상화 등을 그렸다는 기록이 남아 있다. 초상화는 시민을 대상으로 프로파간다 역할을 했다. 일본처럼 식민 통치를 하지 않으며 여러분의 건국을 응원한다는 메시지를 던지며 저항감을 없애기 위해서였다.

프로파간다 미술에 손을 빌려줬다는 말에 정치적 활동가의 이미지가 느껴질지도 모르지만, 이중섭의 활동과 스타일에 대해서 미술사학자 최열은 이렇게 썼다.*

> "언제나 그러하듯 앞장서서 시국에 호응하는 사회사업을 벌이거나 단체를 조직하는 성품이 아니었다. 그렇다고 해서 수수방관하지도 않았고 더욱이 은둔은 생각하지도 않았다."

이중섭은 리더십을 발휘하는 타입은 아니었지만 그렇다고 정치나 사회 변화에 무관심할 리도 없었다. 과수원에 두고 온 마사코가 신경이 쓰였지만 해방과 함께 혼란스러웠던 조선에서는 예술가도 행동하기를 요구 받았다.

소련 군함을 타고 김일성이 원산에 상륙한 날은 9월 19일이었다. 이 무렵 원산에서 결성된 원산미술협회는 스탈린의 초상화를 그려 동네에 붙이는 역할을 맡았다. 이중섭은 협회의 부위원장으로 활동했다. 직책을 맡게 된 까닭은

---

* 최열, 『이중섭 평전』, 돌베개, 2014년, 188쪽.

그가 원산 미술계의 중심 멤버였기 때문이었다. 이중섭은 스탈린의 상징인 콧수염을 굳이 그리지 않는 식으로 몰래 저항을 시도했다는 일화가 널리 알려져 있다. 신빙성은 없다. 후술하겠지만, 이중섭의 기량은 소련에게도 인정받았다고 마사코는 말했으며 군 당국과 관계도 나쁘지 않았던 듯 보인다. 보통 월남한 사람들은 반공주의자였다고 과장되곤 한다. 이중섭도 북에서 내려온 반공주의자 이미지가 만들어졌기 때문에 훗날 유포된 설은 아닐까 하는 생각도 든다. 원산에서부터 이중섭을 스승으로 섬겼던 화가 김영환은 이중섭이 조선인민군을 그렸던 작품의 필치가 '부르주아적'이라고 하여 당국이 싫어했다고 회상했다.* 이중섭은 그림을 통해 정치적인 주장을 하는 타입이 아니었지만, 군 당국의 뜻을 미리 헤아려 행동할 마음도 없었던 것처럼 여겨진다. 가을이 되자 이중섭은 경성으로 향했다.

> "그해 10월, 주인은 《해방기념미술전람회》에 출품한다고 38선을 넘어 서울로 잠시 떠났는데 나는 혼자서 어찌나 외로웠는지 모릅니다."

마사코는 1986년 『계간 미술』 여름호 인터뷰에서 이렇게 말했다. 《해방기념미술전람회》는 조선미술건설본부가 1945년 10월, 해방기념 및 연합군 환영을 위해 서울 중심부인 덕수궁에서 연 전시다. 덕수궁은 일본이 한국의 외교권을 빼앗은 1905년 제2차 한일협약이 맺어진 장소다. 전시회장으로 이곳을 택한 것은 일본으로부터 해방되었다는 사실을 국내외에 보여주려는 의미도 있었다. 전람회에는 서양화나 조각 등 150점 정도가 출품되었다. 일본의 잔재를 어떻게 청산하고 일본의 영향 아래에서 벗어날 수 있을까. 예술계에서도 이 문제가 과제로 주어졌다.

하지만 이중섭이 경성에 도착했을 무렵에는 이미 출품 마감이 지나서 전시에는 참가하지 못했다고 한다. 모처럼 경성까지 왔으니, 하는 생각으로 그는 친구들을 찾아가 벽화를 그리거나 박물관을 보러 다니며 시간을 보냈다. 경성

* '김영환 메모'.

제일의 변화가 명동에서 일본인이 사라지자 대신 관할을 담당한 건 미군이었다. 이중섭은 매일 밤 명동으로 나갔다. 명동은 식민지 시기 일본인의 거주 구역이었다. 그 중심에 위치했던 르네상스 건축 양식의 극장 메이지좌는 경성의 문화, 예술의 발신지로 인기가 높았다. 패전 직전까지 일본의 국책 영화가, 해방 이후는 조선의 독립운동을 기리는「자유만세」가 상연된 무대였다. 시대와 함께 역할은 바뀌어 지금은 명동예술극장이라는 이름으로 이어지고 있다. 그런 명동 거리에서 친구들과 밤낮으로 술잔을 기울이던 이중섭은 조카 이영진의「이중섭 연보」에 의하면 뜻하지 않은 사고에 휘말리기도 했다. 술자리에서 얼큰하게 취기가 돈 이중섭이 불량배에게 둘러싸인 친구를 도우려다 그들을 때려눕혔는데 마침 순찰 중이던 미군 병사가 그 모습을 목격하고 이중섭의 머리를 곤봉으로 때린 것이다. 여러 바늘을 꿰맬 정도의 상처였다는데 사정을 설명하려 해도 말이 통하지 않았는지 아무 소용이 없었다고 한다.

이중섭을 이야기할 때 술과 담배는 빼놓을 수 없다. 최열의 저서『이중섭 평전』의 표지는 왼손에 담배를 끼우고 약간 고개를 숙여 시선을 떨어뜨린 사진을 사용했다. 남자의 비애가 느껴지는 사진이다. [제1장 표제지]* 당시 이중섭은 막걸리를 들이키고 연기를 내뿜으며 친구의 이야기에 귀를 기울이는 나날을 보내고 있었다.

마사코는 동료들과 활동을 재개한 이중섭이 경성에서 어떻게 지내고 있을지 짐작은 했지만 자세한 것은 알지 못해 불안했을 것이다. 궁금해도 연락할 방법이 없으니 더 그랬을 것이다. 약한 소리나 후회 섞인 말은 입 밖에 내지 않았던 마사코가 40년이 지난 뒤에도 "그때는 쓸쓸했어요"라고 회상을 했으니 무척 힘들었다는 뜻일 것이다. 이 무렵 마사코의 뱃속에는 작은 생명이 자라나고 있었다. 경성으로 출발하기 전 이중섭이 경사스러운 소식을 알고 있었는지는 확실치 않다. 첫 출산을 앞두고 마사코는 매일매일 변해가는 자신의 몸에 예민해져 있었을 것이다. 요즘 가치관으로 생각하면 만약 임신 사실을 알고서도 속 편히 여기저기 자유롭게 돌아다녔다면 문제 있는 남편이라고 할 수 있지만, 당

* 이 사진은 훗날 1954년 진주에서 허종배가 촬영한 것으로 이 당시의 모습이 아니다. 옮긴이 주.

시 마사코는 화가의 아내로서 어쩔 수 없다고 받아들였던 것 같다.

이영진에 따르면 벽화 제작으로 사례금을 받은 이중섭은 경성에서 골동품을 몇 개나 사서 돌아갔다고 한다. 그중 하나인 작은 불상은 특히 마음에 들었는지, 늘 몸에 지니고 다녔다. 다음 행선지였던 평양에서도 골동품을 보러 돌아다니며 친구들과 작은 전시를 열곤 했다. 그러느라 이중섭은 원산의 집을 오랫동안 비워두었다.

분단

원산으로 시집을 오고 1년이 지난 1946년 봄, 예정보다 조금 빨리 첫 아이의 울음소리가 터져나왔다. 조산이었다. 첫째 아들이었다. 사내아이가 태어나기를 바라던 시대였기에 마사코의 기쁨도 한결 컸다. 다만 부부가 첫 아이를 어떻게 길렀는지에 관련된 기록도 증언도 남아 있지 않다. 분명한 것은 그 무렵 이중섭은 인천에 있었다는 사실이다. 도쿄에서 만났던 미술평론가 이경성이 인천에 개관한 박물관 관장을 맡게 되었기 때문이다. 이경성은 이중섭과 다시 만났을 무렵의 정경을 이렇게 기록했다.*

> "바다가 내려다보이는 언덕 위에 서 있는 인천시립박물관은 꽤 좋은 곳이어서 오는 사람마다 칭찬하는 장소다. 우리들은 푸르게 물드는 정원 잔디 위에 앉아 도쿄에서 만난 이후의 생활보고며, 여러 가지 정담을 나누었다."

도쿄에서 헤어지고 5, 6년 만의 재회였다. 이경성 역시 이중섭을 이야기할 때 빼놓을 수 없는 인물 중 하나다. 이경성의 회상을 읽으며 나는 문득 남북 간 왕래는 실제로 언제까지 가능했는지 알고 싶어졌다. 인천은 북위 38선 아래에 있기 때문에 이중섭이 그곳으로 가려면 경계선을 넘어야 했기 때문이다.

* 이경성, 「내가 아는 이중섭 2」, 『중앙일보』 1986년 6월 28일.

새로운 나라의 이름이 정해지기 전 각각의 지역은 38도선을 경계로 편의적으로 북조선과 남조선으로 불렸다. 이중섭이 만삭의, 혹은 출산 직후의 아내를 혼자 남겨 두고 위험을 무릅쓰면서까지 행동할 타입으로는 여겨지지 않는다. 앞서 언급한 강인덕에게 물어보니, 경계선의 경비가 삼엄해진 것은 미국과 소련의 협의가 좋지 않게 끝난 1946년 6월 무렵부터였다고 했다. 당시 신문 기사에 따르면 아직 남북 간에 편지 교환도 가능했고 바닷길 말고도 육로에도 38선을 넘도록 도와주는 '월경 청부업자'가 많이 있었다고 한다. "이 무렵은 아직 38선 부근에 지뢰가 있을 리도 없었고, 가려고 마음먹으면 얼마든지 오갈 수 있었죠"라고 한국 통일부 관계자로부터 듣기도 했다.

이중섭이 원산에서 월남해서 다시 원산으로 돌아간 것은, 자주 오가던 1945년까지와는 달리 내가 조사한 바에 따르면 1946년 이후에는 봄에 한 차례 다녀간 것이 전부다. 차차 왕래가 어려워졌기 때문일 것이다. 미소 양 대국에 의한 분단의 영향은 미술계에도 미치기 시작했다. 북위 38도선을 경계로 북쪽은 공산화가 진행되고, 미군정 아래 있던 남쪽에서는 반공색이 강해져, 화단의 활동 단체도 탈퇴와 분열이 잇달았다.

서양화가 김영주는 이중섭과 원산에서 술잔을 나누던 밤의 일을 회상했다. 간단히 요약하면 이런 정경이었다.* 일본의 식민 통치가 끝나고 1년이 지난 가을 어느 날, 원산의 골목길 어느 가게 앞에는 빈 술병이 죽 늘어섰다. 이중섭은 땅을, 구상은 하늘을, 김영주는 먼 산을 바라보았다. 서로 어깨동무를 하며 벗의 온기를 느꼈다. 해방은 되었지만 또다시 자유롭지 못한 시대로 향해 가고 있구나, 그런 대화를 나누면서 술을 들이켰다. 취기가 오르면 이중섭은 자주 민요를 흥얼거렸다.

남북 사이의 정치적 이데올로기 대립은 점점 격해졌다. 사람들의 삶에도 조금씩 그림자가 드리우기 시작했다. 일본 독점자본 소유의 산업, 운수, 금융, 통신, 토지, 그 밖의 기업 일체를 접수하고 일본 제국주의 시대에 일본에 협력한 친일분자들의 기업, 자산을 몰수하여 국가 관리로 옮기도록 착수했다.**

* 김영주, 「내가 아는 이중섭 3」, 『중앙일보』 1986년 7월 5일.

자산가는 친일파라며 적으로 여겨졌다. 이대로 북조선에 있으면 재산을 빼앗길 것이라는, 다가올 위험을 눈치 챈 자산가들은 서둘러 38선을 넘어 남쪽으로 향했다.

1946년 2월, 북조선에서는 임시인민위원회가 결성되었다. 이때 위원장에 취임한 이가 김일성이다. 김일성이 먼저 착수한 일은 토지개혁이었다. 5정보 이상을 소유한 개인의 토지를 몰수하고, 농민에게 무상으로 인도한다는 원칙을 내세웠다. 이는 곧 공산화를 위한 핵심 정책이었다. 1정보는 약 3천 평에 해당하므로 5정보는 5헥타르 정도의 넓이다.

30만 평의 광대한 부지를 소유한 부농이던 이중섭 일가도 토지를 몰수당하는 쓰라림을 겪었다. 5정보의 토지만 남았다. 토지개혁의 실시 전 남으로 도망치는 것도 가능했지만 이중섭의 어머니에게는 그런 발상 자체가 불가능했다. 양반 집안 출신의 그녀는 재물보다 출신 지역에 대한 애착과 자부심을 더 중시했을 것이다.

이중섭의 형 중석의 사업은 크게 성공을 거두어 원산 굴지의 자산가로 알려졌다. 그것이 화근이 되어 자본주의의 앞잡이로 나인찌허 연행되었다는 설이 있다. 역시 진상은 알 수 없지만 형에 대한 정보는 그뒤로도 전혀 남아 있지 않다. 마사코는 이중섭의 형이 행방불명된 뒤 시어머니가 사례금을 붙인 유인물을 뿌리러 돌아다닌 일을 기억했다. 근처 살던 누군가도 학교 친구도 이유도 모른 채 어느 날 홀연히 사라지는 일이 일상이 되었다.

장사로 살길을 찾았던 형과는 달리 이중섭은 경제관념과는 인연이 없었다. 마사코가 화가로 먹고 살 수 있겠느냐고 걱정하던 아버지의 말을 떠올렸음이 틀림없다. 집을 비우는 일도 잦은 남편이었지만 아이가 태어났기 때문인지 한번은 원산여자사범학교에 미술교사로 직장을 얻었다. 하지만 무엇을 어떻게 가르쳐야 할지 모르겠다며 불과 몇 주 만에 사표를 던지고 말았다. 이중섭이 취직한 것은 나중에 일용직으로 날품을 판 것을 제외하면 그때가 처음이자 마

** 유호일劉浩一, 『현대조선의 역사―제2차 세계대전 후의 조선』現代朝鮮の歴史―第二次世界大戦後の朝鮮, 산이치쇼보三一書房, 1953년.

지막이었다.

재산은 몰수되었고, 사업가였던 형도 행방불명이 되었다. 그럼에도 불구하고 마사코는 원산에서 경제적으로 고생한 기억이 없다고 했다. 시어머니가 아들 부부의 생활비를 마련해주었기 때문이다. 원산의 집 한쪽에 아틀리에를 꾸렸을 정도다. 뜰에 접한 작은 방이었다. 원산에서 이중섭과 알고 지낸 시인 김광림은 이렇게 회상했다.*

"비좁은 아틀리에는 엿장수나 고물상에서 뒤져낸 듯한 골동품과 제작 중인 그림 몇 점이 널려 있었다. 작은 책꽂이에는 시집도 몇 권 있었는데 프랑스 사화집詞華集『빈랑수』檳榔樹를 여기서 처음 대했다."

이 시절 이중섭에게 그림을 배웠던 화가 김영환은 "프랑스 군대 같은 국방색 모자를 쓰고 스케치북을 메고 있었다. 멋쟁이였다"라고 회상한다.** 그림을 좀 봐달라고 부탁하면 흔쾌히 가르쳐주는 여유도 있는 사람이었다.

'친일파'라는 딱지

"러시아***가 들어와도 달리 어떻게 할 것도 없었으니 괜찮았지만서도요."

그녀가 떠올리는 그 무렵 원산에서의 나날은 평온 그 자체였다. 단 한번 김일성이 백마를 타고 개선하는 모습을 목격한 적이 있다. 영화배우 하세가와 가즈오長谷川一夫를 닮은 멋있는 사람이라는 인상이었다고 한다. 30대의 김일성

---

* 김광림, 「내가 아는 이중섭 8」, 『중앙일보』, 1986년 7월 26일.
** '김영환 메모'.
*** 소련군을 뜻한다. 본문에서는 인터뷰 발언을 그대로 옮겼다. 옮긴이 주.

은 당시 멋진 남자라는 평판이 자자했다.

철수를 서두르던 일본인에게 소련군은 공포의 대상이었지만, 마사코에게는 가까이 지낼 이웃 사람으로 여겨진 듯하다. 소련군 관계 기관이 운영하는 국영 양품점에서 자신 있던 양재 기술을 소련 여성들에게 가르쳤고 그들의 집에 초대받기도 했다.

마사코의 양재 솜씨는 이중섭의 친구들 사이에서도 소문이 났다. 이중섭이 몸에 걸친 옷은 모두 마사코가 직접 만든 것이었다. 화가 지망생이자 근처에서 살기도 해서 이중섭과 마사코 부부의 집으로도 종종 찾아왔던 김인호는 이중섭이 캔버스 앞에 앉아 있을 때 입던 갈색 면 셔츠를 부러워했다. 김인호가 이중섭과 알게 된 곳은, 그가 몇 주만 다니다 그만 두고 말았던 원산여자사범학교에서였다. 김인호는 이 학교에서 사무원으로 일하고 있었다.

2013년 서울을 찾은 마사코는 김인호와 수십 년 만에 재회했다. 마사코를 주인공으로 한 다큐멘터리 영화 「두 개의 조국, 하나의 사랑-이중섭의 아내」의 촬영을 위해서였다.* 촬영 중, 마사코는 스테이크를 먹으면서 다음과 같은 추억으로 이야기꽃을 피웠다.

"이쪽(김인호)이 말이죠, 자기도 만들어달라고 그랬어요. 그래서 만들어줬죠. 아고리가 무척 언짢아했어요."

오른손에 집은 포크를 접시 위에 올려둔 채 하얀 이를 보이며 웃었다. 김인호에게도 같은 셔츠를 만들어주자 이중섭은 질투하는 소년처럼 기분이 상했다고 한다. 그렇게 말하는 마사코의 말투는 전에 없이 빠르고 또박또박했다. 그런 마사코의 모습만 보면 일본의 패전 후에도 큰 변화없이 삶을 꾸려간 것처럼 보이지만, 취재를 이어가면서 살폈던 기록 속에서 뜻밖의 내용을 발견했다.

---

* 사카이 아츠코酒井充子 감독의 이 영화는 일본에서는 2014년, 한국에서는 2016년에 개봉했다. 훗날 나는 감독으로부터 촬영을 위해 진행한 방대한 인터뷰 자료를 받았다. 이 책에서 참조할 때는 '사카이 메모'라고 밝히고 인용한다.

1986년 『계간 미술』 여름호 인터뷰에서 마사코는 이렇게 말했다.

"동네 사람들이 주인에게 일본 여자와 사는 친일파라고 욕을 했다는 얘기와 그래서 술에 취해서 돌아온 주인이 "남덕아…남덕아…" 하고 제 이름을 불렀던 그런 기억은 있습니다."

이 부분을 읽었을 때 나는 큰 충격을 받았다. 당시 마사코는 그런 이중섭의 모습에 얼마나 가슴이 아팠을까. 역시 일본의 패전과 남북 분단이라는 역사의 파도는 이들과 전혀 무관하지 않았던 셈이다. 마사코는 그런 선명한 기억을 30년 전에는 솔직히 토로했다.

소련군 통치 아래 있던 북한에서는 친일 경력이 있다고 당국이 판단하면 철저하게 배제되었다. 미군정이 편의상 식민 통치에 협력했던 자를 중용했던 남한과는 대조적이다. 일본과의 거리감은 남북이 체제를 다투는 데 있어 하나의 지표가 되어갔다.

마사코는 한국에서는 야마모토 마사코가 아니라 이남덕이라는 이름으로 통했다. 도쿄의 어머니 앞으로 편지를 보낼 때 발신자의 이름을 스스로 이남덕으로 표기했을 정도다. 그렇다고 해도 주위의 모두가 그녀가 일본인임을 알고 있었다.

식민지 시기나 그 직후, 도쿄에서 공부했던 남학생과 일본인 여성의 결혼은 그리 드문 일이 아니었다. 조각가 권진규도 무사시노 미술대학에서 유학을 했고, 일본인 여성 오기노 도모荻野トモ와 결혼했다. 그녀를 모델로 한 작품 〈도모〉トモ는 대표작 중 하나다. 아내가 일본인이라는 이유만으로 이중섭의 사회적 지위가 위협받은 것은 아니었다. 1946년 무렵 이중섭은 원산에서 새롭게 조직된 원산미술동맹의 부위원장에 취임했다. 그래도 이중섭에게 매정한 말을 쏟아내던 사람이 있었다고 마사코는 떠올린 것이다.

서로를 이해하고, 서로를 필요로 하는 남녀는 국적이나 민족과는 관계가 없다. 하지만 개인이 아닌 각자의 배경을 의식하는 순간, 한국과 일본이 가진 복잡한 과거는 묘한 마음을 갖게 하는 듯하다. 남덕이라고 이름을 부르며 집으로 들어온 이중섭을, 마사코는 어떤 마음으로 맞이했을까. 1986년 『계간 미술』 여름호의 인터뷰에서 마사코는 이렇게 말을 이어간다.

> "지금도 죄송하게 여기고 있는 것은, 이북에선 자유롭게 그림을 그릴 수 없다면서 주인은 자주 술을 마셨고, 취하면 저에게 주정을 부리는 일이 거듭되었을 때, 마음속으로 이럴 바에는 일본으로 돌아가는 게 낫겠다고 생각한 적이 더러 있습니다. 그때 저는 그이가 괴로워하는 원인이 바로 표현의 자유였다는 점을 바르게 이해 못했던 것입니다."

마사코는 "아내인 자신이 일본인이라서 남편을 괴롭게 한다"는 식으로 받아들이고 스스로를 책망했다. 그때 바다를 건너오지 않았더라면, 하고 그의 행복을 바란 나머지 그런 식으로 후회했던 것은 아닐까.

"싫다는 생각은 한 번도 한 적이 없다"고 마사코가 나에게 이야기한 것은 2016년 9월의 첫 번째 인터뷰에서였다. 다음 해 2017년 8월, 두 번째 인터뷰에서 나는 『계간 미술』의 기사를 읽으며 다시 한 번 물었다. 마사코의 대답은 변함이 없었다.

"아, 그래요? 어째선지 기억이 나지 않네요. 그다지."

말을 골라가며, "아내가 일본인이라는 이유로 이중섭이 비난받았던 적이 있었던 것 같은데요"라고 묻자 "그런 일은 거의 없었어요"라고 부정했다. 똑똑히 기억나는 것은 남편이 술이 굉장히 셌다는 점뿐이라고 했다. 흥미롭게도 『계간 미술』의 기사 제목은 「이젠 모두 지나가버린 얘기니까 괜찮습니다」이다. 인터뷰 중에 나온 마사코의 말이다. 마음을 아프게 한 일은 저 깊은 곳에 묻어 두고 행복했던 기억을 가슴에 두고 꿋꿋이 살아가는 것. 나는 마사코의 심지 깊은 모습이 그런 삶의 방식에서 나온 것이라고 받아들였다.

제2장에서 썼듯, 마사코를 맞이한 이중섭 일가 쪽에서도, 일본인 며느리에 대해 어느 정도 고충이 있었다는 점은 부정할 수 없다. 이중섭의 어머니도

형수도 한국어밖에 하지 못했다. 식민지 시기에는 여성이 남성에 비해 학교에 다닐 기회가 압도적으로 적었기에 조선인 여성은 거의 일본어를 알지 못했다. 이중섭이 집에 있을 때는 사이에 끼어들어 통역을 해준 것 같지만, 그가 없을 때는 어떻게 소통을 했는지 마사코는 기억하지 못했다.

"할머니는 익숙하지 않은 집에서 혼자 있으며 쓸쓸했을 거라 생각해요. 힘들어, 힘들어, 라고 말씀하시진 않았지만……."

이영진의 딸 이지연은 마사코를 가여워했다. '할머니'는 마사코를 가리킨다. 나중에 마사코가 서울을 찾았을 때, 이영진의 딸들에게 전할 선물을 챙겨 왔다. 이지연은 마사코에 대해 따뜻하게 마음을 써주는 '할머니'였다는 인상밖에 남아 있지 않으며 힘들다는 이야기를 전혀 듣지 못했다고 했다. 다만 그녀들의 친할머니, 즉 이중섭의 형수는 복잡한 감정을 품고 있었던 것 같다. 말이 통하지 않는 동서에게 집안일을 시킬 수도 없었다. 게다가 교양 있는 양갓집 규수였다. 모든 상황을 참아가며 큰 며느리는 그저 묵묵히 집안을 꾸려갔다. 그런 미묘한 분위기를 마사코는 파악했을까.

김장 담그는 날에는 어깨너머 눈동냥으로 배웠다. 다행이라고 해야 할지 김치는 "입맛에 맞았다"고 했다. 그런 식습관은 귀국 후에도 오랜 기간 변하지 않았다. 일본으로 돌아와 미슈쿠의 집에서도 김치를 담그면서 원산의 시어머니와 형님의 얼굴을 떠올렸다. 나이가 든 뒤로는 혼자 김치를 담그는 일이 어려워졌지만 아침 식사에는 빠지지 않는 메뉴로 늘 식탁에 올랐다. 태성은 이렇게 회상했다.

"나는 김치를 먹으며 자란 사람이에요. 한 번 만들면 2주 정도 먹었는데 끝물에는 익어서 시큼해지죠. 그래도 너무 맛있어서 항아리에 남은 진한 김칫국물과 자투리까지 남김없이 먹었어요."

사랑하는 자식들

태성은 둘째로 알려졌으나 실은 셋째다. 첫 아기는 앞서 말했듯 조산이었다. 그래서 몸이 약했는지 디프테리아에 걸려 7개월 만에 세상을 떠났다. 이중섭은 절친인 시인 구상과 함께 아기를 화장하러 갔다. 1976년 구상의 회고를 요약하면 이런 내용이다.* 이중섭과 구상 두 사람은 작은 관에 차가워진 그 아이를 넣어놓고는 그대로 술집으로 향해 들이붓듯 마셨다. 흠뻑 취해 돌아와 나란히 곤드라졌다. 한밤중에 깨어 옆을 보니 이중섭은 도화지에 무엇을 열심히 그리고 있었는데 구상은 냉수 한사발을 들이키고 도로 자고 말았다. 그 이튿날 아침, 이제 관에다 못을 치고는 떠메서 나갈 판인데 이중섭이 관 뚜껑을 열고는 어린 것 가슴에다 간밤 그린 그림을 실로 꿰서 달아매주는 것이었다. 거기 그려진 것은 뛰고 자빠지고 엎어지고 모로 눕고 엎치고 꾸부리고 젖히고 물구나무선 온갖 장난질치는 어린이 모상이었다. 대향(이중섭)은 입속말로, "상! 밤에 가만히 생각을 하니 이 어린 것이 산소에 가서 묻히면 혼자서 쓸쓸해 할 것 같아서 동무나 해주라구!"하며 슬픔 속에서도 히죽 웃었다. 조금 더 크면 친구들이 되어주었을 법한 아이들에게 우리 아들 잘 부탁한다는 뜻으로 그려준 것이었다.

젖먹이를 먼저 떠나보낸 마사코의 상실감은 얼마나 컸을까. 마사코는 나에게 이렇게 이야기한 적이 있다.

"첫 아이는 이름도 미처 붙이지 못한 채로 꽤 오래 지냈어요."

이름을 지어줄 근처 살던 어르신이 좀처럼 결정하지 못하는 동안 병에 걸려버렸다고 한다. 적어도 이름 정도는 지어주었으면 좋았을 텐데, 라며 자책하는 그녀의 심정이 느껴졌다.

슬픔의 시간을 보낸 후에 쓴 한 통의 엽서가 있다. 마사코가 도쿄의 어머니 도시코 앞으로 보낸 편지다. 보낸 이의 주소는 조선 원산시 광석리, 이름은 '이대향 댁 남덕'이었다. 날짜는 1948년 3월 28일로 적혀 있다.

* 구상, 「그때 그일들 231」, 『동아일보』 1976년 10월 6일.

"2월 9일 무사히 건강한 남자아이를 낳았습니다. 이름을 붙인 뒤에 연락 드려야지, 하고 생각했기에 소식이 늦어버리고 말았습니다. 이번에는 조심, 또 조심하고 소중히 하겠습니다."

이번에야말로 건강히 키우고 싶다는 바람이 담겨 있는 글이다. 엽서의 내용은 이렇게 이어진다.

"이번엔 남편이 이름을 지으려고 친구들과 머리를 맞대고 사전을 끼고서 생각을 모았지만 결정을 못했어요. 그러고도 한 달 반이 지난 끝에도 아직 '아무개'로 부릅니다. 그마저 전람회 준비나 여행으로 집을 떠나 있을 때가 많아서요. 나중에 이름이 정해지면 알려드릴게요. (중략) 얼마 전에는 세 밤이나 연속으로 미슈쿠 집으로 돌아가는 꿈을 꾸었습니다. 언제쯤 아기를 데리고 고향에 갈 수 있을까, 그런 생각을 하니 조금 우울합니다. 뵙게 되면 해드릴 여러 가지 재미있는 이야기가 많은데……."

마사코는 어머니에게 빨리 건강한 손자의 얼굴을 보여주고 싶었다. 어머니가 보내온 편지에는 미슈쿠 집 주변에는 새 집이 차차 세워지고 있다고 쓰여 있었다. 전후 복구와 부흥이 시작된 도쿄는 어떻게 변했을까, 그런 식으로 친정과 고향 생각이 나기도 했다. 그렇다고 해도 원산을 떠날 생각은 조금도 없었다.

이듬해 1949년에는 셋째 아들이 태어났다. 이름은 큰 아이는 태현, 작은 아이는 태성으로 붙였다. 마사코에게 두 아들은 희망인 동시에 자신이 한국 땅에 머물러야 하는 이유이기도 했다. 1986년 『계간 미술』 여름호 인터뷰에서 마사코는 그런 심경을 밝혔다.

"당시 이북에선 제가 일본 사람이니까 일본으로 돌아갈 의사가 있으면 다른 일본인들처럼 보내줄 수는 있다고 했어요. 하지만 저는 그럴 의사가 전혀 없었습니다. 저는 그이의 아내이고 이미 두 아들의 어머니였으니까요."

원산에서 미슈쿠로 보낸 엽서가 한 통 남아 있다. 이번은 아버지 앞으로 쓴 것이다. 뜻하지 않은 굉장한 사건이 있었다고 전하는 내용이다. 일부 판독이 어려운 부분은 …로 표기했다.

"의사 선생님한테 가느라 집을 비운 상황에 도둑이 들어 제 … 정장과 한복 중에서 여섯 벌만 남기고 다 훔쳐가버렸습니다."

토지 대부분을 빼앗겼다고 해도 비교적 풍요로운 살림이었던 상황은 주변에서 보기에도 분명했던 것 같다. 편지는 이렇게 이어진다.

"그래도 그럭저럭 어떻게든 될 테니까 비관하지 않기로 했습니다. 병원에 갔기 때문에 아이의 병도 나았다고 생각하니 옷 같은 건 아깝다는 생각이 들지 않아요."

마사코에게는 무엇보다도 자식들의 건강이 중요했다. 첫 아이를 일곱 달 만에 하늘나라로 보냈으니 그런 생각은 한층 강했던 것 같다. 조금씩 말을 깨친 아이들은 뜰에서 건강히 뛰어놀았다. 집안에서는 일본어와 한국어가 뒤섞였다. 어느 날 아이들이 아틀리에에서 그림을 그리던 이중섭에게 "아버지" 하고 불렀다. 그러자 마사코는 아버지는 지금 그림을 그리고 있으니 방해하면 안 된다고 타일렀다.

사이 좋은 가족은 조카 이영진에게 부러움의 대상이었다. 이영진은 훗날 앞서 언급한 연극 「길 떠나는 가족」 팸플릿에서 결혼한다면 아내와 저런 멋진 겨울밤을 보내고 싶었다며 당시의 한 장면을 이렇게 회상했다. 어느 겨울밤이었다. 숙부 이중섭의 집 근처를 지나던 이영진은 어두침침한 방에서 어슴푸레한 빛만 비추는 것을 보았다. 무엇을 하고 있는 걸까, 이상하게 여긴 이영진은 집으로 들어갔다. 인기척을 느낀 이중섭이 뭐 하고 서 있는 거냐며 들어와 앉으라고 불렀다. 방 안에 들어가 보니 어두웠던 이유를 겨우 알아차릴 수 있었다. 전깃불을 끈 방에는 촛불이 흔들리고 있었다. 아이를 재우는 아내 옆에서 이중섭이 괴테와 실러의 장편시를 읊어주고 있었다. 당시 고등학교 2학년 문학 소년이던 이영진으로서는 숙부를 동경하는 마음이 한층 강해졌다.

"그때는 정말로 행복 그 자체였어요."

희미해지는 기억 속에서도 그것만은 확실하다는 듯 나에게 말하던 마사코의 표정이 부드러워졌다. 마사코와 나눈 인터뷰는 2016년, 2017년, 2019년, 총 세 번이었다. 오랜 시간에 걸친 인터뷰가 분명 부담스러웠겠지만 마사코는 처음부터 끝까지 온화한 표정을 띠었다. 그중에서도 특히 미소 띤 얼굴로 정경을 묘사한 내용은 도쿄에서 이중섭을 만났던 당시와 원산에서 보낸 나날이었다.

한국에서는 보통 이중섭 가족이 가장 행복했던 시절은 제4장에서 다룰 제주도 피난 생활이었다고 알려져 있다. 예전에 마사코가 직접 그렇게 이야기했던 적도 있는 것 같지만, 제주도 생활을 주제로 한 그림이 많이 남아 있는 까닭과도 관련이 있다. 한국이 자랑하는 거장의 인생에서 가장 좋았던 때가 북한에서 살던 시절이었다고 말할 수는 없다는 한국 국내의 정치적 사정도 얼핏 엿보인다.

"가장 가고 싶은 곳은 원산이에요. 그땐 넉넉하고 자유로웠으니까."

마사코와 함께 살고 있던 태성의 눈에도 원산은 어머니에게 행복한 신혼 시절 추억으로 가득 찬 곳으로 느껴진 듯했다. '자유'라는 것은 정치 체제가 그랬다는 뜻이 아니라, 생활에 여유가 있었다는 의미였다. 때때로 원산이라는 지명을 뉴스에서 들을 때마다 마사코는 태성에게 같이 가고 싶다고 중얼거렸다고 한다. 아직 아장아장 걸음을 떼던 태성에게 원산에서의 기억은 전혀 남아 있지 않다. 하지만 아름다운 마을이었다고, 저기에서 아버지가 그림을 그렸다고 태성에게 말을 해주고 싶었을 그녀의 마음이 가득 전해졌다.

그런 날은 언제 찾아올까. 패전 전후에 북위 38도선 이북에서 살았던 일본인에게 원산을 포함한 북한 땅은 다시 찾아갈 수 없는 고향 같은 곳이다. 거듭된 군사적 도발 행위로 국제사회에서 비난 받는 독재국가가 되어버린 지금은 더욱. 원산과 더 북쪽 함흥과 청진까지 가본 적이 있다. 2012년 북한 당국의 허가를 받아 오래전 청진 등에서 살던 일본인의 묘지를 찾아가는 참배단의 동행 취재를 다녀왔다. 그때의 메모나 촬영한 사진을 다시금 꺼내 보니 아름답게 늘어서 있던 원산의 소나무와 해안선이 머릿속에 다시 떠올랐다. 이중섭과 마사코에 관해 전혀 알지 못했던 그 시절의 취재가 나중에 이런 식으로 도움이 되어줄지는 상상도 하지 못했다. 60년 만에 북한 땅을 찾은 일본 참배단 남성들은 잠시 10대 소년 시절의 추억에 잠겼다. 그들과 일주일 남짓을 함께 했던 나는 그곳에 한 번만 가보고 싶다거나 가족의 성묘만이라도 하고 싶다며 자유로운 왕래를 바라는 일본인이 많다는 사실을 알게 되었다. 지금 생각하면 마사코도 그런 사람 중 하나였던 셈이다.

"여기는 예전에 군항이 있었어요."

원산 시가지에 도착하자 일본 참배단 중 80대 남성이 그렇게 설명해주었다. 남색의 동해 바다 쪽을 향해 고층 아파트와 소나무가 줄지어 서 있었다. 예전에 일본인이 살던 지역이었다. 당시 취재 메모에는 이렇게 기록해놓았다.

"자동차 경적 소리가 들린다. 부두에는 일본에서도 잘 알려진 만경봉 92호가 정박해 있었다. 일본 니가타 사이를 왕래했던 이 대형 화물여객선은 2006년 이래 여전히 일본 입항이 금지된 상태다. 가까운 호텔 매점에서는 200밀리리터 일본주 하쿠쓰루 마루白鶴まる가 6달러에 팔리고 있었다. 언제 들여온 물품인지는 알 수 없다."

북한 당국의 허가가 내려진 곳에서만 취재가 가능해서 마음대로 걸어다니는 것은 금지되었다. 메모장에 남은 정보는 이 정도다. 맑고 수려한 경치를 가진 관광지 원산은 북한의 최고 지도자 김정은도 좋아하는 곳이다. 원산 일대를 국제적인 리조트 개발의 중심지로 삼기 위해 몇 번이나 시찰했다. 다만 심각한 경제 제재로 인해 물자 조달이 어려워지자 완공 일정은 여러 차례 연기되었다. 도쿄와 서울은 당일로 오갈 수 있게 되었다. 물리적인 거리로 따지면 원산과 서울은 도쿄에서의 거리와 거의 비슷한데도 현실 속 원산은 너무나 멀다. 마사코도 서울을 찾을 때면, 언젠가 서울에서 기차로 원산까지 갈 수 있을 것으로 생각했을 것이다. 사과와 삶은 달걀을 양손에 가득 들고, 서울의 호텔까지 마중 나왔던 이중섭을 따라 원산으로 향했던 날을 떠올리면서.

친한 벗의 월남

38도선의 경비가 삼엄해지면서 북한에서 살던 예술가들의 활동 중심 무대는 평양이 되어 갔다. 해방 후 1년이 지난 1946년 8월, 평양에서는 제1회《해방기념종합전람회》가 열렸다. 정치적으로는 북조선노동당이 결성되어 공산주의 운동의 거점이 평양으로 옮겨진 무렵이다. 각 조직에서는 공산주의가 옳고 그른가를 둘러싸고 대립이 격화되면서 문단이나 화단도 시류와 무관할 수 없게 된 상황이었다. 미술사학자 최열에 따르면, '동맹'이라는 이름을 붙인 단체는 사실상 당에 속해 있었기에 조직의 일원이 되면 식료품과 의복을 배급받을 수 있었다고 한다.* 조직에 가입하는 이들 중에는 정치적으로 뜻을 같이하는 이들도 있지만, 살아남기 위해서 참여하는 이들도 있었다.

　　원산미술동맹 부위원장을 맡은 이중섭은 어디에도 속하지 않았던 듯하다. 이중섭이 이 전시에 어떤 작품을 출품했는지는 명확하지 않다. 다만 모스크바에서 일부러 찾아온 소련의 여성 미술사학자의 눈에 들었다는 일화가 있다. 그는 유럽의 대가와 비교해도 전혀 손색이 없다고 극찬했다고 한다. 이런 이야기를 나눌 때 마사코의 말투도 가벼워졌다.

---

*　최열, 『이중섭 평전』, 돌베개, 2014년, 201쪽.

"어디에 가더라도 그 사람은 천재라는 이야기를 꼭 들었어요."

특히 높은 평가를 받은 것은 색채 감각이었다. 그런 강렬한 임팩트가 때로는 경계심을 불러일으켰던 걸까. 그뒤 소련 예술가들이 원산에서 전람회를 열었을 때 이중섭의 작품을 보고 "인민에게 공포감을 주는 인민의 적"이라고 비판했다는 설이 있다. 진위는 파악할 수 없지만, 통치자의 입장에서 강렬한 필치와 그 표현력에 두려움을 품었다고 해도 이상하지 않다.

항상 집에만 있어서 밖의 일은 잘 몰랐다고 말하는 마사코도 확실히 기억하는 사건이 하나 있다. 이중섭이 일러스트를 그린 문예지가 당국의 발매금지 처분을 받은 일이다. 잡지『응향』凝香이 발행된 것은 1946년 9월의 일이다. 원산의 문인들이 주체가 된 원산문학동맹의 기관지로 해방 1년을 기념해서 발행되었다. 처음에는 당 간부도 만족했지만, 어느 날 평양의 상부 기관에서 강력한 비판이 쏟아졌다. 원산문학동맹의 상부 기관인 북조선문학예술총동맹은 다음과 같은 결정서를 채택했다.

"『응향』에 수록된 시 대부분은 조선의 현실에 회의적, 공상적, 퇴폐적, 현실도피적, 나아가 절망적인 경향을 가지고 있다."

원산문학동맹의 회원은 자아비판을 요구받았고,『응향』은 대중에게 악영향을 미친다며 발매금지라는 시련을 맞봐야 했다. 이듬해인 1947년 1월에는 평양에서 검열원 네 명이 파견되었다. 여러 편의 작품을 실은 구상은 평양의 상부 기관에 지명되어 비판을 받았다. 다른 회원들은 한 편씩만 게재했기에 구상이 중심 멤버로 여겨졌다. 검열원의 조사가 끝나기도 전에 구상은 혼자서 38선을 넘었다.

구상이 이중섭에게 어떤 말을 남겼는지는 알 수 없다. 북한에서는 예술가가 더 이상 활동을 이어갈 수 없다며 단념했던 구상이었다. 그러니 함께 남쪽으로 가자고 이중섭에게도 월남을 권했을 가능성이 크다. 당시의 월남과 월북은 남과 북 사이에서 이루어진 망명을 의미했다.『응향』의 표지 그림을 담당했던 이중섭도 반동이라고 낙인이 찍혀 문책을 당했다. 다행히 미술동맹 부위원장 직책에서 해임되는 사태까지는 이르지 않았지만 친한 벗을 잃은 충격은 무척 컸다.

마음 가는 대로 편히 그리고 싶다는 갈망 때문인지 이 무렵 이중섭은 벽화를 그리고 싶어 했다. 소년 시절 평양의 박물관에서 마음을 빼앗겼던 화려한 고대 미술을 떠올렸을 것이다. 친구들은 몸부림치며 괴로워하는 이중섭을 걱정했다. 매일 이중섭의 집을 찾아와 밤새 술을 마시고 하룻밤씩 자고 갔다. 이래서는 작업을 할 수 없다며 이중섭은 아틀리에 바깥에 '작품 제작 중'이라고 간판을 내걸고 사람들을 오지 못하게 했다. 의식주 문제로 곤란했다고는 할 수 없지만 불안정한 시국에 캔버스 위에 마음껏 색칠할 수 있을 만큼의 물감까지는 구하기 어려웠다. 이중섭은 묵묵히 연필로 데생을 했다. 그런 남편을 마사코는 그저 조용히 지켜보았다.

『응향』 사건이 일어나고 반 년 정도 지났을 무렵, 이중섭은 다른 시집의 속표지화를 그렸다.[화보14] 시인 오장환의 네 번째 시집 『나 사는 곳』이었다. 튼실하게 선 늠름한 소나무에 가느다란 가지가 뻗어 있다. 나뭇가지 위로 빨간 옷을 걸친 여성이 올라간다. 어딘지 선명하지 않게 그린 얼굴이지만 토라진 듯한 표정이다. 그런 여성을 아래에서 올려다보는 남성이 달래고 있는 듯 보인다.

이중섭은 당시 18세 학생이었던 시인 김광림에게 이 그림을 보여주며 다음과 같이 설명했다고 한다.* 김광림은 이중섭보다 열두 살 아래였는데 그를 형처럼 여기고 따랐다.

> "부부 싸움을 하던 아내가 도망쳐 나무에 올랐지. 뒤쫓아간 남편이 내려오라고 호통을 치지만 좀처럼 내려오지 않자, 물건을 꺼내들고 내둘러 보였더니 냉큼 내려오더라나."

---

* 김광림, 「나의 이중섭 체험」, 『여원』 1977년 9월. ; 『이중섭의 사랑과 예술』 백미사, 1981, 24쪽 재인용.

김광림에 따르면 '물건'이란 남성의 성기를 의미한다. 그 말을 의식하고 그림을 보면 과연 남성은 왼손을 허리 아래 춤에 갖다 대고 있다. 이중섭은 말보다도 붓을 통해 의사 표현을 하는 타고난 화가였다. 진의는 잘 모르겠지만, 성기가 모티프라면 소련 당국을 자극했을 가능성은 어렵지 않게 상상할 수 있다. 그렇다면 당국에 들키지 않으리라는 확신 아래 그렸던 걸까. 아니면 표현의 한계를 확인해보고 싶었던 걸까. 혹은 가벼운 농담 삼아 기분전환이라도 하듯 그린 그림이었을까.

이 속표지화는 나중에 귀중한 자료로 여겨진다. 원산에서 보낸 7년 동안 그린 작품은 대부분 현존하지 않기 때문이다. 도쿄 유학 시절의 엽서화부터 만년까지 이중섭이 그린 작품 총 350점 정도를 수록한 최열의『이중섭 평전』에서도 원산 시절의 작품은 이 작품 한 점밖에 실리지 않았다.

공산주의 체제 구축이 진행됨에 따라 어떤 이는 자유를 찾아, 어떤 이는 이유도 모른채 무조건 연행되는 상황이 두려워 38선을 넘었다. 해방 직후부터 한국전쟁이 시작되기 전 5년 간, 월남한 사람은 약 90만 명에 달했다고 한다.*

구상에 이어 김광림도, 원산미술동맹에서 위원장을 맡았던 다른 친구도, 한 사람씩 남쪽으로 건너갔다. 남으로 내려간 사람이 있는가 하면, 정치적 노선 투쟁을 피해 남한에서 평양으로 월북한 화가들도 적지 않았다. 남한에서는 단독선거 실시를 둘러싸고 좌우익의 대립이 격화되고 있었다. 정쟁으로 날을 새던 남한보다 북한 쪽이 예술을 더 이해해주지 않을까 하는 기대를 품었다고 한다.

월남했던 사람, 혹은 월북했던 사람들은 각각 자신이 도망쳐온 곳의 체제를 강하게 비판하는 경향이 있다. 당연하겠지만, 실제보다 더 나쁜 이미지가 강조되는 경우도 있기에 이중섭 본인이 얼마나 간절히 남쪽행을 바랐는지는 알 수 없다. 분명한 것은, 앞서 마사코의 인터뷰에서도 알 수 있듯, 자유롭게 그

---

* 김동춘 지음, 김미혜·최진석·조강희·정영환 옮김,『조선전쟁의 사회사-피난·점령·학살』朝鮮戰爭の社会史·避難·占領·虐殺, 헤이본샤, 2008년, 132쪽. 한국에서 출간한『전쟁과 사회』(돌베개, 2006)의 일본어판이다. 옮긴이 주.

릴 수 없다는 고뇌가 점점 깊어지던 남편의 모습을 보고 마사코가 자신이 일본인이라는 사실이 남편을 힘들게 했다고 오해했다는 점이다.

이중섭은 때때로 평양으로 떠나곤 했다. 평양과 원산 사이는 식민지 시기에 놓인 평원선이 동서로 이어져 있었지만, 대부분의 구간이 완행이라 아침 일찍 출발해도 밤늦게나 도착하는 긴 여행이었다. 38선이 그어지기 전 평양에서도 원산에서도 경성을 향해 남북으로 잇는 노선이 주력이었기 때문이다. 평양에 가면 도쿄에서 알게 된 친구나 화단의 동료들과 얼굴을 맞대며 술잔을 기울였다. 청년 시절을 지나 장년기에 접어들면서도 훤칠하고 잘 생긴 모습이나 친구들 앞에서 과묵했던 성격은 변하지 않았다. 예술을 둘러싸고 거품을 물고 격렬하게 논쟁하는 친구들의 대화에 조용히 귀를 기울일 뿐이었다. 자유를 잃어가는 이 땅에 계속 머물러야만 하는 걸까, 아니, 정치 체제가 어떻든 여기는 어머니가 지키고 있는 내 고향이다, 나만 처자식을 데리고 도망칠 수는 없다, 혼자서 그런 생각을 하며 신음했을 것이다.

"이중섭은 나처럼 행동파가 아니었다."

'김병기 메모'에는 이런 식으로 쓴 부분이 있다. 1945년부터 네 번이나 남북을 오갔다는 김병기는 결국 1947년에 월남했다. 이중섭도 북쪽 체제에 의문을 품고 있었지만 김병기와 달리 좀처럼 결단을 할 수 없었다는 의미다.

남으로

1948년, 강대국에 의해 편의적으로 그어진 38선이 결정적인 분단을 초래했다. 8월 15일에는 대한민국이, 9월 9일에는 조선민주주의인민공화국이 각각 수립됐다. 태성이 태어난 것은 그로부터 1년 후인 1949년 8월 16일이다. 통일을 목표로 삼은 김일성이 스탈린이나 마오쩌둥으로부터 '조국해방 전쟁'의 보증을 얻은 것은 그로부터 몇 개월 후였다. 조선인민군이 38선을 향해 육박해갔다. 포격이 시작된 것은 일요일 새벽 4시 40분이었다. 1950년 6월 25일. 조선인민군은 남으로 단숨에 쳐들어갔다. 허를 찔린 대한민국 국군은 꼼짝할 수 없었고, 대통령 이승만은 27일 새벽에 일찌감치 서울을 탈출했다. 다음 날인 28일 빨간색 오각형 별이 그려진 '공화국' 국기가 서울에 펄럭였다. 말없이 공산주의에 찬성한 이들 중에는 만세를 부르며 집에서 뛰어나와 그들의 점령을 환영하는 사람도 있었다.

개전 5일 만에 미군이 참전을 결정하자 원산에는 소개령이 떨어졌다. 마사코는 아이들을 데리고 교외의 과수원으로 서둘러 떠났다. 일본의 패전 직전에 안전한 곳을 찾아 임시 피난을 떠난 이후 두 번째 맞는 일이었다. 하지만 그때와는 달리 어린 아들들을 지켜야만 했다.

미군과 한국군을 주축으로 한 국제연합군은 한반도 남동부를 감싸안 듯 흐르는 낙동강을 방어선으로 구축했다. 부산 함락도 시간 문제가 아닐까 싶었지만 9월 15일, 7만 명의 병사가 인천상륙작전을 전개해 반격을 시도했다. 연합군은 서울을 탈환하고, 중국 국경인 압록강까지 진격했다.

동해에 접한 항만 도시 원산은 양쪽 모두에게 양보할 수 없는 전선이었다. 조선인민군의 보급로 차단에 나선 미군의 공격이 더욱 격렬해졌다. 이 상황을 뒷받침하는 사진이 남아 있다. B29기가 파괴한 기관차 공장에서 구멍투성이가 된 열차가 넘어져 있다. 뒤로 보이는 건물의 창문은 흔적도 없이 날아가버렸다. 촬영 시기는 1950년 10월 무렵으로 추정된다.

이중섭 일가가 살던 집도 불길에 휩싸였다. 연합군이 원산을 점령한 것은 10월 10일이었다. 그동안 이중섭이 어떻게 살았는지에 관한 기록도 유력한 증언도 남아 있지 않다. 다만 인민군 징집을 피해 화가 동료들과 함께 지하에 몸을 숨겼다는 설이 있다. 인민군에 들어가고 싶지 않은 남자들은 가족과 떨어져 몸을 숨기고 연합군의 입성을 기다릴 수밖에 없었다.

원산시 중심부에서 수십 킬로미터 떨어진 산골로 몸을 피했던 김인호는 태극기가 보이자 겨우 산에서 내려왔다. 그리고 이중섭과 함께 형 이중석이 예전에 경영했던 백두상회로 갔더니 거기에는 이미 한국 군인들이 진을 치고 있었다고 한다.* 왜 형의 가게로 직행했는지는 알 수 없다. 남은 재산이 무사한지 확인하고 싶었던 걸까.

1950년대 원산 시내 모습.

평양도 서울도 원산도, 연합군 손 안에 들어갔다. 앞으로 미국식의 자유로운 예술 활동이 펼쳐질 수 있다는 기대감 때문이었을까, 이 무렵 이중섭은 원산신미술가협회를 결성하고 회장에 취임했다는 기록이 있다 이중섭과 마사코는 공습에도 무사했던 시내 누나집에 의탁했다.

그러나 전황은 다시 뒤집어졌다. 김일성의 요청으로 조용히 압록강을 넘어왔던 중국인민지원군이 10월 25일 정식으로 참전했다. 불의의 일격을 당한 연합군이 한발씩 퇴각하면서 전선은 다시 남쪽으로 밀려 내려갔다.

얼마 지나지 않아 사람들 사이에서 미군이 원폭을 투하할 것 같다는 소문이 퍼져나갔다. 미국 대통령 트루먼이 한국에 원폭 투하를 넌지시 암시했기 때문이다. 인민지원군의 압도적 병력에 연합군은 패주를 거듭했다.

12월 6일, 해가 뜨기 전에 벌어진 일이었다고 마사코는 확실히 기억했다.

* '사카이 메모.'

"중국이 몇십만의 군대를 보냈기 때문에 위험하다. 빨리 도망쳐라."

시어머니가 절박한 표정으로 뛰어왔다. 중국군이 쳐들어오니 한시바삐 남으로 도망치라는 말이었다. 집을 버리고 가족이 모두 떠날 수는 없으니 장남 가족만 피난시키는 경우가 많았다. 행방불명으로 소식을 알 수 없는 장남 대신 적어도 이중섭의 가족만이라도 살아남았으면 좋겠다는 어머니의 간절한 바람이었다. 몇 개월만 지나면 다시 돌아올 수 있다고 낙관하면서도 이중섭은 혼자 남을 어머니가 딱하고 걱정이 되어 견딜 수 없었다. 이중섭이 남보다 몇 갑절 어머니 생각을 했다는 점은 나중에 그린 작품에서도 잘 드러난다.

"너무나도 효자였어요."

이렇게 회상했던 마사코는 남편의 그런 자상한 성격에 더 정이 갔을 것이다. 당시 남편의 심정을 함께 아파하며 이해했다. 남한으로 떠나는 것은 혼자서 결정했을까? 마사코와 상의한 후 마음을 먹었을까? 이중섭은 그때까지 그린 작품을 어머니 손에 맡겼다. 도쿄를 떠나기 전 마사코에게 팔레트를 맡겼을 때가 문득 떠올랐을지도 모른다. 마사코와 다시 만날 수 있었던 것처럼, 어머니와도 반드시 재회할 수 있으리라는 바람을 담았다.

"이걸 저라고 생각해주세요."

그렇게 말하고 이중섭은 어머니께 작품을 맡겼다. 자기 짐으로 보자기에 싼 것은 붓과 팔레트, 그리고 미완성 풍경화 한 점뿐이었다. 집을 떠나기 전, 이중섭은 잠시 들르고 싶은 장소가 있었다. 어머니가 항상 앉아 있던 마루였다. 어머니의 따스함을 항상 느끼고 싶다는 마음으로 마루의 나뭇조각을 조금 잘라 품 안에 넣었다. 15개월이었던 태성을 업고 가는 것만으로도 힘에 부쳤던 마사코는 먼저 항구로 서둘러 출발했다. 태성에게 갈아줄 기저귀도, 자기들의 갈아입을 옷도 챙기지 못했다. 잠시 몸을 피하는 것이니 큰 짐은 필요 없다고 여겼을까. 아니 미처 짐을 정리할 여유도 없었다고 말하는 게 옳을까.

이중섭 가족은 조카 이영진과 이웃에 살던 김인호와 함께, 해군 수송함 LST에 올랐다. 김인호는 부두를 향하는 길에 산 쪽에서 총성이 들렸던 것을 또렷이 기억했다.*

시어머니의 직감은 적중했다. 마사코가 원산을 뒤로 하고 얼마 지나지 않아 철수할 수밖에 없던 연합군은 시내에 폭격을 감행했다. 풍경이 수려했던 원산 거리는 검은 연기로 뒤덮였다. 패배한 연합군은 원산보다 북쪽에 위치한 항구 도시 흥남에서 남쪽으로 철수했다. 한국전쟁 기간 중 하나의 분기점이 된 사건이다. '흥남 철수'라고 부르는 이 상황은 일본에서도 개봉한 영화 「국제시장」에서도** 그려졌다. 휘몰아치는 눈보라 속에서 등에 짐을 가득 진 사람들이 차례차례 배에 오른다. 주인공의 아버지는 자기는 타지 못할 거라고 생각해 이제부터 가장으로서 가족을 지키라고 어린 소년에게 부탁한다. 이 영화는 한국에서 1,400만 명 이상 관객을 동원한 대히트작이다. 중장년 관객이 정신없이 흐느껴 울면서 영화를 보았다고 한다. 어떤 사람은 주인공의 어린 시절에서 예전 자기 모습을 겹쳐 보았고, 또 어떤 이는 소식을 모르는 가족과 친인척들의 얼굴을 떠올렸다. 마사코가 영화를 보았다면 다정했던 시어머니를 추억했을 것이다. 어머니의 행방은 그뒤, 전해진 바가 전혀 없다.

"전쟁만 일어나지 않았다면……."

마사코는 자신의 반평생을 뒤돌아볼 때면 이 말이 입버릇처럼 나왔다. 한국전쟁만 일어나지 않았다면, 호사스럽게까지는 아니더라도 나름대로 먹고 살 수는 있었다, 평화롭고 행복한 나날을 보낼 수 있었을 것이다, 적어도 가족이 갈라져 사는 불행은 일어나지 않았을 것이다, 그런 생각이 스며 있는 한마디

---

* '사카이 메모'.
** 2014년 개봉한 윤제균 감독, 황정민 주연의 영화로 한국전쟁 이후부터 격변의 시대를 살아온 남성의 연대기를 그렸다. 옮긴이 주.

다. 그리고 마사코는 이렇게 말했다.

"전쟁만 없었다면, 파리로 갔을지도 몰라요. 아무래도 동경하던 곳이 었으니까."

스케치북과 팔레트를 손에 들고 몽마르트르 언덕에서 시내를 내려다본다, 예술의 고향에서 화가로서 꽃을 피우는 이중섭의 곁에 마사코와 아이들이 함께 있다, 그런 조촐한 부부의 꿈은 강대국의 이해 관계가 뒤얽혀 일어난 민족 상잔의 비극 앞에서 무참히 부서졌다.

제4장 실향민

→ 부산 이중섭 전망대에서 바라본 부산 시내. 오누키 도모코 촬영.

늘어선 판잣집

가느다란 로프에 옆으로 널린 빨래가 펄럭펄럭 춤을 춘다. 이제 서울에서는 보기 힘들어진, 지저분하다면 지저분한 그 풍경에서 어떤 상쾌함마저 느껴진다. 2018년 1월 4일, 나는 한때 이중섭과 마사코가 피난 생활을 했던 부산을 찾았다.

그들이 살던 동네는 범일동이라고 했다. 거기에는 '이중섭 전망대'라고 이름이 붙은, 그리 넓지 않은 평범한 광장이 있다. 그곳이 나의 목적지였다. 하지만 지역 사람들 중에서도 아는 이가 많지 않았다. 그날 부산역으로 마중을 나온 부산 동서대학교 초빙교수 윤은혜도 전망대는 처음이라고 했다. 지인에게 한국전쟁 전후로 부산에 살던 일본인에 대해 자세히 아는 연구자가 없을까, 하고 물어보았더니 소개해준 사람이 그였다. 처음 만났지만 흔쾌히 안내를 해줘서 한국인의 친절함을 느꼈다. 그녀가 내비게이션을 따라 핸들을 꺾었다. 항구 근처에 있던 역에서 차로 단 10분 정도인데도 급경사의 오르막 언덕이 이어져 실제 거리보다 멀게 느껴졌다.

"당시 피난민들의 거주지는 부산역에서 언덕 위쪽으로 계속 올라가야만 했어요."

윤은혜가 가르쳐주었다. 마사코에 관해 알 수 있는 무언가 실마리는 없을까 기대했지만 아쉽게도 얼마나 많은 일본인 피난민이 부산에 살았는지는 기록이 남아 있지 않다고 했다. 그런 이야기에 귀를 기울이는 사이 목적지에 도착했다. 도로 한쪽에 위치한 전망대는 엉겁결에 지나쳐버릴 정도로 아담했다. 짙은 갈색 마루에 노란색 벽으로 된 단층 건물이 거기가 전망대라고 겨우 가르쳐주고 있었다. 마사코와 이중섭이 나눈 편지글 일부가 투명한 유리에 흰 글씨로 새겨져 있을 따름이었다. 평일이라고 해도 사람들은 전혀 보이지 않았다. 여기가 한국을 대표하는 화가의 이름을 딴 전망대라고 말할 수 있을까. 볼 만한 것은 아무것도 없었다. 과연 지역 주민도 잘 모르는 이유가 납득이 되면서 서울에서 두근두근하며 KTX에 올랐던 나는 맥이 빠졌다.

매점 유리 진열대에는 이중섭의 대표작이 디자인된 수건이나 마우스패드

부산의 이중섭 전망대에서 바라본 부산 시내 모습. 오누키 도모코 촬영.

같은 기념품이 몇천 원 정도의 가격표가 붙어 진열되어 있었다. 닫힌 매점의 유리창을 두드려 꽤 연배가 있는 여성 판매원에게 이곳을 찾아오는 사람은 좀 있는지 물으니 "방문객은 많다"는 짧은 한마디가 돌아왔다. 날씨가 좋은 주말이라면 조금 더 북적일지도 모른다. 전망대에 서니 옅은 파란색 하늘이 시야에 가득 펼쳐졌다. 발밑에서 불어오는 바람이 꽤 차서 장갑 없이 맨손으로 카메라 셔터를 누르기가 힘들었다. 그래도 서울의 혹한보다는 햇살이 따스하게 느껴졌다. 내가 찾았던 때는 그런 부산의 겨울을 체감할 수 있는 날이었다.

이중섭 일가가 원산에서 부산으로 피난한 때도 제주도로 갔다가 다시 돌아온 때도, 겨울의 어느 날이었다. 그들도 이런 차가운 겨울 바람을 맞았을 것이라 상상을 펼쳐보니 이중섭의 팬으로서는 얼마쯤은 만족스런 기분이 들었다. 전망대에서 20미터 정도 걸으니 알록달록한 작품이 빽빽하게 늘어선 긴 계단이 아래로 연결되어 있었다. 이중섭이 도쿄 시절 마사코에게 보낸 글 없는 러브레터, 아이들에게 보낸 히라가나로 쓴 편지, 대표작 소 그림 등이 차례차례 눈에 들어온다. 그의 작품으로 만든 수많은 금속판을 계단 양 끝에 한 점씩 박아놓았다. 세어 보니 100점 가까이 되는 듯했다.

부산은 고급 리조트가 들어선 관광지로 개발이 한창이었다. 부산역 주변은 복잡한 옛날 분위기가 남아 있지만 전망대에서는 하늘로 뻗어나갈 듯한 옅은 베이지색의 길쭉한 고층 아파트들이 보였다. 희미하게 바다 냄새도 풍겨왔다. 한걸음씩 계단을 내려오며 작품을 바라보자 어느새 예전 피난민이 살던 가설 판잣집이 늘어선 시대로 빠져 들어가는 것 같다. 이중섭과 마사코도 이런 식으로 높다란 곳에 올라 바다를 바라보았을까.

약 70년 전 한반도 전체에서 몰려든 피난민으로 가득했던 부산은 혼란이 극에 달했다. 양손과 머리 위에 커다란 보따리를 인 흰 저고리 차림 사람들의 행렬이 이어졌다. 어디에서 총탄이 날아들지 모른다는 공포심과 싸우면서 사람들은 교통수단도 없이 남으로, 남으로 무작정 걸었다. 당시 상황은 아래의 글에서 떠올려볼 수 있다.*

> "피난민이 가장 많이 모인 곳은 대구와 부산이었다. 이들은 야쿠Yak 전투기** 기총 소사와 적의 포위라는 위험에서 벗어난 행운아였다. 수많은 사람이 피난을 떠났지만 이들만은 하늘이 허락한 목숨이라고 말하지 않을 수 없다. (중략) 피난길에서 단념해버려 주저앉은 사람들, 가족을 길바닥에 남겨두고 온 사람들, 기총 사격에 동행하던 가족이 희생을 당해 장례식을 치르고 눈물을 뚝뚝 흘리면서 피난길을 나선 사람들, 남편을 잃은 아내, 그리고 처자식을 잃은 남편, 부모를 잃은 고아, 자녀를 잃은 부모, 사랑하는 연인과 헤어진 사람, 가족 전부를 서울에 남겨두고 홀로 온 사람들, 불행하지 않은 사람은 어디에도 없었다. 그 누구든 세계사 최대의 비극과 만난 주인공이었던 것이다."

* 예관수·조규동, 『한국의 동란』, 병학연구소, 1950년, 198쪽.
** 소련제 전투기. 옮긴이 주.

이처럼 잔혹했던 피난길에서 육로를 거치지 않았던 이중섭과 마사코 가족은 운이 좋았다고 할 수 있다. 이중섭 집의 식객이던 어느 화가가 해군에서 근무했던 덕에 해군의 LST에 탈 수 있었다. 마사코는 등에 생후 15개월이던 태성을 업고, 이중섭이 2살 10개월이 지나던 태현의 손을 잡았다.

　LST란 노르망디 상륙 작전과 오키나와 전투 등에서 사용된 함정이다. 미야자키 하야오가 기획과 각본을 맡았던 2011년 영화 「고쿠리코 언덕에서」는 한국전쟁에서 LST가 사용된 장면이 묘사되기도 했다. 주인공인 마쓰자키 우미의 아버지인 사와무라가 LST에 승선했는데 기뢰 폭격으로 침몰하여 돌아오지 못했다. 한국전쟁에서 일본인이 관련한 군사 업무 중 LST의 선원이 맡은 일이 가장 위험했다고 전해진다.

　당시 원산항 부근에는 기뢰가 다수 부설되어 있었다. 항구를 출발해도 함정이 무사히 목적지까지 도착한다는 보증은 없었다. 기뢰를 피하기 위해서였을까, 평시라면 하루를 넘지 않았을 테지만, 부산에 입항한 것은 원산을 떠난 뒤 사흘이 지난 12월 9일이었다고 마사코는 기억한다.

　항구를 기점으로 서쪽에서 북쪽으로 급경사의 언덕이 이어진다. 산중턱까지 칸칸이 이어진 자그마한 단층 판잣집이 다랑논처럼 펼쳐졌다. 판잣집은 벽도 지붕도 좁고 긴 목재를 가로세로로 얼기설기 이었을 뿐이라 강풍이 조금만 불면 지붕이 날아가버릴 정도였다. 현관 옆으로는 좁고 긴 대나무 가지로 앞뒤를 묶은 양동이 두 개가 놓여 있었다. 물도 배급을 받아야만 했기 때문이다.

　이중섭 가족이 내려온 부산은 연합군 최후의 보루였다. 한국 내에서뿐만 아니라 북한에서 피난을 온 사람들까지 몰려 부산항 주변의 학교나 교회, 절 등 건물이라는 건물은 모조리 피난소로 사용되었다. 그래도 모두 수용할 수 없어서 언덕이나 강변, 남의 집 마당에 이르기까지 판잣집을 세우지 않은 곳은 없었다.

　그중에는 식민지 시기 일본인의 묘지석을 주춧돌로 삼아 판잣집을 짓는 지역도 있었다. 일본인에 대한 원한이었다기보다 살아가기 위한 선택이었다. 부산항의 남서쪽에 위치한 이 지역은 일본에서도 알려진 자갈치시장에서 서쪽으로 2킬로미터 정도 들어간 곳에 있다. 『부산일보』에 따르면 식민지 시기에는 화장터가 있었다고 한다. 오늘날 '비석문화마을'이라는 이름이 붙은 이곳에 가면 지금도 묘석을 자재로 삼아 지은 판잣집을 볼 수 있다.

이중섭 일가에게 배정된 곳은 항구 바로 동쪽 부두에 있던 피난민 수용소였다. 이름만 수용소였지 실제로는 얇은 함석 지붕을 올린 창고였다. 원산에서 함께 피난을 왔던 김인호는 앞서 말한 다큐멘터리 영화 「두 개의 조국, 하나의 사랑-이중섭의 아내」에서 당시 상황을 이렇게 회상했다.

> "마구간이었어요. 너무 추웠죠. 어디에서 가마니라도 얻어오면 남자들은 여성과 아이들에게 앉으라고 성화였죠. 자리로 깔 만한 것이 없으면 앉는 것조차 불가능할 정도로 바닥은 차디찼어요. 남자들은 그냥 서 있을 수밖에 없었지요."

마사코는 일본에서 배급이 끊긴 패전 직후의 삶을, 이중섭은 원산에서 강제 토지 몰수를 경험했다. 그렇다 하더라도 모두 원래 유복한 가정 출신이었다. 그토록 먹을거리가 없어 힘들어지는 사태까지 직면한 것은 둘 다 처음이었다. 때는 12월 초순, 앞으로 본격적인 겨울 추위를 견뎌야 할 텐데 옷도 이불도, 먹을거리의 배급도 없었다. 피난민 인구가 급속하게 유입되자 심각한 인플레이션이 일어나 쌀값은 500퍼센트, 계란은 315퍼센트 급등했다.* 피난을 오기는 했지만 어떻게 살아나가야 할지는 막막했다. 누구도 어찌할 방도를 알지 못했다.

무엇보다 원산에서 500킬로미터 가까이 남쪽에 있는 부산이 눈발이 흩날릴 정도로 추울 것이라고는 생각도 못했다. 그해는 특히 추위가 심했는지 『동아일보』 1951년 1월 14일의 기사 제목은 「추위도 부산으로 피난을 내려온 듯」이었다. 혹독한 추위 속에서 태현과 태성을 지켜낼 수 있을까, 마사코는 그런 생각이 들자 불안에 휩싸였다. 첫 아이는 디프테리아로 먼저 보내야 했다. 그렇지 않아도 태현은 몸이 약한 편이었다. 콜록거리며 기침을 하거나 열이 오르면 예전 슬픈 기억이 머리를 떠나지 않았을 것이다. 게다가 태성은 아직 젖도

* 부산역사문화대전 홈페이지. http://busan.grandculture.net

떼지 못한 어린 아기였다. 어떻게 해서든 먹고 살아야 했다. 많은 피난민이 그랬듯 이중섭은 우선 부두에서 날품팔이 노동을 하러 나섰다. 그가 부산에서 어떤 일을 했는지 상세한 기록은 남아 있지 않다.

마사코 가족이 부산으로 피난을 떠난 다음 달인 1951년 1월, 한국정부는 부산을 임시수도로 정했다. 사람들은 충격에 빠졌고 동요하기 시작했다.*

"정부의 수도 이전 소식은 부산에서도 시민들에게 큰 불안을 불러왔다. 그리고 국방부와 육군본부까지 부산으로 내려오자 불안이라기보다 공포감이 닥쳐오는 것을 막을 수 없었다. 더 이상 갈 곳이 없다. 제주도 한 곳만 남아 있었지만, 그런 생각을 하는 것만으로도 몸이 떨려왔다. 그리고 신경이 예민해졌다. 어떤 사람은 부산이 함락된다면 남태평양으로 간다고 했다. 일본으로 간다는 사람, 남쪽으로 간다는 사람, 제주로 간다는 사람, 자결하자는 사람들, 모두 절망감에 사로잡혀 우울했다."

사람들의 그런 불안감에 떠밀려 정부 당국은 부산에 넘쳐나는 피난민을 근교 섬으로 분산하려고 했다. 더 남쪽으로 내려가면 따뜻하겠지, 식량 사정도 부산보다는 분명 나을 거라고 생각했다. 조카 이영진은 한발 먼저 제주도로 건너가 미군 기지에서 일을 하고 있었다. 틀림없이 그가 뭐라도 도와줄 거라고 생각한 이중섭과 마사코는 교회에서 소개를 받아 제주도로 내려가기로 결심했다. 부산에 도착하고 한 달 남짓 지난 때였다.

한라산의 부추, 서귀포의 게

섬 한 가운데 솟아오른 한라산에서 불어오는 바람 탓에 때때로 눈발이 뺨에 따끔따끔 부딪혔다. 그래서인지 능선의 아름다움에 눈길을 줄 여유 같은 건 생기

---

* 예관수·조규동, 『한국의 동란』, 병학연구소, 1950년, 204쪽.

지 않았다. 해발 1950미터인 한라산은 화산섬 제주의 상징이다. 정상에 있는 분화구는 빼꼼히 꺼져 백록담이라 불리는 작은 호수가 되었다. 하얀 사슴이 물을 마시러 오는 연못이라는 목가적인 의미지만, 지금은 게릴라성 집중 호우가 내리거나 태풍이 지나간 다음이 아닌 한, 연못은 바싹 말라 있다. 위도는 후쿠오카와 거의 비슷한 정도라서 확실히 원산이나 부산보다 온난하다. 다만 변덕스런 날씨가 꽤나 성가시다. 예전에는 수해, 한발, 태풍과 같은 세 가지 재해가 잦다고 하여 '삼재도'라고 부를 정도였다.* 이중섭과 마사코 가족을 실은 배가 도착한 곳은 섬 남서부에 위치한 화순이라는 수심이 야트막한 항구였다. 거기서 가족을 기다리고 있던 것은 예상하지 못했던 동장군이었다.

그때 모습을 그렸다고 알려진 작품 중에 〈대구 눈과 새와 여인〉이라는 유화가 있다.[화보15] 〈가족과 첫눈〉이라는 제목으로도 알려져 있다. 소복소복 눈이 쏟아져 내린다. 크게 날개를 펼친 흰색, 황록색, 푸른색 새들 아래로 세 명의 여성이 벌거벗은 채 힘없이 앉아 있다. 마음을 놓은 듯 멍하게 양 다리를 벌린 어머니의 허리 뒤춤에 아이가 안겨 있다. 아기를 안은 여성의 긴 머리카락은 땅으로 치렁치렁 늘어뜨려져 있다. 벽에 기대어 두 다리를 똑바로 뻗은 여성 앞쪽으로 튀어오르는 커다란 물고기는 피난민들에게 그래도 힘을 내어 살아가라고 호소하는 듯하다. 한국미술계에서는 이 작품의 화려한 색조가 당시 이중섭이 품었던 미래를 향한 희망을 암시한다고 해설하기도 한다. 하지만 내게는 피난길에서 느꼈던 힘겨움을 그린 것처럼 보인다.

교회에서 소개받은 피난처는 화순에서 동쪽으로 20킬로미터 정도 떨어진 서귀포였다. 때때로 마구간에 머물면서 눈보라가 잦아들기를 기다렸다. 그때 고구마로 허기를 달랬던 일을 마사코는 잊지 못한다. 항구에 도착했을 때 교회에서 받은 것이었으리라.

사흘을 내리 걸어서 겨우 서귀포에 도착했다. 마을 이장에게 빌린 집은 항구에서 수백 미터 떨어진 야트막한 언덕에 있었다. 주변에 건물 같은 건 없던 시절이었다. 띠로 얼기설기 이은 지붕과 큰 나무 앞쪽으로 넓고 푸른 바다가 펼

---

* 김봉옥, 『증보 제주통사』, 세림, 2000년.

쳐져, 프롤로그에서 말한 문섬과 섶섬이 건너다 보였다.

집이라고 했지만 전쟁 중이라 단층집 한칸 셋방살이였다. 들어가면 바로 1.9평의 부엌이 있고 그 안쪽 거실도 1.4평밖에 안 됐다. 부부와 두 어린 아이가 발을 쭉 뻗고 자기에도 아슬아슬했다. 양쪽으로 트인 현관을 열면 어슴푸레 빛이 들어올 정도의 침침한 분위기가 피난 생활의 암담함을 이야기해준다. '사카이 메모'에는 마사코가 당시 생활을 회상하는 생생한 기록이 남아 있다.

"화장실은 말이죠, 구멍을 파서 밑에 돼지를 키우고 있었어요. 그걸 화장실로 쓴 거죠. 판자를 가로 놓아두었죠. 그게 좀……."

두 개의 판자 위에서 볼일을 보면 그걸 가축의 먹이로 썼던 셈이다. 유복한 집안의 규수로 교육받고 살아온 마사코에게 얼마나 거부감이 심했을까. 한국 정부가 선전했던 '피난민의 낙원'과는 너무나 차이가 컸다. 마사코는 회상을 이어갔다.

"그래도 쌀 배급은 있었던 것 같아요. 쌀을 얻느라 고생했던 기억이 없으니까. 그렇지만 반찬은 꽤 구하기 어려웠어요. 돈도 없었고."

기대했던 만큼 식량 사정은 나아지지 않았다. 제주도에서 먹던 반찬으로 떠올린 것은 부추와 게였다. 부추는 마사코가 한라산에 올라가 뜯어 왔고 게는 이중섭이 아이들과 바다로 나가 잡아온 것을 팔팔 끓여 먹었다.

한라산은 일본인의 발음으로 읽으면 '하르라산'이다. 한라, 즉 'ㄴ'과 'ㄹ'이 겹쳐 일본인에게는 꽤 어려운 발음이지만 마사코는 이 산 이름을 지금도 확실히 기억하고 있었다. 한라산은 섬 생활을 이야기하는 데 빠질 수 없는 존재다. 향토사학자이자 미술평론가인 김유정은 "한라산은 거대한 피라미드"라고 설명한다. 산중턱에는 무덤이 많은데 하나씩 둘러쌓듯 돌담을 늘어놓았다. 이런 묘지 형태를 '산담'이라고 부른다. 돌 그 자체가 화산섬인 제주의 문화이며, 산담은 섬의 원풍경이라고 한다.

마사코가 집 북쪽의 한라산에 올랐다면 이중섭의 눈길은 항상 남쪽 바다로 향했다. 섬에서 살아가기 위한 역할 분담이었다고 말해도 좋을까. 이 시절 작품에는 정해진 듯 게와 물고기와 배, 그리고 아이들이 등장한다. 이중섭은 생활을 위해 일거리를 찾지는 않았다. 섬에서 피난 생활을 보내고 있던 다른 화가들은 미군 병사를 상대로 도넛을 팔거나, 세탁소를 여는 등 호구책을 마련했지만 그는 직업화가로서 붓과 연필을 놓지 않는 길을 택했다.

원산 시절에 사범학교에서 경험한 교직 생활이 기질에 맞지 않아 한 달도 채 못 버티고 그만두었던 이중섭이다. 부산에서는 어쩔 수 없이 일용직 막노동을 나가기는 했지만, 그래도 얼마 되지 않지만 그림을 사주며 도와주던 이웃이 있었다. 미군 기지에서 근무하던 조카 이영진이 매일 먹을거리나 필요한 물건을 구해다 주었기에, 다른 화가보다는 살기에 다소 수월했던 사정도 있었다. 아무리 그렇다고는 해도 그림 말고는 달리 살아갈 방도를 알지 못했다고 말하는 편이 정확한 설명인 것 같다.

때로는 부산까지 나가 그림 재료를 구해오거나, 친구의 전시를 보러 가기도 했다. 아이들은 늘 배를 곯았다. 그런 남편에게 마사코가 푸념을 늘어놓았다는 이야기는 듣지 못했다. 화가의 아내로 살아가기로 결심한 이상, 창작 활동에 집중하고 싶다는 남편을 지지할 따름이었다.

깊어지는 사랑

서로를 이해하고 든든하게 뒷받침해줬던 사이좋은 이중섭 부부는 주변에서도 평판이 좋았다. 마사코의 등에는 항상 태성이 업혀 있었고 이중섭은 형 태현의 손을 잡고 다녔다. 마사코는 남편의 팔짱을 끼고 바다로 향했다. 시간 가는 줄 모르다 문득 만조 때가 되는 일도 있었다.

제주도의 추억을 이야기할 때, 마사코가 빼놓지 않고 소개하는 일화가 있다. 마사코가 근처 살던 여성들이 모이곤 했던 우물가에서 화제의 대상이 된 일이다. 물 긷는 데 바빴던 주부들이지만 수다를 떠는 것도 잊지 않았다. 남쪽으론 온통 바다가 펼쳐져 있고 그곳을 태현의 손을 잡은 이중섭이 지나갔다. 그날도 게를 잡으러 나섰던 길이었을 것이다.

"어머, 댁네 남편이 지나가네요, 라고 이야기를 했어요. 후후후, 그런 기억이 나요."

마사코의 입가에 웃음이 번진다. 이중섭과의 일을 이야기할 때 마사코의 표정은 사랑에 빠진 소녀 자체였다. 이중섭의 작품 중에 남녀가 격렬하게 서로를 갈구하는 모습을 가느다란 선으로 표현한 은지화가 있다.[화보16] 나중에 〈부부〉나 〈사랑〉 같은 제목이 붙었다. 이 작품을 보았을 때, 나는 문득 예전에 이중섭이 마사코에게 보낸 글 없는 러브레터를 떠올렸다. 두 사람이 도쿄에서 교제했던 당시, 이중섭이 마사코의 집에 매일처럼 보냈던 엽서화다. 그때 묘사한 대상은 여성에게 구애하는 남성의 모습이 많아서 여성을 향한 동경의 마음이 드러났다. 이제 막 사랑을 시작해 아직 본격적으로 깊어질 때는 아니어서 어쩌면 이중섭으로서는 계속 짝사랑을 하는 듯한 심정이었을지도 모르겠다. 원산에서 치른 결혼식으로부터 꽤 시간이 흐른 뒤에 그린 이 은지화를 다시 찬찬히 살펴보면, 둘도 없는 단짝이 된, 두 사람의 깊어진 사랑이 느껴진다.

물론 여느 부부들처럼 감정적으로 부딪힐 때도 있었다. 조카 이영진은 숙부 가족이 살던 초가집을 찾아갔을 때의 일을 딸들에게 이야기한 적이 있다. 어느 날 숙부 집에서 말다툼하는 소리가 밖에까지 흘러나왔다. 잘 들어보니 두 나라의 말이 섞인 듯했다. 이중섭의 한국어 말투가 강해지자 마사코가 일본어로 맞받았다. 보통 때는 일본어로 대화했던 두 사람이지만 이중섭에게 일본어는 어디까지나 외국어였다. 감정이 치밀어 오르면 저도 모르게 입에서는 모어가 흘러나왔다. 이영진은 일본어도 알아들었기에 곤란한 모습을 마주칠까봐 노크도 못하고 잠깐 밖에서 그대로 기다렸다고 한다.

제주와 오사카

제주도와 일본의 관계는 한국과 일본 사이에 전개된 일반적인 역사와는 조금

양상이 다르다. 1920년대 제주도와 오사카를 잇는 항로가 열렸다. 그러자 돈을 벌기 위해 일본으로 건너가는 사람이 급증했다. 거리로는 부산이나 목포가 훨씬 가깝지만 일본으로 가는 배편이 좋아서 심지어 부부싸움 끝에 대한해협을 건너는 사람이 있었을 정도라고 한다.*

마사코는 제주도에 살던 어느 날 태현, 태성 두 아들을 데리고 바다로 나갔는데 모르는 남성이 일본어로 말을 걸어온 일을 떠올렸다.

"나는 일본에서 도망쳐 왔어요. 의사 일을 하고 있다가 일본이 위험하다고 해서 귀향한 거예요."

일본의 패전이 가까워지는 듯해서 제주도로 왔다는 이야기였다. 그 사람 역시 아이를 데리고 있었다. 마사코가 아이들에게 하는 말을 듣고 일본인 모자라는 생각에 반가웠던 것이다. 일본을 잘 알고 있던 사람들은 마사코에게 따뜻했다. 이 남성처럼 태평양전쟁이 끝난 뒤 일본에서 제주도로 돌아온 사람은 수만 명에 이른다. 이들 가운데는 자발적으로 일본으로 건너간 사람이 있는가 하면, 자기 뜻과는 상관없이 끌려간 사람들도 있었다. 일본으로 건너간 경위가 다양해서인지 일본에 대한 감정 역시 사람에 따라 많이 달랐던 것 같다. 향토사학자 김유정에게는 뜻밖의 이야기도 들었다.

"제주도 사람은 (옛날부터) 일본에 갔기 때문에 육지 사람보다는 (감정적으로 일본 쪽을) 호의적으로 여긴다."

육지 사람이란 내륙에 사는 사람들을 가리킨다. 물리적인 거리는 물론, 심정적으로도 당연히 가까운 같은 나라 사람들보다 일본, 특히 오사카 쪽을 친근

---

* 「제민일보」4·3취재반濟民日報 四·三取材班 지음, 문경수文京洙·김중명金重明 옮김, 『제주도4·3사건 제1권-조선해방부터 4·3전야까지』濟州島四·三事件 第一卷 朝鮮解放から四·三前夜まで, 신칸샤新幹社, 1994년, 40쪽.

하게 여기는 경향이 있다는 것이다. 나는 그의 솔직한 말에 놀랐다. 한국인이 일본과의 관계에 대해 이야기할 때, 취재를 통해 공개되는 '온 더 레코드'라면 누구나 신중하게 말을 하기 마련이다. 김유정을 만났던 카페는 제주국제공항까지 차로 십몇 분 정도 떨어져 있어 손님들로 북적였다. 주위에서 듣는다 해도 아무 문제없다는 표정으로 한 시간 남짓을 조금도 주저함 없이 단호한 말투로 섬의 역사를 가르쳐주었다. 김유정의 이야기를 뒷받침하듯 마사코는 나에게 이렇게 말했다.

"제주도로 도망쳐 와도, '꼴 보기 싫은 일본인'이라던가, 뭐 그런 식의 이야기는 들어본 적이 없어요. 그래서 자주 아이들을 데리고 바다로 놀러 나가곤 했지요."

잔잔한 파도에 맑은 하늘이 펼쳐졌다. 인심이 넉넉했던 제주도에서는 때로는 집주인이 간장이나 된장을 나누어주기도 했다. 원산에서도 이중섭의 친척이나 친구들과 정이 깊었던 마사고는 제주도에서도 지역 주민과 잘 어울리며 정을 붙였다.

4·3 사건

이중섭미술관의 학예사 전은자는 이중섭의 작품에 대해 이렇게 분석했다.*

"피난민 배급과 고구마로 연명하던 당시 피난 생활의 어려움에도 불구하고 이중섭의 서귀포 시대는 꿈꾸는 이상향으로 묘사된다. 그 이상향 속에서 가족들이 유쾌하게 묘사되는 것은 전쟁의 가난과 공포를 잊고자 하는 이중섭의 유토피아적 상상력의 결과라고 할 수 있다. (중략) 이중섭은 한국전쟁 중에 전쟁의 현실을 무시한 현실도피적인

---

* 전은자, 「이중섭의 서귀포 시대 연구」, 『탐라문화』 39호, 제주대학교 탐라문화연구소, 2011년.

그림을 그린 화가라고 비판하는 사람들도 있다. (중략) 당시 이중섭은 어떤 화가보다도 동족상잔의 전쟁에 대해 깊은 고민을 했던 화가 중 한 사람이다."

전쟁의 비참한 현실을 묘사하는 일은 이중섭뿐만 아니라, 많은 화가에게 어려웠다고 한다. 한국전쟁을 주제로 삼은 작품은 거의 그려지지 않았다고 한다. 고향에서 피난을 내려온 이중섭은 현실의 엄혹함에 그저 마음 아파하면서 일부러 순진한 아이들과 아름다운 자연을 골라 소재로 삼았을지도 모른다.

제주도에서의 추억을 그린 〈서귀포 바닷가의 아이들〉은[화보17] 널리 알려져 있다. 발가벗은 일곱 아이가 제각각 몸을 구부리고 제 몸과 비슷한 크기의 물고기를 낚거나, 양손으로 붙잡고 있다. 조금 떨어진 바다 위에서는 배에 오른 두 남녀가 아이들을 지켜보고, 오른쪽에 선 남성이 손을 흔든다. 빛나는 태양 아래 수평선이 펼쳐진다. 청록색으로 칠해진 배경 아래 아이들의 불그스름한 피부색이 희미하게 떠오른다. 물고기는 제주도 근해에 서식하는 우럭이라고 한다. 태현과 태성이 온몸으로 물고기와 놀고 있다. 그런 아이들을 이중섭과 마사코가 따뜻한 눈으로 지켜본다. 일상과 상상의 세계가 뒤섞인 듯하다.

제주도에서는 세 점의 인물화도 남겼다. 미술사학자 최석태에 따르면, 원산에서는 어머니가 초상화를 부탁해도 떨떠름했을 정도였다지만, 여기서는 거절할 수 없는 사정이 있었다. 전쟁으로 아버지나 형제자매를 잃은 주민들이 어떻게든 그려달라고 애원했기 때문이다. 어머니를 고향에 두고 온 슬픔을 안고 살던 이중섭에게 거절할 선택지는 없었다. 마치 작품의 인물이 그대로 튀어 나와 말을 걸어오듯, 가지고 온 사진을 연필로 충실하게 재현했다. 그 이후로 이중섭은 만년에 자화상을 남긴 것 말고는 초상화는 거의 그리지 않았다. 확실한 이유는 알 수 없지만, 인물을 베끼듯 그리는 것은 분명 그의 그림 세계와는 다른 결인 듯하다.

일반적으로 제주도 시절이 이중섭의 생애에서 가장 행복했던 나날이었다고 여겨지지만, 이때는 같은 민족이 적과 아군으로 나뉘어 싸우던 시대였다. 북한에서 온 피난민은 결코 섬 사람들에게 환영받는 존재가 될 수 없었다.

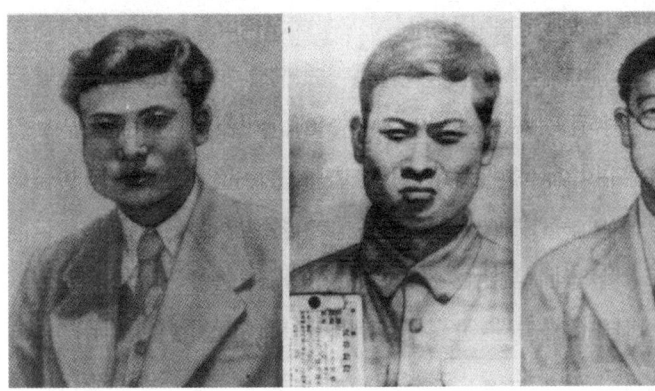

1951년 이중섭이 그려준 서귀포 주민들의 초상.

　1945년 해방 이후 제주도는 크게 동요했다. 일본인들이 물러간 뒤 제주도를 관할하던 미군정과 제주 도민의 갈등이 점점 커지고 있었다. 그러던 차에 1947년 3월 1일, 28년 전 거행한 3·1독립운동을 기념하기 위해 제주북초등학교에서 제28주년 3·1절 제주도 기념대회가 열렸다. 약 2만 5천~3만여 명의 제주 도민이 참석했다. 대회가 끝난 뒤 참가자들이 학교를 나와 거리를 행진하기 시작했는데, 기마 경찰이 탄 말에 채여 구경하던 아이가 넘어졌고, 이를 그냥 지나치려는 경찰을 향해 군중들의 항의가 이어졌다. 항의는 분노로 이어졌고, 경찰을 향해 돌을 던지는 이들을 향해 쏜 경찰의 총에 맞아 여섯 명이 사망하는 사태로 번졌다. 이 사건 이후 진상 규명과 사과를 요구하는 제주 도민들과 미군정의 대립이 본격화되었고, 이와 맞물려 남한의 단독선거에 반대하는 운동이 전국으로 퍼져나가면서 1948년 4월 3일, 무장대가 봉기하자 군대의 반격이 시작됐다. 마을 여기저기서 총성이 울려 퍼지고, 시신 타는 냄새가 섬 전체에 감돌았다. 죄 없는 여성이나 아이들까지 죽임을 당하는 무차별적 학살이 거듭되었다. 정확한 희생자 규모는 아직도 파악 중이지만 희생자 수는 2만 5천~3만여 명으로 추정한다. 이는 당시 제주도 인구의 10퍼센트에 이르는 수치다. 2022년 7월 현재 4·3희생자로 결정된 인원은 1만 4,660명(사망자 1만 494명, 행방불명자 3,654명, 후유장애자 213명, 수형자 299명)이다.＊

　무장대는 한라산으로 들어가 저항을 이어갔다. 그러나 이를 좌익 세력의 준동으로 여긴 당국은 한국전쟁이 일어나자 무장대뿐만이 아니라 좌익 세력과 조금이라도 관련이 있다고 의심되는 이들을 차례차례 연행하거나 처형했다. 심지어 빨갱이, 즉 공산주의자로 보이면 끝장이라고 여겨 빨갱이가 아님을 증명하기 위해 스스로 군대에 들어간 사람들도 있을 정도였다. 누가 같은 편이고 누가 적인지를 알 수 없는 상황 속에서 주민들은 입을 다물고 살았고, 사람들과 스쳐 지나칠 때면 저절로 고개를 숙이며 지내야 했다. 이중섭과 마사코 가족이 따뜻한 남쪽 섬을 찾아왔을 때 역시 제주도는 여전히 혼란의 한복판에서 벗어나지 못하고 있었다.

4·3사건은 1947년 3월 1일 일어난 3·1사건 이후 제주도 경찰국이 한라산 금족령을 해제한 1954년 9월 21일까지 약 7년 6개월, 날짜로 치면 2,762일의 시간 동안 벌어진 일이었다.* 하지만 그때로부터 반세기 이상이 흐른 오늘날까지도 4·3을 바라보는 좌우 대립은 여전히 남아 있고, 일반적으로는 날짜를 따서 '4·3사건'이라고 불리지만 정식 명칭도 정해지지 않았다. 그만큼 무겁고 비극적인 역사임을 말해준다.

그런 상황에서 이중섭이 피난 오기 전 맡은 바 있던 원산미술동맹부위원장이라는 직책은 조선인민군, 즉 북한 당국과 관련이 있으리라는 의심을 사게 만들었다. 친하게 지내던 이웃 사이에서 빨갱이라는 소문이 나기 쉬웠다. 그런 우려 때문에 화가라고 해도 의도적으로 이중섭과 접촉을 피했다고 말하는 주민도 있었다. 이런 때이니 만큼 주눅이 들어 있던 북한 출신 피난민들끼리는 종종 모여서 술잔을 기울였다. 평양 출신 시인으로 제주도에서 기자를 하던 장수철은 당시 생활을 이렇게 회상한다.

> "밤이 되면 피난을 내려와 제과점을 연 남씨의 가게에 모여 화투를 쳤고, 슬슬 지겨워지면 술을 마시며 떠들었다. 향수를 달래기 위해서는 그런 방법밖에는 없었다."

* 허호준, 『4·3, 19470301-19540921-기나긴 침묵 밖으로』, 혜화1117, 2023년, 109쪽.
* 허호준, 『4·3, 19470301-19540921-기나긴 침묵 밖으로』, 혜화1117, 2023년, 86쪽.

앞서 소개한 향토사학자 김유정은 4·3사건의 역사적 경위를 설명하면서 더욱 깊은 이야기를 전해주었다.

"마사코가 있어서 이중섭 가족은 더 평화롭게 살 수 있었을 것이다."

물론 일본에 대한 섬 사람들의 감정이 아주 좋을 리는 없었다. 하지만 그보다도 좌우가 격렬하게 대립하던 4·3사건이 더욱 크고 어두운 그림자를 드리웠다는 뜻이다. 다소 오해의 소지가 있을 수도 있어 조심스럽긴 하지만, 일본인인 마사코는 어떤 의미에서는 좌도 우도 아닌 제3자였고, 이중섭 일가가 섬에서 살아가는 데 윤활유 같은 존재였다. 김유정의 이야기를 듣고 마사코를 둘러싼 복잡한 환경이 머릿속에 그려졌다. 물론 마사코는 자신이 서 있는 그런 정치적인 위치를 전혀 의식하지 않았겠지만.

섬을 뒤로 하고

제주도로 건너온 피난민은 그 무렵 15만 명을 넘어서고 있었다.* 그렇지 않아도 섬 여기저기에서는 4·3사건으로 집을 잃은 사람들로 넘쳐났다. 부산보다 식량 사정은 어느 정도 나은 편이었고 주거 환경이 곤란하지 않았다고는 해도, 마땅한 직업도 없이 살자니 장래가 보이지 않았다. 마사코는 이런 식으로 계속 살 수는 없다는 생각에 초조해지기 시작했다. 북쪽에서 온 피난민을 향한 섬사람들의 시선도 가족을 힘들게 했을지도 모른다. 마사코는 1986년 『계간 미술』 여름호 인터뷰에서 섬으로 건너와 넉 달 정도가 지났을 무렵, '구세주'가 나타났다고 회상했다. 요약하면 이런 내용이다. 어느 날 육군 장교가 병사를 시켜 쌀가마니를 두고 갔다. 화가 지망생이던 장교는 어디선가 이중섭 가족의 소문을 들었던 것 같다. 이런 데서 고생을 해봤자 무슨 소용이 있겠느냐며 장교는 부산으로 돌아갈 여비를 준비해주었다. 부산으로 돌아갈 수 있다고 안도한 것

* 김봉옥, 『증보 제주통사』, 세림, 2000년.

도 잠시였다. 겨우 구한 여비를 집주인의 아우라는 사람이 잠시만 빌려달라고 했다. 사람을 의심할 줄 모르던 마사코는 흔쾌히 빌려줬지만 그는 돈을 몽땅 써 버리고 말았다. 아무래도 도박이 원인인 듯했다. 뱃삯을 날려버린 가족은 그대로 섬 생활을 이어갈 수밖에 없었다.

피난 생활이 길어지면서 마사코의 건강이 안 좋아졌다. 설사가 멈추지 않았다. 쑥쑥 자랄 나이의 태현과 태성도 점점 야위어만 갔다. 만성적인 영양부족 상태가 이어졌던 것이다. 제주는 원래 소라며 문어, 전복 같은 해산물이 풍족한 섬이지만 마사코는 먹어본 기억이 없다고 했다. 제주도에서 자란 김유정은 "이런 다양한 음식을 함께 먹지 않고 게만 먹으면 건강을 상하죠. 위도 나빠지고요"라며 수긍했다. 마사코 가족이 섬에서 살아갈 방법을 배우기에는 시간이 너무 부족했거나 또는 부추와 게 이외에 먹거리를 구하지 못할 정도로 주머니 사정이 어려웠는지도 모른다.

부산의 친구들로부터 때때로 이중섭 가족에게 돌아오라는 편지가 오기도 했다. 뱃삯을 마련해주겠다고도 했다. 더 이상 섬에서 살아가기는 힘들다, 다소 생활이 어려워지더라도 제주를 떠나 도와줄 동료가 기다리는 부산으로 돌아가자고 이중섭과 마사코는 결심했다. 다시 겨울이 시작되고 있었다.

제주도를 떠난 후 마사코는 서귀포를 세 번 방문했다. 처음은 1997년, 지방자치단체가 당시 이중섭 가족이 살던 초가집을 복원하여 기념식을 열었을 때다. 두 번째 방문은 2012년, 그리고 세 번째는 2013년에 앞서 말한 다큐멘터리 영화 촬영을 위해서였다. 그때 예전의 집주인이던 김순복과 재회하기도 했다. 김순복은 그때도 그 집에서 살고 있었다. 마사코의 휠체어를 조용히 밀어주던 전은자가 집 앞에서 "할머니!"라고 불렀다. 세 번을 부른 끝에 드디어 김순복이 집 안에서 모습을 드러내자 "어머나"하는 마사코의 얼굴에 웃음이 번졌다. 김순복이 나이를 묻자 마사코는 아흔둘이라고 대답한 후, 한국 나이로는 아흔셋일지도 모른다고 덧붙였다. 전은자가 두 사람의 대화를 통역해주었다. 마사코는 그녀가 같은 해 10월에 태어난 동갑내기였던 것을 기억하고 있었다. '사카이 메모'에 따르면 김순복은 일본어를 몰라서 마사코는 "할머니(김순복)

2013년 다큐멘타리 영화 촬영을 위해 제주를 찾은 야마모토 마사코. 사진 제공.다큐멘터리 영화『이중섭의 아내』© 2013 TENKOO / ASIA FILMS / UZUMASA, All Rights Reserved.

는 나와 한마디도 이야기를 나누지 않았"다고 말했다고 한다. 해녀였던 그녀는 아침 일찍 물일을 하러 나가는 경우가 많아서 얼굴을 마주칠 기회도 많지 않았다고 한다. 그래도 수십 년 만에 재회하지 마사코의 입가에는 활짝 미소가 번졌다. 김순복과 인사를 나눈 뒤 마사코는 예전에 살던 집으로 향했다.

"이렇게 작은 방이었다니……."

저도 모르게 그런 말이 입 밖으로 나왔다. 전은자의 부축을 받으며 지팡이를 짚고 집 안으로 발을 들였다. 당시 거처하던 방 시렁에는 이중섭의 흑백 사진이 붙어 있었다. 사진 위에는 이중섭이 이 집 벽에 붙여 놓았던 시가 한글 세로쓰기로 적혀 있었다.

「소의 말」

이중섭

높고 뚜렷하고 / 참된 숨결 / 나려 나려 / 이제 여기에 / 고웁게 나려 / 두북두북 / 쌓이고 철철 / 넘치소서 / 삶은 외롭고 / 서글프고 / 그리

실향민 • 175

제주 서귀포 이중섭미술관 옆에 복원된 이중섭 가족이 살던 방. 오누키 도모코 촬영.

운 것 / 아름답도다 / 여기에 맑게 / 두 눈 열고 / 가슴 환히 / 헤치다

　사진을 앞에 둔 마사코는 양손을 꼭 맞잡고 15초 정도 눈을 감았다. 흰 벽과 천장에 매달린 백열전구가 어슴푸레 켜 있었다. 이 가족이 살았던 때는 아마 더 어두웠을 것이다. 어쩌면 마사코는 마음속으로 그때 여기서 우리 네 식구가 부추와 게 반찬으로 식탁 앞에 둘러 앉아 즐거워했죠라고 말을 남편에게 건넸을지도 모른다.

피골이 상접하여

　"그리운 아버지, 어머니.
　건강하신지요. 소식이 끊긴 지도 벌써 2년이 넘었지요. 그간 얼마나 이런저런 걱정을 끼쳐드렸는지 모르겠습니다. 부디 용서하세요." 1951년 12월 20일.

　원산에서 옷만 달랑 챙겨 입은 채 월남하여 부산, 제주도, 그리고 다시 부산을 전전했다. 그런 피난 생활 속에서 마사코는 친정에 편지를 쓸 여유 같은 건 가질 수 없었다. 부모님이 얼마나 애를 태울까 생각하며 마음 아파하면서도 그날그날을 간신히 살아가기도 벅찼다.
　원산에서 부산으로 피난을 왔던 1년 전과 마찬가지로, 제주를 떠나 다시 부산으로 돌아와서도 역시 가족 네 명이 모여 살 집은 찾을 수 없었다. 우선 마사코와 태현, 태성 세 명은 교회 관련 단체가 알선해준 곳으로 갔다. 소개받은 시설은 판잣집이 밀집한 부산항 바로 서쪽에 있었다. 거기에서 북쪽으로 조금 걸어가면 야트막한 언덕이 나오는데 이곳이 범일동이다. 이 판자촌에는 북녘에서 함께 활동하다가 피난도 함께 온 화가 친구들이 살고 있었다. 이중섭은 오산학교 시절 동급생이라는 연줄로, 그곳에 살던 친구의 판잣집에 머물게 되었다. 우선 거처가 정해지자 마사코는 겨우 미슈쿠의 부모님께 편지를 썼다.

이 무렵 이중섭이 그린 한 장의 풍경화가 남아 있다. 낭창낭창하면서도 강인함이 느껴지는 나뭇가지가 그림 중앙에 몇 개 그려져 있고, 그 사이로 단층 판잣집이 빼곡하게 들어서 있다. 먼저 연필로 스케치한 후에 위에 유화 안료로 겹쳐 그린 것 같다. 〈범일동 풍경〉이라는 제목으로 알려진 작품이다. 다만 미술사학자 최열은 『이중섭 평전』에서 〈범일동 천사의 집〉이라는 제목이 더 알맞다고 썼다. 확실히 '천사'라는 두 글자가 들어가니 매일매일 필사적으로 살아갔던 피난민들의 숨결이 느껴지는 듯하다.

임시 수도였던 부산에는 미군의 문화 시설이나 서울에서 일시적으로 피난을 내려온 대학교, 박물관 등이 모여 있었다. 거리에는 식민지 시기부터 남아 있던 한자에 한글, 그리고 'RADIO', 'CAMERA' 같은 영어 알파벳 간판도 눈에 띄었다. 부산으로 피난 온 화가들의 미술 활동에 대해 연구한 히구치 도모코 樋口とも子는 이렇게 썼다.*

"단순히 전쟁을 피해 내려온 피난지라고만 말할 수 없는 특이한 문화적 활황이 있었고, 이른바 한국 예술의 중심지로서의 역할이 부산에 부과되어 있었다."

마사코는 1년 전, 원산에서 부산으로 내려왔을 때도 부모님께 무사하다는 소식을 전하려 했다. 일본으로 가는 귀국선을 타려던 지인에게 부모님 앞으로 편지를 전해달라고 부탁했다. 그러나 1년 만에 부산으로 돌아와 보니, 어떤 사정이 있었는지 지인은 여전히 한국에 머물고 있었다. 그 사실에 놀란 마사코는 걱정하실 부모님 생각에 얼마나 자신을 책망했을까.

2년 만에 펜을 잡은 것은 크리스마스를 닷새 앞둔 때였다. 마사코의 집안은 독실한 크리스천이었다. 마사코는 어린 시절부터 크리스마스를 특별하게

---

* 히구치 도모코, 「한국전쟁기 임시수도 부산의 미술활동연구」朝鮮戦争期・臨時首都釜山における美術活動研究, 후쿠오카아시아도시연구소젊은연구자연구활동보고서福岡アジア都市研究所若手研究者 研究活動助成報告書, 2007년.

1952년 그린 〈범일동 천사의 집〉.

생각하고 있었다. 오랫동안 걱정을 끼쳐드린 것을 사죄하면서, 무사하다는 소식이 작지만 성탄 선물이 되었으면 하는 마음이었다. B5 크기의 편지지 세 장에는 궁핍했던 당시의 형편이 쓰여 있다.

"여하튼 힘겹고 분주한 피난 생활로 좀처럼 편지를 보낼 여유가 없이, 겨우 입에 풀칠하는 생활을 하고 있습니다. (중략) 예술가에게는 일거리가 없는 곳이라, 그간 이루 말할 수 없는 고된 1년을 보내고 한 달 전에 다시 부산으로 왔습니다. 작년 여름 원산에서 시골로 잠시 피신을 했을 때 생긴 심한 소화불량이 만성화되었는데 제주도 서귀포에서는 여름부터 차차 영양실조까지 겹쳐 이 두 가지가 몸을 상하게 해 피골이 상접한 상황입니다."

부산은 피난민으로 넘쳐났다. 북한에서 내려온 사람들은 돌아갈 고향도 없었기에 그대로 머물며 살아갈 수밖에 없었다. 부산의 인구는 한국전쟁이 일어나기 전보다 두 배 가까운 90만 명까지 치솟았다. 이 겨울을 어떻게 넘기면 좋을까. 마사코는 부모님께 도움을 청했다.

"우리는 물론 아이들이 입을 옷도 없고, 건강이 상하고 영양 섭취도 제대로 할 수 없어 추운 겨울을 힘겹게 보내고 있습니다. 첫째 아이 하나라면 양재든 뭐든 제가 일을 해서 건사할 수 있겠지만, 둘째 태성은 아직 젖도 못 떼고 손이 많이 가서 어떤 일거리도 찾을 수가 없습니다."

가난함을 호소하고 싶은 마음이 앞서서였을까, '건강'이라는 두 글자 앞에는 '신체', '상하고'라는 말 앞에는 '치료'라고 쓴 후 세로로 몇 줄이나 선을 긋고 다시 쓴 흔적이 보인다. 봉투 뒤에는 또박또박한 필체로 '대한민국 부산시 대응동 1가 20 김호순 씨 댁 이남덕'이라고 썼다. 도쿄에서 보내올 물건을 확실히 받고 싶은 바람이 전해진다.

일본은 1951년 9월, 샌프란시스코 평화조약에 서명하고 국제 사회에 복귀했다. 동시에 미국과의 안전보장조약을 체결하고 한국전쟁에 의한 특수로 경제 성장을 이룩해갔다. 그 무렵 한반도는 냉전의 최전선이 되어 갔다. 전쟁이 시작된 후 1년이 지나자 전황은 교착 상태에 빠졌다. 미국, 소련, 중국이 저마다의 의도를 가지고 타협점을 찾기 시작했지만 포로 송환 문제 등으로 이견을 좁히지 못하고 38도선 부근에서는 격렬한 전투가 이어졌다. 부산으로 돌아와 얼마 지나지 않은 어느 날이었다.

"아이들을 데리고 도쿄로 돌아가면 어떨까?"

마사코의 불안을 눈치챈 듯 이중섭은 그렇게 말을 꺼냈다. 자기는 괜찮으니까 우선 세 사람의 건강을 회복하는 게 어떨까 하는 제안이었다. 마사코는 말문이 막혔다. 혼자는 아무것도 못하고 생활력도 없는 남편을 홀로 남겨둘 수는 없었다. 그건 이중섭 자신도 잘 알고 있었을 것이다. 그런 그가 이 한마디를 꺼내기까지 얼미니 고민을 많이 하고 얼마나 힘들있을까. 하시만 마사고 자신노 아이들의 체력도 한계에 다다랐다는 느낌이 들었다. 첫 아이를 7개월 만에 잃고서 다음에는 조심해서 소중히 지키겠다고 어머니에게 편지를 써보냈던 마사코였다. 어떻게라도 아이들만큼은 지켜내지 않으면 안 된다는 마음도 들었다. 갈등하는 마사코의 등을 떠민 것은 남편의 한마디였다.

"금방 다시 만날 수 있을 테니까."

마사코와 아이들을 먼저 보낸 후, 자기도 바로 도쿄로 가겠다는 말이었다. 마사코는 이 말을 조금도 의심하지 않았다. 한국과 일본 사이에 국교는 맺어지지 않았지만 여전히 주위에는 양국을 오가는 지인들도 있었다.

"아, 그래. 당신이 일본으로 건너온다면, 우선은 내가 아이들을 데리고 일본으로 돌아가는 편이 좋을지도 모르겠네. 우리는 부부니까 국교가 수립되어 있지 않아도 어떻게든 될 거야."

그렇게 생각한 마사코는 앞서 말한 1951년 12월 20일자 편지에서 부모님 앞으로 이렇게 편지를 써보냈다.

"아고리의 도항이 가능한지, 가능성이 있다면 우리 세 사람이 한발 앞서 귀국하려고 합니다."

아고리란 앞에 썼듯 이중섭의 학창 시절 별명이다. 마사코가 그랬듯 그녀의 부모도 '아고리 씨'라는 애칭으로 불렀다. 답장은 바로 오지 않았다. 마사코가 보낸 편지가 도쿄에 닿지 않았던 걸까. 혹은 전쟁 중이라 도쿄에서 보낸 편지가 행방불명이 된 것일까. 원산에서 함께 남쪽으로 내려와 부산에서도 인근에 살던 김인호는 불안에 시달리는 마사코가 딱해서 참을 수 없었다. 좋은 방도가 생각이 나지 않던 김인호는 어쩔 수 없이 마사코의 아버지 앞으로 편지를 썼다.

"이곳으로 와서 몇 번이나 야마모토 님께 편지를 보낸 모양이지만, 답장을 한 통도 받지 못한 것 같습니다. (중략) 부디 하루라도 빨리 답장이 오기만 기다리고 있습니다."_1951년 12월 31일.

"마사코 씨, 중섭 씨, 그리고 두 자제분은 무사합니다. 이렇게 세 번째 편지를 보냅니다. (중략) 어쨌건 하루라도 빨리 답장해주시길 바라며 계속 이렇게 보낼 따름입니다. 마사코 씨가 힘들어 하고 있습니다. 남편도 함께요. 그리고 걱정도 많이 합니다. 부모님, 자매들의 안녕을 걱정하며, 그리고 댁의 전화번호인 2973이 바뀐 게 아닌가 염려하면서요."_1952년 1월 10일.

김인호는 근무처인 미군 부대의 주소와 자신의 이름을 알파벳 표기로 덧붙였다. 그렇게 수고한 보람이 있었는지, 얼마 지나지 않아 어머니 도시코가 마사코에게 보낸 답장이 도착했다. 김인호가 세 번째 편지를 보내고 일주일 정도 지난 후의 일이었다. 마사코가 부산으로 피난을 왔다는 것은 풍문으로 들었으며 교회를 통해 수소문하던 참이었다고 쓰여 있었다. 마사코의 마음을 짐작한 도시코는 이미 주일한국대표부로 찾아가 마사코 가족의 귀국을 위한 준비를 시작하고 있었다.

"너희 세 명이 먼저 귀국한다면 아고리 씨는 또 다른 방법을 찾아서 올 수 있도록 해보겠다."_1952년 1월 17일.

도시코의 편지에는 이렇게 쓰여 있었다. 먼저 마사코의 호적등본을 보내서 그걸 가지고 한국 외교 당국에 호소하면 일본 외무성으로 조회가 올 것이다, 그렇게 하면 일본으로 오는 귀국선을 탈 수 있으리라는 계산이었다. 마침 도쿄에서 부산으로 돌아오는 선교사가 있으므로 귀국 준비를 위한 돈을 맡기니 받아서 쓰라는 지시도 있었다. 고대하던 어머니의 편지를 읽다 보니 아버지 건강 상태가 그리 좋지 않다는 내용도 있었다. 마시코의 마음이 아파왔다. 신교사가 부산에 도착하자 마사코는 바로 찾아가 귀국을 위한 준비를 서둘렀다.

피난민 화가

"예술에 대한 정열은 원산에서 긴 세월 호되게 당해왔던 일만으로도 다시금 격렬하게 타올랐습니다. 생각대로 공부할 수 없어서 참으로 괴로워하고 있습니다."_1951년 12월 20일.

마사코는 2년 만에 부모 앞으로 보낸 편지에서 고뇌하는 남편의 모습을 이렇게 썼다. 남쪽으로 내려가면 그림을 마음껏 그릴 수 있을지도 모른다는 담담한 기대는 피난 생활이라는 무거운 현실에 짓눌렸다.

부산으로 돌아와 두 달 정도 지났을 무렵, 이중섭은 한국군 종군화가단에 가입했다. 앞서 인용한 히구치 도모코의 글에 따르면, 종군화가단은 한국군 조직과 미군사령부 휘하에 있었는데 이중섭은 한국군의 서양화부 소속이었다. 미군사령부 조직의 화가들이 통제를 받았던 것에 비해, 한국군에서는 자발적인 의사와 자신들의 시선으로 전쟁을 그렸다고 한다. 그렇다고는 해도 어디까지나 군대 소속이었다. 이중섭이 있던 정훈국은 전의를 고양하기 위한 포스터 제작 등이 주된 임무였던 것 같다.

원산에서 '동맹'에 소속되면 물자를 손에 넣기 쉬웠던 것과 마찬가지로, 배급을 받기 위해서는 종군화가단의 신분증명서가 필요했다. 특히 정훈국은 대우가 좋았다고 한다. 히구치는 전쟁 당시 미술가들이 놓인 상황에 대해 이렇게 쓰고 있다.*

"서울이 점령되자 좌파였던 조선미술동맹이 일을 도맡아 화가들에게 인민공화국의 상징 마크나 김일성, 스탈린 등의 대형 초상화를 그리게 했지만, 한국군이 서울을 탈환하자 이번에는 그 행위를 한 사람이 반대로 '빨갱이'로 몰려 부역자 재판에 회부되는 등 동요에 동요를 거듭했다. 당시 벌어진 일을 이야기하는 것은 한동안 금기시되었고 사람들의 마음에 큰 상처로 남았다."

정치에 휘둘리며 희생당한 예술가의 안식처가 되어준 곳은 다방이었다. 자갈치시장 바로 북쪽에 위치한 광복동에는 화가나 시인, 음악가, 영화감독이 모이는 다방이 여기저기 있었다. 서울에서 예술가의 거점이었던 명동을 부산으로 그대로 옮겨온 듯했다. 월남했던 사람들은 다방에서 서로의 무사함을 확인하며 끌어안고 눈물을 흘렸다. 동시에 새로운 만남의 장이 되기도 했다.

당시 다방을 재현해보면 이런 정경이 펼쳐질 것이다. 테이블을 끼고 갈색 2인용 의자가 놓여 있다. 테이블 두 개, 카운터 하나뿐인 간소한 가게는 열 명

---

* 히구치 도모코, 「한국전쟁기 임시수도 부산의 미술활동연구」, 후쿠오카아시아도시연구소젊은 연구자연구활동보고서, 2007년.

만 들어와도 가득 찼다. 피어오르는 담배 연기에는 앞날을 걱정하는 그들의 한숨이 함께 섞였다. 다방은 화가들에게 친구들과의 만남의 장이자, 전시회장 역할도 했다. 벽에 걸린 작품이 부유한 이의 눈에 들기라도 하면, 그 고장 부산 예술가들과 알력이 생기기도 했다.

오사카에서 자란 화가 동료 백영수와 이중섭은 금강다방에서 매일 얼굴을 맞대는 사이였다. 그 무렵 어느 다방에서 열렸던 개인전 방명록에 백영수가 '축 이중섭'이라는 사인을 남기기도 했다. 백영수는 회상록 『성냥갑 속의 메시지』에서 당시 누구나 곤란했지만, 특히 이중섭의 고생이 심했다고 회상했다.

여기서 말하는 심한 고생은 경제적인 면뿐만 아니라 정신적으로도 힘이 들었다는 의미일 것이다. 이 시대 화가들이 일당을 벌 수 있던 주된 수단은 신문이나 잡지 삽화를 그리는 일이었다. 금강다방에서 이중섭은 백영수가 그렸던 문예지 삽화 일을 자기도 하고 싶다고 도와달라고 했다. 표지 한 장을 그리면 양복 한 벌을 살 수 있을 정도의 벌이가 되었다. 백영수의 회상록에는 이런 장면이 기록되어 있다. 추운 어느 아침의 일이었다. 이중섭은 다방에 들어가자마자 백영수 옆에 앉았다. 바스락바스락거리며 주머니에서 무언기를 꺼내려고 했다. 꺼낸 것은 쓰다 남은 흰 물감 하나였다. 3분의 2 정도가 남아 있었다. "뭐지?" 의아해하는 백영수에게 이중섭은 이런 말을 툭 던졌다. "이거 백 형이 써."

이중섭이 여섯 살 위였지만 백영수의 회상록에는 서로 '형'이라고 불렀다고 한다. 앞서 이야기했듯 존경과 친근함을 담은 호칭이었다. "형도 필요하지 않소?" 이렇게 말하며 되돌려 주었지만 이중섭은 듣지 않았다. "백 형, 돈을 좀 빌려줘." 흰색 물감은 화가에게 귀중한 재산이었다. 백영수는 물감을 다시 되돌려 주며 조용히 주머니에 있던 돈을 전부 건넸다. 차 서너 잔 마실 수 있는 정도밖에 안 되었지만, 돈을 받은 이중섭은 그대로 가게 문을 열고 나가 밖에 서 있던 마사코에게 건네주었다. 옷자락은 해지고 색이 바랜 카키색 스커트 차림을 하고 맨발에 고무신을 신고 있었다. "가난한 화가와 그 아내 (중략) 그들은 어젯밤 무엇을 먹었을까." 백영수는 가슴이 저려왔다고 썼다.

거리에는 머리를 빡빡 밀거나 단발머리를 한 전쟁고아가 넘쳐났다. 소맷부리와 팔꿈치가 닳아서 반질반질한 옷을 입은 아이들이 맨발로 뛰어다녔다.

천진난만하게 깔깔거리면서도 가게를 보거나 구두닦이 일을 하면서 아무리 어려도 살아가기 위해 필사적이었다. 앞서 인용했던 『한국의 동란』에는 거리의 모습을 이렇게 기록했다.

> "피난민 생활 대책이 제대로 세워지지 않은 상황에서 길가에서 담배와 과자라던가 일상생활 용품을 조금만 늘어놓고 팔아도 경찰관이 몽둥이를 들고 와 거칠게 쫓아버리는 불쾌한 행동은 보는 이의 눈살을 찌푸리게 했다. 경찰관 상사는 그냥 가게를 철거하라고 지시했을 뿐인데도 물품을 파손하고 그들의 생활에 치명적인 위협을 안겨줬다."

이중섭은 그런 아이들을 내버려두지 않았다. 이영진은 「이중섭 연보」에서 소문으로 들었던 일화를 소개했다. 어느 소년이 배가 고파서였는지 생계 때문이었는지 껌을 훔쳤다. 이를 놓치지 않고 보았던 군인은 소년을 붙잡았다. 아무리 절도가 나쁜 행위라고 아이를 상대로 폭력을 휘두르는 군인을 이중섭은 도저히 용서할 수 없었다. "그만 둬!" 저도 모르게 군인에게 한방 먹이고 말았다. 군인은 당시로서는 꽤 키가 컸던 이중섭을 혼자 힘으로 제압할 수 없었다. 일단 물러났지만 바로 동료를 데리고 다시 나타났다. 그리고 총구로 이중섭의 머리를 갈겼다. 이중섭은 머리를 꿰매야 할 정도로 상처를 입었다. 폭력을 가만히 두고 보지 못하는 성격은 마사코가 누구보다도 잘 알고 있었다. 남편으로서 믿음직스럽기도 했겠지만 때로는 조마조마했음이 틀림없다.

부고

마사코는 어머니가 선교사에게 맡긴 귀국 준비금을 무사히 받고서 바로 답장을 보냈다.

"아버지가 상당히 몸이 안 좋으시다기에 무척 걱정하고 있습니다. 그러니 하루라도 빨리 귀국해서 뵈어야겠다는 마음이 간절합니다. 조금이라도 오래 사셔서 지금까지 했던 불효를 대신해 열심히 모시고 싶은 마음으로 가득합니다."_1952년 2월 25일.

마침 무역상을 하던 지인이 도쿄로 간다는 이야기를 들었다. 이중섭 일가가 일본에 입국할 수 있도록 수속을 해주고, 그 증명서를 갖고 돌아오겠다고 했다. 실현가능성이 어느 정도일지는 알 수 없었지만 가능성이 있는 한, 어떤 기회라도 놓치고 싶지 않다는 마음뿐이었다. 같은 편지에는 이런 내용도 있다.

"아이들 스웨터와 바지 한 벌씩, 저와 대향의 스웨터, 가능하면 대향의 양복 상하의가 있다면 좋겠지만 물론 입던 것도 괜찮습니다. 우리 세 사람은 교회에서 받거나, 지금 신세를 지고 있는 사업관에서 배급이 있으니 부족하지 않게 어떻게든 그럭저럭 생활할 수 있지만, 대향이 무척 곤란합니다. 옷도 갈아입지 못하고 하루에 한 끼밖에 먹지 못하는 날도 있어서……."

'대향'이란 앞에서 이야기했던 대로 이중섭이 자신에게 붙인 별명이다. 마사코는 친정에 편지를 쓸 때 남편을 '아고리'나 '대향'이라고 불렀다. 대화를 할 때는 아고리라고 했는데, 때때로 대향이라는 이름이 등장하는 것은 어째서였을까. 이 별명에는 좀 더 높은 곳을 목표로 삼는다는 의욕이 담겨 있었다. 이 무렵 이중섭은 가족과 함께 도쿄에서 살겠다는 목표를 향해 제작에 몰두하고 있었을지도 모른다. 마사코는 '중섭'이라고는 부른 적도 쓴 적도 없다.

이중섭은 3월 1일에 친구들과 전람회를 열 예정이었다. 남편에게 전시에 집중할 수 있는 환경을 만들어주고 싶다, 전시를 무사히 마치고 안정을 찾으면 일본으로 가자, 라고 마사코는 생각했다. 신경이 쓰이는 것은 일본어를 하지 못하는 아이들이었다. 네 살이 된 태현은 곧 초등학교에 입학해야 할 텐데 제대로 글을 배우지 못해서 더 초조했다. 무엇보다 아이들의 야윈 모습이 마음 아팠다.

마사코는 2월 25일자 편지에서 자신들이 먼저 귀국하기까지 얼마 안 되는 시간만이라도 가족 네 명이 함께 살 수 있는 집을 찾고 있다고 어머니에게 전했다. 편지의 말미에 이렇게 덧붙였다.

"지즈코에게 안부를 전해주세요. 약속한 엿을 잔뜩 사간다고요. 기억하고 계세요?"

지즈코는 마사코의 조카, 즉 큰 언니의 큰딸이었다. 이모가 곧 돌아가니 기다려 달라는 메시지였다. 마사코를 서두르게 만든 것은 한 통의 부고였다. 어머니는 아버지가 2월 19일에 세상을 떠났다고 전보를 쳤다. 그렇지만 마사코가 이 사실을 안 것은 두 달 정도 지난 4월이었다고 한다. 충격을 받을 마사코가 걱정스러웠던 이중섭이 친정에서 온 전보를 보여주지 않았기 때문이었다.

"남덕의 건강이 좋지 않았고, 또 돌아가신 것을 알자마자 바로 일본으로 갈 수 있는 상황도 아니었기 때문에……."

이중섭은 이렇게 해명했다. 2년 동안 소식이 끊겼던 딸이 무사히 돌아올 수 있을까, 숨을 거두는 그 순간까지 아버지의 걱정이 떠나지 않았을 것이다. 마사코는 제주도에서 부산으로 돌아와 바로 귀국했더라면 아버지의 임종을 지킬 수 있지는 않았을까, 라는 생각에 자책했다.

"아버지의 임종을 지킬 수 없었던 일이 너무나 아프고 슬픕니다. 우리가 마지막 입술을 축여 보내 드릴 수 있었다면 아버지도 한결 편안히 하늘나라로 떠나실 수 있었을 텐데. 예전부터 불효막심했던 것을 생각하면 무어라고 더 드릴 말씀이 없습니다. 그만큼 가장 먼저 아버지를 뵙고 싶었습니다."_1952년 4월 18일.

아버지가 돌아가신 걸 뒤늦게 알고난 뒤 어머니에게 보낸 편지에서 마사코는 그런 심경을 토로했다. 혼자 남은 어머니를 위해 무언가 할 수 있는 일은 없을까, 특기였던 양재를 잘 살리면 조금이라도 집안 살림에 도움이 될 수 있을 것이다. 부산이나 제주도에서 빈곤했던 삶을 경험한 만큼, 앞으로는 더 힘차게 살아가지 않으면 안 된다. 그렇게 다짐한 마사코에게 아버지의 유산 상속과 관련된 일까지 겹쳤다. 더욱 귀국을 서둘러야 했다. 더 이상 한시도 뒤로 미룰 수 없었다.

어머니 도시코는 마사코의 귀국에 맞춰 수속에 분주했다. 외무성에 나가 문의해보니 아시아 담당 제5과 귀국반의 기시岸라는 성을 가진 담당자로부터 한 통의 엽서가 속달로 도착해 있었다. 원활하게 일이 진행되려면 가능하면 빨리 탄원서를 제출하라는 조언이 있었다. 그렇게 하면 일주일, 늦어도 열흘이면 귀국 허가가 나온다고 했다. 어머니 도시코가 다른 부처와도 교섭을 했는지 아니면 외무성이 조회를 부탁했는지 농림성 명의로 도착한 서류에는 기시가 아닌 다른 사람의 필적으로 이렇게 적혀 있었다.

"원래 일본 국적이었던 자, 현재도 일본에 적이 있는 자는 귀국 가능."

이 문구는 마사코의 귀국은 아무 문제도 없지만 이중섭의 도일은 곤란하다는 뜻이다. 일본 정부는 식민지 시기에는 일본 국적이었던 조선 사람들을 외국인으로 구별했다. 마음이 친정으로 향해 있던 시점에서 마사코에게 수속과 관련된 이야기는 그다지 의미가 없었다. 남편도 "다시 곧 만날 수 있을 테니"라고 말했다. 먼저 어머니 곁으로 서둘러 가야만 한다는 초조함에 사로잡혔다. 부부 사이에 놓인 현실이 나중에 얼마나 무거운 장애물이 될지는 생각하지 못했다. 이중섭이 종군화가단에 가입한 때가 바로 그 무렵이었다. 장인의 부고가 도착했던 시점과도 겹친다. 한시라도 빨리 아내와 아이들을 도쿄로 귀국시켜야만 한다, 자신도 빨리 따라갈 준비를 서두르자는 생각이 종군화가단 가입을 재촉했는지도 모른다.

1952년 4월로 날짜가 찍힌 한 장의 전말서가 있다. 옆으로 긴 종이 한 장에 세로로 한자로 줄줄이 써놓았다. "국방부 정훈국 종군화가단원 이중섭"이라고 기록되어 있다. 그 아래에는 정식 서류임을 증명이라도 하듯 인감도 찍혀 있다. 곳곳에 한글이 섞여 있는 이 전말서에는 북한에서의 활동 이력과 월남 후

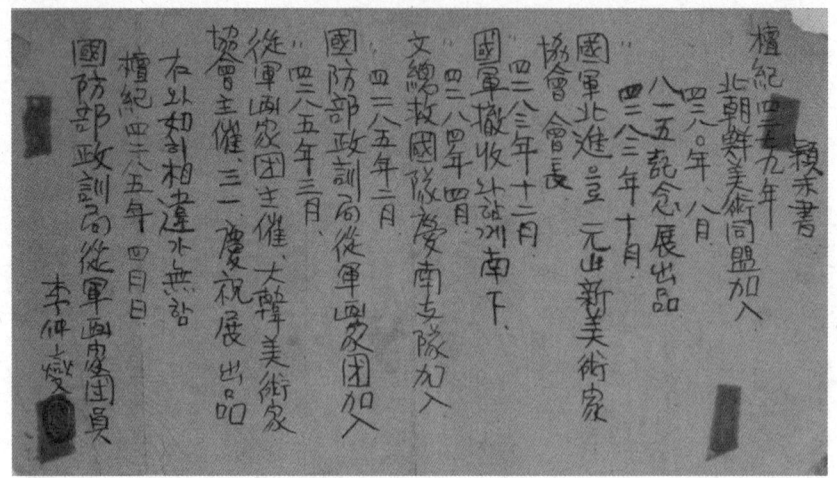

1952년 제출한 이중섭의 전말서. 북조선미술동맹 가입, 8·15 기념전 출품, 국군 북진에 따라 원산신미술가협회 회장 역임, 국군 철수와 함께 남하 등 월남 전후의 이력을 기재했다.

이력이 기재되어 있다. 어떤 경위로, 무엇을 위해, 어디에 제출한 전말서인지 정확한 사정은 알려져 있지 않다. 다만 김일성 체제 아래에서의 활동을 '반성'하고 지금은 한국군에 전적으로 '충성'을 다짐한다고 드러낼 필요가 있던 상황을 짐작케 한다. 일본으로 건너가 공산주의 공작을 할 의도 같은 것은 털끝만큼도 없다는 증명서 대신이었다고 추측할 수 있다.

마사코의 어머니는 외무성과 계속 서류를 주고받았다. 영문 해석과 유엔 사령부를 통한 조회 등 복잡한 관공서 업무를 비롯하여 몇 겹의 벽이 앞을 가로막았기에 마사코는 일본 입국허가증을 계속 기다렸다. 1주일 안으로 귀국할 수 있다고 했지만, 계절은 봄에서 여름으로 넘어가고 있었다.

다시 바다를 건너

1년 반 전 원산을 떠나 도착한 부산항은 일본으로 돌아가는 배의 선착장이기도 했다. 항구가 눈 아래로 내려다보이는 부산역 서쪽으로는 일본 패전 후에도 한반도에 남았던 일본인이 모여 살던 부락이 있었다. 그 동네 한쪽에는 소림사라는 절이 있었는데 귀국선을 기다리는 일본인의 대기소로 사용되었다. 6월에 일본으로 향하는 귀국선이 세 편 마련되었다는 소식이 들려왔다. 마사코와 태현, 태성 세 사람은 소림사로 이동했다. 마사코는 마음이 급해져 어머니에게 이렇게 썼다.

"6월 중으로 세 번에 나누어 일본인을 귀국시킨다고 합니다. 6일, 11일, 21일로 예정되었습니다만, 1회차가 언제 될까 아직 확실히 알 수 없어 저는 두 번째 출발로 신청했습니다. (중략) 빨리 돌아가려고 했지만 이렇게 늦어지고 무엇이든 예정대로 진행되지 않아 안타깝습니다. 아이들은 건강합니다. 태현은 유행성 감기에 걸렸지만 오일 페니실린 두 방으로 완전히 나았습니다. 걱정 마세요." _1952년 5월 29일.

6월 17일자로 이태현과 이태성이 아버지 이중섭과 어머니인 일본인 야마모토 마사코 사이에서 태어난 한국인이라는 증명서가 발행됐다. 소림사를 관할하는 파출소가 부산경찰서장 앞으로 보낸 것이다. 여기서 중요한 것은 아이들의 국적이 아니라, 일본인인 마사코의 자식이라는 분명한 사실을 공식적으로 증명하는 일이었다. 이렇게 출발 준비는 갖춰졌다.

도쿄에서부터 이중섭과 친분이 있었고, 역시 월남했던 시인 양문명은 국제시장에 있던 냉면집에서 마사코 모자의 송별회를 열었다고 말했다. 이별하는 날이 가까워지자 마사코는 그동안 신세를 진 사람들을 찾아다니며 지금까지 고마웠고 앞으로 남편을 잘 부탁한다는 말을 전하며 인사했다.

출발하던 날은 한발 앞서 여름이 찾아온 듯 덥고 습한 날씨였다. 1952년 6월 25일, 부두에 마사코와 아이들이 타고갈 파미나 호가 정박했다. 환송하러 온 사람들 속에는 이중섭 말고도 양문명을 비롯한 화가 친구들, 그리고 조카 이영진의 모습이 보였다. 남편의 얼굴을 지그시 바라볼 틈도 없었다. 좋은 친구들이 많다고는 해도 마음을 기댈 가족 없이 어떻게 혼자서 살아갈 수 있을까, 언제 끝날지도 모르는 전쟁이 진행 중인 땅에 사랑하는 사람을 혼자 남기고 떠날 수밖에 없다니, 하는 생각에 마사코는 멈추지 않고 흐르는 눈물을 닦을 새도 없이 그저 고개를 떨굴 수밖에 없었다. 1986년 『계간 미술』 여름호 인터뷰에서 마사코는 이별의 장면을 이렇게 되돌아보았다. 그때로부터 30여 년이 지난 후, 내가 다시 그때 일을 묻자 자세한 것은 기억나지 않는다며 담담히 말했다.

"아무도 없는 곳에서 마지막 이별을 했어요. 배에 탄 사람들이 거의 없었어요."

부두의 정경만은 역시 기억에 남아 있었다. 하지만 나중에 자식들에게 말해준 것은 어둑어둑한 선실 안이 무서웠던 태성이 좀처럼 그치지 않고 크게 울었다는 일화였다. 남편과는 재회할 수 있다고 조금도 의심하지 않았던 마사코는 남편과의 이별을 아쉬워하기보다 아이를 달래기에 급급했다. 어린 아이를 데리고 있는 가족이라면 그런 어수선한 이별이 도리어 더 현실적이라고 여겨진다. 이중섭은 "다시 곧 만날 수 있을 테니까"라며 배웅했다. 마사코는 그렇게 한반도를 뒤로 했다. 두 명, 아니 세 명의 아들과 함께 보내야 할 행복한 신혼생활을 캄캄하게 만들어버린 전쟁이 없었다면, 이런 식으로 다시 바다를 건널 일은 없었을 것이다. 7년 전, 기뢰도 두려워하지 않고 그와 만나고 싶다는 일념으로 연락선에 몸을 맡겼던 봄날 어느 저녁에는 상상조차 할 수 없었던, 설마 했던 귀국이었다. 야트막한 언덕 위에 무수히 서 있는 판잣집이 시야에서 멀어져 간다. 그날은 민족상잔의 비극이 시작된 지 정확히 2년을 맞이한 날이었다.

2018년 1월, 나는 마사코와 두 아들이 귀국선을 기다렸던 소림사를 찾아갔다. 부산역과 가까운 카페에서 앞서 말한 동서대 초빙교수 윤은혜에게 당시 부산의 모습에 대해 이야기를 들으며 소림사의 주소를 알려주었더니 혹시 여기가 아니냐며 힌트를 주었다. 스마트폰으로 검색해보니 카페에서 500미터도 떨어지지 않은 곳이었다. 금색으로 새긴 '소림사'라는 세 글자를 발견한 순간, 여기가 마사코가 배를 기다렸던 현장인가, 라는 생각에 반세기도 넘는 예전으로 시간여행을 온 듯한 기분이 들었다. 약속도 없었지만 살짝 문을 열어보니, 여성의 목소리가 들렸다. 잘 모르겠다는 답을 예상하면서도 여기가 예전에 일본인이 대기하던 소림사인지 단도직입적으로 물었는데, 그렇다는 답이 돌아왔다. 우석 스님이 산책을 하며 절의 역사를 이야기해주었다. 본당에 인접한 회관이라고 쓰인 4층 철근 콘크리트 건물이 예전에는 목조로 된 2층 건물이었는데 거기서 귀국선을 기다리던 사람들이 생활했다고 한다. 부지 내에 서 있는 금속 명판에 새겨진 연혁에 따르면, 식민지 시기인 1929년에 창건되어, 1948년 일본식이었던 불단을 순한국식으로 바꾸었다고 되어 있다. 부지 내 건물에는 1990년대까지 일본식 다다미가 깔려 있었다고 한다. 우석 스님은 소림사가 한국전쟁과도 깊은 연관이 있음을 알려주는 자료를 보여주었다. 소림사는 참전한 재일한국인 젊은이들이 일본으로 돌아가는 배를 기다리기 위해 잠시 몸을 맡겼던 곳이기도 했다. 재일학도의용군으로 불렸던 그들은, 조국에 위기가 닥치자 목숨을 던져 자발적으로 전쟁에 지원했다. 미군으로부터 훈련을 받고 인천상륙작전이나 원산상륙작전에 참가한 뒤 제대하여 부산으로 돌아왔다. 가장 많을 때는 소림사에만 250명 정도가 모였다고 한다. 시선을 동쪽으로 옮기면 컨테이너의 짐을 쌓아 내리는 대형 크레인이 보인다. 항구와 접근성이 좋았던 점이 귀국선을 기다리는 사람들의 대기소가 되었던 이유였다.

  의용군이 소림사에 모이기 시작한 것은 1952년 5월이라고 한다. 마침 마사고와 두 아들이 소림사에서 입국증명서가 도착하기를 기다리던 무렵이다. 부상을 당한 젊은 남성들의 모습을 보고 전쟁터에서 돌아온 병사라고 추측할 수 있었을 것이다. 하지만 일본 국적이 아니었던 그들은 마사코와 함께 귀국선에 탈 수 없었다. 그중에는 일본으로 돌아가는 것을 포기한 사람도 있었다. 전쟁은 얼마나 많은 사람들의 인생을 바꿔버린 걸까. 소림사에서 바다를 바라보며 그런 생각을 했다.

제5장 다시 올게

→ 1954년경의 이중섭. 야마모토 가문 제공.

7년 만에 돌아온 도쿄

마사코와 태현, 태성을 태우고 부산을 출항한 배는 오사카 항으로 들어갔다. 배에서 내려 기차를 타고 도쿄로 향했다. 도쿄역으로 마중 나온 사람은 언니들이었다. 7년 만의 재회를 기뻐하면서도 동생과 조카의 남루한 행색에 놀라움을 숨기지 못했다. 편지를 통해 부산에서의 힘든 생활을 듣긴 했지만 야윈 모습은 상상을 훌쩍 뛰어넘었다.

이 무렵 도쿄에서는 가슴께에 리본을 곁들인 블라우스나 꽃무늬 원피스 같은 화사한 패션이 유행하고 있었다. 1952년 일본은 연합군의 점령에서 독립하여 국제 사회에 복귀했다. 대륙에서 귀국선이 속속 도착했던 시대는 이미 과거의 일이 되었다. 도쿄대공습 직후 도쿄를 떠났던 마사코였기에 상점가나 북적이며 오가는 사람들에게 시선을 빼앗겼음이 틀림없다.

그러나 마사코는 '그다지 그런 생각은 안 했던 걸로 기억한다'고 잘라 말했다. 세타가야도 불에 탄 벌판이 되었지만 미슈쿠의 친정집은 기적적으로 무사했다. 여전했던 집은 7년 만에 귀향한 마사코에게 무엇보다 안도감을 주었을 것이다.

"여기만 그대로 남아 있던 거예요."

마사코는 천천히 양손을 크게 벌리며 말했다. 250평이 넘는 광대한 부지에 세운 2층 단독주택에는 마사코의 어머니 도시코, 큰언니 후사코와 그녀의 딸 지즈코가 살고 있었다. 후사코는 전쟁으로 남편을 잃고 친정으로 돌아와 있었다. 이들만 살기에는 너무 넓었다. 아버지가 세상을 떠난 뒤, 새로운 수입이 필요하기도 해서 1층 일부와 2층 전부를 진주하던 미군 가족에게 임대했다. 마사코가 귀향하기 두 달 전 연합군의 점령은 끝났지만, 미군 가족은 마사코가 돌아온 후에도 잠시 함께 살았다. 패전국으로서 마주해야 하는 현실은 일상생활 속에도 남아 있었다.

"우리집은 방공호를 만들었어요. 철근으로 만들었죠. 어머니가요.

일본에서 어린 태현, 태성과 함께 있는 야마모토 마사코. 야마모토 가문 제공.

니는 들어기보진 못했지만요."

전쟁이 끝나고도 정원 한쪽에 남아 있던 방공호에 관한 마사코의 기억은 선명했다. 미군 폭격기의 표적이 되지 않게끔 위에서부터 흙을 쌓아 덮었던 것도 기억했다. 어느 날은 신기하다는 듯 방공호를 살펴보던 미군이 이게 뭐냐고 묻자 "미국 비행기가 총탄을 퍼부어서⋯⋯(만든 것이죠)"라고 대답했다는 이야기도 전해줬다. 그 군인은 "미안하다"며 사과했다고 한다. 그때를 떠올리며 마사코는 웃었다. 예전의 적국이었던 상대에 대한 원한이나 분노 같은 감정은 전혀 느껴지지 않았다.

네 살 태현과 두 살 태성은 여러 친척들에 둘러싸여 아버지 없는 허전함을 느낄 새 없이 지냈다. 환경이 변했지만 아무런 어려움 없이 있는 그대로 받아들일 수 있는 나이여서 다행이었다. 그 무렵 집의 툇마루에서 찍은 사진이 몇 장 남아 있다. 앉아 있는 마사코의 양 무릎 사이에 어리광쟁이 태성이 꼭 끼어 찰싹 달라붙어 있다. 마사코는 태성의 양손을 뒤에서 감싸듯 단단히 잡고서 하얀 이를 드러내며 웃고 있다. 그 곁에 털썩 앉은 태현은 태성과 똑같은 스웨터와 반바지 차림이다. 포동포동한 허벅지를 보면 건강한 사내아이 그 자체다. 두 아이 모두 눈꼬리가 살짝 내려간 모습이 아버지와 쏙 닮았다. 울거나 화내거나 웃거나 하는 아이들의 사소한 표정이 이중섭을 떠올리게 했다. 아이들의 성장을 당신이 봤으면 얼마나 좋아했을까요, 그렇게 비쩍 말랐던 두 아이는 벌써 통통하게 살이 올랐어요, 그런 생각을 담아 마사코는 부산의 남편에게 보내는 편지에 세 모자의 스냅 사진을 끼워넣었다.

친구들의 지지

부산에서 김인호의 편지가 도착한 것은 마사코가 귀향하고 한 달이 조금 더 지났을 무렵이었다. 범일동 판잣집에서 혼자 살던 이중섭은 동향 친구들의 신세를 지며 겨우겨우 지내고 있었다.

"마사코 씨. 장기간의 항해, 게다가 가혹한 여행으로 많이 힘드셨으리라 생각됩니다. (중략) 어머니가 계신 곳에 돌아가 기쁘시겠지요. 박수를 보냅니다. 이곳은 더위 때문에 점점 나른해지고 있습니다."

"형님을 며칠 전에 만났습니다. 피곤해 보이는 얼굴이었습니다. 게다가 충치 때문에 아래턱이 부어 있었어요. 식사는 이웃에서 챙겨주고 있습니다." _1952년 8월 7일.

형님이란 물론 이중섭을 가리킨다. 김인호는 이중섭이 마사코의 편지를 기다리고 있다고 호소했다. 도쿄로 돌아간 마사코에게는 태현과 태성에게 세 끼를 배불리 먹이는 것이 최우선이었다. 어린 아이를 키우는 어머니라면 누구라도 그랬을 것이다. 마사코는 아버지가 패전 후 재벌 해체 정책으로 상무 자리를 사임하고 만년은 인간관계로 힘들어하며 무력감에 빠졌다는 이야기를 어머니에게 들었다. 그런 아버지를 먼저 보낸 어머니를 위해 양재 기술로 가계에 도움이 되고 싶다는 생각이 한층 강해졌다. 어쩔 수 없이 부산의 남편에게 편지를 보낼 시간도 여유도 없었다. 김인호는 다망했을 마사코를 걱정하면서도 "답장을 부탁"했다.

전쟁이 길어지면서 부산에는 인플레이션이 빠르게 일어났다. 도쿄의 부흥은 두 나라를 오가는 무역상 등을 통해 입소문으로 전해졌다. 양국의 경제적 격차는 확연하게 벌어지고 있었다. 이중섭 가족을 알고 지내던 동료들은 말로 하지는 않아도 마사코가 부산으로 돌아오는 일은 아마 없을 것이라고 짐작했다. 자신들이 할 수 있는 일은 이중섭의 근황을 마사코에게 전해주는 것뿐이라고, 그렇게라도 부부를 이어주지 않으면 이중섭은 버텨내지 못할 것이라고 여겼다. 이런 부산 친구들의 생각이 담긴 편지가 미슈쿠의 마사코 앞으로 차례차례 도착했다. 대부분 일본어로 쓴 편지였다.

이중섭이 도쿄에 있던 무렵부터 친구였던 화가 김환기는 부산을 떠나기 전 비쩍 마른 마사코의 모습이 뇌리에서 떠나지 않았다. 김환기의 아내 김향안은 마사코에게 이런 편지를 보냈다.

> "전쟁 때문이라고는 하나 뭔가 우리의 공동책임과도 같다는 생각이 들었어요. 부산에서 오랜만에 당신을 보았을 때 저는 가슴이 터질 것 같아서 어떤 말도 할 수 없는 심정이었습니다. (중략) 어째서 원산에서 더 빨리 일본으로 돌아가지 않았는지, 우리는 이 선생님(이중섭)을 책망하고 싶어졌습니다. 너무 고생만 해서 조선에서 아름답지 않은 기억만을 가지고 돌아간 것은 아닐까, 우리는 그런 걱정을 하고 있습니다."_1952년 9월 22일.

김향안은 남편 김환기가 마사코가 떠난 후에도 '미안해, 미안해'라고 되풀이했다고 쓰고 있다. 타향 땅에서의 피난 생활은 분명 너무나 힘들었을 텐데 아무것도 해주지 못했다고 가슴 아파했던 것이다. 김향안은 마사코에게 확인해두고 싶은 게 있었다. 편지는 이렇게 이어진다.

"떠나시기 전에 묻고 싶은 것이 있었어요. 다른 게 아니라 앞으로 어떻게 하실 생각이신지, 확실히 여쭤보고 싶었습니다. 이 선생님을 그쪽으로 부를 작정이신지요? 지금도 그러실 생각이신지요?"

마사코가 이중섭과 도쿄에서 함께 살 생각이라면 조금이라도 힘을 보태고 싶다, 마사코가 부산으로 돌아오지 않는다면 이중섭이 도쿄로 갈 수밖에 없다, 하지만 앞으로의 계획은 아직 서 있지 않다, 언제 실현될지 알 수 없는 재회의 날을 언제까지 계속 기다릴 수 있을까. 김향안은 마사코가 부산을 떠나기 전에 그렇게 물어보고 싶었지만 끝내 묻지 못했던 것이다.

"진짜로 언제나 왕래할 수 있으려니 생각했어요."

마사코는 인터뷰에서 몇 번이나 그렇게 되풀이해 말했다. 도쿄에 돌아간 것은 어디까지나 생활의 고비를 넘기 위한 일시적인 별거에 지나지 않았다, 그 이상도 그 이하도 아니었다고.

"곧 다시 만날 수 있을 테니까."

부산을 떠날 때 이중섭이 해준 이 말을 마사코는 한 번도 의심하지 않았다. 마사코는 그런 생각을 김향안에게 보내는 편지에서도 전한 듯하다. 안도했던 김향안은 마사코에게 이렇게 답장했다.

"당신의 솔직한 심경을 듣고 저도 어쩐지 어깨 위의 짐이 가벼워지고 편안해졌습니다. 솔직히 말해 저는 설령 당신이 이혼할 작정이었다고 해도 조금도 책망할 생각은 없었습니다. 다만 나는 당신의 진심을 알고 싶었을 뿐이에요. 대향 씨에게는 애처로워 차마 물어볼 생각이 들지 않았습니다."_1952년 11월 3일.

나는 태성에게 받은 김향안의 편지를 읽고서 친구들이 속으로는 마사코의 마음이 떠날까 걱정했다는 사실을 처음으로 알게 되었다. 한국에는 '눈에서 멀어지면 마음도 멀어진다'는 말이 있다. 특히 남겨진 자보다 떠나버린 쪽의 마음이 멀어지기 쉽다. 하지만 마사코 씨는 다르네요, 하고 받아들인 김향안은 안도했다.

김향안 역시 사랑하는 사람과 이별을 경험한 적이 있다. 첫 결혼 상대는 학창 시절 알게 된 시인이었다. 그는 결혼 후 얼마 지나지 않아 유학하던 도쿄에서 폐결핵으로 세상을 떠났다. 김향안이 유골을 수습하러 일본에 간 해는 정확히 이중섭이 문화학원에 입학하던 1937년이다. 그뒤 김환기와 만났지만 이혼 경력이 있고 세 명의 딸을 둔 김환기와의 결혼을 가족들이 반대했다. 하지만 그와의 결혼을 선택한 김향안은 가족과 연을 끊고 김 씨로 개명했다. 그녀 역시 사랑으로 살아간 여성이었다.

김향안의 남편 김환기는 현재 이중섭과 나란히, 때로는 그 이상으로 높은 평가를 받으며 한국을 대표하는 화가로 유명하다. 김환기의 성공에는 파리에서 미술을 배웠던 김향안의 존재가 큰 밑거름이 되었다. 한국에서는 보낸 설로 알려진 김향안은 남편과 팔짱을 끼고 걷는 사진이 잘 알려져 있다. 그 모습은 학창 시절 이중섭과 팔짱을 끼고 데이트하던 마사코와도 오버랩된다.

이 편지를 쓰기 며칠 전 이중섭이 김환기 부부의 집을 찾아왔다. 오랜만에 여유 있게 이야기를 나누면서도 어쩐지 힘이 빠져 보이는 이중섭을 보고 김향안은 역시 이 사람 곁에는 마사코가 함께 있어주지 않으면 안 되겠다는 생각이 강해졌다. 그날 이중섭은 어떻게 해서든 일본으로 갈 방법은 없을까 고민하며 길을 찾고 있다고 김환기 부부에게 털어놓았다. 일본에서 책이라도 받을 수 있다면 그걸 팔아서 여비를 마련할 수 있을 것 같다는 이야기였다. 김향안은 마사코에게 이중섭으로부터 들었던 계획을 대략 전했다. 김향안이 마사코에게 전한 세 통의 편지에는 본격적인 겨울이 찾아오기 전에 이중섭이 일본으로 건너갈 수 있도록, 가족 네 명이 다시 함께 살 수 있도록, 이를 위해 얼마 되지는 않지만 금전적인 지원도 아끼지 않겠다는 그녀의 절절한 마음이 담겨 있다. 마사코도 남편과 재회하기 위해 할 수 있는 일은 무엇이든 하겠다는 생각이었다.

싸구려 술

일고여덟 마리 작은 게가 씨름이라도 하듯 원 가운데로 모여든다. 태현과 태성은 게 한 마리를 두고 오른쪽 아래로 끌어당기고 있다. 형제는 힘을 합해 게를 잡고 있는 걸까, 아니면 서로 자기 거라며 싸우고 있는 걸까. 그런 광경을 섶섬과 문섬이 보이는 해변에서 '아빠'와 '엄마'가 지켜보고 있다.

가느다란 남색 잉크로 선을 그어 그린 이 작품은 [화보18] 아래쪽에 'なつかしい濟州島風景'*이라고 쓰여 있다. 긴 레이아웃에 맞춘 걸까. '나츠카시이なつかしい'는 세로로 작게, '濟州島風景'은 가로 방향으로 썼다. 미술사학자 최열에 따르면 게를 모티프로 한 작품은 제주도에 있었을 때보다 마사코와 아이들이 도쿄로 귀향한 후에 그린 것이 더 많이 남아 있다고 한다.

"게를 너무 많이 잡아먹어서 미안해서 이렇게 그리고 있는 거야."

원산 시절부터 이중섭을 선생님으로 따랐던 화가 김영환은 이중섭이 그런 말을 한 걸 들은 적이 있다고 했다. 게에게 속죄한다는 의미다. 가족이 함께 살았던 당시의 정경을 떠올리면서 작품에 투영할 때만큼은 고독하고 쓸쓸한 기분에서 떠날 수 있었다.

어서 빨리 도쿄에 있는 가족에게 가고 싶다는 이중섭의 생각과는 정반대로 당시 양국의 정세로는 대한해협을 건너는 것은 너무나도 먼 훗날의 일이었다. 1952년 1월 대통령 이승만은 일본 해상에 '이승만 라인'을 설정했다. 미국의 중개로 시작된 한일 국교정상화 교섭이 난항에 빠지자 한국 측은 이 경계선을 넘어온 일본 어선을 차례차례 나포했다. 양국 관계가 개선될 전망은 전혀 보이지 않았다.

자유로운 왕래는 과연 언제 이루어질까. 합법적인 길이 없는 상황에서 도쿄로 가려면 밀항밖에 없었다. 이중섭은 모든 수단을 찾았다. 마사코 앞으로 보낸 편지에 도일을 향한 계획을 쓰기도 했다.

---

* 우리말로는 그리운 제주도 풍경이라는 뜻이다. 옮긴이 주.

1952년 12월 박고석, 한묵과 함께 찍은 사진. 왼쪽 끝이 이중섭이다.

1952년 부산에서 화가 김서봉, 황염수와 함께 찍은 사진. 가운데가 이중섭이다.

"정식 수속이…시일 많이 요하면…적에 넣어서라도…적과 거주중을 속히 먼저해보낸 후 자유미술가협회 친구들께 부탁하여 어머님과 협력하여 대향을 초청하는 형식으로…정식 수속을 힘써주십시요."_1952년 6월 말.

자신을 일본 호적에 넣으면 가족으로서 일본에 입국할 수 있지 않을까, 주위의 협력까지 얻는다면 분명 무언가 방법이 있지 않을까, 하는 기대와 희망이 담겨 있는 편지다.

고독했던 이중섭을 든든하게 지지해준 친구들도 있었다. 다방에서 전람회를 함께 열거나 오래된 도시 경주나 항구 도시 통영까지 함께 여행을 떠나기도 했다. 이 무렵 촬영한 사진 몇 장이 남아 있다. 그 가운데 1952년 12월에 찍은 한 장은 셔츠에 재킷, 그 위에 오버코트를 입은 차림새로 두 친구들과 이야기를 나누면서 걷고 있다. 이 사진만 보면 고독과는 거리가 먼 듯하다. 하지만 그의 마음은 늘 텅 비어 있었다.

이중섭은 얼마 지나지 않아 동료 화가 박고석의 집으로 거처를 옮겼다. 박고석은 식민지 시기 도쿄에서 이중섭의 작품을 보고 강한 인상을 받았다. 같은 북한 출신이라는 공통점도 있었다. 박고석은 당시 이중섭의 심경을 이렇게 기록해두었다.*

"시간과 허전함을 메우기에는 값싼 술밖에 의지할 길이 없는 성 싶었다. 중섭은 유별나게 술을 좋아했다. 술을 좋아했다기보다는 사람이 그리웠는지 모른다. 좋아했던 것일지도 모른다. (중략) 거의 매일같이 술이 필요했다."

친구와 이야기를 나누며 막걸리를 들이키는 시간은 어느 정도 위로가 되었는지도 모른다. 그래도 문득 눈을 뜨면 다시 마음속에는 어둡고 짙은 그림자

* 박고석, 「이중섭을 가질 수 있었던 행운」, 『이중섭 작품집』, 현대화랑, 1972년, 107쪽.

가 드리워졌다.

다방에서 함께 활동했던 화가 동료 백영수는 여행지에서 이중섭이 매일 소리를 내며 울었던 일을 잊지 못한다고 회상록 『성냥갑 속의 메시지』에 쓰기도 했다. 1953년 초봄, 이중섭은 김환기 등 다섯 동료들과 함께 조각가 친구의 집을 찾아 부산 근교 진해로 여행을 떠났다. 가까스로 발을 뻗을 정도로 좁은 여관 방 하나를 빌려 잘 때였다. 한밤중에 코를 훌쩍이는 소리가 들려왔다. 누군가 보니 이중섭이 눈을 뜨고 있었다. "왜 그러는 거야? 왜 울고 있어?" 친구 중 한 명이 묻자, 이중섭은 아무 대답도 못하고 그저 계속 눈물만 흘렸다. 그러는 사이 다시 잠이 들었다. 다음 날 밤에도 같은 시간에 이중섭은 또 울었다. 다음 날도, 그 다음 날도 울음소리는 이어졌다. 참다못한 김환기가 이불을 개며 "왜 울고 있는 거야? 왜 매일 울어?"라고 목소리를 높였다. 그 소리에 놀란 백영수도 잠에서 깼다. 이중섭은 끝내 말이 없었다. "말을 해! 왜 울어, 말을 하라고!" 김환기가 다시 강한 어투로 묻자 그는 겨우 "너무 미안해서……"라고 나직이 중얼거렸다. "뭐가 미안해? 울지 말고 어서 자!" 김환기의 말을 듣고 이중섭도 다른 친구들도 다시 누웠다. 백영수는 그의 눈물의 이유를 혼자 생각해보았다. 친구들에게 매번 신세만 지면서 아침 밥값조차 내지 못하는 자신이 한심스러웠던 게 아닐까. 가난하고 외로운 상황은 자기도 마찬가지였기에 그 기분을 잘 알 수 있었다. 백영수는 그렇게 결론 지었다.

이중섭이 이유를 말하지 않은 이상, 어디까지나 백영수의 추측일 뿐이다. 다른 친구와 비교해도 특히 가난했던 자신의 처지에 면목이 없었던 것은 확실하다. 다방에서 매일 얼굴을 맞대던 백영수였기에 충분히 이해할 수 있는 고뇌였다. 다만 그 이유만으로 매일 밤잠을 못 이루고 눈물을 흘린 것일까. 마사코와 두 아들과 함께 살던 때도 밤이 되면 종종 괴로운 모습을 보이지는 않았을까. 나는 마사코에게 물어보았다.

"그런 모습은 본 적이 없어요."

그러고는 상상도 할 수 없다는 듯 "하하하"하고 웃었다. 그렇다면 이중섭의 눈물은 만나지 못하는 가족을 향한 절절한 마음 때문이 아니었을까. 나는 그렇게 생각한다.

새로운 것을!

2016년 8월 23일, 백영수를 찾아 의정부에 있는 그의 집으로 향했다. 서울 중심부에서 북동쪽으로 한 시간 정도 전철을 타고 가야 하는 거리다. 가장 가까운 역에 내리자 아내 김명애가 차로 마중을 나왔다. 백영수의 아틀리에에서 배웠다는 김명애는 그때 68세로, 아직 젊어서 94세의 남편을 보살피고 있었다.

"중섭을 떠올리면……."

이렇게 중얼거리며 소파에 앉은 백영수가 천천히 말을 꺼냈다.

"그 친구는 제일 온화하고 좋은 사람이었어. 매우 멋졌지."

내 질문을 김명애가 알기 쉽게 줄여서 백영수의 귓전에서 잘 들리게끔 큰 소리로 전했다. 그리고 그의 이야기를 김명애가 보충해서 나에게 설명해주었다. 아틀리에를 겸한 거실에는 1미터가 넘는 대형 캔버스가 늘어서 있었다.

"이중섭이 마사코 씨와의 추억을 이야기하는 일은 없었나요?"

나는 그렇게 물었다.

"옛날 사람은 자기 아내에 대한 이야기는 하지 않아."

백영수는 또렷한 소리로 대답했다.

"원래 두 사람 모두 말수가 적어서 서로 친했다고 해요."

김명애는 이중섭과 백영수에 대해 설명을 덧붙였다.

"우리는 새로운 것을 하지 않으면 안 된다고 생각했어."

백영수는 부산 시절의 활동을 돌이켜보며 말을 이었다. 신사실파라 불리는 그룹 이야기다. 한국의 화가들은 식민지 시기 도쿄에서 세잔이나 반 고흐 등 인상파가 달성한 서양화를 배웠다. 신사실파는 이를 넘어서는 새로운 화풍에 도전하자고 뜻을 모아 1947년 서울에서 결성된 추상미술 단체로, 백영수와 이중섭도 부산에서 가세했다.

백영수 작품의 트레이드마크는 90도로 기울어진 타원형 머리를 한 인물이다. 김명애에 따르면 어머니의 애정, 즉 모성을 표현한 것이라고 한다. 백영수는 '세상에서 가장 아름다운 것은 어머니의 사랑'이라고 말했다고 한다. 유소년기에 어머니에게 사랑을 받은 기억이 없다는 그에게 기울어진 타원은 어머니를 바라는 굴절된 감정을 표현한 것처럼 보인다. 독특한 기법이다.

"새로운 것을······."

백영수는 몇 번이나 이 말을 반복했다. 그 무렵 이중섭이 마사코에게 보낸 편지에도 '새로운 것'이라는 표현이 거듭 나온다. 그들은 서양 것이 아니고 그렇다고 일본과도 같지 않은, 새로운 한국미술을 지향하며 모색을 계속했던 것이다.

2016년에 열린 이중섭 탄생 100주년 기념전의 담당 학예사였던 국립현대미술관 김인혜에게 이중섭 등이 현대 한국미술사에 끼친 영향에 관해 물어보았다. 김인혜는 '어려운 질문'이라며 한국전쟁 전후로 한국 사회가 얼마나 격변했는지를 설명하기 시작했다. 그의 설명에 따르면 이중섭은 흔히 한국전쟁 발발 전인 '근대' 화가로 분류된다. 1953년 휴전 이후 한국 사회는 모든 분야에서 미국 문화의 영향을 강하게 받아 완전히 새로운 세계로 돌입했다. 그리고 "그 이후의 화가들은 이전과는 다른 것을 하지 않으면 안 된다는 생각을 하게 되었다. 미술에 관한 개념도 달라졌다"는 설명이 이어졌다. 김인혜의 말을 알기 쉽게 풀어보면, 일본 유학생이던 이중섭 세대와 한국의 현대미술계 사이에는 단절이 있다는 뜻 같았다. 한국미술에 정통한 오타니 대학 교수 기다 에미코는 김인혜의 설명을 보충하는 듯한 이야기를 해주었다.

"1945년 8월 조선미술건설본부가 발족하면서 일본적인 요소를 불식하는 것이 미술계의 가장 큰 과제가 되었습니다. 완전히 쇄신한 계기가 1957년에 시작된 앵포르멜 운동*입니다. 마침 미술계의 중심이 프랑스에서 미국으로 이동해가던 때이기도 해서 이 시기를 전환기로 강하게 인식하면서 한국 현대미술의 시발점으로 여기기도 합니다."

이중섭이나 백영수가 활동한 것은 휴전 후 얼마 되지 않았던 무렵이었다. 자신들이 일본에서 배운 미술과는 다른, 무언가 새로운 예술을 모색하지 않으면 안 된다는 생각을 하며 부산을 떠난 백영수 부부는 그뒤 30년 가까이 프랑스에서 살았다. 그래서였을 것이다. 내가 찾아간 날, 식탁에는 나이프와 포크가 놓여 있었고 점심 식사의 메인 메뉴는 라자냐였다. 깨끗이 비우고 나서 백영수는 피곤하다며 자리에 누웠다.

"화가의 아내는 힘들어요."

커피를 마시며 김명애는 토로했다.

"화가 본인은 그리고 싶은 것을 그리면 되겠지만 아내는 그 이상으로 남편의 작품을 좋아하지 않으면 자신의 역할을 감당할 수 없어요. 이

---

* 제2차 세계대전 이후 서구에서 확산된 전위적 추상미술 운동. 옮긴이 주.

그림이 돈이 될지 어떨지를 생각해서는 안 되니까요. 하지만 지금까지도 나로서는 생각도 하지 못할 그림을 그리니 존경하지 않을 수 없죠."

그 말에는 그림을 그리는 일에 온 생애를 바치는 남자를 뒷바라지해온 아내의 갈등이 스며 있었다.

"이중섭 화가의 부인은 매우 아름답게 나이를 먹은 것 같아요. 아마 계속 함께 살았다면 무척 힘들었을 거예요."

이 한마디는 김명애가 지금까지 얼마나 고생을 해왔는지를 알려주기에 충분했다. 마사코가 들었다면 밝게 웃으며 분명 맞장구를 쳤을 것이다. 백영수 역시 한국을 대표하는 서양화가 중 한 사람이다. 다른 화가에 대한 취재를 위해 인터뷰를 요청해서 미안하다고 말하자 김명애는 온화하게 미소를 지으며 고개를 저었다.

"이런 계기로 백 선생님 같은 화가가 있다는 것이 알려진다면 그걸로 괜찮아요."

그러면서 김명애는 백영수의 회상록을 건넸다. 나의 취재 취지를 이해하고 미리 준비했던 것이다. 총 382쪽 중 네 곳에 분홍색 책갈피 메모지를 붙여놓았다. 이중섭에 관한 일화가 기록된 부분을 한눈에 알 수 있도록 표시해준 것이다. 그녀의 배려에 감동했다. 나중에 안 사실이지만 회상록은 환갑을 맞아 슬럼프에 빠진 백영수의 기분전환을 위해 김명애가 녹취하여 기록으로 남긴 것이었다. 마사코와 마찬가지로 김명애 또한 남다른 재능을 가졌기에 종종 남편의 마음이 어지럽고 뒤숭숭해질 때면 가장 좋은 이해자가 되었던 셈이다. 2018년 6월, 백영수는 세상을 떠났다. 내가 찾아간 자택 겸 아틀리에는 그뒤 백영수미술관으로 이름을 바꿔 많은 사람들에게 사랑을 받고 있다.

200통의 편지

시곗바늘을 다시 부산에 홀로 남은 이중섭 쪽으로 되돌려보자. 마사코와 두 아이를 도쿄로 보내고 얼마 지나지 않아 이중섭은 잡지 삽화를 그리게 되었다. 원산에 살던 때부터 친한 친구였던 구상이 창간한 『민주고발』이라는 제목의 잡지였다. 구상은 제3장에서 썼듯 체제를 비판하는 시집을 발행했다가 발매금지 처분을 받고 월남한 시인이다. 그와 부산에서 재회했던 것이다.

이중섭은 무표정한 대중들에게 짓밟히는 권력자를 포함해 자기 몸집 정도의 큰 물고기를 안고 있는 아이, 화면 한 가운데 꽃 한 송이가 빛나는 것까지 모두 세 점의 밑그림을 잡지사에 넘겼다. [화보19~21] 정권을 비판하는 듯한 의미가 있는 첫 번째 도상과는 대조적으로 두 점은 아이와 물고기, 꽃이라는 목가적인 도안이다. 그가 왜 이렇게 완전히 이질적인 도상을 준비했는지는 알 수 없다. 하지만 세 점 모두 구상이 원하던 이미지에는 맞지 않았던 듯 채택되지 못했다.

자유를 찾아 월남했던 구상이 보기에 이데올로기가 다른 남쪽에서조차 강권 정치가 횡행하고 있는 것은 아이러니한 현실이었다. 구상은 이러한 정치 체제를 향한 비판을 시를 통해 대중에게 전하려고 했다. 그 결과 남쪽에서도 판매금지라는 쓰라림을 맛보았다.

구상의 둘도 없는 친구인 이중섭도 반공주의자였다. 하지만 이는 나중에 꽤 과장되어 전해진 것처럼 보인다. 물론 짓밟히는 권력자를 다룬 도상은 확실히 정치적이며 그 진상은 알 수 없다. 하지만 나에게는 "구상, 이중섭은 오직 순수주의의 순결성으로 일관하는 예술지상주의자"였다는 최열의 해설이 훨씬 와닿는다. 이중섭의 작품 가운데 체제를 향한 반항을 주제로 삼은 것은 거의 찾아보기 힘들다. 구상의 요구에 응해 그려보기는 했지만 자신이 작품을 통해 무언가를 주장하려는 생각은 없었다는 쪽이 실제에 더 가깝다고 나는 생각한다. 구상은 이중섭이 제작에 몰두하는 모습을 이렇게 회상했다.*

---

*   구상, 「내가 아는 이중섭 5」, 『중앙일보』 1986년 7월 12일.

"판잣집 골방, 시루의 콩나물처럼 끼여 살면서도 그렸고, 부두에서 노동을 하다 쉬는 참에도 그렸고, 다방 한구석에서 웅크리고 앉아서도 그렸고, 대폿집 목로판에서도 그렸다. 캔버스나 스케치북이 없으니 합판이나 맨 종이, 또는 담뱃갑 은지에다 그렸고, 물감과 붓이 없으니 연필이나 못으로 그렸다. 잘 곳과 먹을 것이 없어도 그렸고, 외로와도 슬퍼도 그렸고……."

이중섭은 그리기 위해 살아간 사람이라고 누구나 입을 모았다. 분노도, 슬픔도, 가족을 향한 연모도 그림을 통해 표현했다.

"사진에 찍힌 남덕 군, 태현 군, 태성 군의 모습은……그대로 가슴에 넣어버리고 싶을 정도로 사랑스럽고 또 사랑스러운 모습입니다. 당신은 너무나 아름다워서, 소중하고도 근사한 나만의 유일한 사람입니다." _1953년 3월 말._

이 무렵 부산에서 미슈쿠의 마사코 앞으로 보낸 편지는 항상 이런 말로 시작한다. 앞서 말했듯 이중섭은 화가 박고석의 집에 잠시 기거했다. 그는 이중섭이 마사코에게 편지를 쓰는 모습을 이렇게 회상했다.*

"무슨 연애편지라도 쓰는 양 몇 장씩 찢어 버려 가면서 쓰는가 하면 타이프 종이라도 좋고 편전지라도 좋아라 꼭 그림을 곁들이는 것이었다. 봉투를 쓸 때에는 한층 더한 힘을 기울인다. 굵직한 펜으로(이럴 때 꼭 G펜이 있어야 했다) 대문짝만 한 글씨를 몇 장이고 마음에 들 때까지 다듬는다."

얼굴을 볼 수 없던 만큼 아내를 향한 마음은 나날이 간절해졌다. 마사코를

* 박고석, 「이중섭을 가질 수 있었던 행운」, 『이중섭 작품집』, 현대화랑, 1972년, 106쪽.

생각하면 마음이 따뜻해지고 한층 사랑을 느껴 그만큼 또 외로움과 안타까움이 덮쳐 왔다. 그런 감정을 어떻게 전하면 좋을지 혼자 고뇌하는 시간이 이어졌다.

이 편지 원문은 일본어다. 편지는 원문 그대로 공개된 것과, 한국어로 번역된 상태만 공개된 것으로 나뉜다. 조선총독부의 조사에 따르면 1943년 말 일본어를 이해할 수 있는 조선인은 전체 인구의 약 22퍼센트였다. 이중섭이 살던 원산은 62퍼센트로, 전국에서 가장 높은 비율을 보였다. 특히 징병 때문에 일본어 교육을 서둘렀던 당시 30세 이하 남성은 거의 대부분 일본어를 할 줄 알았다. 프롤로그에서 썼듯 이중섭의 일본어 능력은 원어민에 가까운 수준이었다.

마사코가 귀향한 후, 부부가 주고받은 편지 가운데 200통 남짓이 남아 전해진다고 알려져 있다. 미공개나 없어진 것까지 포함하면 수백 통을 웃돌 것이다. 국제전화를 하려면 교환수가 필요한 시대였다. 두 사람은 편지를 주고받으며 가족이 다시 함께 살 수 있는 방법을 찾았다. 서로의 변하지 않는 마음을 확인하면서 버팀목 삼아 계속해서 펜을 잡았다.

> "대향은 무력하게 보이는 남자지만, 의외로 강한 남자이기도 합니다. 앞으로 더 강해지겠지요. 화공 대향은 자신만만합니다. 대향은 반드시 남덕 군을 행복하게 해줄 거예요." _1953년 4월 20일_

항공우편 봉투 앞에는 미슈쿠의 주소와 마사코의 이름, 뒷면에는 날짜와 이중섭의 주소, 이름을 각각 가로로 써두었다. 남편에게서 편지가 도착할 때마다 마사코는 아이들이 눈치 채지 못하도록 혼자 몰래 눈물을 훔쳤다. 좀처럼 답장을 못해서 미안하다고 마음속으로 사과하기도 했다.

한국에서는 1953년 3월부터 1955년 후반 무렵까지 나눈 편지가 널리 알려져 있다. 한국어로 번역된 서간집이나 이중섭 관련 전시회를 통해 공개되었기 때문이다. 처음 출판된 서간집에는 이중섭이 보낸 38통과 마사코가 보낸 3통이 수록되어 있다. 마사코가 보낸 편지가 거의 남아 있지 않은 까닭은 이중섭이 이곳저곳을 전전하며 살았기 때문이라고 한다.

이중섭이 자신의 고독감을 호소하고 있었다면, 마사코는 육아에 쫓기는 나날을 보내고 있었다. 그런 마사코에게 이중섭은 내심 초조한 마음이 들기 시작했다. 건강이 나빠진 걸까, 나를 잊은 걸까, 그런 불안감으로 뒤척였다.

두 사람을 아는 부산의 친구들은 속을 끓이며 안절부절했다. 마사코를 부산 부두까지 배웅했던 화가 친구 정규는 마사코에게 이중섭의 절실한 상황을 전했다.

> "현재 중섭 씨에게 가장 중요한, 그리고 필요한 일은 하루라도 빨리 부인이 있는 곳으로 가서 새롭게 자기 작업에 힘을 쏟는 것밖에는 없습니다. (중략) 중섭 씨 혼자서 열심히, 서툰 인간관계로 힘들어 하는 일은 어제오늘 일이 아닙니다. (중략) 중섭 씨가 너무 안달복달하며 편지가 한 달이나 오지 않았다고 푸념하면서 정말 어쩌지 못하는 얼굴을 하고 있으니 나라도 부인에게 편지를 써볼 테니까, 라고 전해두었습니다.
> 어쨌건 중섭 씨는 적어도 이틀에 한 통은 보내주지 않으면 견딜 수가 없다고 불평을 합니다. 중섭 씨의 기분은 부인도 이미 백이면 백 잘 알고 계시겠지만, 저로서는 이렇게 편지를 쓰게 된 것도 중섭 씨와 부인을 위해서 기쁜 일이라고 생각합니다." _1953년 1월 19일.

한국은행 원고용지라고 프린트된 200자 원고지 10장에 빽빽하게 쓴 편지에는 이중섭 가족의 행복을 바라는 친구의 마음이 담겨 있다. 가족의 재회를 향해 친구들도 전력을 다했던 것이다.

아내의 편지를 얼마나 기다리는지 곁에 있던 친구들은 충분히 알고 있었다. 그랬던 만큼 마사코에게서 편지가 오면 이중섭은 기쁨을 억누르지 못하고 안도의 한숨을 쉬며 파이프를 물고서 친구들에게 보여주러 갔다. 마사코의 편지를 읽은 적이 있다는 박고석은 이렇게 회상했다.*

---

*   박고석, 「이중섭을 가질 수 있었던 행운」, 『이중섭 작품집』, 현대화랑, 1972년, 106쪽.

"그 내용이나 문장의 구구절절함이란, 또 중섭 형을 향하는 배려나 모정이 그처럼 간곡함이란 가슴속 깊이 파고드는 뜨거운 감동 없이는 읽을 수가 없다."

여보세요, 여보세요

친구들은 이중섭 가족의 재회를 위해 얼마나 많은 힘을 쏟았을까. 건축가 김중업은 이런 일화를 소개했다.* 김중업은 이중섭이 가족을 떠나 보낸 뒤에 이중섭과 알게 되었다. 마찬가지로 북한 출신이며 일본 유학생이기도 했기에 쓸쓸하게 사는 이중섭을 내버려둘 수 없었다. 그는 훗날 한국을 대표하는 건축가가 되었다. 부산의 화가 친구들이 모이던 금강다방에서 이중섭이 신사실파 활동에 참여한 것도 이 무렵의 일이다. 김중업도 그 가운데 한 사람이었다. 다방에서 마주칠 때마다 앞으로 어떻게 살아야 할지 이야기를 나누었다. 언젠가는 동료 중 하나가 스스로 목숨을 끊었다는 비보를 접한 적도 있었다. 고된 생활로 누구나 괴로움 속에서 살았다. 그나마 김중업은 가족과 함께 산다는 게 적지 않은 힘이 되었다. 그런 고마움을 몸으로 느끼고 있었던 탓인지 어떤 상황에서라도 가족과는 함께 있어야 한다고 이중섭의 등을 떠밀었다. "아무리 가난해도 굶어 죽지는 않아. 일본에 연락해서 데리고 올 준비를 해.", "함께 살면서 곤란한 일을 극복하면 좋지 않아?" 몇 번이나 그렇게 말해도 이중섭은 아무 대답도 하지 않았다. 애가 탔던 김중업은 생각을 짜냈다. 당시 그는 서울대학교 공대에서 교편을 잡고 있었다. 제자 중에 국제전화 업무를 담당하는 학생이 있었다. 일본은 공습으로 전화기의 거의 반 정도가 없어졌다. 패전 후 7년이 지난 1952년 일본전신전화공사가 발족하여 다음 해인 1953년에 국제전신전화가 설립되었다. 복구와 밀려드는 새로운 전화선 가입에 가설공사가 따라가지 못할 정도였다.**

---

*   김중업, 「아까운 이중섭」, 『서울신문』, 1982년 8월 17일.
** 일본NTT기술사료관 홈페이지. https://hct.lab.gvm-jp.groupis-ex.ntt/panel/history_02.html

한국에서 전화기만 준비된다면, 분명 일본에 전화를 걸 수 있을 것이라고 생각한 김중업은 이 학생에게 이중섭이 마사코에게 연락할 수 있도록 도움을 청했다. 계절은 가을을 향해가고 있었다. 마사코가 귀국하고도 몇 달이 지난 후였다. 어느 날 정해진 시간에 맞춰 이중섭과 김중업은 전화박스로 달려갔다. "도쿄입니다. 말씀하세요." 전화 교환수의 말을 듣고 김중업은 '빨리 오라고 말 하든지, 자네가 가겠다고 하든지 자세하게 이야기를 하라'며 이중섭을 재촉했다. 이중섭이 그저 묵묵히 입을 다문 채 아까운 통화 시간을 흘려버리지는 않을까 마음을 졸였을 것이다. "여보세요, 여보세요." 이중섭은 그 다음 말을 잇지 못했다. 오랜만에 듣는 마사코의 목소리를 그냥 흘려듣지 않겠다는 듯 수화기를 귀에 꼭 붙였다. 이중섭은 들고 있던 수화기가 젖을 정도로 눈물로 범벅이 되었다. "바보 같은 놈!" 김중업은 기쁜 나머지 손바닥으로 이중섭의 뺨을 두드리며 끌어안았다. 마음이 저려와 눈물을 흘리며 목이 멘 것은 김중업도 마찬가지였다. 통화 시간은 단 3분에 지나지 않았다. 그래도 편지글만으로는 전할 수 없는 따뜻함을 느끼기에는 충분했다.

이 신문기사의 내용을 나는 마사코에게 말해 주었다. 그러자 마사코는 전혀 기억에 없다고 했다. 태성도 부산의 아버지와 통화했다는 말을 어머니에게 들은 적이 없다고 했다. 다만 1953년 3월 9일의 편지 등 때때로 이중섭이 마사코에게 쓴 편지에 "내가 전화할 테니 기다려주세요"라는 글귀가 있다. 특히 중요한 연락을 할 때 교환수를 통해 짧은 시간 목소리를 들었을 가능성은 있는 것 같다.

그런 상황 속에서 드디어 이중섭은 일본으로 건너갈 방법을 찾았다. 어쩌면 이 기쁜 소식은 직접 목소리로 전했는지도 모른다.

선원이 되어

"오른쪽에 기재한 사람이 모던아트협회의 초청으로 입국할 경우, 우리 쪽에서 신원과 관련된 일체의 보증을 합니다."

어느 날 마사코 앞으로 세로로 쓴 한 통의 보증서가 도착했다. '오른쪽에 기재한 사람'이란 바로 이중섭이다. 증명서의 주체는 요시다 시게루吉田茂 내각에서 농림성 대신을 역임했던 당인파黨人派* 정치가 히로카와 고젠広川弘禅이었다. 후쿠시마 현의 선종계 종파였던 조동종의 어느 절에서 태어난 히로카와는 세타가야에서 주류 도매상을 운영하다가 도쿄 시의회, 부의회 의원을 거쳐 국회로 진출했다. 요시다의 측근으로 두각을 나타내면서 서른 명이 넘는 파벌의 수장으로서 한때 '포스트 요시다'의 선두주자로 꼽히며 인기를 얻었다. 요시다는 그의 스타일을 두고 수완이 좋다는 의미에서 '너구리'라고 불렀다.

"히로카와 씨가 해주셨어요. 여러 사람의 도움을 받았던 거죠."

마사코가 그의 이름을 부르는 모습에서 거물 정치인을 향한 경외심 같은 것은 느낄 수 없었다. 마치 이웃 아저씨를 부르는 듯했다. 마사코는 이렇게 의외의 인맥을 갖고 있었다. 정확히 말하면 히로카와는 사교적이던 어머니 도시코와 인연이 있었다. 이러한 인맥이 마사코 가족에게 큰 역할을 했다. 한국전쟁은 사실상 2년 남짓 휴전 상태에 접어들고 있었다. 미국에서는 1953년 1월 전쟁 종결을 공약으로 내걸었던 아이젠하워가 대통령에 취임했다. 3월에 스탈린이 사망하자 협상이 진행되기 시작, 3월 28일에는 북한이 포로교환을 받아들였다. 휴전협정 체결을 위한 환경이 마련되어갔던 것이다.

일본에서는 그해 1월에 샤프가 최초로 국산 텔레비전을 생산했다. 2월에는 NHK가 TV방송을 개시했다. 한국에서는 그런 특수와 호황을 맞은 일본으로 밀항하는 사람이 끊이질 않았다. 다만 이중섭에게는 일본에 아내가 있었다. 밀항이 아닌 뭔가 다른 입국 수단이 있지는 않았을까, 당시 한국의 일본 입국자는 어느 정도였을까, 문득 그런 생각이 들어 일본 외무성 영사부에 있던 지인에게 메일로 물어보았다. 그는 다음날 법무성에 출입국 관리 통계가 있다고 알려줬다. 자기도 한국전쟁 시기의 통계가 남아 있고 더구나 인터넷에서 볼 수 있다

---

* 관료, 군인, 왕족 출신이 아닌 일반 정당 출신 정치인. 옮긴이 주.

는 사실에 놀랐다고 했다. 한반도 관련 업무를 맡기도 했던 베테랑 외교관이 그 정도였다니 내가 얼마나 놀랐을지는 말할 필요도 없다. 황급히 통계 자료를 살펴보니 1953년 일본 입국 한국인은 3,772명이었다. 입국자 수가 가장 많은 나라는 미국으로 전체의 절반을 차지했고, 중국과 한국이 그뒤를 이었다. 합법적 입국자만 집계한 것이 이렇고 불법 체류자까지 포함하면 한국인 입국자 수는 상당했다.

외국인 입국자의 체류 자격별 항목 가운데 가족 체류를 사유로 꼽은 이들은 2,019명에 달한다. 나라별 집계는 없지만, 일본 입국자 수가 세 번째로 많은 한국인들 가운데 가족을 만나기 위해 일본에 입국한 이는 수백 명은 되었을 것이다. 그렇다면 이중섭이 마사코의 배우자라는 사실만 증명할 수 있다면 당당히 입국하는 것도 가능하지 않았을까.

나는 마사코와 태성을 취재하면서 들은 이야기가 떠올랐다. 두 사람이 결혼했을 때, 패전 직전이라 우편 사정이 좋지 않았기 때문이었는지 마사코의 호적이 일본에서 원산으로 건너오지 못해, 법적으로는 부부가 아니었다는 사실이나. 하지만 사정을 실명해도 밀항을 경계하고 있던 상황에서는 인도적 조치로라도 예외를 적용해주지 않았을 것이다. 통계 자료의 숫자를 눈으로 쫓아가며 두 사람이 전쟁으로 인해 얼마나 얄궂은 운명에 처해졌는지를 생각하자 가슴이 저려왔다.

밀항만은 피하고 싶던 이들이 지인들의 연줄을 총동원해 찾은 방법은 선원 자격으로 잠시 일본에 다녀오는 것이었다. 선원증은 구상이 입수해주었다고 한다. 행선지는 히로시마나 시모노세키가 될 것 같다는 이야기가 구체화됐다.

그렇지만 어디까지나 신분은 선원이었다. 일시적인 상륙 허가밖에 주어지지 않는다는 의미였다. 보증된 체류 시간은 72시간, 그것도 항만 부근에 머물지 않으면 안 된다는 조건부였다. 마사코가 태현, 태성을 데리고 항구로 올 수밖에 없다. 단 사흘간 얼굴을 보는 것만으로 끝나고 만다.

이중섭이 도쿄까지 갈 수 있는 방법은 없을까. 그래서 마사코는 '그분'께 부탁하면 어떻게든 되지 않을까 하며 어머니 도시코에게 도움을 청했다. 도시코 주변의 친한 사람들 중 유력 정치가를 남편으로 둔 여성이 있었다. 그의 남편이 바로 히로카와 고젠이었다. 마사코에게 히로카와 명의의 신원보증서가 도착한 것은 1953년 봄 무렵으로 추측된다. 여당 실력자의 협력을 얻는다면 이야기는 쉬워진다. 표면상으로는 선원 신분이지만 일본 미술협회 초청에 의한 입국이라는 형태를 취한다면 특별 체류 허가를 얻을 수 있을 것이다. 그렇게 하면 불법 입국이라는 낙인이 찍히지 않고도 남편을 일본으로 부를 수 있다. 그렇게 생각한 마사코는 안도했다.

신원보증서의 수신처는 한국 외무부였다. 이중섭의 본적과 현주소를 쓰고, '중의회 의원 히로카와 고젠'의 사인을 덧붙였다. 이중섭을 초청하는 일본의 미술협회는 모던아트협회였다. 노선 대립으로 일본의 자유미술가협회를 탈퇴한 무라이 마사나리 등이 새롭게 창설한 미술단체였다. 무라이는 문화학원뿐만 아니라, 덴엔초후후타바田園調布雙葉 소학교와 무사시노 미술대학에서도 오랜 시간 교편을 잡아 교육자로서의 면모도 갖추고 있던 화가였다. 제자인 이중섭과 마사코를 위해 기꺼이 초청자 역할을 맡아주었던 것이다. 이런 주위의 여러 도움을 통해 이중섭이 도쿄로 갈 수 있게 된 듯하다. 이중섭은 조급한 마음을 마사코에게 전했다.

"3월 4일에 보낸 편지에 부탁했어요. 편지 각각 한 통씩…… 내가 받으면 당신에게 전화해서 열흘 이내에 부산을 떠나겠습니다. 더 빨라질지도 모르겠네요. 조금만 있으면 만날 수 있어요." 1953년 3월 9일.

조금만 있으면 만날 수 있다고 편지를 쓰면서 이제 드디어 만날 수 있다는 사실에 한껏 기대가 부풀었을 것이다. 아이들은 얼마나 컸을까, 빨리 마사코의 얼굴을 보고 싶다고 생각했을 것이다. 하지만 마사코가 부산으로 보냈다는 히로카와 명의의 신원보증서와 모던아트협회 초청장은 이중섭에게 도착하지 않았다. 전쟁이 완전히 끝나지 않은 상태였다. 해외에서 들어오는 돈이나 물건이 도중에 행방불명되는 게 드문 일이 아니었다. 곧 재회할 수 있다는 기대는 불안으로 변해갔다. 실은 이 무렵, 마사코는 완전히 다른 고민에 빠져 있었다.

후배의 배신

"지난 번 따님 마사코(남덕) 님의 편지를 받으셨으리라 생각합니다. 부산을 떠나기 전날 밤, 이대향 씨에게 전갈과 편지를 부탁받았습니다. (중략) 열흘 후에 고베, 오사카를 거쳐 요코하마 항으로 들어올 예정이니 그때는 부디 한 번 뵈었으면 합니다."_1952년 2월 19일.

마사코의 아버지 앞으로 온 이 편지의 발송자는 마영일이라고 했다. 이중섭의 오산학교 후배이다. 그는 오사카 상선(상선 미쓰이의 전신) 고베 지점 선원으로 부산과 요코하마, 고베를 왕래했다. 언제부터 이중섭 일가와 친하게 지냈는지 어떤 인물이었는지 자세한 정보는 알 수 없다. 다만 편지를 보낸 날짜로 보면 적어도 마사코가 부산을 떠나기 전부터 가족끼리 친분이 있었음을 알 수 있다. 마사코는 부산에서 귀국선을 기다리는 동안 친정에 이런 편지를 썼다.

"내일 마 씨가 요코하마로 간다고 하니 다시 한 번 입국허가증을 만들어 직접 마 씨를 통해 보내주세요."_1952년 5월 29일.

마사코의 입국허가증이 부산에 도착하지 않아 초조해 하던 무렵의 일이다. 중요한 서류를 맡길 정도로 마사코는 마영일에게 전폭적인 신뢰를 보냈다. 물론 일본과 한국을 오갈 수 있는 인맥에 기댈 수밖에 없던 사정도 있었다. 마영일은 마사코에게 사업을 제안했다. 한국에서 구하기 어려운 일본 서적을 팔면 꽤 수입이 생긴다는 이야기였다. 그렇다면 남편의 도항비도 도쿄에서의 생활비도 충분히 벌 수 있을 것으로 여긴 마사코는 어머니에게 그런 내용을 전했다.

"마 씨가 이 편지와 함께 고베에서 송금할 테니까 번거롭겠지만 이 돈으로 서적류를 사서 보내주세요. 책 목록과 보낼 곳은 왼쪽에 적은 대로요. 확실히 받을 수 있습니다. 일본과 이곳의 돈 가치는 30배 정도 차이가 나지만 서적류는 100배 이상 값어치가 나갑니다. 제가 귀국해도 이 일은 마 씨와 연락하여 계속 할 생각이니 그때까지 대신 어머니가 바쁘시다면 요시코 언니에게라도 어떻게든 부탁드려요." _1952년 6월 11일.

마사코가 일본으로 돌아간 뒤 이중섭이 김환기 부부에게 털어놓았다는, 앞서 언급했던 계획이다. 두 사람은 지푸라기라도 잡고 싶은 마음이었다. 다른 지인들로부터 일본의 서적이 한국에서 무척 귀하다는 이야기는 들은 적이 있었다. 마사코가 귀향하기 전, 마영일은 도쿄에 있던 마사코의 언니 요시코에게 필요한 책 목록을 보냈다.

1. 자료세계사
2. 지리
3. 일반 사회

11개 항목으로 이어지며 '카뮈 소설 전부', '사르트르 전집 발행된 것 전부'라는 요청도 있었다. 당시 외국 문학 중 한국어로 번역된 것은 매우 적었고, 당시 한국의 지식인들은 일본어로 번역된 책으로 읽거나 공부했다. 편지에는 이렇게도 써 있다.

"마 씨는 우리가 귀국하고도 살림 걱정을 하지 않도록 여러 가지로 마음을 써주었습니다. 어딘가 가게라도 낸다면 자본을 보태주신다고도요. 언젠가 마 씨 본인도 도쿄에 오신다고 하니 연락이 닿으면 어머니도 우리의 장래 일은 걱정하지 마세요."

이중섭의 편지에서도 마영일을 향한 신임이 두터웠다는 사실을 짐작할 수 있다. 그는 마사코가 귀국한 직후 이런 편지를 보냈다.

"대향 살림사리는 마선생 부부께서 늘 돌보셔주시니 안심하십시요."_1952년 6월 말경.

마사코는 귀향하자마자 부립 제3고녀 시절의 친구에게 도움을 청했다. 친구의 친정은 롯폰기 교차점 한쪽에서 대형서점을 경영하고 있었다. 세이시도우 쇼텐이라고 했다. 도쿄전철이 교차하는 롯폰기 중심가에 자리잡은, 메이지 시대부터 이어져온 유서 깊은 서점이었다. 마영일의 의뢰에 따라 책을 보내자 약속대로 돈을 보내왔다. 마영일은 미슈쿠로 편지를 보냈다. 도시코와 요시코에게 따로따로 한 통씩 보내는 섬세함도 보였다.

"지난 번 보내주신 서적 한 꾸러미는 무사히 받았습니다. 깊이 감사드립니다. 수신처는 틀림 없으니 앞으로도 이렇게 계속 보내주시면 될 것 같습니다. 서적 건은 원가의 약 7할 정도 송금이 가능합니다. (중략) 이렇게 하면 이 선생의 생활과 면학의 길은 해결되리라 생각됩니다."_1952년 8월 5일.

마영일은 마사코에게 사업을 확장해보자고 권했다. 이번에는 일본의 신문을 보내줬으면 한다는 내용이었다.

"용건은 『일본경제신문』 250부, 『요미우리』 750부, 『마이니치』 550부, 『아사히』 950부. 위의 4대 신문을 조석간 모두 위의 부수대로만 보내주십시오."_1952년 9월 20일.

한 번에 사흘치를 모아서 보내주면 좋고, 이유는 일본의 정가보다 3할 더 붙이는 것으로 하고 금전 문제는 모두 자신이 책임지며 이중섭과도 이야기를 끝냈다고 쓰여 있었다. 지금까지의 마영일과의 관계로 볼 때 마사코는 조금도 의심하지 않았다. 마영일 앞으로 보낸 신문과 서적의 총액은 당시 화폐 가치로 약 30만 엔 이상이었다. 일본은행이 발표한 소비자 물가지수에 따르면 2020년 물가는 1952년의 일곱 배 정도다. 이 계산식에 맞춰보면, 당시 30만 엔은 단순

계산으로도 현재의 200만 엔 정도의 가치를 갖고 있다. 한 개인이 지불할 금액으로서는 꽤 용기가 필요했을 것이다. 그러나 아무리 기다려도 다음 송금은 없었다. 마영일이 미국으로 건너간 것을 알았을 때는 이미 늦었다. 마사코도 이중섭도 사람을 의심할 줄 몰랐다. 신뢰했던 만큼 충격은 헤아릴 수 없을 만큼 컸다. 실은 친구들로부터 마영일이 좀 수상쩍다는 이야기가 마사코의 귀에도 들려오곤 했다. 김인호는 이중섭이 마영일의 제안에 곤란해 한다고 전했다.

"그건 MA씨 자기의 명예를 위해 형님에게 일을 시키는 겁니다. 형님은 지금 '동란'을 주제로 한 그림을 그릴 필요성을 느끼고 있지 않습니다."_1952년 9월 3일.

마영일이 생활에 보탬이 된다고 충고했을 것이다. 이중섭에게 한국전쟁을 테마로 한 그림을 그려보라고 말을 꺼냈지만 이중섭은 전쟁을 그릴 생각이 없었다. 하지만 지금까지 도와준 후배의 요구에 어떻게 대응해야 할지 몰라 골머리를 앓고 있다는 게 김인호가 전한 내용이다. 김인호는 "이 이야기는 마 씨에게는 절대로 하지 마세요"라고 편지를 끝맺는다. 마영일과 금전 거래를 하고 있는 마사코가 불이익을 당하지 않게 하려는 마음 씀씀이가 느껴진다.

동료 화가 정규는 마사코에게 이렇게 충고했다.

"마 씨인지 누군지와 책 거래를 한다는 이야기, 제 개인적인 의견을 말씀드리자면, 마馬 씨이건 녹鹿 씨이건* 그런 식의 흥정을 하는 건 앞으로 부인께 걱정거리가 될 뿐이라고 생각합니다."_1953년 1월 19일.

그래도 마사코에게는 다른 방법이 없으니 마영일을 믿을 수밖에 없었다. 그렇게라도 하지 않으면 이중섭이 일본에 올 돈을 마련할 수단은 도무지 떠오르지 않았다. 마영일이 소식을 끊은 후, 마사코는 매일 악몽에 시달렸다. 식은

* 일본어로 바보를 '馬鹿'라고 쓰는 것을 두고 한 언어유희다. 옮긴이 주.

땀으로 흠뻑 젖는 밤이 이어졌다. 그리고 각혈이 시작됐다.

세타가야구 보건소 방역계 검사실 이름으로 도착한 통지서 한 통이 남아 있다. 거기에는 마사코가 결핵균 배양 검사 결과 양성으로 판명되었다고 적혀 있다. 1953년 4월 23일자였다. 결핵은 전후에는 점차 치료가 가능해졌지만 여전히 사람들에게는 두려움의 대상이었다. 마사코는 1986년 『계간 미술』 여름호 인터뷰에서 당시를 이렇게 회상했다.

"친구*에게도 면목이 없었고 정말 죽고 싶더군요."

태평양전쟁 직후 기뢰투성이의 바다를 연락선을 타고 홀로 건넜고 원산에서는 공습으로 집이 불탔다. 제주도와 부산에서는 극도의 영양실조에 빠지기도 했다. 이런 모든 고난을 꿋꿋이 버텨낸 마사코였지만 이 시기에는 진정으로 절망했다. 빚을 갚는 데는 이후 20년 가까운 세월이 걸렸다.

마사코가 몸져 누웠다는 소식은 부산에까지 전해졌다. 함께 피난 생활을 보냈던 화가 친구와 그들의 아내, 문화학원 동창생들이 지마다 안부를 묻는 편지를 보내왔다. 이중섭은 마영일에게 사기 당한 돈을 갚으려고 온힘을 다했다.

"최근 마 씨가 부산항에 입항했으니⋯⋯마 씨 일로 바빠서 (중략) 마 씨의 건은 지금 김종영 형과 대향 두 사람이 열심히 해결 중입니다. 오늘까지의 결과를 알려드리겠습니다. 현재 마 씨는 '경찰서'에 들어가 있고⋯⋯오늘까지 먼저 14만 7,500엔을 가지고 오기로 되어 있으니 마영일 씨의 형님을 기다리고 있습니다. 내일 또 편지로 자세한 결과를 전하겠습니다. 어떤 일이 있어도 확실하게 31만 엔을 받아서 출발할 테니 안심하세요."_1953년 5월 2일.

이 사건은 신문에 기사로 나기도 했다. 이런 상황이라면 병으로 고생하면

* 서적을 보내줄 때 도와준 친구를 가리킨다. 옮긴이 주.

이중섭과 떨어져 도쿄에서 지내던
당시의 야마모토 마사코. 야마모토
가문 제공.

1954년경의 이중섭, 사진 제공. 야마모토 가문 제공.

서도 바지나 셔츠, 점퍼, 그리고 손수 뜨개질한 스웨터를 보내주던 마사코를 만날 면목이 없다고 생각한 이중섭은 부산을 떠나기 전에 마영일을 만나면 어떤 수단을 써서라도 반드시 받아낼 테니 걱정하지 말아달라고 마사코에게 편지를 했다.

서로를 붙잡아준 것은 육필로 쓴 편지와 함께 보낸 사진이었다. 마사코가 태현, 태성과 툇마루에 앉아 찍은 사진을 보내자 이중섭은 여권을 만들기 위해 촬영한 증명사진으로 답장했다. 3~4일 전에 막 찍은 사진이었다고 한다. 그는 편지에 이렇게 썼다.

> "자세히 보니 무척 차분하면서도 자신에 가득 찬 표정이네요. 이 사진에 입맞춰주세요. 태현 군, 태성 군에게도 보여주세요."_1953년 4월 20일.

이중섭은 세 모자의 사진을 친구들에게 보여주기도 했다. "남덕 씨 건강해 보이네", "태현 군, 태성 군은 놀랄 정도로 컸네"라며 친구들은 함께 기뻐해줬다. 이렇게 해서라도 어떻게든 헤치고 나가보자고 두 사람은 결사적으로 견뎠다.

그 무렵 사진을 나는 태성에게 부탁해 열 몇 장 정도 받았다. 그 가운데에는 안경을 쓴 마사코가 온화하게 미소 짓는 사진과 모자를 쓴 재킷 차림의 이중섭이 친구 두 사람과 함께 찍은 사진이 있다. 두 장의 사진을 나란히 두고 보니 마사코와 이중섭이 서로를 생각하며 보냈던 나날이 떠오르는 듯했다. 손에 든 사진 속 상대방의 얼굴을 바라보면서 분명히 만날 수 있을 거라고 마음속으로 다짐하듯 말을 건네기도 했을 것이다. 그러면서 앞을 향해 걸어갈 힘을 얻기도 하지 않았을까. 그렇게 점차 쌓인 여러 장의 사진이 두 사람에게 살아갈 희망이 되어준 건 아닐까.

엇갈림

걸으면 땀이 날 정도의 햇볕이 다가오는 여름을 알렸다. 히로카와에게 받았다는 신원보증서는 도착할 기미가 없었다. 재회를 향한 전망이 보이지 않은 채 시간만 흘러갔다. 마사코와 아이들이 부산을 떠나고 벌써 1년 가까운 시간이 흘러가고 있었다. 1년은 불안과 불만을 숨기기에 긴 시간이었다. 마영일 사건이 초조함을 더 불러 일으켰다. 이중섭은 억누를 수 없는 감정을 마사코에게 토해냈다.

> "긴 시간을 오직 혼자서 보낸 대향은 당신의 편지를 얼마나 기다려야 합니까? 당신은 잘 알고 있을 겁니다. 몇 달 전부터 부탁했던 사흘에 한 번은 반드시 편지를 써달라는 것. 지금까지 한 번도 실행한 적 없지 않나요? 이렇게 간단한 일도 대향의 바람대로 실행하지 않고서…… 아무리 이런저런 일을 늘어놓으며 써보았는데도(중략) 이 편지를 받은 후부터는 확실하게 지켜주세요. 이 편지를 받고도 또 그런다면 남덕은 편지를 쓸 때만 그렇지 진심에서 우러나오는 성의가 없는 것이라고밖에 생각할 수 없어요. 믿을 수 없어요. 지금까지 한 번도 지키지 않았던 걸 떠올리니 유쾌하지 않은 기분이 들고 맙니다." _1953년 5월 5일.

마영일 건으로 하루 종일 매달려 있다가 저녁이 되면 원산에서 함께 피난

온 김인호 집을 찾아가 마사코에게서 편지가 오지 않았는지 확인한다고 쓰여 있다. 그때마다 "오늘도 편지가 오지 않았어?"라며 어깨를 축 늘어트렸다.

"몇 번이나 사흘에 한 통씩 편지를 보내라고 부탁했는데 어째서 힘든 이유만 늘어놓는 거예요? 우표 값이 없다고 썼지만, 우표 값이 없다면 사흘에 한 통 편지도 못 쓰겠다는 뜻입니까? 확실한 답장을 기다리고 있습니다. 대향이 반 년 동안 사흘에 한 통을 부탁했는데도 매번 내 부탁대로 편지를 쓴 기억은 있습니까? 1년이나 먼 나라에 떨어져 있어도 편지를 내 바람대로 보내지 않는 여인을 어떻게 신뢰할 수 있다고 말하겠나요? 대향의 바람대로 하는 것이 싫다면 그만 두세요. 확실한 답장이 없는 이상 기분이 좋지 않습니다. 남덕만이 살아가는 게 어렵다고 생각하고 있는 겁니까? 모든 사람들이 마찬가지로 힘들어 하고 있어요."_1953년 5월 중순.

이 편지는 이게 전문이다. 현재 전해지는 다른 편지에 비해 한 글자 한 글자가 상당히 크다. 가로쓰기로 한 장에 여섯 줄밖에 쓰여 있지 않다. 편지지 위쪽에는 'SHINNIHON STEAMSHIP CO., LTD.라고 인쇄되어 있다. 일본 해양문화협회가 1952년 11월에 발행한 잡지『바다와 하늘 I』에 따르면, 신니혼키센은 1909년 설립되어 한국을 비롯하여 뉴욕, 인도, 파키스탄 등의 항로를 운행했다. 나중에 몇 번인가 합병을 거쳐 현재 회사 상선 미쓰이가 되었다. 편지지가 부족했던 시대에 선원이던 친구를 통해 손에 넣은 종이였을까. 편지는 이 용지 뒷면에 쓴 것이다. 말미에는 "5월 12일부의 편지, 읽은 후"라고 썼다. 이때 마사코는 자주 편지를 못 쓰는 이유를 우표 값이 부족하다는 식으로 돌리고 있었던 듯하다. 그 이유가 이중섭에게는 성의가 없다고 느껴졌던 것이다. 그런 남편에게 마사코는 숨이 막히지는 않았을까.

"예술가였기 때문인지, 조금 신경질적인 면도 있었으니 계속 함께 있었다면 부부싸움을 했을지도 모르지요."

훗날 한국어를 배운 마사코는 교실에서 알게 된 도베 에이코戶部英子에게 웃으며 그렇게 말했다. 부부의 드라마틱한 이야기에 놀란 도베가 "정말 힘든 사랑이었네요"라며 넌지시 떠보았을 때, 돌아온 대답이었다. 그때 마사코가 '신경질'이라는 말을 한국어로 했던 것을 도베는 확실히 기억하고 있었다. 활활 타오르는 불같이 정열적인 이중섭과 졸졸 흐르는 시냇물처럼 맑은 마사코라고 비유되기도 하는데 주고받았던 편지에서는 부부의 그런 성격이 잘 드러난다. 구상은 이중섭의 인물평을 서간집 등의 기고에서 이렇게 썼다.*

"중섭은 눌변이었지만 독특한 화법을 지니고 있었다. (중략) 실로 직관과 직정直情으로 사물을 파악하고 행동하고 있었으므로 우정에 있어서도 이심전심만이 그의 영토였다."

공개된 편지만 봐도 적어도 마사코는 3월 3일, 4월 17일에 이중섭 앞으로 편지를 보냈다. 편지를 보면 4월 17일부터 5월 12일 사이에도 몇 통인가 연락이 있었을 것이나. 이중섭은 마사코와 아이들을 보낸 후, 의기지기 진진하며 살아서 현재 남아 있는 마사코의 편지가 이중섭에게 받은 편지에 비해 극단적으로 적다는 점은 이미 서술한 대로다. 만날 수 없는 가족과의 재회를 계속 혼자 기다린 이중섭에게 의지할 것은 마사코의 편지뿐이었다. 이중섭은 사정은 이해하지만 그래도 조금은 자기를 생각해주면 좋겠다는 자신의 흔들리는 마음을 숨기지 않았다. 마사코는 5월 15일자로 답장을 했다. 성의를 보이려는 듯 사진 두 장을 동봉했다. 바빠서 붓을 잡는 일이 늦어졌다고, 미안하다고 썼을 것이다. 안도한 이중섭은 이렇게 답을 했다.

"내가 조금 신경질적인 글을 쓰더라도 어떻게든 이해해주세요. 그저 당신만을 열렬히 사랑한다는 이유만으로 당신께 심한 말과 요구를

---

* 구상, 「이중섭의 인품과 예술-이중섭 20주기에 즈음하여」, 『이중섭 작품집』, 이중섭기념사업회 편, 한국문학사, 1979년.

하고 말았습니다. 남덕 군은 언제든 제 요구를 들어줘야 해요. (중략) 내 마음을 가득 채우고 있는 이는 오직 나만의 아름답고 소중한 아내뿐입니다. 하루 종일 당신만을 생각하고 빨리 만나고 싶어 참을 수가 없습니다. 남덕 군은 세계 유일의 대향의 현명한 아내입니다." 1953년 5월 22일.

이런 자신의 절절함과 쓸쓸함을 알아줬으면 좋겠다고, 정말 이해해준다면 매일 편지를 써주면 좋겠다고, 그렇지 않으면 마음이 무너져버린다는 말이었다. 마사코는 될 수 있는 대로 사흘에 한 통씩 편지를 쓰는 것을 기본으로 삼게 되었다.

마영일로부터 돈을 돌려받기 위해 분주했던 이중섭은 먼저 8만 엔을 회수하는 데 성공했다. 마영일 본인과는 접촉할 수 없었고, 그의 형에게서 변제받았던 것 같다. 나머지 22만 7400엔은 연대보증인 세 명을 세워 8월 10일까지 갚겠다는 증서를 받았다. 자기가 직접 일본으로 가지고 갈 테니 안심하라고 이중섭은 마사코에게 썼다.

"대향은 그림도 그리지 못하고, 마 씨 일로 바쁘게 지내고 있지만 이 정도 현금밖에 받지 못해 무척 아쉽습니다. 부디 이해해주세요." 1953년 5월 23일.

앞으로는 일본행 배를 기다리는 일밖에 없었다. 그때도 말미에 마사코의 편지를 기다리고 있다고 덧붙이는 것을 잊지 않았다.

마사코는 집에서 요양하며 장난꾸러기 두 사내아이를 챙기는 하루하루를 보내고 있었다. 한국에서는 이중섭의 편지가 워낙 유명한 탓에, 이중섭만 가족과의 재회를 절실히 바랐다는 식의 오해가 있기도 했지만 만남을 기다린 것은 마사코도 마찬가지였다. 5월 30일, 6월 4일, 6월 8일, 6월 10일……그에게 보낸 편지 빈도가 늘어난 것은 남편의 요구에 응해서라기보다 마사코 자신의 불안감을 드러낸 것일지도 모른다.

도쿄는 장마철의 후텁지근한 더위가 이어지고 있었다. 부산을 뒤로 하고 떠난 1년 전의 일을 떠오르게 했다. 그날 마사코는 이중섭에게 보내는 편지에서 이렇게 회상했다.

"오늘로 헤어진 지 정확히 1년이 되었습니다. 이렇게 길게 떨어져 있게 될 줄은 전혀 생각하지 못했습니다. 아이들이 하루가 다르게 크는 걸 알고는 있지만 언제나 같이 있어서인지 저에게는 그 정도로 실감 나지는 않지만 당신이 와서 보면, 상상 이상으로 성장한 모습에 진짜 오랜 세월이 지났음을 느끼게 될 거예요."_1953년 6월 25일.

태현은 다섯 살이 되었고 태성은 네 살 생일까지 두 달 정도 남은 때였다. 제주도에서의 기억이 남아 있는 태현은 아버지와 게를 잡던 날들을 어제 일인 양 그리워했다. 기억할 리 없는 태성도 이야기를 듣고서 "한국에 있을 때 나 착한 아이였어?"라고 마사코에게 물었다. 영양실조에서 완전히 회복한 아이들은 포동포동하게 실도 붙었고 같은 반비지를 입고 매일 건강하게 밖에서 뛰어놀았다.

역시 아버지를 닮았는지 태현은 "그림을 그릴 테니 종이와 연필을 줘"라고 말하며 배나 트럭 그림을 그렸다. 그리고 그림책을 보면서 어느새 가타카나로 자기 이름을 쓸 수 있게 되었다. 부산을 떠날 때 일본어를 모른 채 그대로 초등학교에 들어가야 하나 걱정을 했던 것이 거짓말처럼 느껴졌다. 아이들의 성장은 마사코에게 더없는 기쁨이기도 했고, 동시에 이중섭이 없는 긴 세월을 느끼게 하는 복잡한 심경을 갖게도 했다.

"대체 언제 만날 수 있을까, 기다리고 또 기다리다 기다림에 지칩니다. (중략) 어느 쪽을 택해도 앞날은 밝습니다. 아고리의 새롭고 위대한 예술과 우리 네 가족의 사랑으로 부디 힘을, 끝까지 힘을 내주세요. 편지 기다리겠습니다. 건강히 다시 만날 날을 기다려 주세요. 마음을 담아, 당신의 남덕."

마사코는 스스로를 격려하듯, 애써 긍정적으로 편지를 썼다. 그 당시 마사코의 헤어스타일은 유행하던 세미업이었다. 마음이 밝지 못한 하루하루를 보내면서도 패션 센스는 여전했다. 돌돌 만 앞머리는 개성이 있었다. 이중섭은 보내온 사진을 보며 마사코를 떠올렸다. 은지화에 그린 마사코의 모습이나 편지에 그린 일러스트에는 앞머리를 둥글게 만 여성이 그려져 있다.

"어머니는 이 머리 모양을 마음에 들어 했어요. 다른 사람과는 조금 다르죠. 과감하지요."

흑백 사진을 보며 태성이 회상했다.

편지화

드디어 마영일로부터 돈을 받을 길이 보인다고 안도한 이중섭은 작품을 팔면서 일본으로 갈 수 있는 날을 기다렸다. 원산에서 살던 신혼 시절은 생활비를 벌기 위해 일하는 것은 성미에 맞지 않는다며 돈 버는 일에 관심이 없던 이중섭이지만, 그건 부잣집 둘째 아들이기에 가능했다. 돈 한푼 없는 피난민이 된 뒤로 아내를 힘들게만 했으니 도쿄로 가기 전에 조금이라도 벌지 않으면 마사코를 볼 낯이 없다고 생각했던 듯하다. 남자로서 남편으로서 책임감을 느꼈는지 마시던 술도 어느덧 조금씩 줄였다.

마사코가 보낸 6월 8일자 편지에는 태현이 아버지를 걱정하고 있다는 말이 쓰여 있다. 이중섭은 지금까지 가족에게 자기의 괴로움만 털어놓았던 걸 깨달았다.

"지금까지 대향은 이런저런 사정 때문에 초초해서 안절부절 못하는 날들을 보낸 탓에 '보고 싶다'는 말 이외에는 깊게 생각을 못한 것 같습니다. 남편으로서 아버지로서 정말 미안합니다."_1953년 6월 15일.

앞으로는 더 매력적인 작품을 그려 남편으로서도 아버지로서도 힘이 되겠다고 마사코에게 맹세했다. 처음으로 태현과 태성에게도 편지를 써야겠다고 생각했다. 알기 쉬운 내용으로, 재미있는 그림을 몇 장 정도 덧붙이겠다고도 생각했다. 그런데도 좀처럼 붓이 움직이지 않았다. 글로 전달하는 어려움은 마사코에게 편지를 쓰면서 늘 느끼고 있었다. 벌써 1년 가까이 얼굴도 보지 못했는데 아이들 앞으로는 무엇을 어떻게 쓰면 좋을까, 하는 고민을 마사코에게 털어놓았다.

"당신에게 보낼 편지도 제대로 쓰지 못하는데, 아이들에게 쓰는 것은 도무지 더 하기 힘듭니다. 어떤 말을 써야 아이들을 기쁘게 할지를 생각하고 있습니다. 용기를 주고 싶고 기쁨도 주고 싶습니다."

훗날 태성 앞으로 쓴 편지가 있다. [화보22]

"나의 귀여운 야스나리 군 건강합니까? 파파는 건강하게 그림을 그리고 있습니다. 어서 어서 야스나리 군과 마마와 야스카타 형과 할머니를 만나고 싶어 참을 수가 없습니다. 건강하게 기다려 주세요."

가로로 쓴 글자를 둘러싸듯 일러스트가 수두룩하게 그려져 있다. 크게 양팔을 벌린 태성과 태현, 마사코가 서로 손을 잡고 있다. 태현의 왼손 앞쪽으로는 온화한 눈빛을 한 '파파'가 오른손으로 붓을 잡고 가족 네 명의 얼굴을 그리고 있다. '파파가 건강하게 그림을 그리고 있는' 모습을 아이들이 쉽게 떠올릴 수 있게 하려는 이중섭의 마음이 전해진다.

편지의 내용을 따라 일러스트의 배치를 고려하고 색을 입혔다. 한 장을 완성하는 데 얼마만큼의 시간이 걸렸을까. 이런 그림은 이후 은지화와 함께 편지화라는 이중섭의 독자적인 예술 장르로 인기를 얻게 된다. 한편 '김병기의 메모'에는 이런 기록이 있다.

"마사코 씨와 아이들에게 보낸 편지는 거칠고 일본어가 서툴러서 일본에서 대학 교육을 받았다고는 말할 수 없을 정도다. 일본인은 한국 사람이 어떻게 이렇게 일본어를 쓸 수 있었을까? 하며 좋은 글을 쓰고 있다고 착각할지도 모르지만."

"일본인 아버지는 자기 아이들에게 만세, 같은 말은 하지 않지요."

맞는 지적이다. 생각해보면 공부에 관심이 없던 이중섭이다. 일본에서 공부한 사람치고는 일본어가 뛰어나다고 말할 수 없을 듯하다. 그랬던 이중섭이라면 아이들에게 보낼 편지에 얼마나 머리를 싸맸을까. 그런 고민이 편지 곳곳에 사랑스런 일러스트를 그리게 만들었는지도 모른다.

히로시마에서

부산에서는 휴전이 가까워지고 있다, 다시 서울로 수도를 이전할 것 같다는 등 여러 가지 소문이 돌기 시작했다. 연일 쏟아지던 비가 마치 거짓말같이 그치고 아침부터 하늘이 파랗게 갰다. 장마가 소강 상태에 빠진 1953년 7월 19일이었다. 1년여 전 마사코와 두 아들을 배웅했던 항구에서 이중섭은 배의 출발 시간을 기다렸다. 마영일 건이 완전히 해결된 것은 아니었지만 그럭저럭 선원증도 입수할 수 있게 되었다. 더 이상은 기다릴 수 없었다. 그는 도쿄로 떠나기로 결심했다. 파도는 잔잔했다. 배가 결항이라도 하면 모든 계획은 어그러진다. 날씨가 한편이 되어준 것에 감사했을 것이다. 거물 정치인이 보내준 신원보증서가 있다고는 해도 법적으로는 어디까지나 선원에 지나지 않았다. 도쿄의 가족에게 줄 선물을 준비할 여유도 없었다.

이중섭이 이대로 한국을 떠날 생각으로 부두로 나왔는지 어떤지는 알 수 없다. 다만 드디어 찾아온 도일의 날에 친구들은 감개무량해 하며 배웅을 나왔다. 정식 여권을 발급받지 못한 것은 누구나 알고 있었다. 그렇지만 이제 돌아오지 말고 일본에서 가족과 행복하게 살라고 빌어주지 않을 수 없었다. 그가 쓰라린 고독을 잊기 위해 막걸리를 들이키는 모습을 더 이상 참고 보고 있기는 힘들었기 때문이다. 원산 시절 이중섭의 문하생이자 이 무렵부터 함께 생활했던 김영환은 마사코에게 편지를 썼다.

> "오늘은 23일, 선생님은 지금쯤 이 선생님과 말씀을 나누고 계시겠지요. (중략) 이제 저는 선생님께 말씀 드리고 싶습니다. 더 이상 가족 네 명이 영원히 헤어지지 말고 행복하게 사시기를 바랍니다."_1953년 7월 23일.

비슷한 무렵 다른 친구가 보낸 편지가 마사코 앞으로 도착했다. 보낸 이는 부산의 친구 이재우라고 했다. 그에 관한 자세한 정보는 남아 있지 않지만 동생이 마사코의 집을 방문했다는 기록이 있는 걸로 보아 마사코가 부산에 있던 시기부터 가족끼리 친하게 지냈던 것 같다. 편지지에는 적십자 도장과 함께 AMERICAN RED CROSS라고 새겨져 있다. 직장다운 직장이 없던 당시 미군 기지에서 다니며 군대와 관련된 일거리로 생활하던 사람들이 적지 않았다.

> "(이중섭은) 술을 마시면 언제나 가족들을 만나고 싶다며 눈물을 흘렸습니다. 이번에야말로 기쁨의 눈물을 흘리기를 바랍니다."_1953년 7월 18일.

이중섭은 먼저 부산 남서쪽으로 60킬로미터 떨어진 항구 도시 통영으로 연락선을 타러 떠났다. 일본으로 가는 바다의 관문은 물론 부산이었지만 부산에서 출항하는 배의 선원증은 구하지 못해 통영발 어선에 타게 되었다. 행선지는 히로시마였다. 히로카와 고젠이 보증한 신원증명서는 결국 이중섭에게 도착하지는 못했지만 마중 나올 마사코가 지참하면 된다고 이야기가 정리된 참이었다.

마사코와 아이들의 사진을 보며 드디어 만날 수 있다고 마음속으로 중얼거렸을 것이다. 만나면 먼저 어떤 이야기를 할까, 도쿄에서는 마사코와 어디를 갈까, 두 사람이 주고받은 편지와 작품에 빠져 있던 내게는 그런 부푼 생각으로 혼자서 대한해협을 건너가던 이중섭의 모습이 떠올랐다.

원폭 투하로 70년 동안은 풀도 나무도 자라지 못할 거라던 히로시마는 8년 동안 착실히 부흥을 이루어냈다. 히로시마 최초의 프로야구 팀을 향한 시민의 환호성이 이어졌고 역 앞 광장에는 택시가 줄줄이 늘어섰다. 그런 히로시마 역에서 6킬로미터 정도 떨어진 동네 남쪽 끝에는 한국에서 출발한 배가 들어오는 항구가 있었다. 예전에는 1889년 개항, 우지나宇品 항이라 불리던 이 항구는 청일전쟁 당시 병사를 전장으로 보내는 역할을 맡았다. 만주사변 이후로는 대륙으로 항로를 확대, 한반도로 가는 정기 항로도 열렸다. 이름을 히로시마 항으로 바꾸고 각지로 물자를 보내는 군용 항구로서의 역할을 했다. 원자폭탄이 떨어진 폭심지에서 4.6킬로미터 떨어진 이곳은 미군의 표적이 되지는 않았는지 큰 피해는 입지 않았다. 전쟁이 끝난 뒤에는 무역항으로 역할이 바뀌었다.

마사코는 태현의 손을 잡고 항구에서 남편의 도착을 기다렸다. 히로카와 고젠의 사인이 들어간 신원보증서를 손에 꼭 쥔 채였다. 1년 만의 재회에 가슴이 터질 것 같았지만 무턱대고 기뻐할 수만은 없는 사정이 있었다. 이중섭의 체류는 일주일로 한정된 조건부였다. 입국 관리 담당자가 못을 박듯 말한 것을 마사코는 선명하게 기억하고 있었다.

"가족이 함께 사는 것은 정식 여권이 발행되고 나서가 좋아요. 남편분은 화가죠? 앞으로 유명해질지도 모르는데 이번에 만약 밀입국이라도 했다가는 더 이상 일본에 들어올 수 없게 돼요. 조만간 일본과 한국은 자유롭게 왕래할 수 있게 될 테니 이번에는 꼭 일주일 안에 돌아가야 해요. 그게 남편을 위해서 좋아요."

한국인의 불법 입국은 양국 사이에 심각한 정치적 현안으로 불거지고 있었다. 위조한 선원 수첩을 가지고 밀무역을 하려는 사람이 끊이지 않았다. 출입국관리백서에 따르면 1953년 불법 입국으로 검거된 사람들은 총 2,361명이었는데 상당수가 한국인이었다. 적발당하지 않은 숫자까지 포함하면 불법 입국자는 더 많았을 것으로 짐작이 된다. 밀입국자로 발각되면 나가사키의 오무라 수용소를 거쳐 부산으로 강제송환시켰다. 그뒤로는 두 번 다시 일본으로 입국할 수 없었다.

그나마 다른 선원들이 항만 근처에 머물러야 했던 것에 비해 이중섭은 신원보증서 덕분에 미슈쿠에서 가족과 함께 단란한 시간을 보낼 수는 있었다. 그 이상을 바라서는 안 된다고 마사코는 스스로에게 되뇌었다. 그건 배에서 내리기를 기다리던 이중섭도 마찬가지였을 것이다.

일본 밖에서 들어가는 배는 입항 전 항구 밖에서 검역 절차를 밟아야 했다. 검역관이 배에 올라 전염병 환자가 없는지를 조사하고 검역을 먼저 끝내자 이번에는 심사관이 입국 심사를 했다. 선원수첩을 지참했는지도 확인했다. 이중섭도 마사코도 만일의 상황이 벌어지지 않도록 기도했음이 틀림없다.

정식으로 이중섭의 상륙이 허가되자 입국관리사무소가 재회 장소가 되었다. 언제까지나 언제까지나 부둥켜안고 싶다고 편지에 적었던 이중섭이 마사코를 발견하자마자 양팔로 꼭 끌어안았으리라 상상하는 것은 어렵지 않다. 키가 훌쩍 그고 포동포동해진 태현의 모습에도 놀랐을 것이다. 이중섭, 미시코, 태현, 세 사람은 함께 도쿄 행 도카이도선 열차에 올랐다.

둘만의 데이트

쇼와 시대를 대표하는 명작 「도쿄 이야기」가 촬영된 것은 바로 그해 여름이었다. 하라 세쓰코原節子가 연기한 며느리 역 노리코에게 도쿄로 상경한 노모가 "어쩜, 꿈만 같구나. 도쿄는 꽤 멀다고 생각했는데 어제 오노미치尾道*를 떠났는데 오늘 이렇게 모두 만나게 되다니"라며 미소 짓는 장면이 나온다.

오노미치보다 더 서쪽에 위치한 우지나에서 재회한 이중섭, 마사코, 태현 세 사람이 도쿄에 도착한 것도 다음 날이었을 것이다. 예전에 마사코와 함께 그녀의 부모님을 찾아뵈었던 미슈큐의 집에서 '아버지는 언제 오냐'며 기다리던

* 히로시마 현의 항구 도시. 옮긴이 주.

작은아들 태성이가 드디어 이중섭 품에 안긴 것은 마사코의 아버지가 좋아하던 1층의 서양식 방이었다. 아버지의 얼굴을 가까이서 본 태성은 그저 얼굴을 말똥말똥 올려다보았다. 아고리라는 별명 그대로였다.

'얼굴이 긴 사람이구나.'

아버지 이중섭에 대한 태성의 처음이자 마지막 기억이다. 미성으로 알려진 음성은 기억나지 않지만 무릎의 온기는 어렴풋하게나마 기억했다.

어머니 도시코의 배려였을 것이다. 마사코와 이중섭은 아이들을 어머니에게 맡기고 예전에 데이트를 했던 장소를 찾았다. 문화학원 근처 진보초 거리로 그림 재료를 사러 가거나 시부야에서 영화를 보았다.

"미국 영화였죠. 도중에 나와버렸지만요."

이중섭과의 데이트를 화제로 삼자 역시 마사코의 말투가 가벼워졌다. 그해 여름 상영한 미국 영화로는 여성가수의 반평생을 그린 「내 마음 속의 노래」 With a Song in My Heart나 뮤지컬 영화 「황제 원무곡」THE EMPEROR WALTZ이 있다. 또한 그해 2월 일본에서 개봉한 찰리 채플린의 「라임라이트」가 장기 상영 중이었다. 어떤 영화건 이중섭에게는 두 사람이 이야기를 나누는 쪽이 더 소중했을 것이다. "나가자"는 이중섭의 말에 마사코는 "그래요"하며 끝까지 보지 않고 극장 밖으로 나왔다.

이중섭이 도쿄를 다시 찾은 것은 10년 만이었다. 문틈 사이로 바람이 파고드는 판잣집 생활을 하던 그는 거리의 TV 앞에 사람들이 모인 광경을 보면서 세월의 흐름과 함께 두 나라의 경제 격차를 실감했음이 틀림없다.

영화 「도쿄 이야기」에는 그해 새 단장을 하고 문을 연 긴자 마쓰야 백화점을 크게 비추는 장면이 있다. 미군에 의한 접수가 해제되어 전쟁 전의 고풍스러운 서양식 외관에서 모던한 스타일로 변신, 긴자의 새로운 상징이 되었다. 발전 중이던 도쿄는 이중섭의 눈길을 빼앗으면서도 더 이상 자신이 알고 있던 거리가 아니라는 사실에 일말의 쓸쓸함을 느끼게 했는지도 모른다.

두 사람은 이중섭을 일본으로 초청하는 역할을 맡아주었던 무라이 마사나리의 집을 찾아갔다. 무라이는 계곡과 자연이 아름답기로 유명한 세타가야의 도도로키^{等々カ}라는 곳에 자택 겸 아틀리에를 꾸며 놓았다. 문화학원 시대에 두 사람과 함께 어울렸던 마부치도 오랜만에 건강한 얼굴로 만날 수 있었다. 마사코가 결혼하기 전에 이중섭의 작품을 맡겼던 둘도 없는 친구였다. 부부가 함께 찾아가자 무라이도 마부치도 필시 안도했을 것이다.

이중섭이 은지화를 처음 마사코에게 보여준 것은 도쿄에서 재회했던 때였다.

"이건 어디까지나 에스키스(밑그림)에 지나지 않아. 형편이 나아지면 그때 이걸 기초로 대작으로 완성시키고 싶어. 그러니 절대로 다른 사람에게 보여주어선 안 돼."

이중섭은 그렇게 거듭 확인하며 마사코에게 은지화 몇 점을 맡겼다. 다음에 만날 때까지 가지고 있으라는 메시지였다.

이별의 날

약속했던 일주일이 다가왔다. 이대로 도쿄에 눌러앉아버릴까, 이렇게 넓은 하늘 아래라면 안 들키지 않을까, 하는 유혹에 흔들렸다고 해도 이상하지 않다. 그러나 우직하고 성실한 이중섭과 마사코 부부는 체류 기간을 연장해보려는 시도는 일체 하지 않았다. 그런 두 사람을 충분히 알면서도 도시코는 이렇게 말했다.

"만일의 경우 신원을 보증해준 히로카와 씨에게 폐를 끼치는 게 되고 당의 입장도 어려워지네. 그러니 이번은 일단 한국으로 돌아가는 쪽이 좋겠네. 정식 여권을 받아 당당히 미술 활동도 하고, 마사코와 제대로 된 가정을 꾸리는 편이 어떻겠나?"

장모로서 잡지 못하는 사정을 이해해주길 바라는 마음이 담겨 있다.

"알고 있습니다. 다시 오겠습니다."

이중섭은 미슈쿠를 뒤로 하고 마사코와 함께 도쿄역으로 향했다. 마사코의 몸 상태를 걱정하며 배웅은 이쯤에서 괜찮다고 말렸다.

"또 배로 올 거니까."

이번과 마찬가지로, 또 바로 바다를 건너 올 수 있다. 선박 회사에서 근무하는 친구도 있으니 일본행 배에 오르는 것은 분명 어렵지 않을 테니. 마사코는 "그렇겠네"라고 대답했다. 실제로 이렇게 1년 만에 만났으니 그럴 수 있을 것으로 여겼다. 어쩌면 히로시마 행 열차를 기다리는 동안 두 사람은 다음에 도쿄에 올 때까지는 당신의 방을 마련해야겠어요, 라거나 준비하느라 바쁠 것 같아요, 라는 등의 이야기를 나누었을지도 모른다. 그만큼 다음 기회가 있다고 믿어 의심치 않던 마사코였다. 비장한 분위기는 전혀 아니었다. 그날 보았던 이중섭의 뒷모습조차 기억나지 않는다고 했다. 이 날이 가족에게 특별한 의미를 지닌 날이 되리라고는 조금도 생각하지 못했기에 무리도 아니었다.

다만 다시 혼자 배에 몸을 실은 이중섭의 심경은 복잡했을지도 모른다. 학창 시절 부푼 마음으로 찾은 도쿄, 전쟁 상황이 악화됨에 따라 어쩔 수 없던 귀향, 가족을 일본에 남겨두고 홀로 귀국하는 이 순간까지 그는 항상 혼자였다. 마사코 앞에서는 바로 다시 만날 수 있다고 호기롭게 말하긴 했지만 남보다 갑절이나 가족을 찾아 그리워하던 그였다. 앞으로 또 고독한 생활이 시작되겠지, 생각하며 갑판 위에서 밤바람을 맞으며 담배 연기만 뿜어댔을지도 모른다.

판문점에서 한국전쟁 휴전 협정이 체결된 것은 그 다음 날이었다. 이중섭 가족의 재회를 위해 힘을 쏟은 친구들은 이중섭을 무사히 보내고 이제 안심이라며 안도하던 참이었다. 그런데 단 일주일 만에 돌아와버렸다. 그런 상황을 알리기가 겸연쩍어 친구들 앞에 바로 얼굴을 내비치지 못했던 걸까. 원산 시절부터 제자였던 김영환은 도쿄의 미슈쿠 앞으로 이런 편지를 보냈다. 수신인 이름은 "야마모토 마사코 댁 이중섭 님"으로 되어 있다.

> "선생님, 건강은 어떠십니까. 저는 이미 이곳에 누구 하나 이야기를 나눌 사람이 없습니다. 매일 밤 흘리는 눈물이 제 친구 같습니다. 선생님, 그림은 그리고 계시는지요. 저는 멀리서나마 바랍니다. 선생님의 그림이 잘 진행되기를. 그럼."

날짜는 1953년 8월 8일로 기록되어 있다. 한글과 한자가 섞인 가로로 쓴 편지글에는 도쿄에서 가족과 행복한 생활을 보내고 있을 이중섭과는 이제 다시 만날 수 없다는 쓸쓸함이 스며 있었다. 앞서 이야기했듯 이중섭이 부산을 떠난 날은 7월 19일이었다. 설마 사전 약속대로 일주일 만에 부산에 돌아오리라고는 상상도 하지 못했음을 알 수 있다.

이중섭 본인이 한국에 돌아오기를 희망했다고 전하는 친구도 있다. 평양 시절부터 동창생이자 문화학원도 함께 다녔던 김병기는 이중섭의 마음속에는 친구들이 비참한 전쟁과 빈곤 아래 고생하고 있는 와중에 자기만 일본에 남아도 좋은가, 라는 갈등이 있었다고 말했다.

당사자가 남긴 편지나 작품에서는 가족과 조국 어느 쪽을 우선시해야 하는지 고민하던 모습을 엿볼 수 없으니 진실은 알 수 없다. 다만 어떤 사정이 있었는지는 몰라도 왜 돌아왔을까, 그는 왜 또다시 가족을 생각하며 고뇌와 술에 빠져 살아야만 하는가, 하고 이중섭을 안타깝게 여긴 친구들이 눈물을 흘렸음은 틀림없다. 가족의 재회를 위해 경제적인 지원도 했던 김향안은 마사코에게 이렇게 편지를 썼다.

> "그렇게도 바라왔던 일본행인데 왜 또 그리 빨리 돌아왔을까. 저간의 사정은 헤아릴 수 없지만 그저 우리는 안타깝고 애가 탈 뿐입니

다."_1953년 10월 28일.

어떤 이유가 있다 하더라도 그를 말려 일본에 함께 있어야 하지 않았을까, 한국에서는 그런 생각을 하는 이들이 많은 듯하다. 국립현대미술관 학예사 김인혜는 관객들로부터 여러 차례 그렇게 사랑한다면서 왜 두 사람은 헤어지고 말았을까요, 라는 질문을 받았다고 했다.

'사카이 메모'에는 백영수가 "부인이 일본으로 돌아가지 않고 함께 힘을 냈다면……" 하면서 부부의 이별이 없었다면 이중섭이 요절하는 일도 없지는 않았을까, 라며 아쉬워했다는 기록이 있다. 나는 2016년 인터뷰에서 신중하게 단어를 골라가며 마사코에게 물었다.

"그때 일을 후회하지 않으세요?"

"설마 그렇게 오래 떨어지게 되리라고는 생각하지 못했어요."

어머니의 대답을 보충하듯 태성이 이렇게 말을 이었다.

"당시는 전혀 그런 감각이 없었다고 생각해요. 그도 그럴 것이 선박회사에 다니던 친구의 배가 매번 왔다갔다 했으니까요. 이번은 일주일 만에 돌아가지만 다시 올게, 라고 말하며 헤어졌으니까요."

그러자 마사코가 맞장구쳤다.

"맞아 맞아, 설마 이렇게까지 길게는……."

태성의 말투가 강해졌다.

"그러니까 그건 다 지나고 나서 하는 말들이죠."

마사코는 한 번 더 반복했다.

"설마, 그렇게 오랫동안 헤어지게 될 줄은. 설마하고 생각했어요."

그리고 재회를 의심하지 않았던 자신의 마음을 담담하게 토로했다.

"정말로 자주 왔다갔다 할 수 있겠거니, 하고……."

히로시마에서의 재회 장면부터 도쿄에서 함께 보낸 일주일에 대해 마사코는 희미하게 기억하고 있었다. 한국에서는 두 사람이 재회 후 일주일을 어떻게 보냈는가에 관해 전혀 알려지지 않아서 시부야에서 영화를 보았다거나 진보초를 함께 걸었다는 일화는 두 번째 인터뷰에서 겨우 들을 수 있었다. 앞으로 더 이상 만날 수 없다는 예감이 있었다면 가족사진 한 장 정도는 찍었을 것이다. 그때의 사진은 남아 있지 않다. 이 사실이 "곧 또 만나요"라던 마사코의 배웅 인사가 진심이었음을 말해주는 근거이기도 하다.

私が愛する唯一人のあごII君は頭
眼がますますさえて自信あって
あってありあまってピカピカと
かがやく頭と眼光で制作制
表現又表現しつづけてゐますよ

限り無くすばらしく…
限り無くやさしい
キリだけのすばらしくやさしい
私の天使よ…首をはりきって
益々げんきでがんばってね

必ず頑工事中愛君は
最愛の賢妻南徳和を幸福の
天使に可く美ばしく高く
はりあげて みせます。

自信満々
キリは君達と善良在
すべての人々の為に更に
新しい表現を又大表現
をつづけてゐます。
私の最愛の妻南徳天使 ばんざーい

제6장 편지

→ 1954년 11월에 보낸 편지화 〈당신이 사랑하는 유일한 사람〉, 국립현대미술관 소장.

전구불빛 아래서

"도쿄에서 당신과 함께 했던 엿새가 너무도 빨리 지나버려서 완전히 꿈을 꾼 것 같은 기분이 듭니다. 당신은 역시 훌륭하고 유일무이하며 귀중하고 현명한 나의 아내입니다. (중략) 내가 당신을 얼마나 격렬하게 사랑하는지……당신과 헤어진 후, 하루하루가 공허하기 그지없습니다. (중략) 다음에 갈 때는 남덕의 모든 것을 두 팔에 꼭 끌어안고 언제까지고 언제까지고 결코 놓치지 않을 거예요." _1953년 8월 초순.

이중섭이 부산으로 돌아온 후, 미슈큐의 마사코에게서 세 통의 편지가 도착했다. 무사히 도착하길 바라는 아내의 기도가 전해오는 듯했다. 도쿄에서 가족과 함께 보낸 시간을 생각하며 이중섭은 바로 답신을 했다. 아아, 역시 무슨 수를 쓰더라도 도쿄에 머물렀어야만 했을까, 하는 갈등으로 때로는 괴로운 날도 있었을지 모른다. 문득 마사코의 사랑스런 엄지발가락이 보고 싶어진 걸까. 가늘고 긴, 그 발가락 모양에서 따온 이름인 '아스파라거스 군'을 계속 보고 싶었던 듯 이중섭은 발가락 사진을 보내달라고 마사코에게 졸랐다. 계속 마사코와 이야기를 나누고 싶고, 태현·태성과 더 놀아주고 싶었을 이중섭은 다음에 야말로 일시 체류가 아니라 도쿄에서 가족과 함께 살 수 있는 준비를 해야만 한다고 생각했던 듯하다. 이를 위해 제작에 집중하자고 스스로 분발할 것을 다짐한 걸까. 친구 집을 전전하던 이중섭은 판잣집을 새로 구하고 집에서 혼자 조용히 생각에 잠겼다. 그런 모습을 그의 그림에서 떠올려볼 수 있다. [화보23]

노랗게 칠한 방에 벌거벗은 남자가 큰 대자로 누워 왼손에는 가볍게 파이프를 쥐고 있다. 벽에는 인물화나 소를 그린 그림이 각각 다른 크기로 붙어 있고 바닥에는 팔레트와 붓이 굴러다닌다. 남자의 오른손 가까이에는 게 한 마리가 주변을 아장아장 기어다니고 있다. 어슴프레한 붉은 전구가 남자의 얼굴을 비춘다.

이 무렵 화가 정규가 근처로 이사를 왔다. 정규는 제5장에서 말했듯 초조해하는 이중섭의 근황을 마사코에게 전하며 빨리 그에게 편지를 써주면 좋겠다고 부탁했던 친구다. 생활력이 없는 이중섭은 세 끼를 제대로 챙겨 먹지도 못했다. 이중섭은 '밥은 우리 집에 와서 먹으라'고 말해준 정규 부부의 신세를 지며 살았다. 이렇듯 혼자 살면서 친구의 도움도 얻어가며 제작에 힘쓰고 있다고 자신의 근황을 마사코에게 전하면서 이중섭은 괴로운 속마음을 토로하기도 했다.

> "7월 말에 도쿄에 갔을 때는 서두르는 바람에 한푼도 못 가져갔기에 여러 가지로 당신의 입장을 난처하게 만들어 남편으로서, 아버지로서, 화공으로서 면목이 없을 따름이고 두고두고 마음 아프게 생각합니다."_1953년 9월 초순.

마영일에게 사기당한 돈 일부를 받아내 도쿄에 직접 가지고 가겠다고 의기양양하게 말했지만, 어디에 써버렸는지 당장 생활비도 마련하지 못한 신세였다. 원래 돈에 집착하지 않던 이중섭은 스스로에게 돈이 반드시 사람을 행복하게 해주는 것은 아니다, 서로를 믿고 받아들인다면 분명 밝은 미래가 찾아온다고 이야기하곤 했다. 하지만 가장으로서의 책임에서 벗어날 수 없다는 괴로움은 사라지지 않았다. 그래서인지 더 의욕적으로 작업에 몰두했다. 돈은 금방 마련할 테니 기다려줘, 마사코와 태현·태성을 더 이상 기다리게 해서 실망시킬 수는 없다고 각오를 전하기도 했다.

> "행복이란 무엇인지 대향은 비로소 깨달았어요. 그것은 천사처럼 훌륭한 남덕 군을 마음을 다해 아내로 맞아서, 사랑의 결정체 태현과 태성 두 아이를 데리고 끝없는 감격 속에서 크게 숨을 쉬고 그림으로 그려내면서…… 화공 대향 현처 남덕이 하나로 녹아들어 살아가는 것입니다. (중략) 서로 뜨겁게 사랑하고, 사랑하고 또 사랑한다면 행복은 우리 네 가족의 것입니다."_1953년 9월 초순.

밤이 되면 가족 네 명이 오손도손 살아가는 모습이 눈앞에 떠올랐을 것이다. 정규의 집에서 밥을 얻어먹는 신세로 한 달 정도 지냈을 때 이중섭은 언제까지 이렇게 다른 사람에게 의지해도 괜찮은 걸까, 라고 생각하며 점점 떳떳하고 당당하지 못한 마음이 들기 시작했다.

어느 날 그는 혼자 밥을 해먹으려고 석유곤로를 샀다. 혼자서 식사 준비를 하고 있으니 제주도에서 네 가족이 한 밥상에 둘러앉았던 나날이 떠올라 다시 쓸쓸해졌다. 그래도 계속 친구의 신세를 져야 하는 염치없는 상황에서는 벗어날 수 있었다. 친구 구상은 이중섭의 심정을 이렇게 기록했다.*

"중섭은 평양에서 얼마 상거相距가 아닌(서로 떨어지지 않은) 평원군의 부농의 막내로 태어나 앞서도 언급했지만 그의 형이 그 자산을 원산으로 옮겨다 사업에 투자하여 더우 크게 성공했었으므로 해방 전까지는 의식주 그리운 줄 모르고 살았을 뿐 아니라 언제나 물질적으로도 베푸는 처지에 있었으며 해방 후에도 1·4후퇴까지는 남에게 손벌려 보지는 못하고 지냈었다. 그러던 것이 월남한 그날부터 어쨌거나 남의 신세, 남의 덕, 남의 호의에 얹히고 기대서 생활해야 했고 또 실지 그랬으므로 그가 데데하게 우는 소리나 내식은 안했지만 그의 내면에선 얼마나 그게 '에고'가 상하고 자기 혐오와 열등감에 휩싸여 지냈을 것인가 상상하고도 남음이 있다."

술을 마시고 담배를 몇 갑이나 피우면서도 자기의 심정을 친구에게 많이 이야기하지는 않았다. 그런 성격이 고독감과 고뇌를 더욱 깊게 했을지도 모른다.

전성기

하구에는 낚싯배 몇십 척이 늘어서 있고 배가 출항할 때마다 작은 파도가 일었다. 크고 작은 섬에 둘러싸인 수면 위로 맑게 갠 푸른 하늘이 비쳤다. 갓 잡아

---

* 구상, 「이중섭의 인품과 예술-이중섭 20주기에 즈음하여」, 『이중섭 작품집』, 이중섭기념사업회 편, 한국문학사, 1979년.

싱싱한 해산물을 내다놓은 시장에는 동네 사람들과 관광객으로 북적였다. 과연 '동양의 나폴리'라 불리는 이유를 알 것 같았다.

〈통영 선착장〉은[화보24] 항구 도시 통영을 그린 것이다. 제5장에서 말했던 대로 이중섭은 1953년 도쿄에 갈 때 부산에서 출항하는 배의 선원증을 구하지 못해 대신 통영에서 출발하는 연락선을 타고 일본으로 건너갔다. 일주일 만에 돌아온 뒤 몇 달 지나지 않아 부산에서 통영으로 거처를 옮긴 이중섭은 이곳을 거점으로 삼았던 무렵 화가로서 전성기를 맞았다.

2018년 3월 25일, 나는 이중섭 탄생 100주년 기념전 도록을 손에 들고 통영을 찾았다. 도록에는 〈통영 선착장〉 말고도 통영을 그린 풍경화 몇 점이 수록되어 있었다. 한국에서는 이중섭과 인연이 있는 곳이라면 부산과 제주도가 유명하지만, 그의 족적을 따라가려면 통영도 빼놓아서는 안 된다.

통영은 서울에서 고속버스로 편도 4시간 정도 떨어진 거리에 있다. 고속철도는 놓여 있지 않고 인구는 14만 명가량 되는 아담한 도시다. 5년 간의 서울 특파원 생활을 마치고 귀국을 이틀 앞둔 시점에 겨우 가볼 수 있었다.

해산물이 풍부하고 나전칠기 등 전통 공예가 이어져 내려온 이 고장은 한국인이 살고 싶은 도시로 종종 꼽히기도 한다. 조선시대에는 한반도 남부의 해상 작전본부인 경상우수영이 설치되었고 식민지 시기에는 일본인도 6천 명 정도가 살았다. 교통의 요지여서 한국전쟁 때는 북한군의 공격도 받았다. 이중섭이 이 고장으로 옮겨온 것은 포화가 멈추고 평정을 되찾은 1953년 늦은 가을 무렵이었다.

휴전협정이 체결되자 한국 정부는 곧 수도를 서울로 옮겼다. 새로운 삶을 꿈꾸던 사람들은 서울행 열차에 몸을 실었다. 화단도 예외는 아니었다. 다방에 모이던 친구들이 하나둘씩 부산을 뒤로 하고 떠났다. 그러나 달랑 옷 한 장만 걸치고 피난을 내려온 이중섭에게는 돌아갈 곳이 없었다. 한반도를 둘로 나눈 동서로 긴 선은 아이러니하게도 3년 남짓한 전쟁 후에도 거의 변하지 않았다.

북한 출신 사람들에게 군사분계선은 고향을 가로막는 벽과 다름없었다. 원산에 남겨둔 어머니의 생사도 알 길이 없었다. 하염없이 그리운 어머니 사진은 늘 몸에 지니고 다녔다. 혼자인 그에게 손을 내밀어준 것은 함께 일본에서

이중섭이 통영에서 머문 집터 부근. 오누키 도모코 촬영.

공부하고 북에서도 같이 내려온 친구들이었다. 통영의 경남 도립 나전칠기기술원양성소에서 소장을 맡고 있던 도예가 유강렬이 이중섭을 불렀다. 그는 양성소에서 데생을 가르쳐주면 좋겠다고 제안했다.

미술사학자 최열은 이중섭이 서울이 아니라 굳이 남해의 어항 통영을 택한 것은 도쿄 행을 위한 선원수첩을 구해줬던 친구가 이 고장에 있었기 때문이라고 썼다. 가족과 함께 지낸 부산에 머물러 있으면, 추억이 떠올라 고독하고 쓸쓸함이 더해 갔다. 도쿄에서 일주일을 보내고 돌아와 몇 달 만에 거처를 옮긴 까닭은 고독하게 지낼 바에야 새로운 곳에서 심기일전하자, 통영에서 살다보면 반드시 일본으로 건너갈 길이 열릴 것이다, 라는 기대 때문이었는지도 모른다.

식민지 시기에 도쿄에서 함께 공부했던 동세대 예술가들의 존재도 영향을 미쳤을 것이다. 개방적이던 항구 도시 통영은 이후 한국 현대예술을 이끄는 사람들을 다수 배출했다.

바다 냄새가 바람에 희미하게 실려 왔다. 항구에서 걸어서 불과 2~3분 거리에 2층 건물인 나전칠기기술원양성소가 있었다. 그곳이 이중섭의 새로운 거처였다.

나는 반나절 동안 통영 거리를 걸었다. 먼저 찾아간 곳은 이중섭이 예전에 살던 집터였다. 주변에는 모텔이 늘어서 있었지만 낮인데도 인적이 드물었다. 그 가운데 벽과 지붕을 파랗게 칠한 2층 건물이 눈에 들어왔다. 여기가 한국을 대표하는 화가가 살던 곳이었을까, 라는 생각에 조금 맥이 빠졌다. 이중섭의 거처였다고 말해주는 것은 그의 얼굴 사진이 들어간 작은 기념비뿐이었다. 부산의 전망대도 제주도의 미술관 주변과 비교하면 꽤나 평범한 인상을 주는 곳이었는데 이곳의 기념비는 더욱 눈에 띄지 않아 주의하지 않으면 지나치기 쉬워보였다. 1층은 횟집이었는데 가게 안에는 60대 여성이 점심 장사를 준비하는 듯했다. 그녀의 말에 따르면 건물은 이중섭이 살던 당시 그대로다. 여기가 이중섭이 살던 곳이라고 찾아오는 사람이 있는지를 묻자, 이렇게 답했다.

"많이 오지요. 큰 카메라를 메고 오는 사람도 있어요."

역시 이중섭의 흔적을 좇는 팬은 있는 듯했다. 그녀는 설명을 덧붙였다.

"통영시에서도 기념관을 만들려고 하는 것 같아요."

똑바로 걸어가면 항구다. 통영은 해안선이 복잡하다. 도요토미 히데요시 부대가 고전했다고 전해지는데 이런 지형이었으니 그랬을 법하다. 항구에 접한 공원에는 임진왜란 당시 일본군을 맞아 싸운 이순신이 함대를 어떻게 진두지휘했는지를 보여주는, 당시 대형을 그대로 재현한 조형물이 전시되어 있다.

공원에서 초등학교 저학년 정도 남자 아이 두 명과 여자 아이 한 명, 그리고 엄마로 보이는 여성이 '무궁화 꽃이 피었습니다' 놀이를 하고 있었다. 그림 도구를 한 손에 들고 마을을 걷던 이중섭이 다정한 부모와 아이의 모습을 보며 이국 땅의 가족을 생각했을 광경이 문득 눈앞에 떠올랐다.

소

통영으로 옮기고 한 달이 지나자 이중섭은 서둘러 개인전을 열었다. 〈통영 선착장〉도 이때 출품되었던 것 같다. 이 작품은 도예가 유강렬이 소유했다가 나중에 세상에 알려지게 되었다. 〈황소〉라는 제목으로 알려진 그의 대표작 〈통영 붉은 소 1〉이[화보25] 탄생한 것도 이 무렵으로 알려져 있다.

중학교 미술 교과서에 실리기도 했으며, 이중섭이라면 바로 이 작품을 떠올리는 사람도 많다. 2016년 열린 이중섭 탄생 100주년 기념전에서 손가락으로 가리키며 "이거 진짜 유명한 그림 아니야?" 하던 남자 초등학생의 말에 놀란 적도 있다.

새빨간 저녁놀을 뒤로 한 소의 크게 벌린 입은 무엇을 외치는 걸까. 날카롭게 위로 솟은 두 뿔과 야무진 검은 눈에서는 저항감이 느껴진다. 겹겹이 칠한 웅혼한 필치는 강인함과 용기를 전해준다. 소는 이중섭이 스스로를 투영한 존재였다.

마사코는 이중섭이 소를 모티프로 그리기 시작한 것은 10대 중반이던 소년기부터였다고 들었다고 한다. 오산학교 시절 그림의 세계로 이끈 미술 교사 임용련의 가르침을 받아 이중섭을 포함한 학생 몇 명이 소를 그렸다. 평양 시절을 함께 보낸 서양화가 김병기는 이렇게 회상했다.*

"이중섭의 소는 보통의 농가의 소와는 다릅니다. 도전적이고, 고난을 참아내는 인내심이라던가, 묵묵히 일하는 민족 정신과 관계가 있어요. 그것이 바로 이중섭의 소지요."

제1장에서 말했듯 오산학교는 민족 교육에 열성적이었다. 식민지 시기의 일이다. 용맹하고 굽히지 않는 소의 이미지가 바로 반골정신을 상징한다고 여겨져 한국인의 마음을 울렸다. 그랬기 때문일까. 이승만은 1954년 7월 한국 대통령으로서는 최초로 미국을 방문하면서 이중섭의 소 그림을 비롯한 몇몇 작

* '김병기 메모'.

품을 구입했다고 한다. 미국 대통령 아이젠하워에게 선물하기 위해서였던 것 같다. 대일관계 개선을 요구하는 미국에게 이승만이 강하게 반발하면서 영수회담의 분위기가 싸늘해졌다. 그래도 선물한 보람이 있었는지 '민주적인 통일 한국'을 실현하기 위해 노력한다는 공동성명을 발표하는 데 이르렀다는 일화가 전해진다.

소를 그린 그림 가운데 현존하는 가장 오래된 작품은 도쿄 유학 시절에 그린 것이다. 미슈쿠의 마사코 앞으로 매일 보낸 글 없는 러브레터에도 소를 그리곤 했다. '이중섭 작품 전작도록 사업단'이 밝힌 총 560점 가운데 '소'와 관련 있는 작품은 50점에 가깝다. 연구팀에 따르면 이중섭의 작품에는 제작 날짜가 기록된 경우가 많지 않아 명확한 구분은 어렵지만, 1954년 무렵 그린 작품으로 보이는 〈통영 붉은 소 1〉에는 저돌적으로 힘차게 전진하는 에너지가 넘친다.

나는 문득 도쿄 시절에 그린 소는 어땠는지 생각하며 작품을 다시 찾아보았다. 그 시기의 작품 중에는 여성을 감싸듯 안고 있거나, 소가 오리에게 입을 맞추고 있는 부드러운 인상이 많았다. 마사코와의 연애를 연상시키는 작품이 눈에 띈다. 힘 있는 필지가 강렬한 인상을 주는 〈통영 붉은 소 1〉과는 대조적이다.

1954년이라는 연도가 기록된 사진이 여러 장 있다. 유강렬과 어깨동무를 하고 있거나, 풀숲 속에 웅크리고 있는 모습이 담겼다. 항구에서 촬영되었는지 등 뒤로는 해변과 야트막한 산이 보인다. 머리카락을 완전히 뒤로 넘긴 헤어스타일에 콧수염, 라이더재킷과 같은 상의에 다부진 몸매는 자신감이 넘쳐 보인다.

셔츠 한 장만 입고 초봄에 찍은 다른 사진은 친구들과 마찬가지로 호리호리한 체격이라 두꺼운 겨울 외투가 다부진 모습을 강조했는지도 모르겠지만 나에게는 한국 화단을 이끈 37세 화가의 관록 있는 모습으로도 느껴졌다. 이렇게 전성기를 맞았지만 그의 속마음은 격렬하게 흔들리고 있었다.

이별

마사코와 이런저런 도일 방법을 찾던 1년 전과는 달리 1954년 새해가 밝자 지금껏 어느 때보다 더 앞날이 막막해 보였다. 한일관계가 극도로 악화되었기 때

1954년 4월 무렵 통영에서 찍은 사진으로 둘 다 왼쪽에서 첫 번째가 이중섭이다. 두 장 모두 유강렬 기증으로 국립현대미술관에서 소장하고 있다.

문이다. 양국 국교정상화 교섭은 1953년 10월, 일본 측 수석대표가 일본의 식민 통치를 두고 "긍정적인 측면도 있었다"라는 발언을 하면서 암초를 만났다. 교섭은 중단되었고 재개되기까지 4년 반의 세월을 그저 흘려보내야 했다.

제5장에서도 말했듯, 마사코는 그보다 반년 정도 앞서 결핵 판정을 받았다. 도쿄 집에서 요양하면서도 서적 대금을 갚기 위해 부지런히 양재 일을 하며 두 아이를 돌보는 일에 쫓기던 나날이었다. 게다가 장애를 가진 오빠를 보살피는 일도 도맡아야 했다. 어머니는 셋째 딸이지만 야무진 마사코에게 많이 의지했다. 가족 네 사람이 함께 살 방법은 보이지 않았다. 그렇다고 다시 거물 정치인의 도움을 받을 수도 없었다. 지금 이런 상황에서 남편 이중섭이 일본으로 온다고 해도 행복한 생활이 가능할까 싶었다. 일본에서 바로 직장을 구할 수 있을 것 같지도 않았다. 이중섭이 도쿄에 오는 것은 마사코 자신의 건강 상태가 회복된 뒤가 좋겠다고 마사코는 생각했다.

이중섭은 그런 아내를 이해할 수 없었다. 지난 연말인 12월 8일과 11일에 마사코에게 편지를 받았지만 답장을 바로 보내지 않았다. 겨우 펜을 잡으면서 이중섭은 몇 번이나 '이별'이라는 두 글자를 썼다.

"어렵다는 온갖 사정을 대면서 더 이상 자꾸 늦추는 것으로는 해결될 리 없고 점점 복잡해질 따름이오. 그 결과 모든 게 끝나버리게 돼요. 내가 가더라도 조금도 폐를 끼치지 않을 테니 안심하고 몸조리 잘하세요. 당신 의견대로 나중에 보고 싶은 마음은 있지만, 내가 더 이상 늦춰서는 돌이킬 수가 없어요. 서로 불행해지는 결과밖에 되지 않아요. 내 뜻대로 해주거나 그렇지 않으면 당신이 수속을 밟아 빨리 여기로 돌아와주거나. 둘 다 아니라면, 서로 헤어지는 길밖에는 없어요."_1954년 1월 7일.

편지 한 통에 30줄 가까이, 빽빽하게 가로로 쓴 글자에서 절실함이 전해진다. 그림은 하나도 그리지 않았다. 밑줄을 긋고 강조한 부분도 있었다.

"나에게 현재 1등으로 중요한 일은 당신들 옆으로 가서 창작에 전념하는 일입니다."

"예술과 가족과의 아름다운 생활을 위해서라면 무엇이든 할 각오가 되어 있습니다."

"나를 환영해주세요."

"페인트 가게 사환 같은 일이라도 얼마든지 할 수 있어요. 처음 반년 정도는 따로 방을 빌려 일하며 가족들을 만나러 가는 것은 일주일에 한 번이라도 좋아요. 폐를 끼치지는 않을 거요."

이중섭은 간절히 호소했다. 마사코는 어떻게 답을 해야 할지 모르겠다고 생각했을 것이다. 한 달이 지나서도 남편에게 답장을 보내지 못했다. 그것이 한층 그의 감정을 건드렸다. 다음 편지에서 이중섭의 말투는 더 강해졌다.

"생각은 하고 있긴 합니까. 지금 당신 생각과 아고리의 생각은 일치하지 않아요. 화가들은 모두 경성으로 가서 가족과 함께 안착하고 파리로 갈 준비를 하고 있습니다. 아고리는 성과도 없는 가족들을 향한 기대로 소중한 매일 매일을 헛되이 보내고 있어요. 아고리가 가는 일에 대해 책임은 가지고는 있는지, 태현, 태성을 데리고 2월 중에는 돌아올 수 있는지, 둘 다 싫다면 확실하게 헤어집시다."_1954년 2월 11일.

마지막에는 괄호를 붙여 몰아붙이기까지 했다.

"질질 끌기만 하는 애매한 답장은 되돌려 보낼 작정이니 확실한 답장이 필요해요."

부산에서 한때 함께 살았던 박고석은 당시 이중섭에 대해 이렇게 회상했다.*

"떨어진 가족에게 향하는 마음과 스미는 고독감, 막연하기 그지 없는 생활책 등 막바지에 부딪히는 듯한 불안을 안고 중섭은 오로지 제작에만 몰입했다."

고독이나 불안, 고뇌 같은 부정적인 감정을 에너지로 전환했던 집중력이야말로 화가 이중섭의 재능이었다고 나는 생각한다. 한국미술사에 남은 걸작을 그린 이 시기에 그는 마사코에게 몇 번이나 이별을 재촉할 정도로 심하게 추궁했다. 나는 그 사실을 태성에게 받은 미공개 편지로 처음 알게 됐다.

이 편지에 마사코가 어떻게 답신했는지는 알 수 없다. 다만 그 이후 마사코에게 분노를 담아 쓴 편지는 발견되지 않았다. 마사코가 이중섭을 안심시키는 편지를 썼으리라는 건 어렵지 않게 상상할 수 있다.

햇볕이 따뜻해지자 이중섭은 매일 그림 도구를 손에 들고 거리로 나가 봄의 풍경을 그림에 담았다. 세절이 희망을 느끼게 해주있는지, 마사코에게 손편지에 안도했는지, 이 무렵이 되면 어떻게든 도쿄에 가고 싶다는 연초의 절박한 심정은 보이지 않는다. '마 씨 사건', 즉 서적 대금은 걱정 말고 건강했으면 좋겠어요, 하며 마사코의 건강을 염려하는 내용이 눈에 띈다.

"경성의 판사 이광석 형을 만나러 갈 때 작품 일곱 점만 팔고 올 생각이라 3인전의 돈과 함께 나의 소중하고 소중한 당신을 위해 잔뜩 가지고 바로 출발할 생각이니 꼭 기쁘게 기다려주세요. 아이들이 방해할지도 모르지만, 어떤 일이 있어도 안정을 잃지 말고 기다려주세요."_1954년 4월 23일.

이광석 형이란 같이 월남했던 이종사촌형을 일컫는다. 어떤 때는 자신의

* 박고석, 「이중섭을 가질 수 있었던 행운」, 『이중섭 작품집』, 현대화랑, 1972년, 107쪽.

감정을 있는 그대로 드러내고, 또 어떤 때는 아내를 향한 배려가 우선이었다. 그의 편지는 우직함 그 자체였다. 통영 주소가 쓰인 4월 2일자 편지에는 일찍이 마사코 앞에서 암송해주었다는 시가 적혀 있다.

"오늘은 스케치하기에 안성맞춤입니다. 약간 흐리지만 아주 좋은 날씨예요. 스케치하러 나가기 전 귀여운 당신의 사랑에 가슴 설레며, 폴 발레리와 베를렌의 시를 써보냅니다. 요양을 하면서 읽어주세요."

휘갈겨 쓴 편지 본문과는 달리 두 편의 시는 좋은 종이에 또박또박 써내려갔다.

「빈랑수」
폴 발레리

당당하고 빈틈 없음을 갖춘
타고난 풍모로
어쩐지 다소곳하게
천사는 늘어놓는다
나의 식탁에
부드러운 빵과 맛있는 우유를
천사는 눈동자를 깜빡이며 내가 알아차리게끔
탄원하는 신호를 보낸다
조용히, 조용히, 부산한 여인이여
생각하라, 주렁주렁 열린 열매에 견디며 꿈쩍 않고 선
한 그루 빈랑수, 그 고귀함을.

저명한 발레리 연구자인 교토대 교수 모리모토 아쓰오에 따르면 이 글은 「종려나무」라는 제목으로 알려진 시의 첫머리에 해당한다. 빈랑은 야자과 식물로 그중에서도 말레이시아가 원산지인 키 큰 나무를 가리키는 「빈랑수」라는 제목은 프랑스 문학자로 문화학원에서도 교편을 잡았던 호리구치 다이가쿠堀口大學가 1943년에 붙였다. 이중섭의 이 편지도, 호리구치가 번역한 시를 인용한 것이다. 호리구치는 시선집『빈랑수』의 후기에서 이 시를 이렇게 소개했다.

"시인의 마음속에서 시가 발아하고 성숙에 이르며 고고히 인내하는 과정을 늠름하고도 고매하게 노래 부르고 있다."

이중섭도 그런 부분에 끌렸는지도 모른다. 또 다른 한 편은 자기 식으로 바꿔 썼다.

「겨울은 끝났다」
폴 베를렌

겨울은 끝났습니다. 포근한 빛은
밝은 천지에 가득 넘쳐.
아무리 슬픔 마음도
대기 속으로 흩어져
이 기쁨에 굴복해야만 합니다.

울적하고 병든 이곳 파리조차
오늘, 이 시간을 기뻐하며
그날그날을 받아들여
붉은 벽돌 지붕들로 이어진 팔을 한껏 뻗어 맞이하나니.
(중략)
여름이여 오라! 가을도, 겨울도 다시 찾아오라!
어떤 계절도 나에게는 분명 즐거울 터이니
오오, 그대여, 내 좋은 사람이여!!
그대여 오라, 그대(남덕 군)여 오라.

언덕에서 내려다본 통영 시내. 오누키 도모코 촬영.

　이중섭은 통영 풍경을 많이 남겼다. 그는 이곳에서 항구를 내려다봤을까? 그런 생각을 하며 언덕으로 올라보았다. 가파른 길이 이어져서 조금 숨이 찼다. 언덕 위로 오르니 세련된 카페가 줄지어 서 있고 가족 단위나 커플로 온 손님들로 붐볐다. 예전에는 아래로 단층짜리 가정집이 늘어서 있었던 것 같다. 작품을 보면 회색이나 적갈색 지붕이 그려져 있다.
　통영에서 풍경화를 즐겨 그렸던 이유는 무엇이었을까. 동네를 걸으며 나는 생각해봤다. 이 시기 이중섭의 작품이 한국 미술계에서 높은 평가를 받는 이유는 안정감을 들 수 있다. 〈통영 선착장〉은 화면 중앙에 한 갈래 길이 수평으로 그어져 있어 균형 잡힌 구도가 눈에 띈다. 이순신 장군을 모시는 충렬사를 그린 작품은[화보26] 수평으로 그려진 기와와 수직으로 뻗은 가느다란 나무가 만들어낸 구도가 차분한 인상을 준다. 잎이 하나도 달리지 않은 가지다. 늦가을에 그려졌을 가능성도 있지만, 계절감을 일부러 도외시했던 이중섭 특유의 화법이라는 해석도 있다. 3년에 걸친 민족상잔의 전쟁 끝에 맞은 첫 번째 봄에 그린 작품이었다. 부산과 마찬가지로 언덕이 많아서 조금 높은 언덕에 오르면 항구가 내려다 보였다. 아름다운 풍경을 향해 눈을 돌려 붓을 잡으면 마음이 어느 정도 차분해졌을지도 모른다.

이중섭의 작품을 보면서 바다를 내려다 보고 있으니 문득 이런 생각이 머리에 스쳤다. 새파랗게 펼쳐진 바다는 가족과 재회할 수 있다는 희망을 품게 한 원동력이 아니었을까. 통영항에서 배를 타면 일본에 도착할 수 있다. 부산은 말할 것도 없이 일본으로 들어가는 현관문이었다. 원산에서 부산, 제주도, 그리고 통영까지 이중섭이 떠돌며 살던 곳은 어디나 바다가 있었다. 그가 만약 갯내음이 풍기는 이 마을에 계속 머물렀다면 어땠을까.

통영을 떠난 이중섭은 그뒤 여기저기 전전하다 서울로 향했다. 서울은 한강이 유유히 흐르는 곳이지만 바다를 바라보는 것은 불가능하다. 도쿄 미슈쿠에 사는 마사코도 아이들을 데리고 종종 바다로 나갔다. 그건 우연 같기도 하고 어쩌면 필연처럼 여겨지기도 한다.

한쌍

"자주 구게누마鵠沼에 갔었어요."

친한 친구 이름을 들면서 마사코가 천천히 말을 꺼냈다. 쇼난 해안*이 바라다보이는 가나가와 혼구게누마에서 살던 여학교 시절 친구라고 했다. 요양하면서 혼자 아이를 키우는 생활에 쫓기던 마사코에게 그녀는 마음의 안식처 같은 존재였다. 마사코는 이중섭 앞으로 쓴 편지에서 태현과 태성을 데리고 구게누마에서 지내다 왔다고 썼다. 4월 27일이라는 날짜만 기록된 이 편지는 일본어 원문이 한국어로 번역된 상태로 공개되었다. 이중섭이 보낸 편지 내용과 맞춰보면 1953년에 쓴 것 같다. 재구성하면 이런 내용이다.

"그녀는 마부치 씨와 견줄 만큼 내 친한 친구입니다. 그녀의 집에서

* 가나가와 현 남동부 지역으로 해수욕과 서핑 등 해양 스포츠의 성지로 불리는 곳. 옮긴이 주.

조화造花 만들기 강습회가 이틀에 걸쳐 열리니 꼭 와주면 좋겠다고 하여 다녀왔어요. 놀러 오라고 지금까지 몇 번이나 초대받았지만, 당신 일이 정해지지 않은 것도 있고 해서인지 어쩐지 내키지 않아 가지 않았습니다. 그러던 중에 제가 마 씨 건으로 우울한 얼굴로 한숨만 쉬고 있으니까 어머니께서 너무 걱정만 해봤자 해결될 것도 아니니 기분전환 삼아 다녀오라고 하셨어요.

아이들은 제가 강습을 받는 동안에는 정원에서 놀다가 다음 날 가타세片瀬에 있는 유원지에 갔습니다. 지금까지 그림책에서만 보던 비행탑이나 기차 같은 놀이기구를 탈 수 있어서 아이들은 무척 흥분했어요. 아이들은 돌아와서도 비행탑을 타러 가겠다고 울면서 졸라댔고, 제 친구도 "여기서 조금만 더 쉬고 가면 어때?"라고 말했지만, 당신이 편지를 보내고 답장을 기다리고 있는 건 아닐까 싶은 생각이 들자 마음이 급해져서 빨리 집으로 가고 싶어졌습니다. 돌아와 보니 역시 당신 편지가 책상 위에 두 통이나 와 있었어요. 걱정을 끼친 게 아닐까 싶은 마음에 안절부절 못하고 도착하자마자 이렇게 답장을 쓰고 있습니다. 당신이 일본에 온다면 함께 구게누마에 가면 좋겠어요."

역시 남편의 생각대로 하루빨리 같이 사는 편이 좋을 텐데, 그렇지만 과연 그런 방법이 있기나 할까, 책값을 갚을 방법은 전혀 보이지 않고, 도와준 친구를 볼 낯도 없다는 등의 생각으로 마사코의 마음도 흔들리고 있었다.

가타세 유원지는 지상 54미터의 전망탑을 자랑하는 에노시마 공원일 것이다. 이 전망탑은 전쟁 중 육군낙하산 부대 연습용으로 만든 것으로, 전쟁 이미지를 불식하기 위해 '평화탑'이라고 이름 붙였다고 한다.* 아직 전쟁의 어두운 그림자가 길게 드리워져 있었지만, 1954년 7월에는 아시아 제일이라 불리는 에노시마 수족관이 문을 열었다.

---

* 후지사와시사편찬위원회 편藤沢市史編さん委員会編, 『후지사와 시사 부클릿booklet 1 회상의 쇼난 쇼와사 50선』藤沢市史ブックレット1回想の湘南昭和史50選, 후지사와 시 문서관藤沢市文書館, 2009년.

구게누마에 사는 친구의 남편은 수입이 좋지 않아서 그녀도 양재로 살림을 돕고 있었다. 새벽 한두 시까지 일을 하곤 했지만 불평 한마디 없이 언제나 즐겁게 살았다. 마사코는 그런 친구의 모습에 자극을 받았는지 이중섭에게 다녀오길 잘했다고 전했다.

"부산에서 돌아온 뒤 여름방학 때마다 형과 나를 데리고 다녀왔거든요."

어린 시절 여름방학의 추억을 이야기하는 태성의 목소리도 덩달아 신이 났다. 친구의 집은 구게누마 해안에서 울창한 임산도로를 빠져나가면 덩그러니 들어선 독채였다. 그 집에는 태성보다 두세 살 많은 장남과, 장녀, 그리고 가족이 없는 여자아이 둘이 있었다. 친구가 맡아서 키우던 아이들이었다.

창이라는 창은 활짝 열려 있었다. 새된 아이들의 목소리가 끊임없이 울리고 아이들은 수박을 먹으며 다다미 바닥이나 마루 아무데나 여기저기 수박씨를 퉤퉤 뱉었다. 그렇게 자유로운 집안 분위기였다. 친구의 그런 너그럽고 느긋한 성격이 마사코와 기질이 통했을 것이다. 친구에 관해 태성에게 이야기를 할 때 마사코는 입가에 미소를 띠거나 소리 내어 웃었다. 가나가와의 남쪽 바다 사가미 만을 바라보며 원산의 해수욕장과 제주도 서귀포의 게, 부산항을 그리워했음이 틀림없다. 마사코의 가슴속에는 늘 바다 건너 이중섭이 있었다.

마사코는 1954년 4월 29일, 5월 5일 연달아 이중섭에게 편지를 보냈지만 회신이 없었다. 이중섭이 겨우 답장을 쓴 날짜는 5월 24일이었다. 통영에서 열리는 3인전이 총선 등으로 개최가 한 달 연기되어 그 준비에 바빴기 때문이었다. 정확히 1년 전, 마사코가 보낸 편지가 도착하지 않는다고 "사흘에 한 통씩 편지를 부탁"한다고 신경질을 부렸던 이중섭이다. 그는 이렇게 사과했다.

"편지가 너무 늦어져서 걱정 많이 끼치게 해서 미안해요. 정말 미안해요. 앞으로는 이런 일이 있어도 꼭 사흘에 한 통씩 보낼 테니, 불안한 생각은 조금도 하지 않아도 괜찮아요."_1954년 5월 24일.

마사코도 바로 답장했다.

"편지를 받고 기뻐서 얼마나 가슴이 두근거리며 읽었는지요."_1954년 5월 28일.

편지만이 연락 수단이던 시절의 일이다. 소식 한 통 없다니 몸이 안 좋은 걸까, 하며 마음을 졸이면서도 확인할 방도가 없었다. 마사코의 편지는 이렇게 이어진다.

"무리하게 서둘러 (전시회를) 여는 것보다 충분히 준비해서 좋은 시기에 맞춰 개최하는 것이 더 성공할 수 있으리라 믿어요."

그를 지지하고 배려하고 이해하고 받아들이는 것. 그것이 화가의 아내로서 가질 의무라는 생각이 스며 있는 한 문장이다. 물론 마사코도 남편에게 감정이 격해진 적이 없던 건 아니다. 이렇게 털어놓은 적도 있다.

"나만 생각하고 나쁜 건 모두 당신 탓이라고 돌리고 있었어요."_1953년 4월 27일.

문화학원에서 미술을 배웠다고는 해도, 같이 그림의 길로 나아가던 동지라거나 사제 관계는 아니었다. 때로는 생활력이라고는 조금도 없는 남편이 어처구니 없기도 했을 것이다. 원산 시절부터 이중섭을 스승으로 여기던 김영환은 술에 취해 친구를 집으로 데리고 오는 이중섭과 마사코가 말다툼을 하는 모습을 목격한 적이 있다고 했다.* 부산에서 교류가 있던 김환기의 아내 김향안은 마사코에게 이런 편지를 쓴 적이 있다.

* '김영환 메모'.

"예술가의 아내라는 입장은 어떨 때는 불행해지기 쉬운 게 아닐까, 그런 생각을 절절히 합니다. 대향 씨는 너무나 예술가적 기질을 가지고 있어서 때론 당신을 곤란하게 만드는 건 아닐까요?"_1953년 10월 28일.

남편의 버팀목이 되어주는 일이 얼마나 어려운지를 공감하는 화가의 아내끼리 나눈 이야기임을 짐작케 하는 문구다. 이중섭의 조카 이영진은 훗날 딸들에게 늘 이런 이야기를 했다.

"숙부님의 삶과 예술을 이해해줄 수 있는 다른 여자는 없었을 거다."

그건 식민지 시기 이중섭이 어째서 일본인 여성을 선택했는지 복잡한 심정이었던 이영진 나름의 대답이었다고 말할 수 있다.

붉은 볏을 가진 닭이 몸을 비틀고 노란색 부리를 아래로 크게 벌리고 있다. 그 아래로 날개를 한껏 펼친 암컷이 수컷의 혀를 받아들인다. 수컷의 날카로운 눈과 거친 볏은 이중섭을, 우아한 날개 모양을 한 암컷은 마사코를 연상시킨다. [화보27~28]

2017년 8월, 두 번째 인터뷰에서 나는 마사코에게 이중섭의 작품 중에서 특히 어떤 그림을 좋아하느냐고 물었다. "글쎄요. 모르겠어요"라고 웃으며 대답하는 마사코는 태성이 "대답해요. 좋아하는 그림이 있다고 했잖아"라고 재촉하자 생각났다는 듯 "닭 그림일까"라고 했다. 태성이 설명했다.

"짝을 그린 그림이 있어요. 〈부부〉라는 제목으로."

예전에 한국 언론의 취재를 받았을 때도, 마사코는 닭 그림이 좋다고 대답했다고 한다. 비슷한 그림이 두 점 있다. 하나는 배경이 짙은 색이고 또 한 점은 배경색 위에 굵은 선이 가로 줄무늬처럼 칠해진 그림이다. 둘 다 세로로 긴 작품으로 크기는 전자가 50센티미터, 후자는 40센티미터 정도 길이다. 월남한 뒤로 캔버스를 구하기 어려웠던 까닭에 이중섭의 작품은 작은 것이 많다. 김영환은 이중섭이 이 그림을 그리며 이렇게 말했다고 기억한다.*

"이건 부부이기도 하고, 남과 북이기도 하다. (중략) 빨리 만나자는 의미다."

마사코를 향한 그리움과 망향의 마음이 동시에 담긴 작품이다. 그런 그의 메시지를 마사코도 알아차렸을 것이다. 앞서 서술한, 소 그림에 드러나는 힘 넘치는 필치와 비교하면 닭 그림은 가는 선묘가 두드러진다. 그런 섬세함이 마사코의 취향에 맞았는지도 모른다. 하늘 높이 춤추듯 날아오르며 서로를 갈구하는 닭 한 쌍의 모습이 마사코가 생각하던 부부의 이미지와 딱 맞아떨어진 건 아닐까.

미술사학자 최열에 따르면 사실 이 작품은 처음에 〈닭〉이라는 제목이 붙었다.** 〈부부〉라는 제목이 붙은 것은 1970년대 들어서면서부터라고 한다. 제작 시기는 통영 시절이라는 견해 외에도 상경한 후인 1955년이라는 설까지 다양하다. 국민 화가로 일컬어지는 만큼 그의 작품을 둘러싼 논쟁은 끝이 없다.

자전거를 사줄게

"아리랑 아리랑~."

민족의 비극이던 전쟁으로 수백만 명이 희생되며 무수히 많은 사람들이 가족과 생이별을 했다. 상처 입은 마음을 달랜 것은 망향의 슬픔이 담긴 노래 「아리랑」이었다. 영화 「아리랑」이 처음 개봉한 해는 식민지 시기였던 1926년이다. 마음이 병든 청년을 주인공으로 소작농과 지주의 대립 구조를 그린 「아리

---

* '김영환 메모'.
** 최열, 『이중섭 평전』, 돌베개, 2014년, 539쪽.

랑」은 식민지 통치에 저항하는 민족주의를 주제로 한 무성영화였다. 이를 리메이크한 작품이 1954년에 공개됐다.

이중섭도 어머니를 고향에 남겨둔 이산가족 중 한 명이었다. 어머니의 소식은 전혀 알 길이 없었다. 그가 동향의 지인에게 보낸 한글 편지가 남아 있다. 그해 7월 30일에 쓴 것이다.

> "형은 행복하십니다. 좋은 어머님을 모시고 아주머님과 함께 애기들을 데리고…… 맘껏 삶을 즐겨주십시오. 북에 계신 제 어머님은 목이 쉬어서……."

멀리 떨어진 어머니에게 자신이 드릴 수 있는 정성은 무사하기를 빌며 이렇게 그림을 그리는 것뿐이다, 원산의 친구들이 그립다, 살아 있어주기만 하면 머리가 희어서라도 다시 만날 수 있겠지, 라는 말을 적었다.

고향을 떠나온 자의 버팀목은 아내와 자식들뿐이었다. 2천 킬로미터 떨어진 가족에 대한 그리움이 한층 강해졌을지도 모른다.

이중섭은 아이들이 성장하는 모습을 마사코의 편지를 통해 알 수 있었다. 태현이 학교에서 매일 운동회 연습을 하느라 새카맣게 탔다는 것, 자신의 편지를 보고 "아빠는 다정해서 너무 좋아"라고 태성이 기뻐했다는 이야기를 듣고 아이들을 향한 사랑으로 마음이 가득 찼다. 마사코에게 "아이들에게 편지를 쓰는 게 좀처럼 잘 되지 않습니다"라고 토로했던 예전과는 심경의 변화가 읽힌다.

> "더욱더 건강해지고 열심히 공부하세요. 아빠가 야스카타 군과 야스나리 군이 복숭아를 가지고 노는 그림을 그렸습니다. 사이좋게 나눠 먹어요."

태현, 태성이 읽을 수 있도록 전부 가타카나로 쓴 편지다. [화보29] 편지 위쪽에는 두 남자 아이가 복숭아를 안고 있는 그림을 덧붙였다. 훗날 이 그림은 끊임없이 가족을 그리워했던 이중섭을 상징하는 도상이 되었다.

다른 편지에서는 "져도 좋고 이겨도 좋으니까, 씩씩하게 운동 하세요", "야스카타 형이 공부할 때는 방해하지 말고 바깥에서 노세요"라고 아버지답게 이야기하는 글도 늘었다. 그는 이 무렵 아이들에게 약속을 하나 했다.[화보30~33]

"앞으로 한 달만 지나면 아빠가 도쿄로 가서 꼭 자전거를 사줄게요. 안심하고 건강히 공부를, 열심히, 엄마와 야스나리와 사이좋게 기다려주세요."

아이들은 자전거를 갖고 싶어 했다. 반바지 차림의 태현과 태성이 바람을 맞으며 자기 자전거를 타고 있는 그림을 그린 편지도 있다.

"자전거를 사줄게."

아이들에게 편지를 보낼 때마다 이중섭은 그렇게 썼다. 1954년 6월 개인전을 열기 위해 이중섭은 서울로 올라갔다. 되도록 많은 작품을 팔아보자, 일본으로 건너가는 데 충분한 돈을 마련할 수 있도록 그림이 팔려야 한다고 생각하며 서울로 올라갔다.

서울은 귀향한 피난민 외에도 새로운 생활을 꿈꾸는 사람들로 활기가 넘쳤다. 급격히 늘어나는 인구로 서울의 주택 사정은 어려워져 방을 찾아 며칠씩 돌아다녔다. 그때도 손을 내밀어 도와준 것은 동향 친구들이었다. 소설가 김이석은 자기 집 2층 방을 이중섭에게 무상으로 빌려줬다. 평양에서 보통학교를 다니던 시절 선배였던 김이석은 이중섭보다 먼저 월남했고 둘은 부산에서 재회했다. 휴전 직후 서울로 올라온 김이석을 이중섭이 찾아간 것이었다.

누상동 166의 10. 이중섭의 새 주소였다. 살기 시작하자마자 바로 "166의 10. 이중섭 앞으로 오는 편지는 여기에 넣어주세요"라고 쓴 우체통을 만들어 집 앞에 놓았다. 마사코나 부산 친구들의 소식이 제대로 도착하기를 바라는 마음을 담았다. 누상동은 경복궁에서 북서쪽으로 1킬로미터 정도 들어간 동네다. 지하철 경복궁역에서 효자동 쪽으로 완만한 경사로를 오르면 배화여대가 보인다. 배화여대 북쪽이 '166의 10번지'다. 효자동 좁은 골목에는 한옥을 활용한 카페와 갤러리가 들어서 예전의 모습을 떠올릴 수 있다.

이중섭은 상경 직후 경복궁에서 열린 전시에 먼저 출품했다. 한국전쟁 개전 4주년을 기념해 국방부와 대한미술협회가 공동 주최한 전람회였다. 소와 닭을 그린 작품을 출품했다. 이 전시를 본 어느 미국인이 작품을 꼭 구입하고 싶다고 전해왔다. 자신이 비용을 부담할 테니 뉴욕에서 개인전을 열지 않겠냐는 타진까지 해왔다고 한다. 이 정도의 평가를 받았으니 서울에서의 개인전도 반드시 성공할 것이라며 자기 일처럼 기뻐하던 친구들은 개인전 준비를 서두르라고 이중섭에게 권했다. 이중섭도 틀림없이 성공할 거라는 자신감이 생겼다.

그 무렵 뜻밖의 낭보까지 날아들었다. 어느 날 재일본대한민국거류민단* 단장의 동생 정원진과 만날 기회가 생겼다. 이중섭은 단장과도 안면이 있었다. 정원진에게 가족이 도쿄에 있다고 사정을 설명하자 그는 기꺼이 힘이 되어주겠다며 협조해주기로 했다. 이중섭은 흥분하여 마사코에게 그 사실을 전했다.

"한 가지 좋은 소식을 더 전하겠습니다. (중략) 도쿄에 있는 한국 대사(외무부대표)와도 친한 사이라고 하니까 정식으로 여권을 만들어서 가져다준다는 거예요. 이번 기회를 놓치면 언제 만날 수 있을까요?"

"정원진 씨가 이번에 도쿄에 가면 당신에게 전화를 한다고 하니 그 지시를 따라서 서류를 준비하도록. 주소와 전화번호를 적어놓을 테니 그가 도쿄로 돌아갔는지 하루에 두 번은 전화해서 확인해 보세요."
_1954년 7월 하순.

마사코에게 그렇게 전하는 이중섭의 글에서는 작년처럼 일주일 만에 돌아오거나 하지는 않겠다는, 이번에야말로 당당하게 일본으로 건너가 가족과 함께 살겠다는 강한 의지가 느껴진다.

* 오늘날의 재일본대한민국민단을 가리킨다. 옮긴이 주.

마사코의 서적 대금 상환을 위한 돈과 일본으로 갈 여비를 한시라도 빨리 벌어야 한다고 여긴 이중섭은 조급한 마음으로 붓을 잡았다. 경복궁 전시가 끝나자 바로 개인전 준비에 돌입했다.

무능

서울에서 그리운 친구들과 재회했다. 부산에서 잠시 얹혀 지냈던 박고석은 한국미술계의 명문인 홍익대학교 교수가 되었다. 같은 고향 출신인 시인 김광림과는 원산에서 헤어진 이래 7년 만에 만났다.

부산 금강다방에 모이던 예술가들의 새로운 거점은 명동의 모나리자로 바뀌었다. 금강다방에서 함께 활동한 백영수는 휴전 직후 상경해 모나리자에서 하루하루를 보냈다. 회상록『성냥갑 속의 메시지』에서 백영수는 당시의 정경을 상세하게 묘사했다. 잠깐 요약해보기로 한다. 서울역에서 내리면 거리는 조용했다. 주택이란 주택은 폭격으로 파괴되어 여기저기 잔해가 쌓여 있었다. 걸어서 명동에 도착하니 집이 조금 남아 있기는 했지만 문이 굳게 잠겨 제대로 영업하는 여관조차 없었다. 거리를 돌아다니니 모나리자라는 다방 간판이 눈에 들어왔다. 폐허 속에서 만난 다방은 문자 그대로 모나리자의 미소처럼 따뜻했다. 문을 열어보니 먼저 상경한 친숙한 얼굴들이 보였다. "오, 왔는가!" 명동에서 최초로 영업을 재개한 이 찻집에는 자연스럽게 사람들이 모였다. 피난민으로 음울한 나날을 보내던 부산의 찻집과는 달리 동료들의 얼굴에는 휴전과 환도의 기쁨이 배어 있었다.

이중섭이 상경한 것은 이로부터 1년 정도 후였다. 청계천 주위에는 판잣집이 늘어서 있어 부흥과는 거리가 멀었다. 1953년 한국 1인당 GNI, 즉 국민총소득은 겨우 67달러에 불과해 세계 최빈국 수준이었다. 김영환은 마사코에게 보내는 편지에 이렇게 썼다.

"저는 어제 저녁 이 선생님의 집에 갔다 왔어요. 선생님은 어디론가 외출 중이었고 방 가득히 스케치가 여기저기 흩어져 있었습니다. (중략) 이 선생님과 저는 그 빵집 바로 가까운 식당에서 저녁을 먹고 이 선생님의 집으로 돌아갔는데 9시 30분에 사이렌이 울렸습니다. 거리를 오가던 사람들은 모두 작은 자동차를 타고 집으로 돌아가는 길이었죠. 선생님과 저는 통행금지 시간인 10시까지 집에 도착할 수 있었습니다. 선생님은 집에서 그림에 관련된 이런저런 이야기와 과거 고향 생활에 대해 말해줬습니다. 특히 가까운 시일 안에 아이들이 아빠를 부르는 소리를 들을 수 있을 거라고 이야기하며 특히 기뻐했어요. 경성의 가을밤이 깊어가며 고요해졌습니다."_1954년 9월 29일.

그러다가 두 사람은 모포 한 장을 함께 덮고 어느새 잠이 들었다. 김영환은 일주일에 한두 번 이중섭의 거처로 찾아간 뒤 마사코에게 편지를 보냈다. 방 안의 정경이 눈에 떠오르듯 상세한 내용을 읽으며 마사코는 남편의 근황을 알 수 있었다. 김영환이 보았다던 스케치 중에는 소를 그린 것도 있었을 것이다. 시인 김광림의 기억에 따르면, 이중섭이 살던 다다미 방에는 가구도 침대도 없고 단지 제작 중인 작품만 놓여 있었다고 한다.

"너무 예쁘지 않아?"

이중섭이 입술연지를 그린 것처럼 빨갛게 칠한 소의 입술을 가리키며 자화자찬한 적도 있었다. 그러고는 김광림에게 "담배를 싼 은지를 가져다주지 않을래?"라고 청했다. 아직 물자가 부족했던 때라 캔버스를 구할 수가 없었다. 김광림은 군속이었기 때문에 담배라면 어렵지 않게 손에 넣을 수 있었을 것이다. 한 장이라도 더 그리고 싶다, 그렇다면 담배 포장 은지라도 마련하지 않으면 안 된다는 생각이었을까. 이중섭은 며칠 동안 얼굴도 씻지 않고 제작에 몰두한 적도 있었다.

도쿄에서 가족과 짧게 재회한 뒤 1년 정도가 지난 어느 날 오후 이중섭은 가까운 산에 올라 미역을 감았다. 문득 손에 집은 타월에 눈이 갔다. 도쿄에서 마사코가 선물로 준 것이었다. 어느 날의 편지에 이렇게 썼다.

"작년 도쿄에서 당신에게 받은 옅은 하늘색 타월입니다. 오늘 낮, 산에서 미역을 감을 때 당신이 준 타월이라서……당신을 떠올렸습니다."

그 무렵 이중섭의 편지에는 다시 너희들 곁이 아니라면 살 수 없다, 한시라도 빨리 도쿄에 가고 싶다는 조급한 심정이 드러났다. 일본에 건너갈 계획을 구체화하지 못한 채 도쿄에서 잠깐 재회한 후 또 1년이 지났다. 1년이라는 시간을 깨닫자 새삼 너무 오래 헤어져 있다는 생각이 들었던 건 아닐까.

그런데도 가끔 그림이 팔리면 친구에게 은혜를 갚는다며 명동에서 술을 사서 수중에는 한푼도 남지 않았다. 경복궁에서 열린 전시에서 자신은 입선을 놓쳤으면서도 친구의 수상을 자기 일처럼 기뻐했다고 한다. 너무 정이 많아서였다고 말해야 할까? 그렇게 모순에 가득 찬 이중섭의 생활은 함께 어울리던 친구들의 기록을 통해 명확하게 알 수 있다. 그렇다고는 해도 마사코에게 전하기는 꺼려졌는지 편지에 그런 내용까지는 적혀 있지 않다. 하지만 마사코도 남편이 "나는 왜 이렇게 무능한 걸까?"(1954년 8월 14일)라며 자기 혐오에 빠져 있는 것을 어렴풋이 눈치 채고 있었음에 틀림없다. 돈을 벌지 못하는 것은 화가라서가 아니라 그의 성격 때문이니 어쩔 수 없다고, 아이들에게 자전거를 사주는 날은 과연 언제가 될까, 하고 마사코는 남편의 편지를 읽으며 한숨 섞인 쓴웃음을 지었을지도 모른다.

이중섭 앞으로 다시 밝은 소식이 찾아든 것은 제법 가을 기운이 느껴지기 시작하던 무렵이었다. 앞서 말했던 정원진에게서 일본으로 가는 일에 진전이 있다는 소식이 도착했다.

"제 일을 도와주신다니 꿈만 같습니다. 이전과 같은 방식이 아니라……편리한 초청 방식이 있는 듯합니다. 일본의 외무성에 말해서 거기서 입국허가서와 함께 초청장을 받을 수 있을 듯합니다만……"_1954년 9월 하순.

정원진에게 듣기로는, 1년 전에도 협력을 해준 일본 모던아트협회가 1년 간 이중섭을 초청하는 형식으로 일본 외교 당국에 입국허가증을 발급받고 그 것을 한국 당국이 인정하면 '만사 오케이'라는 것이다. 1년 전에는 모던아트협 회가 우선 한국 당국과 교섭해서 일본 측에 서류를 보내는 식이었다. 이번에는 입국처인 일본 당국이 허가를 내주는 것이니 더 빠를 거라는 뜻이었다. 무엇보 다 선원 신분으로 신청하는 불안정한 방법이 아니라 정식 여권을 손에 들고 당 당하게 입국할 수 있다, 민단의 수장으로 근무했던 정원진의 형은 한일 양국의 외교 관계자와 친교가 있음에 틀림없다, 그의 동생이 가르쳐준 방법이니까 이 번에야말로 문제없을 것이다, 라며 한껏 부푼 마음을 담아 마사코에게 편지를 썼다. 마사코에게 보낸 편지 중에서 특이하게도 조국에 대한 생각이 담겨 있는 글이 있다.

"어디까지나 나는 한국인으로서 한국의 모든 것을 세계에 바르고 당 당하게 표현하지 않으면 안 됩니다. 나는 한국이 낳은 정직한 화공입 니다. 여러 가시 일을 힘써 해내고 있는 조국을 떠나는 것은…… 조 국의 여러분이 더 기뻐하고 즐거워할 수 있도록 훌륭한 작품을 제작 하여 다른 나라의 어떤 화공에게도 지지 않는 올바르고 아름답고 새 로운 표현을 위해 참고하지 않으면 안 되는 여러 가지 일이 있기 때문 입니다."

이중섭의 편지 중에서는 드물게 애국심이 드러나 있다. 전 국토가 전쟁터 로 변해 황폐해진 조국의 부흥을 위해 내가 할 수 있는 일은 그림을 그리는 것 뿐이다, 도쿄로 가서 공부할 것이 있다. 풍요로운 생활을 하고 싶어서가 아니 다, 라고 편지를 빌어 스스로에게 다짐하고 있는 듯한 느낌도 든다.

나는 그가 1년 전 일본에서 홀로 부산으로 돌아왔을 때가 떠올랐다. 생활 고에 시달리는 친구들을 두고 자신만 일본에 있어도 좋은지 갈등했기 때문에 이중섭이 스스로 원해서 돌아왔다고 한 김병기의 말도 떠올랐다. 가족과 잠시 라도 떨어져 있고 싶지는 않지만 실향민 화가로서 동료들과 함께 이루지 않으면 안 되는 일도 있다는 마음도 모두 그의 본심 아닐까.

하지만 입국허가증도, 모던아트협회 초청장도 도착하지 않은 채 가을이 지나갔다. 사정은 지금도 알 수 없지만 아무래도 일본 외교 당국에게 허가를 받는 일이 쉽지는 않았을 듯하다.

'현해탄'

이중섭이 1954년 후반에 그린 작품 가운데 '현해탄'이라는 제목이 붙은 그림이 두 점 존재한다. 제목은 훗날 미술계에서 붙인 것인지도 모르지만, 묘사 대상이 '현해탄'*이라는 것은 명확하다. [화보34~35]

이쪽이야, 이쪽!이라고 큰 소리로 부르는 듯 양손을 힘껏 벌린 두 아들을 마사코가 방긋 웃으며 팔 벌려 안고 있다. 바다 건너편에서 곧 갈 테니 기다려, 라고 대답하는 듯 이중섭도 양 손바닥을 펼쳐 높이 들고 있다. 군청색 파도 사이로 낚싯배 같은 작은 배가 떠 있다. 깊은 바다를 오가는 물고기들은 펄떡펄떡 뛰어오르며 그의 항해를 축복하고 있는 듯하다. 색연필과 유채를 섞어 그린 그림은 종이의 바탕색을 잘 살려내고 있다. 두 점 중 한 점은 세로 21.6센티미터, 가로 14센티미터, 또다른 한 점은 세로 14센티미터, 가로 20.5센티미터다. 항해에 나서는 배의 앞길을 방해라도 하듯 화면 가운데 그려진 '현해탄'은 끝없이 넓다.

〈현해탄 1〉과 〈현해탄 2〉가 희망과 엄혹한 현실을 뒤섞은 작품이라면, 〈남쪽나라를 향하여 1〉은 자신의 이상과 바람을 투영한 그림이라고 말할 수 있다. [화보36] 가로가 세로의 두 배 이상 긴 이 작품은 왼쪽에서 소달구지를 끄는 아버지와 운반용 손수레 위에서 꽃과 새를 손에 든 아이들 사이에 엄마를 배치했다. 이 시기를 대표하는 유명한 작품이다. 이 작품의 원화는 이중섭이 아이들에게 보낸 편지화다. [화보37]

---

* 이 책에서 현해탄은 대한해협으로 표기했으나 이 부분에서는 작품 제목을 설명하고 있음을 감안하여 현해탄으로 표기하고 대신 작은 따옴표로 구분하였다. 옮긴이 주.

"아빠가 오늘······엄마, 야스나리 군, 야스카타 군이 소달구지를 타고······아빠는 앞쪽에서 소를 끌면서 따스한 남쪽나라로 함께 가는 그림을 그렸어요. 소 위에 떠 있는 건 구름이에요."

"따스한 남쪽"이라니 제주도를 떠올린 걸까. 프롤로그에서 언급했듯 이중섭은 제주도에서 하얀 갈매기를 타고 바다 위를 자유자재로 날아다니는 아이들을 그렸다. [화보04] 〈남쪽나라를 향하여 1〉은 그런 이상향으로 향하는 도정과도 같은 작품이다.

"앞으로 조금만 더 힘을 낼 테니까. 성실하게 열심히 노력해서 좋은 성과를 얻을 생각입니다. 당신은 편지에서 가까운 시기 경우에 따라서는 편지 왕래가 안 될지도 모른다고 신문에서 보고 걱정하던데······설령 편지를 보낼 수 없더라도 대구에서 소품전이 끝나면 바로 출발할 수 있으니 편지는 그리 필요하지 않아요. 조금만 힘을 내서 대구 소품선이 끝나면 당신과 아이들을 분명 만날 수 있으니 걱정하지 말아요."_1954년 12월 초순.

연일 심한 추위가 계속됐지만 이날은 거짓말처럼 따뜻해 봄날 같았다. 추위 따위에 질 수 없다, 서울 개인전과 대구 개인전을 올해 안에 마치고 바로 출발한다고 이중섭은 마사코에게 맹세했다.

대구에서 개인전을 열게 된 경위는 분명치 않다. 대구는 친한 친구 구상이 지역 유력지인 『영남일보』의 주필로 근무하는 곳이었다. 초가을 이후 보낸 편지에도 구상이 일본행을 위해 도와주고 있다고 적혀 있다. 서울 개인전뿐만 아니라 친한 친구 곁에서도 전시회를 열고 나서 일본으로 건너가겠다는 계획이었던 것 같다.

이 무렵 이중섭은 미슈쿠로 계속해서 편지를 보냈는데[화보38~39] 전시를 앞둔 의욕이 전해진다.

"당신이 사랑하는 유일한 사람, 아고리 군은 머리가 점점 맑아지고 눈은 밝아져서 자신이 넘치고 또 흘러넘쳐서 반짝반짝 빛나는 머리와 눈빛으로 그리고 또 그리고 표현하고 또 표현하고 있어요."

"자신이 가장 사랑하고 가장 소중한 아내에게 진심을 다하고 모든 것을 바치지 못하는 사람은 결코 좋은 작품을 만들어낼 수 없어요. 독신으로 작업에 임하는 사람도 있지만 아고리 군은 그런 타입의 화공은 아니에요. 스스로를 올바르게 바라보려고 합니다. 예술은 끝없는 애정의 표현입니다."

또다른 편지에는 마사코가 보낸 사진을 보고 그린 듯한 삽화가 있다.[화보 40~43] 마사코 혼자 찍은 사진과 아이들과 함께 세 명이 서 있는 사진이다. 마사코의 발목부터 가느다란 발가락까지만 찍힌 사진을 그린 듯 일러스트에는 "크게 이런 포즈를 찍은 사진 두세 장을 서둘러 보내줘요"라고 덧붙여 놓았다. 옅고 부드러운 색조의 노란색과 초록색 선으로 묘사했다. 당신과 아이들의 사진이 격려가 된다, 가족이 있어서 힘을 낼 수 있다, 어서 만나고 싶다는 그의 생각이 느껴진다.

이 무렵 마사코는 태현과 태성을 데리고 이노카시라 공원과 다마 강, 영화관 등 여기저기로 나들이를 갔다. 아직 성치 않은 몸이었지만 아이들이 외로움을 타지 않도록 애를 썼다.

"실은 작년 겨울까지 병으로 누워 있어야 해서 코트가 필요하지 않았지만, 올해는 아이들 학교나 교회에 가야 일이 많아질 듯해서."_1954년 12월 10일.

마사코는 직접 코트를 만들기 위해 옷감을 찾아다녔다. 너무 얇게 입고 돌아다닌 탓인지 두통과 함께 식욕도 없는 날이 사나흘 동안 지속되었다. 겨우 몸을 추스른 날, 편지를 써서 근황을 알렸다.

"집에서도 작은 크리스마스 트리를 장식했습니다. 어머니는 교회의 신학교 학생들을 불러서 함께 지내자고 말씀하셨어요. 아이들이 기뻐하겠죠. 선물로는 장난감 권총과 책을 사준다고 약속했어요. 둘 다 크리스마스에는 찬송가를 부르게 되었습니다. 태성은 그럭저럭 부르는데 태현은 음치여서 어쩔 수가 없습니다. 당신을 닮았다면 좋았을 텐데 나의 안 좋은 점만 닮아버려서."

이 편지 내용 중에는 "정원진 씨에게 전화가 왔는데 (당신이) 확실히 (일본에) 올 수 있게 되어 따로 부탁은 하지 않았습니다"라고 적혀 있다. 그를 찾아 신주쿠 와카마쓰초에 있는 민단 본부까지 가봤지만 만날 수 없었다고 했다. 마사코가 다녀간 것을 알고 정원진이 전화를 했지만 마사코는 이중섭의 도일에 관한 이야기는 하지 않았던 것 같다. 이번 전시만 끝나면 이중섭이 틀림없이 도쿄로 올 수 있다고 믿어 의심하지 않았다는 것을 보여주는 일화다.

당초에는 크리스마스까지라고 말한 서울의 개인전도 대구의 개인전도 개최가 늦춰졌다. 입국허가증이 나올 전망도 보이지 않았다. 그런데도 개인전만 성공하면 "만사 오케이"라고 확신했다. 마사코가 보내준 사진에 힘을 받아 이중섭은 작품 제작에 몰두했다. 미슈쿠에서 보내주는 편지는 그에게 희망과 힘을 전해준 모든 것이었다. 마사코는 그런 남편을 조용히 지켜보면서 재회의 날을 기다렸다.

승부를 건 전람회

명동 한복판 미도파 백화점은* 1954년 8월 문을 연 뒤 유행의 발신지가 되었다. 한편에서는 전쟁 고아나 실업자가 거리에 넘쳐나고 있었다. 빈부 격차는 계속해서 벌어졌다. 미도파 백화점은 이중섭이 개인전을 연 장소이기도 하다.

---

* 오늘날 롯데영플라자 명동점이 원래 미도파 백화점 자리였다. 미도파 백화점 이전에는 조지야 백화점이었다. 옮긴이 주.

1955년 1월 18일부터 열흘 간, 장소는 4층 미도파 화랑이었다. 부산에서 맞이한 휴전 이후 약 1년 반이 흐른 뒤였다. 도쿄에서 가족과 보낸 일주일로부터도 그만큼의 세월이 흘렀던 셈이다.

이중섭은 몇 주 만에 마사코에게 보낸 편지에서 개인전 일정이 결정되었다고 알렸다. 연말에 전시할 장소를 찾고 비용 조달을 하느라 분주해서 편지를 못 보냈다고도 적었다. 1955년 1월 10일의 편지다.

"이번 작품전이 끝나면 태현과 태성에게 꼭 자전거를 사줄 수 있을 테니 착하게 기다리고 있으라고 전해주세요."

"책값 변제도 충분히 할 수 있을 테니까 안심하고 기다려요. 이번에야말로 확실하게 수입을 얻어서 도쿄에 갈 거예요. 모든 게 순조로운 건 당신 덕분이에요."

짧은 문장이지만 결연한 의지를 느낄 수 있는 편지다. 맹렬하게 돌진하는 소 그림을 그대로 편지로 썼다고도 말할 수 있을까.

'이중섭 작품전'이라고 쓴 4페이지에 걸친 안내장이 남아 있다. 표지에는 아이들이 물고기를 껴안고 있는, 이중섭의 트레이드마크 같은 드로잉이 그려져 있다. 전시 작품 목록이 이어지고 마지막 장에는 부산 다방에서 자주 모였던 시인 김광균과 화가 김환기가 축사를 붙였다. 안내장을 작성한 이는 김환기와 이중섭을 통영으로 초대했던 도예가 유강렬이었다. 두 사람의 아이디어였는지는 알 수 없지만 안내장에는 부분적으로 영문 표기도 붙여놓았다. 반 년 정도 전에 경복궁에서 열린 전람회에서 미국인이 이중섭의 작품을 구입한 것처럼 이번에도 분명 마음에 들어할 외국인이 있을 것이라고, 그들은 경제적으로도 여유가 있을 것이라고 기대한 게 아닐까.

이번 개인전을 무슨 일이 있어도 성공시켜야만 했던 이중섭은 안내장을 10장 다발로 묶어서 부산에서 일시 귀향한 지인에게 맡겼다. 전람회 개최 소식을 알리기 위해서였다. 주소를 아는 친구에게는 직접 우송했다. 어쨌든 전시회

《이중섭 작품전》이 열린 미도파 화랑에서 방문객들과 함께 있는 이중섭.

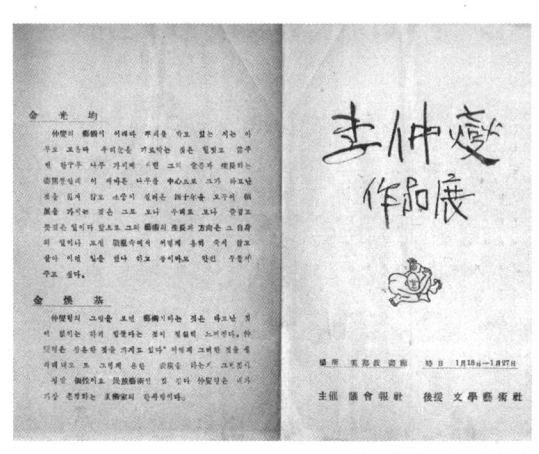

《이중섭 작품전》 안내장.
유강렬 기증 국립현대미술관 소장.

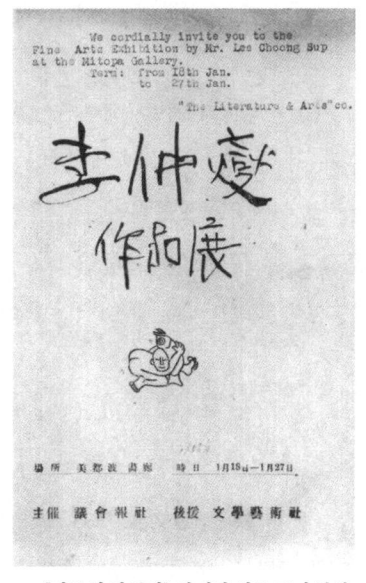

《이중섭 작품전》 안내장 영문 표기 부분.

편지 · 277

를 성황으로 이끌어 한 명이라도 더 많은 사람이 올 수 있게끔 하고 싶었다.

개최 일주일 전 작성된 안내장에 실린 작품 목록은 32점이었다. 한 점이라도 많이 출품하려고 개최 직전까지 작업을 해서 유화, 데생, 디자인, 은지화 등 총 45점을 전시장에 걸었다. 〈황소〉, 〈가족〉, 〈길 떠나는 가족〉……. 전시장에는 그의 대표작이 즐비했다.

이중섭의 기대대로 언론에서는 일제히 전시를 보도했다. 개막 다음 날 일찌감치 『조선일보』의 보도를 시작으로 다른 신문사도 일제히 기사를 실었다. 큰 기사에는 평론가의 비평도 실렸다. 전시회장을 방문한 미술평론가 이경성은 전시장에서 이중섭이 관람객과 인사를 하러 돌아다니는 바람에 길게 대화를 나누기도 어려웠다고 회상한다.*

전시장에서 친구들에게 둘러싸인 사진도 여러 장 남아 있다. 카메라맨에게 부탁해서 장내 모습을 찍은 듯하다. 대성황의 모습을 남겨 마사코에게 보여주고 싶었는지도 모른다.

부산에서 함께 지낸 화가 김환기의 아내 김향안이 보낸 편지가 마사코 앞으로 도착한 것은 1년 2개월 만의 일이었다.

> "남덕 씨! 기뻐해주세요. 역시 우리의 기대를 저버리지 않았습니다. 중섭 씨는 첫 개인전을 훌륭하게 개최했습니다. 중섭 씨가 뛰어나고 어엿한 화가라는 점을 이제 누구도 부정할 수 없습니다. 그는 한국이 자랑하는 드물고 드문 화가 중 한 명입니다. 이 화가는 성격적으로 봐도 너무나도 선량할 따름입니다." _1955년 1월 30일.

그녀의 편지에는 의외의 내막이 적혀 있었다. 실은 이중섭의 궁핍한 형편을 차마 볼 수 없던 친구들이 작품을 팔아 생활비에 조금이라도 보탬이 되었으면 해서 그의 개인전을 계획한 것이라고 했다. 도쿄 행을 성사시키기 위해 승부를 건 전시를 열고 반드시 성공할 것이라는 이야기만 전해온 이중섭의 편지에

---

*   이경성, 「내가 아는 이중섭 2」, 『중앙일보』 1986년 6월 28일.

는 전혀 담겨 있지 않은 내용이었다. 어떻게 된 일일까. 김향안의 편지를 읽고 마사코는 당혹스러움을 느끼지 않았을까.

출품작 가운데 반 정도 가까운 스무 점을 팔아 수금만 무사히 된다면 도쿄에 갈 목표를 세울 수 있을 것이라고 김향안이 적었다. 그녀의 편지는 이어진다.

"그러니까 이중섭 씨의 생활은 걱정하지 않아도 괜찮아요. 다행히도 도쿄에 가서도 달마다 김 선생님이* 생활비를 틀림없이 보내줄 테니까요. 그러니까 마사코 씨는 아틀리에로 사용할 6-8조 정도 되는 방이라도 마련해두면 그가 계속해서 좋은 작업을 할 수 있으리라 생각합니다."

조금 마음에 걸리는 부분은 있지만 어쨌든 도쿄에 올 수 있을 것 같으니 잘됐다고 마사코는 받아들였을까. 바로 이어 이중섭이 김향안의 편지를 확인시켜주듯 마사코에게 근황을 전해왔다. 1955년 2월 4일경의 편지다.

"최고의 평가를 받고 대성공한 사실을 알려드립니다."

계속해서 이중섭은 이렇게 썼다.

"여러 경비를 제하고 나니 40만 원 정도를 벌 수 있었습니다. 현재 수금 중이에요. 수금이 끝나면 4, 5일 후에는 대구에서 전시를 엽니다. 서적 대금 건에 관해서는 아고리가 직접 롯폰기 책방에 가서 갚을 테니 지금은 아직 아무 말도 하지 말아주세요. 장모님과 처형에게도 개인전이 대성공했다고 전해주세요."

이제까지 이중섭이 마사코에게 보낸 편지에서 전람회에서 어느 정도 작

* 여기에서 말하는 '김 선생님'은 시인 김광균을 뜻한다.

품이 팔렸다고 구체적인 금액을 알린 적은 없었다. 남편의 흥분한 모습에 마사코의 가슴도 뛰었다. 어쨌든 마사코가 안심했으면 좋겠다는 생각에 이중섭은 조카 이영진을 시켜 개인전 소식이 실린 신문기사를 증거 삼아 마사코에게 우송했다. 조금이라도 밝은 모습을 보이려고 한 것인지 2월 상순경에 보낸 또다른 편지에는 전시장을 찾은 친구에게 사이즈가 맞지 않는 코트를 빌려 입고 익살을 떠는 사진을 동봉하며 이렇게 쓰기도 했다.

"친구의 오버코트여서 제게는 작아서 어깨가 좁아 보이지요."

마음속 불안을 떨쳐버리기 위해서였는지도 모른다.

허세

개인전은 크게 성공했음이 틀림없다. 그런데도 그뒤로는 편지가 없었다. 마사코의 손에 다음 편지가 도착한 것은 2주 정도 지나서였다.

"수금을 위해 오늘(20일)까지 분주히 돌아다녔어요. 그림 값을 거의 다 받았습니다. 남은 대금은 대구에서 전시를 열고 끝나면 바로 상경해서 수금할 예정입니다. (중략) 아무 걱정도 말고 태현, 태성과 함께 건강하게 기다려주세요. 아고리는 자신감에 차 있어요."_1955년 2월 20일.

지난 편지에서는 수금이 끝나는 대로 대구에서 작품전을 열겠다고 적혀 있었다. 당초 계획대로 진행되지 않는 건 아닐까, 하는 불안한 생각이 머리에 스치긴 했겠지만 그래도 김향안 씨가 보낸 편지에는 더는 걱정하지 않아도 된다고 적혀 있었고 이중섭 스스로도 자신감이 넘친다고 했으니까, 편지가 도중에 끊긴 것은 바빴기 때문일 거라며 마사코는 되도록 긍정적으로 여기려고 애썼다. 게다가 이중섭은 아이들을 기쁘게 해주기 위한 말도 잊지 않았다.

"태현과 태성에게도 반드시 자전거를 한 대씩 사주겠다고 힘차게 전해주세요."

아버지가 드디어 꿈꾸던 자전거를 가지고 올 거라는 말에 태현과 태성 모두 와!하고 탄성을 질렀다. 마사코는 그런 아이들의 모습을 복잡한 심경으로 지켜봤을까, 아니면 어디까지나 남편을 믿고 아이들이 신나게 자전거를 타는 날을 상상하며 미소 지었을까. 마사코는 이 무렵의 일에 관해서는 나를 포함해서 미디어의 인터뷰에서 말한 적이 없다. 수금이라는 두 글자가 부부에게 부담으로 닥쳐올 것이라고 마사코는 상상도 하지 못했다. 실은 그 무렵 이중섭은 부산에 사는 친구에게 보낸 1955년 2월 하순경의 편지에서 이렇게 속마음을 털어놓았다.

"수금이 잘 안 되어서…… 지금까지 서울에서 꾸물대고 있어요."

"도쿄에서 기다리고 있는 아내와 아이기 그리워서 살 수가 없어요. 매일 사진만 보고 지내고 있어요."

그림 값 수금이 불가능해진 것이다. 편지에 이유는 쓰지 않았다. 서울에서 개인전을 연 것과 모레(24일) 대구에 간다는 근황을 담담하게 적었을 뿐이다. 스스로가 너무나도 한심해서 장문의 편지를 쓸 기력도 없었던 걸까.
'여비', '부산', '수금', '도쿄' 등 일부 한자를 제외하고 한글로 쓴 편지는 격식을 차린 말투가 아니어서 그의 또 다른 모습이 살짝 엿보이는 듯한 느낌도 든다. 마사코에게 "아고리는 자신감에 차 있어요"라고 허세를 부린 까닭은 안 좋은 모습을 보이고 싶지 않았기 때문임이 틀림없다. "이번 작품전의 성과에 따라 우리들 네 가족의 장래가 결정된다는 생각으로 온 힘을 기울이고"(1955년 2월 4일경 편지) 있던 이중섭은 크게 실망했다. 반 년쯤 전, 그는 마사코에게 "아고리는 너무나도 긴 시간 보람도 없이 의욕도 없이 지냈기 때문에 매우 지쳤어요"(1954년 10월 28일 편지)라고 숨김없이 터놓은 적이 있다. 때때로 마음이 무너질 것 같아도 가족의 편지와 사진만을 버팀목으로 삼아 개인전에 모든 힘을 쏟았다. 그만큼 좌절감이 컸다. 그리고 그 창 끝은 자신에게 향했다.

"다른 사람에게는 한없이 관대했고, 자신에게는 한없이 엄격했다."

조카 이영진이 나중에 자신의 딸들에게 말했던 이중섭의 성격이다. 그 엄격함이 점점 스스로를 괴롭혔다.

작품은 팔렸다고 하는데 왜 그림 값은 수금이 안 된 걸까. 여기에 관해서는 여러 가지 설이 있다. 구입하겠다고 했던 사람의 집에 방문했지만 나중에 다시 와달라, 집에 없다는 식으로 냉담하게 거절당하자 마음이 여린 그가 끈질기게 받아내지 못했다고도 한다. 마음이 다급해진 이중섭이 영수증에 '이만二萬'이라고 써야 할 것을 '이백二百'이라고 잘못 쓰고 말았다는 설도 있다. 거의 매일 몰려드는 친구들에게 술을 대접하는 와중에 수중에 가진 돈을 다 써버리고 말았다는 설도 있다. 이 모든 것이 사실일지도 모른다.

개인전으로부터 30여 년이 지난 뒤 새로운 증언도 나왔다. 실은 당시 여성의 몸에 큰 소를 포개놓은 은지화 등이 풍기문란으로 여겨져 당국으로부터 '춘화' 혐의를 받아 작품 다수가 철거되었다는 것이다. 이 '철거 사건'은 그에게 심한 충격을 안겨주었다고 전해진다.

하지만 이에 대해 미술사학자 최열은 『이중섭 평전』에서 부정적인 의견을 밝혔다. 철거의 사실 관계도 불명확하지만, 만일 일부 작품이 철거되었다고 해도 당국의 검열 아래 개인전을 여는 것이 당연했던 당시로서는 그리 대수로운 일이 아니었다는 것이다. 하지만 만약 사실이라면 이중섭의 자존심에 상처를 입혔을 것은 짐작 가능하다.

마지막 희망

도쿄로 출발하기 위한 준비의 대미를 장식할 장소였던 대구는 최후의 희망을 의탁할 곳이 되었다. 서울의 개인전을 끝내고 남은 작품을 손에 들고 대구역에 내린 이중섭은 구상이 찾아준 역 앞의 숙소 2층에 머물렀다.

부모와 아이 모두 네 명이 손을 잡고 둥그렇게 원을 그린다. 하늘을 나는 듯 두 발로 뛰어오른다. 어딘가 우울함이 느껴지는 것은 비가 내릴 듯한 배경 색조 때문일까. 〈춤추는 가족〉이라는 작품명으로 알려진 이 그림[화보44]에서 소 그림에서처럼 역동적인 필치는 보이지 않는다. 전체적으로 하얀 색조에 흐릿한 인상을 주는 것은 그의 마음속 풍경을 그대로 반영하고 있는 듯하다. 기력을 잃어버린 모습은 숨길 수 없었다. 4월 11일부터 6일 동안 미국공보원 갤러리에 26점을 출품했지만 작품에 활력이 부족해서인지 팔리지 않았다.

투숙했던 방에는 마사코, 태현, 태성을 그린 무수히 많은 은지화가 남아 있었다. 자신의 작품에서 가치를 찾지 못한 이중섭은 친구에게 적당히 처분해 달라는 말을 남겼다. 희망의 빛이 암흑으로 변했다. 화가로서 자존감을 잃고 일본으로 가족을 만나러 갈 계획을 다듬을 의욕도 사라져버렸다.

1955년 4월 14일자, 구상에게 보낸 한글 편지가 남아 있다. 400자 원고지 반 정도에 한 글자 한 글자 칸에 딱 맞게 들어차도록 꼼꼼하게 썼다.

"구상 형 그새 얼마나 바쁘셨습니까. 제弟는 여러분의 두터운 사랑에 싸여 정성껏 맑게 바로 참사람이 되기 위해 노력하고 있습니다. 저는 하느님을 믿으려고 결심을 했습니다.

구형의 지도를 구해 가톨릭 교회에 나가 저의 모-든 잘못을 씻고 예수 그리스도님의 성경을 배워 깨끗한 새 사람이 되고 싶습니다."

이중섭은 '모-든'이라고 하이픈을 써서 강조하고 있다. '잘못'이란 수금에 실패했던 스스로를 책망한 끝에 나온 말이었는지도 모른다. 그는 세례를 받지는 않았지만 『성경』을 열심히 읽었다. 스스로에게 절망했던 이중섭은 이정표를 잃고 방황하면서도 『성경』에서 구원을 바라며 어떻게든 살기 위해 발버둥쳤다. 구상에게 가족을 향한 깊은 그리움과 사랑을 털어놓은 건 이 무렵부터였다. 구상은 「이중섭의 인품과 예술」에서 이렇게 회상한다. 요약하면 다음과 같다.

"내가 도쿄에 그림을 그리러 간다고 한 것은 거짓말이었다. 남덕과 아이들을 만나고 싶었기 때문이다." 얼마 전까지만 해도 "도쿄에 가는 것은 남덕을 만나고 싶어서 가는 게 아니다! 그림을 그리기 위해서다. 그래서 방도 따로 빌려서 혼자서 살 생각이다"라고 호언했던 이중섭은 힘없는 목소리로 이렇게 속마음을 내비쳤다.

구상은 이중섭을 집으로 불러들였다. 상경할 기력도 잃은 친한 벗을 혼자 둘 수 없었다. 구상이 아들에게 세발자전거를 사준 날의 일을 그린 그림 한 장이 있다. [화보45] 미소를 띤 구상이 두 다리를 벌리고 자전거에 올라 탄 아들의 등을 쓰다듬고 있다. 신나서 까부는 모습을 표현하기 위해서일까, 아이의 얼굴은 하늘을 향해 젖혀진 상태다. 그런 부자의 모습을 뒤에서 아내가 지켜보고 있다. 이 작품의 주인공은 화면 중앙의 구상이 아니라 실은 오른쪽에 걸터앉아 있는 이중섭 자신이라고 최열은 해설했다.

"자전거를 사줄게."

태현과 태성에게 몇 번이나 했던 약속을 결국 지키지 못했다. 세발자전거를 타고 얼굴이 발그레해진 친구의 아들 얼굴에서 태성과 태현의 모습을 떠올린 걸까. 핸들을 쥔 아이의 귀여운 오른손에 자신의 오른손을 살짝 맞대고 있다. '나의 가족을 바라보는 힘없는 표정은 30년 지나도 잊을 수가 없다'고 구상은 회상했다.*

이중섭은 자신의 생업에 의문을 던지는 듯한 말을 뱉기도 했다.

"사람들은 모두 세상과 자신을 위해 열심히 바쁘게 일하는데 나는 그림만 그리고 있어서 도대체 뭘 하겠다는 걸까."

구상이 근무하던 신문사에 경찰로부터 전화가 걸려온 일도 있었다.

* 구상, 「내가 아는 이중섭 5」, 『중앙일보』 1986년 7월 12일.

"이중섭이라는 사람이 와서 자신은 '빨갱이'가 아니라는 말을 반복하고 있습니다만."

들어보니 구상의 친구 중 하나가 이중섭을 놀리며 "넌 빨갱이다"라고 매도했다고 한다. 이중섭은 참을 수 없어 경찰서로 뛰어들었던 것이다. 김영환은 이중섭에 관해서 "정치적인 관심이나 성향이 없었다. 단지 공산주의자라는 말에는 민감했다"고 말했다.* 그랬던 이중섭에게 '빨갱이'라는 한마디는 참기 어려운 것이었다. 그렇다고 해도 경찰에 호소까지 하며 자신의 결백을 증명하려던 건 평소 이중섭의 모습이 아니었다.

이중섭을 데리러 경찰서에 갔던 구상은 그를 입원시켰다. 서울에서 개인전을 개최한 이후 반 년이 지난 7월의 일이었다.

입원

입원한 곳에서도 이중섭은 친구들을 걱정시키는 행동을 반복했다. 병원 밖에서 차가 지나가는 소리나 사람들의 말소리가 들리면 벌떡 일어나 빗자루를 손에 들고 2층부터 순서대로 아래 층 화장실까지 청소를 했다. 어떨 때는 병실 침대 창 밖에서 놀고 있는 아이들을 데리고 와서 얼굴이나 손발을 씻겨주기도 했다. 이런 말도 중얼거리곤 했다.

"이제부터 나는 이 세상에 도움이 되는 일을 할 거다."

편지는 영남일보사로 보내주었으면 한다고 들은 마사코는 구상에게 계속 편지를 보냈다. 구상이 마사코에게서 온 편지를 이중섭에게 전해도 그는 봉투를 뜯으려조차 하지 않았다. 그저 구상에게 돌려주며 반송해달라고 말할 뿐이었다. 구상의 책상 위에는 개봉하지 않은 편지가 쌓여갔다. 음식을 입에 넣는

---

* '김영환 메모'.

것이 불가능해진 그는 극도의 영양실조 상태에 빠졌다.

자기 이름을 내건 전람회를 열 정도로 화가로서 기반을 다져가던 이중섭이었다. 만일의 경우 돈을 빌리는 일도 가능했을 것이다. 통영에 머물 때는 지원해주겠다고 이야기를 꺼낸 독지가도 있었지만 받아들이지 않았다고 한다. 돈 문제는 별개로 하더라도, 적어도 도쿄의 가족에게 가는 방법을 찾을 수도 있었을 것이다. 그런데 왜 마음을 닫아버린 것일까.

"자신감과 희망에 넘쳤던 만큼 절망감도 컸던 것 같다. 지나치게 인간적인 사람이었다."

국립현대미술관 학예사 김인혜의 설명이다. 미술평론가 이경성은 훗날 이중섭기념사업회가 만든 도록에 수록한 기고문 「이중섭의 예술」에서 이렇게 회상했다.*

"비극적인 생애는 후천적인 환경, 즉 운명의 탓도 있지마는 무엇보다도 그의 성격이 자아낸 자학의 정신이 작용하였기 때문이다. 보통사람 같으면 그저 아무 느낌도 없이 넘어갈 자그마한 사건이라 하더라도 그에게 있어서는 생명의 본질을 움직이는 큰 힘으로 작용하는 것이다."

희망이 사라진 원인을 자신의 힘이 부족해서라고 여긴 까닭은 그의 성품 때문이었다는 뜻이다. 어디까지나 우직하고도 서투른 사람이었다. 시대 탓을 하거나 누군가에게 책임을 전가하는 일도 없이 자신이 쓸모없는 사람이라는 혐오감에 시달리며 괴로워했다. 이중섭의 마음의 문을 억지로 여는 일은 멀리 떨어진 마사코에게는 불가능했다.

* 이경성, 「이중섭의 예술」, 『이중섭 작품집』, 이중섭기념사업회 편, 한국문학사, 1979년, 144쪽.

1952년 8월 7일, 1952년 9월 3일, 1952년 9월 5일…… 마사코가 부산에서 일본으로 돌아간 직후 한국의 친구들로부터 거의 연일 편지가 도착한 사실은 지금까지 썼던 대로다. 태성이 처음으로 나에게 공개한 편지의 복사본은 약 50통에 가깝다. 그런데 자세히 보면 1953년에서 멈춰 있다. 이후로도 몇 번에 걸쳐 편지의 복사본을 받았지만 1955년에 온 편지는 거의 없었다.
　　가족의 재회를 위해 애써온 친구들은 마사코에게 연락하는 걸 점점 피했다. 이중섭의 건강이나 상황을 마사코에게 어떻게 전해야 좋을지 고민하는 동안 시간은 흘러가고 있었다. 이중섭의 지금 상태를 본인 대신 전하는 건 너무 잔혹하다, 심각한 상황이라고 전한다 해도 마사코가 당장 한국에 올 수도 없으니 일단 그의 쾌유를 기다리자고 생각했을 수도 있다. 결과적으로 마사코에게는 남편의 근황을 알 수 있는 통로가 모두 사라진 셈이었다.

　　　"내가 가장 사랑하는 아고리. 한동안 편지가 없었는데 그후로는 어떻게 지내고 계신지요? 1월, 2월……. 그리고 시간이 너무 빨리 흘러 일수일만 지나년 5월이 됩니다. 개인선이 아니라 몇 명이 함께 여는 진시라면 역시 준비하는 데 여러 가지 수고가 들겠지요."_1955년 4월 24일.

　　서간집『그릴 수 없는 사랑의 빛깔까지도』에 수록된 이중섭의 편지는 "아무런 걱정도 하지 말고 기다려주세요"라고 소식을 전한 2월 20일자가 마지막이었다. 마사코로서는 분명 바빠서 편지를 쓸 수 없는 것으로, 1월 미도파 화랑의 개인전은 대성공이었다니까 또 다음 전람회 준비에 쫓기고 있을 것으로 믿었다고, 아니 믿고 싶었을 거라고 보는 편이 정확하지 않을까. 마사코는 언제나처럼 남편에게 근황을 써보냈다. 편지 속에는 '서울'이라는 두 글자가 한글로 쓰여 있다.

　　　"아이들과 시부야의 도요코東橫 백화점 옥상 유원지에 놀러 가려 했지만, 봄바람이 너무 세게 불어서 그만뒀어요. 아이들은 밖으로 뛰어나가 칼싸움을 하며 놀고 있어요. 빨리 아빠가 와주지 않으면 불안해요."

편지는 이렇게 이어진다.

"그후에 김향안 씨에게서 어떤 소식도 없어서 모든 일이 예정대로 착착 진행되지 않는구나, 하고 느끼고 있어요. 어찌 되든 나의 아고리만은 빨리 와주지 않으면……당신이 오면 쓸 방은 아직 정해지지 않았지만 언니가 이사하니까 2층의 서양식 방은 어떨까요. 이번에 온다면 의논해보지요."

편지는 그렇게 끝을 맺고 있다. 마사코가 이중섭에게 보낸 편지 중 원문이 공개된 것은 세 통뿐이다. 제5장에서 언급한, 마사코가 도쿄에 돌아가 딱 1년이 되던 날 쓴 것과 앞서 언급한 4월 24일자, 그리고 마지막 한 통은 "가장 사랑하는, 그리운 아고리"로 시작하는 다음 편지다. 나머지 편지들은 앞서 말했듯 이중섭이 이사와 입원, 퇴원을 반복하는 와중에 없어진 것 같다. 단지 세 통밖에 남지 않은 귀중한 편지에서 마사코의 불안과 희망이 섞인 심경이 보인다.

"작업에 열중하여 우리는 완전히 잊고 계신 건가요. 남덕은 뭐라고 해석해야 좋을지 판단이 서질 않습니다. 5분이라도 10분이라도 어떻게든 짧게 짬을 내면 편지를 쓰지 못할 일은 없으리라고 생각합니다만."_1955년 5월 10일.

당신을 걱정하고 있다고 쓴 후에 "혹은…"이라고 다섯 글자 정도 공백이 이어진다. "하지만 분명 일로 바쁠 테죠." 거기까지만 쓰고 마사코의 마음은 또 흔들렸던 것 같다.

"5월 5일 어린이날에 친구들이 자전거를 선물 받은 걸 보고 태현이는 '아빠는 아직도야. 요즘은 편지 한 통도 안 보내고……'라며 쓸쓸해하고 있어요."

"분명 지금쯤 편지를 쓰고 있어서 엇갈릴지도 모르겠네요."

마사코는 애써 편지를 밝게 마치고 있다. 하지만 남편의 편지는 도착하지 않았다. 마사코는 구상에게 속내를 털어놓았다.

"실은 전에도 편지를 드렸듯이 남편에게서 3개월 이상 소식이 없어서 정말 걱정하고 있습니다."_1955년 6월 22일.

다른 한국 친구들 몇 명에게도 또 통영에 가 있는 걸까, 혹시 건강이 좋지 않은 건 아닐까, 한일 관계도 나빠지면서 남편도 분명 절망적인 기분이 되었음에 틀림없다, 내가 한국에 갈 각오도 되어 있다, 남편이 편지를 받았는지도 알 수 없다, 현재 상태에 관해서는 뭐라도 좋으니까 알려주면 좋겠다는 내용의 편지를 보내봤지만 대구에서 작업하고 있을 거라는 답장이 있었을 뿐 자세한 소식은 전혀 알 수가 없었다.

이보다 반년 정도 전에 발속한 하토야마 이지로鳩山一郎 내각은 처음에는 한국에 유화적인 태도를 취했지만 북한 승인 문제 같은 암초를 만나 한일 외교 교섭은 다시 좌초되었다. 그런 소식에 이중섭도 한숨을 쉬었을 것이다. 마사코는 희망을 잃자 편지도 쓸 수 없게 된 것일까, 하는 생각을 했다. 구상에게 보낸 편지는 이어진다.

"생활력이 강해서 혼자 뭐라도 할 수 있는 사람이라면 잠시 편지가 없더라도 걱정이 되지 않을 거예요. 잘 아시겠지만 그렇게 신경이 예민한 사람이니 하루라도 떨어져 있으면 불안합니다. 아프지 않고 건강하기만 하면 다른 건 다 믿을 수 있는 저니까, 참고 기다리는 일은 문제 없습니다만."

구상의 답변이 궁해졌으리라는 건 상상하기 어렵지 않다. 마사코의 이 편지에 답신을 보냈는지는 확실하지 않다. 마사코는 매일매일 불안해서 잠들 수 없는 밤을 보내지는 않았을까. 나는 두 번째 인터뷰에서 마사코에게 당시의 불안감에 대해 물었다.

"그런 건 있었지요."

마사코는 단호한 어조로 짧게 답했을 뿐이다.
이중섭과의 젊은 시절 추억을 말할 때 마사코의 얼굴은 확 피어나듯 밝아졌고 말수도 늘어났다.

"어떤 사람에게도 상냥했다고 할지."

"그 사람은 소설 같은 건 싫어했지만 시는 잘 썼어요."

헤어진 후 재회할 가능성이 점점 사라지던 이후의 나날을 이야기할 때면, 대조적으로 오도카니 눈을 내리뜨며 짧은 대답만 돌아왔다.

병상화

8월이 되자 이중섭은 이종사촌형 이광석을 따라 서울로 돌아왔다. 서울에는 원산에서 함께 월남한 김인호가 있었다. 친구를 만나고 싶어 하는 모습을 본 조카 이영진은 김인호에게 이중섭이 상경했다고 전했다. 두 사람은 함께 이중섭의 집을 방문했다.

"머리도 수염도 전부 깎고 얼굴이 부은 것 같았습니다."

'사카이 메모'에는 김인호가 이 시기 이중섭의 모습을 상세하게 회상한 기록이 있다. 김인호가 담배를 건네면 이중섭은 "담배는 끊었어"라고 되밀었다. 김인호가 알던 예전의 이중섭이 아니었다. 그날은 침상을 끌고 온 이중섭의 손을

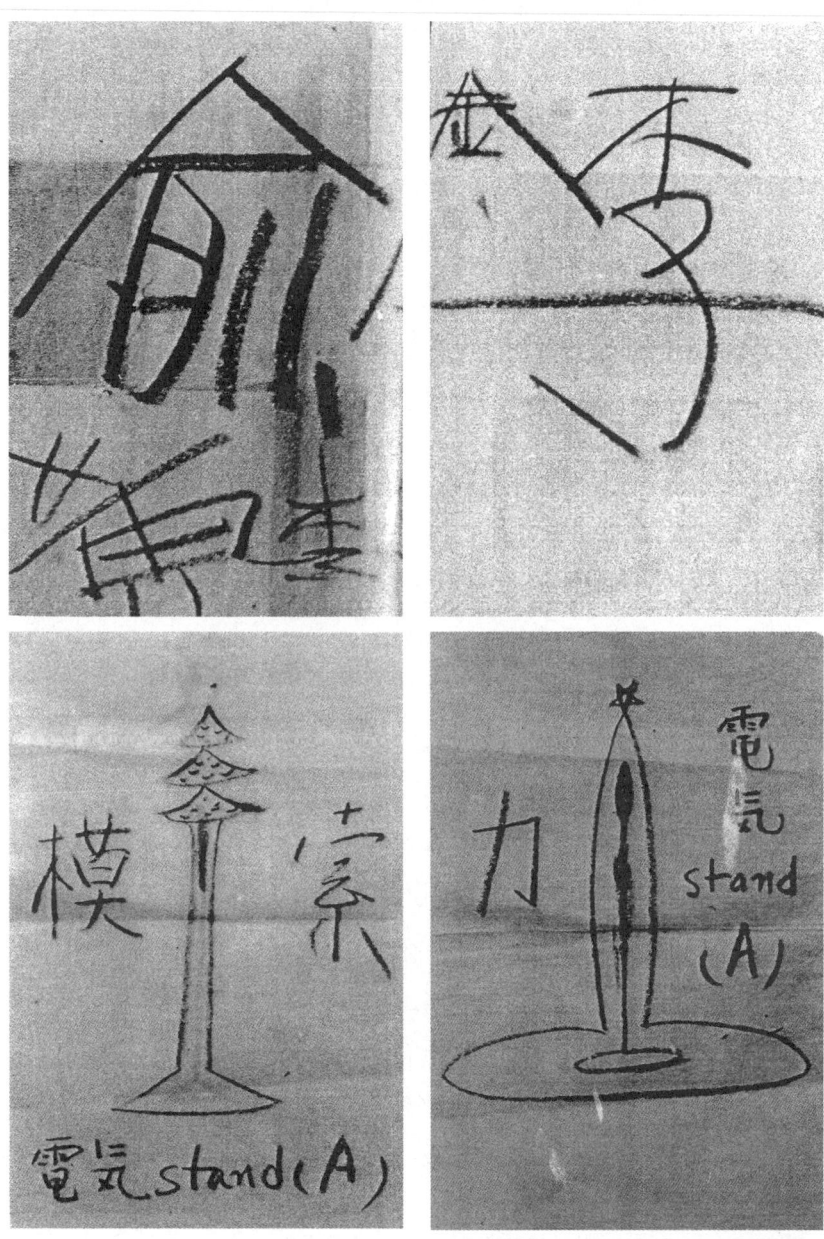

이중섭이 말년에 남긴 병상화들.

편지 · 291

잡고 잠들었다. 고향 후배의 체온으로 그는 오랜만에 평온함을 느꼈을 것이다.

서울로 돌아와서는 새로운 만남도 있었다. 미국에서 공부하고 돌아온 정신과 의사 유석진이다. 이중섭의 재기를 위해 유석진은 화가에게는 역시 그림을 통한 치료가 효과적이지 않을까 생각했다.

그렇게 해서 나온 것 중 한자 두 글자를 좌우로 쓴 작품이 있다. 자신의 성인 '李'를 오른쪽에, 의사의 성인 '兪'를 왼쪽에 그렸다. 세로 27센티미터 가로 39센티미터 종이를 가득 채운 이 작품들은 균형이 잘 맞아 안정감이 느껴지는 것도 있고, '李'가 지워지듯 작게, '兪'가 찌부러지듯 굽게 쓴 것도 있다. 자아를 되찾으려는 과정이 반영되어 있는 듯하다. "황소야, 바람이 분다. 이 밤은……" 그렇게 시작하는 자작시를 쓰기도 했다. 글씨는 해독이 불가능할 정도로 흐트러져 있지만 창작하고 싶다는 의욕만은 아직 남아 있는 듯하다. 증상이 조금 호전되었을 때는 세로로 긴 종이에 전기스탠드를 그렸다. 병실에 있던 물건이었을 것이다. 스탠드를 사이에 두고 '모색'이라는 한자로 쓴 작품과 '力'이라는 글자를 쓴 것도 있다.

'낙서화'로 불리다 미술사학자 최열에 의해 '병상화'로 불리게 된 이러한 작품을 보고 나는 강한 충격을 받았다. 힘찬 필치로 에너지가 넘치는 황소를 그렸던 그의 모습이 어디에도 없었다. 겨우 1년 남짓, 마치 빈 껍데기처럼 변모해버린 이중섭을 마사코는 알지 못한 채 하염없이 기다렸던 것이다.

1955년 가을 무렵에 그렸다고 추정되는 그림이 있다.[화보46] 그림 속 비쩍 마른 소는 머리를 들고 있다. 지금이라도 그 자리에 쓰러질 것 같다. 이마에서부터 배어 나온 갈색 피가 방울방울 떨어져 땅을 빨갛게 적신다. 어둑어둑한 회색 배경이 우울한 인상을 준다. 이중섭이 그린 소는 대부분 머리가 왼쪽을 향해 있지만, 이 작품은 오른쪽을 향하고 있다. 본래 가야 할 길과는 반대 방향으로 터벅터벅 걷고 있는 것이다.

"혼신의 힘을 다해 살아온 사람이죠. 그림에 그대로 드러나 있듯이."

국립현대미술관 학예사 김인혜의 설명이다. 일사불란하게 앞으로 나아가

다가 문득 고개를 들었더니 무언가에 부딪쳐버렸다. 아플 만큼 스스로를 몰아가다 비로소 그 발걸음이 무모한 것임을 깨달았다. 그리고 자신은 아무짝에도 쓸모가 없는 인간이라며 절망했다. 이중섭은 그런 삶의 방식을 택할 수밖에 없는 남자였다.

흑백

부산에서 알게 된 시인 김광균이 1955년 10월 4일에 마사코에게 보낸 한 통의 편지가 있다. 마사코의 집에서 발견된 것으로, 그해에 한국에서 보내온 편지는 매우 적어서 귀중한 자료라고 할 수 있다.

> "지금은 수도육군병원에 있습니다. 백중날에 찾아가서 보았더니 혈색도 거의 돌아오고 기억도 정확하고 반기는 기색도 곧 얼굴에 나타나서 도대체 어디가 안 좋은 걸까 싶을 정도로 잠깐 헷갈렸습니다. 아이들을 데리고 갔는데 "귀엽네, 귀엽네"라며 아이들에게 미소를 지어 보이며 손을 흔들고 인사를 했습니다. 다만 심한 영양실조라서 겨우 살아났다고 할 수 있습니다. 우선 음식과 옷이 필요해 보였습니다."

그래도 점점 좋아지고 있으니 너무 걱정은 하지 말라고 전하면서도 김광균은 마사코에게 한국으로 오는 것을 검토해줬으면 좋겠다고 호소했다.

> "어찌 되었든 앞으로 어떻게 해야 할지 걱정이라 야마모토 씨가 와주시는 것밖에는 없습니다. 또 모든 친구들은 그걸 희망하고 있으니 어떻게 할까요? 한 사람을 살릴 수는 있겠지요? 그렇다고 선뜻 야마모토 씨에게 꼭 와주십사라고 말할 수도 없어 괴로울 따름이지만, 이건 오직 야마모토 씨께 맡길 수밖에 달리 방법이 없습니다."

지금 이중섭을 구할 수 있는 사람은 마사코밖에는 없다고, 그저 곁에 있어주기만 하면 된다고, 만약 오지 못한다면 답장해주길 바란다고 쓰여 있었다. 같은 시기, 김영환으로부터도 한국에 와달라는 편지가 도착했다. 옆에서 누군가가 먹여주지 않으면 스스로 음식을 입에 넣으려고도 하지 않는다, 면회를 가면 입을 다물고 손을 잡아주기만 한다, 편지를 읽어주면 듣는 것은 가능하다, 마사코가 한국에 올 수 있는 방법을 친구들은 찾고 있다고 적혀 있다.

구상에게 "갈 각오는 되어 있다"고 전했던 마사코였다. 갈 수 있는 방법만 찾을 수 있다면 곧 서울로 날아가고 싶었지만 가족 앞에는 나라와 나라 사이의 단절이라는 무거운 현실이 가로막고 서 있었다.

마지막으로 편지를 받은 이후 얼마나 시간이 흘렀을까. 1955년 12월 애타게 기다렸던 남편의 편지가 미슈쿠에 도착했다. 보낸 이의 주소는 서울시 중구 '문학예술사'이다. '文學藝術社'라고 작게 인쇄된 200자 원고지에 석 장, 가로쓰기로 적혀 있었다. 마사코에게는 너무나도 충격적인 고백이었다.

"정신병원에서 앞으로 일주일이면 퇴원입니다. 마음 놓아요. 너무 당신을 만나고 싶어 무리한 탓이라는 생각이 들어요. 남덕 군에게 태현과 태성을 맡겨놓고 고생시킨다는 게 너무 미안합니다. 부족한 나를 부디 이해해주길 바라요."

원고지 칸을 무시하고 크게 쓴 글자가 눈에 들어온다. 종이의 귀퉁이까지 작은 글씨로 모든 생각을 빼곡하게 채워넣었던 예전과는 다른 사람이 쓴 것 같다. '정신병원'이라는 네 글자 아래 밑줄을 친 것은 마음속으로 비명을 지를 정도로 괴로웠던 마음을 호소하고 싶었던 걸까. 편지는 이렇게 이어진다.

"도쿄에 가는 일은 병 때문에 힘들게 되었습니다. 그대들이 올 수 있는 방법과 내가 갈 수 있는 방법을 서로 알아보고 완벽하고 빠른 길을 골라봅시다."

그림은 하나도 그려져 있지 않다. 때때로 검은 잉크가 번져 있을 뿐이다.

간신히 남은 기력을 쥐어짜내 써내려간 글자 하나하나가 후, 하고 불면 꺼져버릴 등불 같다. 마사코는 이것이 남편에게 받은 최후의 편지가 되리라고는 생각하지 않았다. 혼이 빠져나간 듯 흑백으로 쓴 편지를 받았을 때, 이제까지와는 다른 불길한 예감이 들지 않았을까. 그렇게 질문한 나에게 마사코는 천천히 대답했다.

"그게 마지막 편지가 될 거라고는, 알 리가 없었죠. 그러니까……."

이 말을 들었을 때 나는 나의 부족한 상상력이 부끄러웠다. 필시 그의 불안정한 육필이 뭔가 달랐다고는 느꼈을 것이다. 그렇다 하더라도 몇 개월 만에 도착한 편지였다. '아 살아 있었구나' 하는 안도감이 더 컸으리라는 마음을 어째서 이해할 수 없었을까. 이 편지는 언제나처럼 "나의 소중한 남덕 군. 11월 24일, 12월 9일자 편지 고마워요"로 시작한다. 자신이 보낸 편지를 열어보지도 않던 시기가 있었다고 마사코는 상상도 못했을 것이다.

"다시 만날 수 있을 테니까."

마사코를 지탱해준 것은 부산을 떠날 때 그가 말한 이 한마디였다. 실제로 1년 뒤 도쿄에서 다시 만날 수 있었으니까. 반드시 재회할 수 있다는 희망이야말로 마사코가 살아나갈 수 있는 힘이었다.

제7장 최후

→ 이중섭 묘소 전경. 오누키 도모코 촬영.

돌아오지 않는 강

2미터가 넘는 기록적인 큰 눈이 한반도 동부를 덮쳤다. 1956년 3월 초순, 강원도에서는 연일 쏟아지는 눈과 폭풍으로 100명 이상의 사상자가 생겼다.

이중섭의 마음은 원산으로 향해 있지 않았을까. 늙은 어머니가 눈 속을 헤매고 있지는 않을까, 어떻게든 무사하시길 바라는 마음이 담긴 듯한, 흑백사진 같은 유화[화보47]가 있다. 1956년 3월에 그렸다고 알려져 있다.

차가운 눈이 수북수북 내리고 또 내린다. 창틀에 얼굴을 기댄 남자 아이가 새하얀 겨울 풍경을 멍하니 바라다보며 어머니가 돌아오기를 기다리고 있다. 커다란 광주리를 머리에 인 저고리 차림의 어머니는 저 멀리 있다. 언제까지 홀로 기다려야만 할까. 언제까지 혼자서.

'돌아오지 않는 강'이라는 이 작품의 제목은 이중섭이 직접 붙였다는 증언이 있다. 마릴린 먼로가 주연을 맡은 같은 제목의 서부극에서 따왔다고 한다. 한국에서는 미국보다 1년 늦은 1955년 가을에 개봉했다. 이중섭이 이 영화를 보았는지는 알 수 없지만 영화 스토리 자체보다 돌이킬 수 없는 자신의 인생을 그 제목에 겹쳐 보았던 것처럼 느껴진다.

같은 제목을 한 작품이 다섯 점 남아 있는데 그중 네 점은 오른쪽에 기다리는 소년을, 왼편 깊숙한 원경에 어머니를 그렸다. 구도까지 거의 똑같다. 이 여성을 마사코로 보는 견해도 있지만 내게는 창밖을 응시하는 섬세한 표정의 소년이 기다리는 사람은 어머니라는 해설 쪽이 훨씬 와닿는다. 마사코 앞에서 어머니를 생각하며 눈시울을 붉혔다는 이중섭이다. 미래도 희망도 보이지 않던 그 남자는 그리운 어머니를 기다리고 있는 것이다.

"중국이 쳐들어온다니 서둘러 피난을 가거라."

배웅하는 어머니를 뒤로 하고 원산을 떠난 뒤 5년 남짓 시간이 흘렀다. 목소리를 들을 수도, 편지를 보낼 수도 없다.

나는 작품을 보며 판문점에 있는 '돌아오지 않는 다리'를 떠올렸다. 공동경비구역 서쪽 끝을 흐르는 사천강에 가로 놓인, 십몇 미터 정도 되는 작은 다리다. 다리 동쪽은 한국, 서쪽은 북한이 관할한다. 한국전쟁 휴전 후 포로를 교환할 때, 남과 북 가운데 어느 한쪽을 선택해야만 했기에 이런 이름이 붙여졌다. 한 번 건너가면 글자 그대로 '돌아올 수 없는' 다리다.

전쟁으로 인해 고향을 빼앗긴 무수히 많은 사람들이 있다. 이중섭도 그중 하나였다는 사실을, 망향의 마음을 담은 이 작품을 볼 때마다 다시금 떠올린다.

이중섭의 마지막 작품이라고도 하는 '돌아오지 않는 강'은 만년을 상징하는 연작으로 알려져 있다. 유석진이 담당한 미술 치료는 일단 성공적인 듯 보였다. 1955년 연말, 퇴원한 이중섭은 친구들이 어깨를 기대며 어울려 살던 서울 북쪽 동네에 방을 빌렸다. 앞으로 생활비 정도는 벌 수 있게끔 배려한 친구들 덕분에 문예지의 삽화를 그리게 되었다. 커다란 집게를 삭둑거리는 게와 물고기를 양손에 움켜쥔 아이들의 일러스트를 실었다. 아이와 물고기와 게를 고른 것은 제주도의 나날이 그의 뇌리에서 떠나지 않았기 때문일 것이다. 행복했던 옛 시절을 떠올리며 그림을 그리는 그의 모습을 보고 친구들은 안도했다. 친구들과 만나 명동에서 술잔을 기울이는 밤도, 풍경화 제작에 몰두하는 날도 있었다.

하지만 길게 이어지지는 못했다. 더 이상 마사코 앞으로 편지를 쓰지도 않았다. 꼭 도쿄에 가겠다는 목표와 희망을 잃은 이중섭은 몸도 마음도 생기를 되찾지 못했다. 이제는 술에 의지할 수밖에 없게 되었던 걸까. 곧 다시 음식을 못 넘기는 상태에 빠졌다. 친구들은 빨대로 겨우 우유라도 마시게 했지만 극도의 영양실조와 간염으로 몸은 점점 야위어갔다. 이내 몸 전체에 황달이 왔다. 오랜 기간 알코올에 의존해서였는지 간이 버텨내지 못했다. 구상은 뼈와 가죽만 남은 친구의 모습에 말문이 막혔다.

소 연작 가운데 다른 분위기의 작품이 한 점 남아 있다.^[화보48] 몸의 윤곽은 희미하고 발굽 부분은 물감이 제대로 칠해져 있지 않다. 머리는 간신히 앞을 향하고 있지만 발밑은 휘갈기듯한 붓질로 그려 자세가 불안정하다. 왼쪽 눈에서는 희미하게 눈물이 고여 있다. 흰색과 옅은 회색에서는 생명력이 느껴지지 않는다. 마치 "소멸해 가는 안개 속의 풍경"처럼.* 뿔을 치켜세우고 크게 벌린 입에서 나오는 울부짖는 소리로 천지가 떠나갈 듯했던 소 그림들을 그린 지 불과 한두 해 만에 그 모습은 흔적도 없이 사라져버렸다.

나무와 풀이 싹을 틔우기 시작하는 어느 날의 일이었다. 뉴욕근대미술관 모마MoMA에 이중섭의 은지화 세 점이 소장되었다는 낭보가 들려왔다. 한국의 화가로서는 최초의 쾌거였다. 승부를 걸며 도전했던 서울 개인전에서 미술평론가 미국인 아더 J. 맥타가트가 구입했던 작품이다. 동양의 미와 서양의 유화가 멋지게 조화를 이루어 창조성이 넘친다는 높은 평가를 받았다. 이 그림이 태평양을 건너게 되었다는 이야기였다.

날개를 펼친 나비와 비둘기가 하늘 위에서 춤춘다. 아이들은 손을 한껏 뻗어 잘 익은 복숭아를 딴다. 낙원에서 평온한 시간을 만끽하는 듯 편안하게 누운 여성을 향해 콧수염이 난 남성이 한층 더 큰 복숭아를 내밀고 있다. 당신에게 가장 맛있는 과일을 맛보게 해주고 싶어, 라고 말하는 듯하다.[화보49] 또 한 점은 역시 이중섭의 대표적인 모티프인 복숭아와 아이와 가족을 그린 작품이고[화보50] 마지막 한 점은 거의 검은색으로 그린 작품으로[화보51] 만원전차 속처럼 밀치락달치락하며 북적이는 사람들이 신문을 펼쳐 읽고 있다. 흰색 계통으로 묘사한 신문을 무표정하게 바라보고 있는 까닭은 세상 형편이 어떻게 돌아갈지 불투명하기 때문일까. 담배를 싸면서 생긴 종이의 접힌 선을, 인물의 얼굴 윤곽과 신문지의 선으로 활용한 독특한 기법이 눈에 띈다.

"내 그림, 비행기 탔겠네."

매력적이고 온화한 웃음을 띠던 그때 이중섭의 표정을 박고석은 잊을 수가 없다고 회고했다.** 하지만 모마에 소장이 결정되었다는 소식이 한국에 도착한 때는 이중섭이 세상을 떠난 뒤의 일이어서 박고석의 기억은 착각이라는 지적도 있다. 만약 박고석의 회고가 사실이라면 어땠을지 나도 따라 상상해본다. 어딘가 먼 곳을 응시하는 것 같은 눈을 한 이중섭의 입가에 힘없이 미소가

---

*   최열, 『이중섭 평전』, 돌베개, 2014년, 667쪽.
** 박고석, 「이중섭을 가질 수 있었던 행운」, 『이중섭 작품집』, 현대화랑, 1972년, 109쪽.

퍼져간다. 화가로서 성공하지 못했다고 절망했는데, 미국에서 평가를 받게 된 걸까, 그런 일이 있기도 하는구나, 하지만 더 이상 그런 작품을 만들어낼 힘은 이제 내게는 없는데, 빈껍데기만 남은 자신의 모습에 한층 허무함을 느꼈을지도 모른다.

이 세 작품은 2016년 서울 덕수궁에서 열린 탄생 100주년 기념전을 위해 다시 태평양을 건너왔다. 소장처는 'MoMA'라고 되어 있었다.

적십자병원

1956년 한여름 어느 날 이중섭은 서울 서대문 적십자병원에 입원했다. 한 달쯤 전 정신질환으로 다른 병원에 입원했지만 내과 치료가 더 급하다고 여긴 구상이 병원을 옮겼다. 마사코에게 "퇴원합니다. 안심하세요"라고 쓴 뒤로 반년 남짓밖에 지나지 않았던 때다.

병원을 옮기던 날, 지프차로 마중 나온 구상의 회고에서는 뒷좌석에 조각가 차근호가 있었다고 한다.* 비슷한 또래가 많았던 이중섭의 벗 중에서 차근호는 열여덟 살이나 어린 지인이었다. 띠동갑보다 훨씬 차이가 나는 차근호와 어떤 인연으로 알게 되었는지 상세한 기록은 없지만 이중섭을 형처럼 따르며 존경했다고 한다.

"2층 수용실엘 가서 그를 이끌어 내는데 그는 잠깐 기다리라고 하고선 각방으로 돌아다니며 그 망측한 꼴의 환자들에게 일일이 창살로 악수를 청하며 위로와 작별의 인사를 나누었다. 그리고선 현관 수부 受部 앞에 나오다가는 나보고 병원에서 준 성서와 슬리퍼값을 물고 가자는 것이었다. 나는 "계산을 다 끝냈다"고 속이고는 그를 지이프 뒤에 싣고(이때 자해로 요절한 조각가 차근호와 함께였다.) 서대문까지 오면서 눈물이 쏟아져 나오는 것을 주체할 수 없었던 기억이 난다."

* 구상,「그때 그일들 231 - 화가 이중섭과의 상봉」,『동아일보』, 1976년 10월 6일.

그 동안 이야기를 나누기가 어려웠던 입원 환자의 병실을 돌며, 한 사람 한 사람에게 인사하는 친구의 모습을 본 구상은 너무나 가슴이 아팠다. 이중섭의 간은 회복을 기대하기 어려울 정도로 악화된 상태였다.

적십자병원은 한 해 전 대구에서 처음 입원한 뒤 다섯 번째 병원이었다. 병원 건물은 벽돌색 벽에 세로로 길고 가는 창이 늘어서 있다. 아래쪽은 흰색, 위쪽은 붉은 벽돌색으로 지어져 옛 서울역 건물이 떠오른다. 정면 입구 위에는 크게 새겨진 붉은 십자가가 걸려 있어 병원이라는 점을 알려준다. 1년 만에 만난 친구는 의사소통이 어려워진 상태였다. 부산에서 알게 된 시인 김광균은 이중섭이 병원에서 보여준 그림은 "정상의 사람이 그린 그림이 아니었다"라며 가슴 아파 했다.* 그의 회상을 재구성하면 이런 장면이 될 것이다. 이중섭의 맑았던 눈동자는 이미 흐리멍텅해졌다. 알아들을 수 없는 말로 횡설수설할 뿐이었다. "이 작품 좀 봐줘." 그렇게 말하고 주머니에서 꼬깃꼬깃해진 종잇조각을 꺼냈다. 그건 빨간 크레용으로 촛불과 닭을 끄적거린 것이었다. 마음속에서 이미 자신감과 희망, 가족을 향한 그리움마저 사라져버린 이때도 표현자로서의 본능만은 그를 밀어붙이고 있었던 것이다.

다른 친구들이 문병 왔을 때, 평양냉면을 먹고 싶다고 말했다는 일화도 전해진다. 친구가 병원 근처 냉면 가게에 가서 포장해오자 이중섭은 단숨에 후루룩 먹어치웠다는 이야기다. 진위는 정확히 알 수 없지만, 고향을 향한 사무치는 마음을 알려주는 일화처럼 여겨진다.

친구들 대부분은 김광균과 마찬가지로, 이 무렵 이중섭의 건강 상태가 심각했다고 증언하고 있다. 계절이 여름에서 가을로 향해갈 무렵, 이중섭을 찾아온 지인이나 친구들은 그의 만년을 이렇게 기록했다.

김영환은 9월에 접어들자 병실에 문병을 왔다. 이중섭은 김영환의 얼굴을 바라보며 손을 잡고서 친구들의 이름을 부르며 눈물을 흘렸다. 그중에는 예전에 38선을 넘어 북한으로 갔던 화가들의 이름도 있었다. 이중섭은 어쩔 수 없이 망향의 심정에 사로잡혔던 것이다.**

* 김광균, 「어느 요절화가의 유작전 유감」, 『경향신문』 1985년 6월 8일.

문병을 갔던 조카 이영진은 어쩐지 그날밤은 돌아가고 싶지 않았다. 병실에는 아무런 장식도 없이 침대 두 개만 나란히 놓여 있었다. 하나는 환자용, 또 하나는 간병하는 가족을 위해 마련해둔 것이다. 아내도 자식도 곁에 없는 이중섭에게 여분의 침대는 필요 없었을 뿐 아니라, 고독감만 한층 더 느끼게 한 물건이었을지도 모른다. 그날밤 이영진은 한동안 주인 없이 텅 비어 있던 침대에서 잠을 잤다. 거리를 지나는 차들의 엔진 소리조차 들리지 않는 조용한 밤이었다. 그런데도 야윈 숙부의 숨소리는 너무 약해서 곁에 있던 이영진의 귀에도 들리지 않을 정도였다.

"영진아, 나 좀 도와주렴."

이중섭의 목소리가 가늘게 울려 퍼졌다. 이영진이 서둘러 침대에서 일어나 다가가니 등 쪽을 좀 봐달라고 했다. 뼈와 가죽만 남은 그의 엉덩이 꽤 아래쪽을 살펴보니, 아주 조금 젖어 있었다. 맑은 물이 스며든 것처럼, 냄새도 느껴지시 않았다. 어렸을 때부터 동경했던 숙부의 너무나도 쇠약해진 모습에 이영진은 목이 메었다. 몸을 닦아주면서 소리를 죽여 눈물을 흘리던 조카의 심정을 알아차렸을까. 이중섭이 나지막히 말을 꺼냈다.

"영진아, 너는 고아다."

그리고 이렇게 말을 이었다.

"그렇다고 해도, 아무리 쓸쓸해도 꺾이지는 마라, 부탁이다."

'작은아버지, 이대로 가지 마세요.'

** '김영환 메모'.

이영진은 속으로 통곡했다. 숙부를 가슴 아프게 하지 않으려고 캄캄한 화장실로 들어가 혼자서 오열했다. 문득 이중섭이 통영에 있던 무렵에 보내준 편지가 떠올랐다. 서울대학교에서 미술을 배우던 이영진에게 이중섭은 "힘이 되어주지 못하는 작은 아버지는 미안한 마음이 가득하다"고 썼다. 이중섭은 원산을 떠날 때 어머니가 부탁했던 조카 이영진을 자식처럼 생각했다. 그런데도 학비조차 도와주지 못하는 괴로운 속내를 털어놓은 것이다.

"꺾이지 마라."

그것이 유언이었다. 이영진은 이 이야기를 앞서 말한 연극「길 떠나는 가족」의 팸플릿에 썼다. 이중섭의 친구들 사이에서는 이영진이 이 무렵 병원에 자주 찾아오지는 않았다는 증언도 있었기에 이 이야기의 진위에 대해서는 다른 의견도 있다는 점을 기록해둔다.

그의 만년에 관한 증언이 적다는 것은 가족처럼 매일 병실을 찾은 이가 없었음을 뜻한다. 이중섭이 계속 함께 하기를 바라며 찾던 가족이 없는 한, 더 이상 그의 마음을 위로해주는 일은 불가능하다고 친구들 역시 무력감을 느꼈는지도 모른다.

영안실

어둠 속에서 맹렬한 비가 쏟아지고 있었다. 적십자병원 311호실은 정적에 싸여 있었다. 침대 곁에는 가족도 친구의 모습도 찾아볼 수 없었다. 40세 생일을 열흘 앞두고 있고 있던 1956년 9월 6일 오후 11시 45분, 이중섭은 조용히 숨을 거두었다. 영안실에 안치된 그에 관한 기록은 '무연고자'였다.

중섭이는 얼마 남지 않았다고 마음의 준비를 했으면서도 친구들은 그날이 오늘, 내일 임박한 것은 아니라고 생각했을 것이다.

김이석이 여느 때처럼 문병을 왔다. 소설가인 김이석은 제6장에서 썼듯 이중섭이 서울에서 개인전을 열기로 결심하고 상경했을 때, 집을 구하는 걸 도와준 고향 친구였다. 김이석은 텅 빈 병실에서 눈을 의심했다. 있어야 할 이중섭이 보이지 않았다. 병원에 확인해보니 영안실로 가보라고 했다. 거기에는 이미 차가워진 친구가 누워 있었다.

"중섭이 죽었다."

부고를 들은 시인 김광균이 영안실로 달려왔다. 촛불 하나만 희미하게 관을 비추고 있었다. 관 속에는 비쩍 마른 이중섭이 영원한 잠에 빠져 있었다. 한시라도 빨리 가족에게 알려야만 한다고 생각한 김광균은 신문에 "가족이나 친척이 없어 매장을 할 수 없다"고 전했고 덕분에 이종사촌형 이광석 등이 바로 병원으로 달려왔다.

9월 11일 오후, 영구차 한 대가 조용히 적십자병원 후문을 빠져 나갔다. 장지에는 고향 친구와 피난 생활을 함께 했던 화가 친구와 시인 등 수십 명이 모였다. 염불 소리와 함께 오열하는 구상의 울음소리가 울려 퍼졌다.

'한국전쟁만 없었다면, 마사코만 곁에 있었다면 이런 일은 없었을 텐데.'

친구들은 가족을 흩어놓은 전쟁과 한일 두 나라의 단절을 원망했다. 이중섭의 새하얀 유골은 굵직했다. 야무진 두 눈에, 우렁차게 외치는 입가, 새빨간 석양을 강한 필치로 그린 소 그림 그 자체였다.

"이중섭 화백 서거
귀재 이중섭 화백은 우리나라 미술계에서 독특한 작가 의식과 깊은 감성이 (중략) 가장 주목되어오던 작가의 한 사람이었다.
그러나 불의의 질병으로 말미암아 오랫동안 병상에서 신음하다가 지난 9월 6일 11시 45분 적십자병원에서 서거하였다.
씨의 미술계에 끼친 공적과 생존시의 따뜻한 인간성을 추모하는 마음에서 삼가 통곡의 애도를 표하는 바이다."

당시 한국에서 유일한 미술잡지였다는 『신미술』에 게재된 부고 기사다. 친구들은 차차 추도문을 기고했다. 구상의 추도문에는 다음과 같은 마음이 담겨 있었다.*

"그는 더 이상 아무 것도 먹지 않아도, 그림 도구가 없어도, 그림을 그려도 그리지 않아도, 아무 것도 아쉬울 게 없는 세상으로 여행을 떠났으리라. 더 이상 스스로를 책망하지 않아도 괜찮아. 평온하게 잠들기를."

구상은 이중섭이 남긴 작품은 수백 점이 넘는다고 기록했다. 유작전을 열게 되면서 개인 소장 작품이 차차 발견되었지만 아직까지 전체 작품 수는 밝혀지지 않았다.

영문으로 쓴 전보

마사코가 한 통의 전보를 받은 것은 이중섭이 세상을 떠나고 일주일 정도 지난 뒤였다. 보낸 이의 이름은 김광균이다.

"LEECHUNGSOP DIED SIXTH CREMATED TODAY I EXPRESS DEEP REGRET"

날짜는 9월 11일로 기록되어 있다. 친구들이 지켜보는 가운데 화장한 날이다. 일본어도 한국어도 아닌, 감정이 쏙 빠진 영문이 마치 먼 타국에서 일어난 일 같은 느낌을 준다.

* 구상, 「야수파의 귀재는 사라지다-향우 중섭 이야기」, 『주간희망』, 1956년 10월 19일.

2019년 세 번째 인터뷰에서 나는 그날 일을 마사코에게 물어보았다. 원래 첫 취재에서 물어야만 했던, 빼놓을 수 없는 하루에 관한 질문이었지만 전보를 받은 순간의 마사코의 심경을 생각하니 좀처럼 말을 꺼내기 어려웠다.

"그날 일을 기억하고 계세요?"

단도직입적으로 묻자 마사코는 담담히 대답했다.

"하하, 확실히 전보는 받았지요."

태성이 말을 이어 내가 물어야 할 질문을 대신 해주었다.

"그 전부터 건강이 다소 안 좋으시다는 건 알고 있었죠?"
"응."
"각오는……."
"(질문을 막으려는 듯) 그런……."
"각오하고 있진 않았어요?"
"(각오는) 없었어."
"몸은 안 좋다고 해도 죽는다는 예감은 없었군요."
"글쎄."
"쇼크였겠네."
"아. 그렇지. 아아. 여기가 아파."

마사코는 왼손으로 오른쪽 가슴을 가리켰다. 얼마 전 가구에 부딪혔던 곳이 아프다는 말이었다. 그날의 일에 대해서는 더 이상 말할 기분도 아니고 힘도 없다는 마사코의 의사 표현이라고 나는 받아들였다.

적십자병원은 설립 이후 110여 년의 역사를 가진 종합병원이다. 현재 병원에는 이중섭이 입원했던 당시 기록은 하나도 남아 있지 않지만 장소는 당시

서울 적십자병원 전경. 적십자병원 소장.

그대로다. 무언가 실마리라도 찾을 수 있을까 싶어 나는 병원을 찾아가보았다. 체감 온도 영하 10도의 추위가 맹위를 떨치던 2018년 2월 5일 오후였다. 입춘을 지나서 햇볕은 점점 따뜻해졌지만 하얀 입김이 나오는 추위는 여전했다.

"저기 3층짜리 별관이 있었다고 들었습니다. 그 당시 건물은 완전히 없어져버렸어요."

적십자병원의 홍보 담당자가 병원 중앙에서 서쪽을 향해 손가락으로 가리켰다. 눈을 돌려보니 지상 26층, 지하 7층의 고층 빌딩이 건설 중이라고 쓰인 공사 현장의 간판이 보였다. 저물기 시작한 태양빛이 푸른 하늘로 높이 솟은 크레인을 비췄.

이중섭이 입원했던 병동은 '별관'으로 불렸다는데 1986년 본관 준공 때 철거했다. 지금은 본관이 지상 4층 지하 1층, 그 뒤로 세운 별관은 지상 11층 지하 1층인데 벽은 새하얗게 칠해져 있다. 환자와 문병객이 빈번하게 드나들고 있었다.

"흔적도 기록도 없어 유감이네요."

병원 담당자는 이중섭의 입원 당시 상황에 대해 묻는 나에게 미안하다는 듯 말했다. 반세기도 지난 환자의 기록이 없는 것은 당연하다. 그렇다고 해도 국민 화가로 사랑받는 거장의 마지막에 관한 기록이 없다는 것은 아쉽다고밖에 말할 수 없다.

현재 병원에는 1970년대 전경을 찍은 사진이 보존되어 있다. 최열의 『이중섭 평전』에 실린 1937년 11월의 사진과 거의 같아 보이는 걸로 보아, 이중섭이 입원했던 당시도 이렇게 붉은 벽돌색 병동이었음이 틀림없다. 현장에 서서 병동의 사진을 바라보니, 그가 보낸 나날이 떠오르는 것 같았다. 서대문은 관공서가 모인 광화문에서 지하철로 한 정거장, 1킬로미터 정도 떨어진 곳에 있다. 서울의 심장부라고 해도 좋다. 내가 방문한 날은 시대도 계절도 달랐지만, 도심의 떠들썩함을 피부로 느끼고 있자니 당시도 그런 시내 한복판이라는 장소가 도리어 이중섭의 고독을 더 깊게 만든 것은 아닐까 하는 생각이 스쳤다.

문병을 온 친구들은 있었다고 해도 그가 재회를 바랐던 마사코와 태현, 태성이 "아빠!"라고 부르며 달려오는 일도, 원산의 어머니가 "괜찮니?"라며 찾아올 일도 결코 없었다. 자신에게는 더 이상 그런 날이 올 리 없다는 체념이 서둘러 죽음을 재촉한 것은 아닐까.

태현, 태성과 함께

이중섭이 떠나고 두 달 남짓 지난 1956년 11월 18일 늦가을의 일요일 오후, 묘비 제막식이 있었다. 그는 서울의 동쪽 끝 망우리 공동묘지에 납골 형식으로 묻혔다. 입회인은 만년을 함께 했던 구상, 김광균, 김이석 등이었다.

봉긋한 무덤 옆으로 높이 80센티미터 정도의 비석이 세워졌다. 친구들이 돈을 모아 조각가 차근호가 제작한 것이었다. 둥그스름한 비석의 위쪽에는 원형으로 도려낸 부분이 있다. 그 원형 중앙 부근에는 남자 아이 두 명이 새겨져 있다.

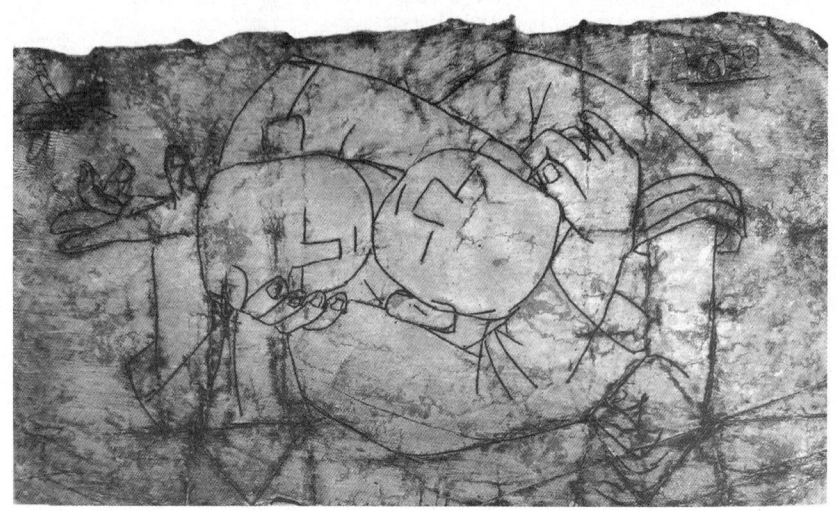
1950년대 그린 은지화 〈두 아이〉. 개인 소장.

서로의 몸을 팔로 꽉 끌어안고 얼굴을 찰싹 맞대고 있다. '대향'이라는 사인이 들어간 은지화 작품 〈두 아이〉를 연상시킨다. 망우리에 모인 친구들은 더 이상 아이들과 따로 떨어지는 일은 없을 거야, 천국에서 아이들에게 자전거를 사주게나, 그리고 미련과 아쉬움을 남기지 말고 편히 잠들기를, 하고 빌지 않았을까. 나는 2017년 10월 13일, 이중섭이 잠든 망우리를 방문했다. 61년 전 이루어진 제막식 날짜보다 한 달쯤 전이었다. 서울의 단풍은 도쿄보다 한 달가량 빠르지만, 그래도 아직 잎은 거의 초록빛을 띠고 있었다.

제막식이 어떤 정경이었을지 상상해보려면 11월 18일까지 기다렸어야 했을지도 모른다. 다만 서울은 11월 중순에 첫눈이 내리는 해도 있다. 망우리는 176만 헥타르의 광대한 부지다. 2016년 6월 20일 『주간 조선』을 보면, 이중섭의 묘소는 숲인지 길인지 알 수 없는 들판을 빠져나와야만 나온다고 쓰여 있다. 눈길을 걷기가 힘들어지기 전인 가을에 가야겠다 싶어 나는 그가 잠든 언덕을 서둘러 찾았다.

망우리 공동묘지는 식민지 시기인 1933년, 당시 경성부가 최초의 공영묘지로 조성했다. 매장은 1973년까지 이루어졌지만 묏자리가 한계에 달하자 더 이상 묘지를 받지 않았다. 2017년 9월 말 현재 7,510명이 잠들어 있다. 망우忘憂

란 조선 왕조를 세운 이성계가 자신의 능을 정할 때, 이 언덕에서 겨우 근심을 잊을 수 있겠구나, 라고 말한 데서 비롯했다고 한다.

덜컹거리는 노선버스를 타고 서울 중심부 광화문에서 동쪽으로 정확히 한 시간을 달리다가 20층 정도의 아파트가 몇 동이나 늘어서 있는 곳에 내렸다. 건물 안쪽으로 높이 282미터의 망우산이 눈앞에 다가온다. 여기가 이중섭이 잠든 숲이다. 산 일대는 둘레길이라 불리는 산책길이 정비되어 있다. 평일 오후인데도 등산복 차림의 중장년층이 부부끼리 이야기를 나누며, 혹은 혼자 노래를 흥얼거리며 저마다 가을의 정취를 만끽하고 있었다.

"여기도 저기도 전부 무덤이에요. 여자 혼자는 무서워서 못 가요."

묘지가 어디냐고 묻자 지나가던 중년 남성은 위험하다는 듯 말렸다. 산 전체가 무덤이라는 것은 상상하지 못했다. 계속 걸어가다보니 산비탈 오른쪽도 왼쪽도 온통 잔디가 덮인 봉분이 펼쳐지기 시작했다. 이중섭의 묘는 도대체 어디에 있을까. 부넘을 찾는 일이 무척이나 어려운 일처럼 여겨졌다.

공동묘지 관리사무소 근처에 가보니 이곳에 잠든 문화인이나 독립운동가의 사진을 펼쳐놓은 대형 간판이 눈에 들어왔다. 이중섭의 이름과 사진이 있는지 확인하고 나서 일단 안심했다. 자세히 보니 일본인의 이름도 두 명 있었다. 조선 도예 연구자 아사카와 다쿠미淺川巧와 조선총독부 초대 산림과장으로 일했던 사이토 오토사쿠齊藤音作다. 북한 출신도 다수 묻혀 있다. 이중섭도 그 가운데 한 명이며, 동향 출신 친구 김이석의 얼굴도 보인다. 그들은 언젠가 남북이 자유롭게 왕래가 가능해지면 고향으로 돌아가고 싶다고 생각하지 않을까.

대형 간판이 있는 곳에서 수백 미터 올라가자 '이중섭 묘소'라는 안내판을 발견할 수 있었다. 묘지 관리소에 근무하는 채용병의 말에 의하면 한 해 전에 설치되었다고 한다. 탄생 100주년을 맞아 방문하는 사람도 늘어났던 걸까. 안내판을 보니 125미터 정도 내려가면 된다고 화살표가 붙어 있었다. 헤매지 않고 도착했구나 안도하는 순간, 눈앞에 무덤과 작은 비석만 여기저기 있는 광경이 다시 펼쳐졌다. 지나가는 여성들에게 물어보니 그중 한 명이 왼쪽으로 내려가면 된다고 가르쳐 주었지만 역시 찾을 수 없었다. 다음에 만난 여성에게서는 잘 모르겠다는 대답이 돌아왔다. 국민 화가라고 해도 여기까지 찾아오는 사람은 그리 많지 않은 듯했다.

숨을 헐떡이며 정면을 보며 걸어가던 남성에게 물으니, 일단 큰 길로 되돌아가는 편이 찾기 쉬울 거라고 알려줬다. 그러면서 이렇게 덧붙였다.

"일제 시대 때 일본이 여기를 관리했어요. 지금은 이제 새로운 사람은 들어올 수 없는 것 같아요."

묘소가 가득 찼다는 관리소의 설명과 맞아떨어진다. 동네 사람들은 역사를 잘 알고 있는 것이다. '이중섭 묘소'라고 쓰인 다른 안내판이 눈에 들어왔지만 여기서도 역시 125미터라는 표시가 있다. 다시 왔던 자리로 돌아가는 건 아닐까. 불안한 마음으로 나무 계단을 100개 정도 내려갔다. 그러자 이중섭의 업적을 기록한 낡은 간판이 눈에 들어왔다. 더 오른쪽으로 가니 양지바른 쪽에 비석과 묘지석이 늘어서 있다. 드디어 도착했다. 시계는 오후 3시 10분을 가리키고 있었다. 광화문을 출발한 뒤 2시간 30분 정도가 지났다.

"산비탈이니까요. 나이가 너무 많아서 위험하죠."

약 두 달 전 인터뷰에서 태성이 말했던, 마사코가 최근 몇 년 동안 성묘를 가지 못했던 이유가 떠올랐다. 마사코는 일본과 한국의 국교 정상화 이후, 1970년대 처음으로 이곳을 찾았다. 그때 촬영된 것으로 보이는 사진 속에는 마사코가 가만히 비석에 손을 올리고 있다. 이후 서울에 올 때면 종종 찾아왔지만 허리와 다리가 아픈 나이가 되면서 점차 오지 못하게 되었다. 한동안 오지 못하다 마지막으로 찾은 때가 2013년 다큐멘터리 영화 촬영을 위해 한국을 찾았을 때였다. 이런 산 속이라면 무리도 아니다. 다음 장에서 다루겠지만 망우리 언덕과는 별도로 도쿄에서 그를 만날 수 있는 장소가 있기 때문이기도 했다.

가을날의 부드러운 석양이 나뭇잎 사이로 비쳐 들어왔다. 서쪽으로 기울기 시작한 햇빛이 두 남자 아이가 끌어안은 그림이 새겨진 비석을 비추고 있었다. 비석 아래쪽에는 구멍이 뚫려 있었다. 거기에는 작고 흰 국화가 일곱 송이 꽂혀 있었다. 어제오늘 꽂아 놓은 것 같지는 않았다. 아래 단에는 '大鄕 李仲燮 畵伯 墓碑'라고 한자로 써 있다.

무덤 앞에는 대리석에 "아들 이태현 태성"이라는 이름이 새겨져 있었다. 아내 마사코의 이름이 새겨져 있지 않은 것이 이상했지만, 당시 한국에서는 아내 이름은 넣지 않는 것이 일반적이었다고 한다. 그렇지만 당신 곁에서 열심히 그림을 그리고 싶어, 남덕이 없으면 안 돼, 라며 이중섭이 몹시 그리워했던 마사코의 존재가 어디에도 느껴지지 않는 것이 그의 본뜻은 아니었을 거라는 생각이 들었다. 아무리 한국의 전통이나 문화와 맞지 않는다고 하더라도.

눈을 감고 있으니 풀벌레 소리와 희미한 이야기 소리가 바람에 실려 들려왔다. 이중섭의 자리에 부여된 묘지 번호는 103535였다. 돌에 새겨진 번호는 판독이 힘들었다. 긴 세월이 흘렀음을 말해주는 것 같았다. 맑게 갠 하늘을 올려다보았다. 바로 옆에는 5미터 가량 뻗은 소나무가 뿌리를 내리고 있었다. 이중섭이 쓸쓸하지 않도록 진구들이 심어준 나무라고 한다.

"소나무여 소나무여 변함이 없는 그 빛
비 오고 바람 불어도 그 기상 변치 않으니
소나무여 소나무여 내가 너를 사랑한다."

이중섭이 친구들 앞에서 불렀다는 패기 넘치는 행진곡「소나무여」가사가* 머릿속에 맴돈다. 끊임없이 사람들의 온기를 그리워했던 천재의 무덤을 반짝이는 석양과 소나무 잎이 통째로 감싸고 있었다.

* 최열,『이중섭 평전』돌베개, 2014년, 43쪽.

제8장 툇마루의 재봉틀

→ 야마모토 마사코와 어린 두 아들.

서울에서 온 유골함

드르륵드르륵. 재봉틀을 밟는 소리가 리듬감 있게 울려 퍼진다. 햇볕이 반짝이며 내리쬐는 툇마루, 라디오에서는 스모 경기 중계 소리가 흘러나온다.

툇마루에는 재봉틀이 두 대 놓여 있었다. 마사코와 큰언니 후사코의 것이었다. 태성은 후사코가 재봉틀을 돌리면 으레 툇마루로 나갔다. 이모 곁에 있으면 어쩐지 마음이 편했다고 했다. 어릴 때 야단 치는 엄마보다 친척을 더 따르곤 했던 경험은 누구라도 한번쯤 있을 것이다. 키우던 커다란 개 지코에게 쫓겨 정원에서 도망다니다 울먹일 때, 다정하게 달래주던 이도 후사코 이모였다고 한다.

마사코는 직접 디자인하고 재봉틀을 돌려 만든 옷을 친구나 지인에게 팔았다. 양장 수요가 폭발적으로 늘어나던 시대 양재로 생활비에 보태는 여성은 적지 않았다. 다만 마사코는 그 정도 수준이 아니었다. 이중섭의 도항을 위한 돈을 마련하기 위해 구입했던 서적 대금을 갚아야만 했다. 사업을 제안했던 이중섭의 후배 마영일은 여전히 감감무소식이었다. 이제 남편이 도쿄에 올 일은 영원히 없어졌다. 그렇지만 선의로 힘이 되어준 친구에 대한 자책감에 빠진 마사코는 마냥 슬픔에 빠져 있을 여유가 없었다.

자식들 앞에서 눈시울을 붉히는 일도, 아버지에 대해 이야기하는 일도 없었다. 태현과 태성은 아버지가 세상을 떠났다는 사실을 모르고 자랐다. 아버지가 자전거를 사올 것이라는 기대도, 이노카시라 공원에서 함께 보트를 탈 수 있으리라는 기대도 편지가 끊어지면서 점점 사그라들었다.

"형이 공부할 때는 방해하지 말고 밖에서 놀아야 해."

네다섯 살 무렵 아버지에게 이런 편지를 받았던 태성도 이중섭이 세상을 떠나기 반 년 전, 초등학교에 들어갔다. 세 살 때 미슈쿠 집에서 아버지 무릎에 앉았던 이후 한 번도 얼굴을 보지 못했다. 어느덧 기억은 점점 희미해졌고 아버지의 부재는 당연한 것이 되었다. 아버지는 어디로 갔느냐고 물어 마사코를 곤란하게 만든 적도 없었다. 태성은 이렇게 회상했다.

"아마 내가 조금 더 컸으면 끈질기게 물어봤을지도 모르죠. 형도 그런 성격은 아니었어요. 아버지가 없는 게 일상이어서 그렇게 이상하지 않았어요."

설마 서울에서 유골함이 도착하리라고는 상상도 하지 못했다. 마사코가 "LEECHUNGSOP DIED"라고 쓴 짧은 글귀를 현실로 깨닫게 된 것은 이 전보가 도착하고 1년 후였다. 친구 구상이 유골함을 들고 마사코를 만나러 도쿄로 왔던 것이다. 구상은 1957년 9월 도쿄에서 열린 국제 펜클럽 대회에 참석하기 위해 일본에 왔다. 세계 각국의 문학가들이 '동서 문학의 상호 영향'을 테마로 모인 대회였기에 비자가 발급되었던 것이다. 한일 간 국교정상화 교섭은 끊어진 채였지만 1957년 2월 기시 노부스케岸信介 내각이 출범하며 두 나라가 교섭을 통해 조금씩 양보하면서 의견을 조율하던 시기였던 점도 영향이 있었을지 모른다. 도쿄 행을 간절히 바라던 이중섭이 끝끝내 얻지 못했던 입국 자격을 가장 친했던 벗이 이렇게 취득했으니 아이러니하다고밖에 말할 수 없다.

마사코도 구상도 이때 이야기는 그리 많이 하지 않았다. 구상은 유골의 일부는 서울에서 이중섭이 입원 전에 살던 산에 뿌렸다, 나머지는 망우리 언덕에 묻었지만 아내인 당신에게도 전해줘야겠다고 생각해 내가 따로 보관했던 것이라고 전했을 것이다.

이중섭은 만년에 가족과 다시 만날 수 있다는 희망을 잃고 자신의 한심스러운 모습에 절망했다. 마사코가 보낸 편지를 뜯는 일조차 없었다. 마사코가 그 이야기를 구상에게 들었는지는 알 수 없다. 하지만 마사코가 어떤 수를 써서라도 내가 서울에 갔어야 했다고 후회했을 것은 어렵지 않게 상상할 수 있다. 그때 마사코의 나이는 서른다섯이었다. 어린 자식들을 돌보면서 혼자서만 가슴에 슬픔을 간직한 채 어떻게 살았을까. 태성은 한참 생각하더니 그때 어머니의 심정을 이렇게 짐작했다.

"우리에게 이야기해봤자 제대로 이해하지 못했을 테니까. 친한 친구들에게 털어놓았겠죠."

아마 맨 먼저 이야기한 사람이 아닐까 싶은 사람이 문화학원의 동급생 마부치다. 마사코가 이중섭을 따라 조선으로 건너가기 직전 가지고 있던 이중섭의 작품을 맡길 정도로 전폭적으로 신뢰했던 친구다. 이중섭과도 친교가 있었기에 마부치가 받은 충격도 컸음은 말할 것도 없다.

태성은 형 태현과 함께 오사카에 있던 마부치의 미술교실을 다녔다. 마사코는 아이들을 데리고 여학교 시절의 친구가 살던 구게누마나 롯폰기에도 종종 찾아갔다. 이제부터 혼자서 아이들을 키워야만 해, 너무 힘들다고 친구들에게나마 투정을 부리면서 조금이라도 마음의 짐을 내려놓지는 않았을까. 나는 그렇게 생각했다. 하지만 마사코를 잘 아는 사람들에게 이야기를 들으면서 억측에 지나지 않았음을 알게 되었다.

"힘들다는 이야기는 하시지 않았어요."

그렇게 말한 것은 태현의 딸이자 마사코의 손녀인 야마모토 아야코山本亜矢子다. 5년에 가까운 취재의 막바지에 마사코와 30년 넘게 함께 살아왔다던 그녀와 만날 수 있었다. 부모가 집을 비우는 일이 잦았던 아야코에게 마사코는 할머니이면서 어머니 같은 존재이기도 했다. 본인은 관계없다고 하지만 대학에서 미술을 전공한 것도 할아버지 이중섭의 영향이 있었을 것이다. 다마 미술대학에서 영상을 전공한 후 일러스트레이터로 활동하며 도쿄를 떠나 간사이 지역에서 생활하고 있었다.

마사코도 물론 집에서 때때로 언성을 높이는 일이 있었다. 다만 그건 다른 사람들과의 문제였을 뿐 자신의 처지를 한탄하는 경우는 전혀 없었다. 부산이나 제주도에서 보냈던 가난하고 힘든 생활에 관해서도 자기 입으로 말하는 일은 결코 없었다. 아야코는 그런 할머니의 모습이 생활고보다는 남편을 생각하는 마음이 앞섰기 때문이라고 생각했다. 아야코는 "할아버지를 정말로 좋아했었구나"라고 생각했다고 말했다.

이중섭에게 보낸 편지에서 싱글맘으로 아이를 키워야 할지도 모른다는 불안한 마음을 털어놓은 적이 있던 마사코였다. 결과적으로 정말 그렇게 된 상황까지도 이중섭과 결혼을 결심한 자신의 선택이라고 받아들였다. 아야코를 취재하면서 젊은 시절 마사코의 모습이 떠올랐다.

나중에 마사코가 일한 교회 물품 관련 양품점 나오미에서 십수 년을 함께했던 오쿠노 게이코奧野惠子도 마사코가 남편에 관해 그다지 많은 이야기를 하지 않았다고 회상했다. 오쿠노는 나오미의 2대 사장이다. 그녀는 이중섭이 한국을 대표하는 화가라는 것을 알고 있었다. 언젠가 마사코의 결혼식 사진과 이중섭의 작품을 사진으로 본 적도 있었다. 다만 한국에서 마사코가 어떤 고생을 했고 두 사람이 어떻게 헤어지게 되었는지는 나중에 공개된 다큐멘터리 영화에서 보고 처음 알았다며 오쿠노는 이렇게 말했다.

"자신에게 엄격하고 심지가 굳은 분이었죠."

마사코는 남편과 이야기를 나누고 싶을 때는 그가 남긴 작품을 가만히 손가락으로 쓰다듬었다. 연애 시절, 기치조지에서 사흘에 한 통씩 보내오던 엽서화를 한 장 한 장 꺼내보며 삼시나마 섦은 날의 추억을 떠올렸다. 그가 자기 식으로 바꿔 적어준 베를렌의 시는 언제라도 볼 수 있도록 봉투에서 꺼내 서랍에 넣어두었다.

아이들 앞에서 흐트러진 모습을 보이지 않은 것은 어머니 도시코가 세상을 떠났을 때도 마찬가지였다. 집안의 중심이었던 어머니는 마사코에게는 늘 의지할 곳이었으며 목표와도 같은 존재였다. 그런 도시코가 진통 때문에 모르핀을 맞아가며 힘들어하다가 남편이 기다리는 곳으로 떠난 것은 마사코가 마흔이 되었을 무렵이었다. 그렇지만 태성은 어머니가 의기소침한 모습을 본 기억이 없다고 했다.

"굳센 사람이죠. 그러니 여기까지 올 수 있었는지 모르지만요."

태성의 말에서는 어머니를 향한 존경이 느껴졌다. 하지만 그렇게 받아들이기까지는 긴 시간이 필요했다.

갈등

예전에 서울에서 온 편지에는 이런 구절이 있다.

"태성 군이 말썽을 피워도 아빠가 있으면 괜찮아요. 의젓하고 야무진 아이로 보여줍시다."_1954년 10월 28일.

이중섭이 이런 편지를 쓴 까닭은 떼를 부리는 태성 때문에 애를 먹는다는 이야기를 마사코에게 들었기 때문이다. 때로는 역시 아빠가 함께 있어주었다면, 하고 혼자 한숨을 쉬는 밤도 있었을 것이다.

"여러분, 아버지의 직업을 말해볼까요?"

어느 날 사회 수업에서 담임 선생님이 별 생각 없이 던졌던 한마디가 태성을 곤혹스럽게 만들었다. 초등학교 4학년 때의 일로 기억한다. 당연하게 생각하던 아버지의 부재에 처음으로 의문을 가진 순간이었을지도 모른다.

'난 왜 아버지가 없는 걸까. 아버지는 무슨 일을 하는 사람일까.'

어떤 실마리도 알 수 없던 태성은 선생님의 질문에 답을 할 수 없었다.
사춘기에 접어들자 같이 살던 친척들이 나누던 이런저런 대화 속에서 아버지는 아무래도 한반도 출신인 것 같다는 생각이 들었다. 마사코도 가끔 은근슬쩍 입에 올릴 때가 있었다.

"어째서 한국 사람과 결혼했어?"

어느 날 태성은 마사코에게 단도직입적으로 물었다. 아버지가 일본인이 아닌 사실을 어떻게 받아들여야 할지 알 수 없었다. 하지만 어머니에게서 납득할 만한 대답은 돌아오지 않았다. 점잖은 성격의 형은 어머니에게 물어볼 생각도 하지 않았다.

"(아버지가) 너무 좋아서 어쩔 수 없었어, 라는 대답이라도 해주면 좋으련만 그런 말도 없었어요. 내 마음에는 전혀 와닿지 않았지요."

불만을 해소할 수 없던 태성은 점점 마사코와 충돌하는 일이 잦아졌다. 한일 국교 정상화가 이루어진 것은 태성이 15세 때의 일이었다. 미국의 강력한 중재를 통해 드디어 양국 정부는 국교 수립의 첫발을 내디뎠다. 그러나 일본 사회에서 한반도 출신을 향한 시선은 여전히 차가웠다. 마사코가 아버지에 대해 아이들에게 말하지 않은 것은 당시 일본 내의 이런 분위기 때문은 아니었을까. 나는 태성에게 그렇게 물어보았다.

"그럴 수 있지요. 어머니 스스로는 (한반도에 대한) 차별 의식이 없었지만 세상은 어떻게 생각할까를 걱정했다고 봐요. 둔감한 사람이 아니었으니까요."

듣고 보니 그럴지도 모른다. 태성은 그런 말투로 어머니가 마음속에 간직했을 생각을 추측했다.

서적 대금을 갚느라 바빴던 마사코는 양재 일만으로는 부족해 생명보험 회사 외판원으로 일하러 나갔다. '낯을 가리는 편이니 보험 외판원 같은 일을 할 성격이 아니'라고 어머니의 성격을 이해하며 웃는 태성이었지만, 소년 시절에는 말수 적은 어머니가 답답해서 곧잘 짜증을 부리곤 했다.

그런 마사코 대신 태성에게 따뜻함을 느끼게 해준 것은 "야스나리 군에게"라고 시작하는 아버지의 편지였다. 셀 수 없을 만큼 쌓인 봉투를 열어 보았다. 가족 네 명이 하나로 둥글게 원을 그린 그림이나, 태성의 편지를 "참 잘 썼어요"라고 칭찬해준 '파파'의 답장을 다시 펴보곤 했다. 그때마다 '아버지로부터 이렇게 큰 사랑을 받았구나' 하는 마음에 태성은 편안함을 느꼈다. 한국을 대표하는 화가였다는 것을 알게 된 것은 훨씬 뒤의 일이었다.

'핏줄에 대한 갈등은 점점 나 자신을 힘들게 만들 뿐이다. 숨길 생각이 있었던 것도 아니며 그런 이유로 괴롭힘을 당한 적도 없다. 그런데도 어느덧 아버지의 존재를 주위에 이야기할 수 없게 되었다. 내 입으로 털어놓아야 한다. 스무 살이 되면 주위에 고백하자.'

태성은 그렇게 스스로에게 맹세했다. 그리고 친한 친구에게 아버지가 한반도 출신이라고 처음 털어놓았다.

"아, 그래? 그게 뭐?"

친구는 맥이 빠질 정도로 담담하게 받아들였다. 태성이 마음의 짐을 내려놓게 된 순간이었다. 이 일을 계기로 어머니를 대하는 방식도 조금씩 달라졌다. 제1장에서 이야기했던 것처럼 마사코가 다닌 부립 제3고녀는 전쟁이 끝난 후 고마바 고교로 이름을 바꾸었는데 태성도 이 학교를 졸업했다. 어머니에게 반발하면서도 어딘가에서 어머니를 따르고 있었던 것이다. 고등학교 때는 야구에 전념했는데 유격수 겸 3번 타자로 팀의 중심 선수로서 활약하며 도쿄 지역 신문에 이름이 오르기도 했다. 역시 아버지의 피를 이어받아서일까. 명문고등학교에 다니면서도 공부에는 흥미가 없었다. 졸업 후에는 야구 배팅 센터나 증권회사 등에서 아르바이트를 전전했다. 주위 사람들 눈에는 성인이 되어서도 제대로 된 정규직 일자리를 잡지 못하는 아들에게 마사코가 부채감을 안고 있는 듯 비쳤다. 일본과 복잡한 역사로 얽힌 한국으로 건너가 화가의 집안에 시집 간 것에 후회는 없었다. 다만 아이들에게 안정된 미래를 보장해주지 못한 것은 그 대가가 아닐까 고민하고 있었을지도 모른다. 아들들이 생활비가 궁해지면 마사코는 말없이 돈을 건넸다. 늘 일에 쫓기며 살았던 것은 자식들의 생활비까지 마련해둘 필요가 있다고 느꼈기 때문이기도 했다.

마사코의 고뇌를 알고 있던 문화학원 시절부터 친구였던 마부치 가즈요는 어느 날 단골 화방에 태성을 소개했다. 그곳에서 15년 가까이 근무한 태성은 어느새 화가를 돕는 일을 하고 싶다는 생각을 키웠다. '화가'라고 말할 때 떠올린 얼굴은 물론 아버지였다. 그뒤 독립해서 액자 주문 제작을 생업으로 삼게 되었다.

"내가 잘못해서 엄마를 고생 많이 시켰지?"

"그래, 맞아. 알긴 아는구나."

모자는 그런 식으로 과거를 되돌아보곤 했다.

"평소에는 누구에게나 상냥하고 친절한데도 한번 화가 나면 불같이 성을 내는 점은 아고리에게서 물려 받은 것이겠죠."

마사코는 그렇게 중얼거리기도 했다. 그러면 태성은 쓴웃음을 지으며 이렇게 말했다.

"너는 (아버지를) 닮았어, 라는 말에는 결코 칭찬하는 뜻이 담기진 않았죠."

성인이 되어 밝힌 태성과는 달리 형 태현은 결코 아버지에 대해 입을 열지 않았다. 단골 선술집에서 "(아버지는) 유명한 화가셨다지요?"라는 이야기를 들을 정도로 동네에서도 잘 알려졌는데 스스로 아버지 이야기를 꺼낸 적은 없었다. 태현은 제주도에서 게를 잡던 일이나 부산에서 경험했던 고생을 일본으로 온 후에도 어렴풋이 기억했다고 한다. 부산을 떠나던 해, 태현의 나이는 네 살, 태성은 두 살이었다.

항상 배가 고팠던 원체험이 머릿속 한구석에 남아 있는 태현과 비교하면, 자신은 형보다 홀가분했다고 태성은 말했다. 아버지의 출신지를 둘러싸고 갈등은 있었지만 한국 자체에 대한 부정적인 이미지나 기억이 마음속에 남은 것은 아니었다. 그런 차이가 형제의 태도에 영향을 준 것은 아닐까 추측하는 태성은 이렇게도 덧붙였다.

"아마도 그래서 형이 (아버지에 대해) 말할 수 없었겠죠. 나는 기억하지 못하니까 말할 수 있는 거죠. 형은 말하지 못해서 더 괴로웠으리라 생각해요."

아버지에게 물려받은 태성의 부드러운 눈가에 그림자가 드리워졌다. 태현의 딸인 아야코도 아버지에게서 할아버지가 '한국 출신'이란 말을 들은 적이 없다고 했다. 태현은 망우리 묘지를 방문한 적도 없었다. 나중에 아야코가 할아버지 성묘를 다녀왔다고 하자 이런 거부반응을 보였다고도 했다.

"나는 가지 않을 거고, 이야기도 듣기 싫다."

어쩌면 한반도와의 연결고리를 완전히 끊은 것은 '조선 출신'이라고 놀림을 받던 어린 시절 기억 때문은 아닐까. 아야코의 눈에는 아버지의 모습이 그렇게 비쳤다. 태현은 인테리어 관련 상담사로 활약하며 TV에 출연하기도 했지만 밤에는 과음을 하며 힘들어하다가 어느 날 미슈쿠 집을 떠났다. 그래도 김치를 잘 먹은 건 역시 어릴 때부터의 습관 때문이었을지도 모른다.

"이제 슬슬 마음속 응어리를 풀 때가 왔다, 아버지도 그렇게 느꼈을 거예요."

아야코는 이렇게 말했다. 그러나 운명은 비정했다. 태현은 2016년 12월 인두암 투병 끝에 68세의 나이로 세상을 떠났다.

"할아버지와 비슷했나봐요."

아야코는 할머니가 아버지를 통해 남편을 투영했을 것 같다고 회상했다.

길쭉한 얼굴형과 입매, 부드러운 말투와 성격은 이중섭을 연상시켰다고 한다. 남편이 살아 있었다면 이런 모습으로 나이를 먹지 않았을까, 생각하기에 충분할 만큼 태현은 이중섭의 피를 이어받았다.

80대 초반 무렵 마사코가 고관절 수술로 입원한 적이 있었다. 태현은 매일같이 문병을 왔다가 간호사에게 남편인 줄 오해를 받았다고 한다. 입원 생활 중에도 완벽하게 화장을 할 정도로 흐트러지지 않던 마사코는 손녀 아야코에게 "부부로 오해 받았다"며 기쁨을 감추지 않았다고 한다.

투병 중 마지막 몇 달 동안 입원해 있을 때 태현은 어머니에게 매일 안부 전화를 했다. 다만 아내를 제외한 다른 사람과의 면회나 간병은 모두 거절했다. 마사코도 태성도 태현의 임종을 지켜볼 수 없었다. 그런 형에 대해 태성은 이렇게 말했다.

"형편없이 야윈 비참한 모습을 어머니에게 보여주고 싶지 않았던 형 나름의 마음이 아니었을까요?"

매일 전화로 장남의 목소리를 듣던 마사코는 예상도 못했던 부고로 큰 충격을 받았다. 동네 교회에서 열린 장례식 전날 밤에는 기력이 쇠해 수액 치료까지 받았다. 태성은 형이 어머니까지 천국으로 모시고 가버릴까 걱정을 했을 정도였다.

"자신이 죽는다는 것을 태현은 알고 있었을까?"

나중에 마사코는 태성에게 혼잣말하듯 물었다고 했다. 아들의 마지막을 돌보지 못한 어머니로서의 마사코의 절절함이 전해졌다.

아버지에 대한 마음을 겉으로 드러내고 싶어 하지 않았던 형을 대신해 수중에 남아 있던 이중섭의 작품과 편지의 관리는 태성이 맡았다. 아버지의 작품 중 가장 좋아하는 그림은 〈흰소 1〉이라고 했다.[화보52] 성공해서 도쿄에 가겠다던 각오로 준비했던 서울 미도파 백화점 전시회에 출품된 작품이다. 온힘을 다해 앞으로 달려 나가는 듯한 힘찬 선이 특징이며 〈통영 붉은 소 1〉과 더불어 대표작으로 알려져 있다. 태성은 그런 강렬한 힘에 끌렸다. 이 작품의 오른쪽 아래에는 '중섭'이라는 한글 서명이 남아 있다.

"사람들이 아버지의 그림을 칭찬하면 너무 기뻐요. 화집을 보여주면 다들 대단하다고 이야기하니까 그만 화집을 주고 싶을 정도예요. 그만큼 저 자신이 이중섭의 팬이에요."

이렇게 말하며 부드러운 미소를 짓는 태성에게서 과거의 격앙된 갈등의 흔적은 보이지 않았다.

이중섭의 화집이 처음 만들어진 것은 1970년대의 일이다. 절대적인 인기를 얻게 된 시기는 한국의 고도경제성장기와 겹친다.

국민 화가로

두께 8밀리미터 정도의 낡은 책자가 있다. 원래는 흰 바탕이었겠지만 군데군데 누렇게 변색했다. 1972년 3월 20일 서울 현대화랑에서 열린 《15주기 기념 이중섭 작품전》의 도록 『이중섭 작품집』이다. 현대화랑은 전시에 2년 앞서 인사동에 문을 연 2층짜리 갤러리였다. 현대화랑은 이 전시를 열고 3년 후 경복궁 앞으로 이전하여 한국을 대표하는 갤러리로 성장한다.

《15주기 기념 이중섭 작품전》은 타계 후 처음 열린 대규모 회고전이었다. 사후 15년을 계기로 이중섭의 작품을 세상에 널리 알리고자 친구들이 그의 발자취를 따라다니며 전국에 흩어진 작품을 모았다. 전시된 작품은 마사코가 좋아한다고 말한 〈부부〉, 〈황소〉, 〈길 떠나는 가족〉 등 120점에 달했다.[*]

도록의 표지는 태성이 좋아하는 작품으로 꼽은 〈흰소 1〉이 장식했다. 또

---

[*] 도록에는 이 제목으로 실렸으나 이 책에 실린 〈닭 1〉, 〈통영 붉은 소 1〉, 〈남쪽나라를 향하여 1〉을 가리킨다. 옮긴이 주.

렷한 검은 눈과 거친 코에서 에너지가 솟구친다. 작가의 숨결이 느껴지는 명작이다. 도록을 펼치면 왼손에 담배를 낀 이중섭의 지난 날 모습이 큼지막하게 담겨 있다. 촬영 시기는 1954년, 38세 당시 사진이다. 18년 후에 이렇게 추모전이 열리리라고는 이중섭 본인도, 친구들도 예상치 못했을 것이다. 1972년에 살아 있었다면 56세, 흰머리도 늘었을 테고, 풍채도 조금 넉넉해졌을 것이다. 그런 상상이 마구 뻗어나갔다.

작품전 준비위원회에는 열 명의 이름이 올라 있다. 구상을 필두로 말년을 함께 했던 김광균, 박고석 같은 친구들의 이름이 이어진다. 이중섭의 사진과 함께 펼침면에는 준비위원회 명의로 이렇게 기록되어 있다.

"한국의 현대 화가 가운데 이중섭만큼 전체 교양 사회에서 전폭적인 사랑과 존경을 받고 있는 예술가도 드물다. 그의 짧고 비극적인 생애와 예술은 귀재의 전설로 빛을 발하고 있다. 많은 천재의 죽음이 그러했듯이 이중섭도 고독과 실의와 자학적 정신분열 속에 40세의 젊음으로 비통한 죽음을 하였다. 1956년 9월 6일의 일이었다. 그러나 그는 그가 남긴 작품 속에서 영원히 살고 있다."

전시는 큰 호평을 받았다. 준비위원 중 한 명이던 박명자 현대화랑 회장은 취재에서 "전시를 보려고 사람들이 줄을 선 것은 처음이었다"며 성황을 이룬 당시를 회상했다. 원래 3월 29일까지 열흘 동안 예정한 전시 기간이 4월 9일까지 연장되었을 정도다. 가장 큰 매력이 그의 친근한 화풍에 있었음은 말할 것도 없다. 힘이 넘치는 소나 가족을 주제로 한 작품은 세대와 남녀를 불문하고 끌어당기는 힘이 있다.

대중적인 인기로까지 발전한 것은 이중섭의 비극적인 생애가 사람들의 마음을 흔들었기 때문이다. 국립현대미술관 학예사 김인혜는 "무척이나 드라마틱한 스토리가 이중섭의 주위에 있던 문화인을 통해서 알려지게 되었다"라고 이야기한다. 절친한 사이였던 구상을 비롯하여 이중섭에게는 시인이나 문학가 친구가 많았다. 1970년대 중반에는 그들의 작품과 회상록 등을 바탕으로 이중섭을 주인공으로 한 영화나 드라마, 연극이 차례차례 탄생했다. 이른바 국민 스타 반열에 오른 셈이다.

당시의 전문가 누구나 이중섭의 작품을 칭찬한 것은 아니었다. 드로잉은 완성도가 떨어진다고 보는 의견도 있었다. 김인혜는 '독창적인 붓질이나 수채 같은 담채 기법 등은 그가 거둔 공적'이라고 하면서도 '미술계의 평가보다 대중적 인기가 앞섰던 측면도 있다'고 지적한다.

전쟁으로 생이별을 한 월남 피난민이 그림을 통해 가족과 이상향에서 함께 살게 될 날을 꿈꾸었고, 웅혼한 소를 통해 민족이 지닌 불굴의 투지를 그려냈다. 그런 작품들은 부모를, 남편을, 아이를 잃고 초토에서 다시 일어서야 했던 국민에게 압도적인 공감을 불러 일으켰다.

가격은 계속 치솟아 현재 한 점당 10억 원을 넘어 한국에서 가장 비싼 화가 중 한 명으로 알려져 있다. 삼성 그룹을 이끈 이건희 회장도 이중섭의 작품을 사랑했던 사람 중 한 명이다. 2020년 10월 사망한 후 그가 소유한 미술품 가운데 이중섭의 작품이 100여 점에 달했다는 사실이 알려졌다. 이 작품들 중 상당수를 국립현대미술관이나 이중섭미술관 등에 기증했고, 그 기증 작품들을 중심으로 여러 미술관에서 특별전이 열렸다.

이중섭이 국민 화가로 등극한 때가 사후 20년 가까이 지난 1970년대인 까닭은 무엇일까. 한국전쟁으로 초토화된 1950년대, 박정희가 집권한 1960년대를 거치고 난 뒤 맞이한 1970년대였다. 서울과 부산을 잇는 대동맥인 경부고속도로가 준공된 1970년 이후 전국적으로 인프라 건설이 급속히 진행됐다. 베트남 전쟁 참전에 따른 특수도 일어났다. 표어는 "하면 된다", "세계 일등이 되자"였다. 1970년에 10억 달러였던 수출액은 단 7년 만에 100억 달러 목표를 달성했다. 이른바 '한강의 기적'이었다. 그때까지 열세였던 북한과의 경제 경쟁에서도 완전히 역전에 성공했다. 사람들의 삶이 여유로워지고 대중문화도 발전했다.

사회 전체적으로 활기찬 분위기가 높아지는 가운데 국민을 고무시킬 영웅이 필요했다. 이러한 시대의 요청도 이중섭을 스타로 만든 원인 중 하나였던 듯하다. 김인혜는 "한국이 경제 성장을 이루면서 미술계에서도 '영웅'이 필요했다"고 풀이했다. 식민지 시기 일본 통치에 협력했던 친일파나 월북 경력을 가진 이들은 아무리 뛰어난 예술가라도 높은 평가 대상이 될 수 없었다. 이중섭은 다행히 어느 쪽도 해당사항이 없었다.

"처음 그림을 배운 선생이 독립운동가 임용련이었다는 점에도 주목할 필요가 있다."

오타니 대학 교수 기다 에미코는 이중섭에게 소 그림을 가르쳐 준 은사의 경력도 영향을 주었다는 견해를 밝혔다. 민족 교육에 열심이었던 오산학교 교사 임용련은 독립운동가로도 알려져 있다. 게다가 그가 그림을 배운 것은 일본이 아니라 미국이었다. 나는 기다 에미코의 이야기를 들으며 일본을 향한 한국의 복잡한 시선을 다시금 떠올렸다.

1980년대에 들어서자 이중섭과 마사코가 나눈 편지를 한국어로 번역한 서간집『그릴 수 없는 사랑의 빛깔까지도』가 출간되었다. 식민지 시기를 거치며 일본어를 모국어 수준으로 익혔던 세대의 시인이 일본어 원문을 충실하게 번역한 책이었다. 제5장에서도 서술한 바와 같이 이 책에 수록된 편지는 총 41통인데 이중섭이 마사코에게 보낸 편지가 38통이나 됐다. 지금까지 본문에서 인용했던 1953년부터 1955년까지의 편지 중 일본어 원문을 파악할 수 없는 편지는 이 서간집을 통해 한국에서 널리 알려지게 되었다.

아내를 향한 넘치는 애정 표현으로 가득 찬 문구에 매료된 여성들이 많아서였기 때문인지 이 책은 큰 호응을 얻었다. 서간집은 2000년 재출간된 뒤 2015년에는 번역본을 현대식으로 고쳐 오늘날까지 사랑받고 있다.

"아버지가 점점 유명해지고 있어, 라는 이야기를 들었어요."

태성은 회고했다. 이중섭의 조카이자 태성에게는 사촌형인 이영진은 해마다 미슈쿠에 사는 마사코를 방문했다. 전람회를 보도한 신문기사나 잡지의 스크랩이나 전람회를 계기로 제작된 화집을 들고와 한국에서의 인기를 전해줬다. 태성은 이렇게 말했다.

"아버지의 그림이 더 유명해져서 모두가 봤으면 좋겠다고 생각했어요."

그 생각은 마사코도 마찬가지였다. 1976년 마사코는 이중섭 서거 20주년을 추모하는 행사에 참석하기 위해 방한했다. 1952년, 부산에서 도쿄로 귀국한 이후 무려 24년 만이었다.

재방문

여기저기서 크레인이 움직이고 고층 아파트가 즐비했다. 서울은 원산에서 마중 나온 이중섭을 호텔에서 만난 이후 처음이었다. 31년이 지나 고도 성장을 구가하고 있던 그 거리에서 마사코는 분명 눈이 휘둥그레해졌을 것이다.

서거 20주년 추도식이 어떻게 진행되었는지, 마사코가 인삿말을 했는지에 관한 상세한 자료는 없다. 남은 것은 "이중섭 화백 20주기 추모식"이라고 까맣게 새긴 간판 아래 영정이 놓이고 좌우로 수십 명이 앉은 장면을 찍은 사진이다. 망우리 언덕에서 옛 친구들이 이중섭이 잠든 무덤을 둘러싸고 서 있는 사진도 한 장 남아 있다. 이 사진들 속에서 마사코의 모습은 찾을 수 없었지만 마사코는 이때 처음으로 망우리를 찾았다고 했다. 드디어 왔어요, 라며 꽃을 바치지 않았을까.

아직 두 나라의 국교가 회복되기 전 한국에 주재하는 일본인 외교관으로부터 대구에서 이중섭의 작품을 발견했다는 연락을 받은 적이 있었다. 하지만 작품을 직접 받으러 올 수는 없었다. 감사의 뜻을 전하며 그에게 부탁할 수밖에 없었다. 그뒤 양국이 국교정상화를 이룬 지 11년이 지났다. 말썽을 부리던 태성도 성인이 되었고 조금씩 갚아나가던 서적 대금도 20년의 세월을 거쳐 완전히 갚았다.

"세상에는 좋은 사람만 있는 게 아니기 때문에 배신을 당하는 일도 종종 있습니다. 그래도 사람을 속이는 것보다 속는 쪽이 차라리 얼마나 마음이 편한지."

1976년 11월 18일자 엽서에서 마사코는 조카 이영진에게 이렇게 썼다. 1976년 이중섭 서거 20주년 행사 참석을 계기로 마사코는 해마다 서울을 찾게 됐다. 아직 두 나라의 민간 교류는 거의 없던 시대의 일이다. 특히 일본 여성이 한국에 오는 일은 더욱 드물었기 때문에 민간 교류의 선구적 존재였다고 할 수 있다.

1978년 이중섭의 문화훈장 수여식에서의 야마모토 마사코. 야마모토 가문 제공.

1978년 이중섭이 문화훈장을 수여받아 한국 정부의 초청을 받았을 때의 컬러 사진도 남아 있다. 훈장을 들고 포즈를 취하도록 부탁받았는지 허벅지 위에 훈장을 올려놓고 희고 빨간 띠로 감싼 증서를 보여주는 사진이다. 갈색이 도는 커다랗고 둥근 안경을 썼고 왼손 약지에는 반지가 반짝인다. 태성의 말에 따르면 평소에는 반지를 끼지 않는다고 했다. 공식석상이나 인터뷰처럼 '이중섭의 아내'로 사람들 앞에 나설 때 끼는 경우가 많았다. 남편을 위한 화려한 무대인데도 살포시 아래로 내린 시선이 수줍음이 많은 마사코답다.

이듬해인 1979년 4월에는 '미공개 200점'이라는 문구를 내건 대규모 작품전이 열렸는데 그 개막식에 참석했을 당시의 사진도 남아 있다. 연지빛 블라우스 왼쪽 가슴에 주빈을 나타내는 분홍색 꽃장식, 같은 계열색 브로치가 빛나고 있다. 블라우스에 맞춘 듯 분홍 계열의 립스틱을 바른 입술 사이로 흰 치아가 빛난다. 남편의 작품을 배경으로 서서 음료수 잔을 두 손으로 감싸며 다른 참석자들과 추억을 나누는 모습이다. 장소는 명동 미도파 백화점 6층에 신설된 갤러리였다. 미도파는 앞서 언급한 바와 같이 1955년 이중섭이 승부수를 띄우듯 도전한 전시회가 개최됐던 인연이 깊은 장소다. 이 전시는 한 달 동안 열렸다. 이중섭의 작품은 대표작인 〈통영 붉은 소 1〉조차 세로 32센티미터, 가로 49.5

센티미터 정도에 불과해 크기가 작은 것이 많다. 담뱃갑 속 담배 포장지인 은지에 새기듯 그린 은지화나 편지화는 더 작아서 세로 10센티미터, 가로 15센티미터 내외가 대부분이다. 갤러리에는 소형 액자에 들어간 작품들이 즐비했다. 현존하는 작품은 도쿄 유학 시대를 제외하면 월남 후 단지 4년여에 걸쳐 그린 그림이다. 200점이라는 방대한 수는 이중섭이 얼마나 끈질기게 그림에 몰두했는지 보여준다. 그런 남편을 마사코는 자랑스러워했다.

학창 시절에 마사코에게 보낸 엽서화나 은지화 등이 공개된 것은 이 작품전이 처음이었다. '글 없는 러브레터'는 마사코에게는 개인 소장품이라고 해도 좋을 것이다. 이중섭의 숨결이 느껴지는 유작을 자신만의 추억으로 간직하고 싶은 마음도 있었을 것이다. 이러한 수많은 작품을 일반인에게 공개한 이유에 대해 마사코는 당시 인터뷰에서 '나만의 것이 아니라고 생각했기 때문이다. 나만 독차지하기에는 그가 너무나 천재였기에'라고 대답했다.*

구상과 박고석, 이영진의 협조 요청도 마사코에게 힘이 되어주었다. 한 사람이라도 더 보아주었으면 하는 마사코의 마음은 통했다. 액자에 들어가 한쪽 벽을 장식한 작품 앞으로 두 줄, 세 줄의 행렬이 이어졌다.

그뒤 마사코는 남편이 남긴 팔레트도 기증했다. 2012년 제주도의 이중섭미술관을 방문했을 때였다. 마사코의 뜻을 헤아린 듯 팔레트에는 다음과 같은 설명이 붙었다.

"이남덕 여사는 이중섭으로부터 사랑의 증표로 받았던 이 팔레트를 70여 년 간 이중섭의 분신으로 생각하며 소중히 보관해 왔다. 그러나 이제 자신보다도 대중을 위해 이중섭미술관에 팔레트를 기증하기로 결심을 한 것이다. 이남덕 여사의 팔레트 기증은 개인의 사랑이 70여 년이란 시간을 넘어 만인에 대한 사랑으로 승화한 것과 다름이 없다."

2016년 7월부터 이듬해 2017년 1월까지 제주 서귀포 이중섭미술관에서

---

* 『선데이 서울』 1979년 4월 29일.

열린 《가족전》 당시 마사코는 이런 메시지를 남겼다.* 프롤로그에서 자세히 설명했던 그 전시회다.

"아고리는 아무리 괴로워도 그림을 그리고 있었습니다. 아들과 얘기하면서, 웃으면서, 마루에 드러누워서, 추운 방에 등을 웅크리고서도 정말 그는 그림을 그리기 위해 태어난 것 같은 사람이었습니다."

한국어

이야기를 다시 1970년대로 되돌려보자. 서울에 종종 방문하면서 남편의 모국어를 익히고 싶다는 생각이 강해진 마사코는 신주쿠 문화센터에서 한글을 배우기 시작했다. 이중섭과 살았던 당시도 '아빠', '뽀뽀' 같은 단어는 자연스럽게 들어왔다. 다만 이중섭이 일본어에 능숙했기 때문에 마사코가 따로 한국어를 배우지 않아도 불편함이 없었다. 그랬던 남편은 곁에 없었다.

"한국에 있을 때 한국 분들도 일본어를 알고 있어서 한글을 사용할 일도 없었지만, 아무래도 제대로 공부해보고 싶다는 생각이 들어서요."

마사코는 문화센터에서 함께 공부했던 도베 에이코에게 한글을 배우게 된 동기를 이렇게 말했다. 두 아들에게 손이 덜 가게 되어 앞서 언급한 양품점 나오미에서 일하기 시작한 것도 이 무렵이었다. 디자인 감각이 뛰어났던 마사코는 목회자가 입는 스톨stole**이나 가운을 만들고 수도 했다.

마사코가 1970년대 후반에 디자인한 직물 사진이 두 장 있다. 사장이었던 오쿠노 게이코가 소중히 간직하고 있던 귀중한 자료를 나에게 우편으로 보내

---

* 야마모토 마사코가 일본어로 쓴 글을 이중섭미술관에서 번역하여 게재했다. 인용한 글은 그 번역문이다. 옮긴이 주.
** 서양식 정장 위에 걸쳐 입는 긴 숄의 형태로 종교 의식 때 입는 긴 웃옷을 그렇게 불렀다. 옮긴이 주.

준 것이다.

"마사코 씨가 얼마나 감각이 좋았는지는 보내드린 사진을 보면 잘 알 수 있을 거예요."

야마모토 마사코의 디자인 작업물. 오쿠노 게이코 제공.

오쿠노는 전화기 너머에서 그렇게 말했다. 나는 오쿠노가 보낸 봉투가 도착하기를 설레는 마음으로 기다렸다. 당시 마사코가 어떤 사람이었는지 알려주는 단서는 많지 않았고, 이야기를 전해줄 친구들 대부분도 세상을 떠나버린 후였다. 사진은 귀중한 자료임에 틀림없었다.

마사코의 작업은 십자가에 보리와 포도를 함께 배치한 세련된 디자인이었다. 보리를 직접 보고 스케치한 것이라고 했다. 한 장은 바탕 위에 포도를 보라색으로 묘사했고, 다른 한 장은 보라색 바탕 천 위로 보리를 그린 황금색이 빛난다. 천의 바탕색에 맞춰 실의 색깔을 미묘하게 바꿔가며 선택했다. 미리 들었던 대로 마사코의 뛰어난 색채 감각이 충분히 전해졌다.

오쿠노에 따르면 나오미라는 가게 이름은 구약성경에 등장하는 과부의 이름을 따서 지었다고 한다. 오쿠노의 어머니가 미군을 상대로 긴자 마쓰야 백화점 근처에 열었던 가게였다. 전쟁터에서, 혹은 병으로 남편을 잃은 여성들이 모여 알음알음 기술을 익혀가며 재봉틀을 밟았다. 마사코가 나오미에서 일하기 시작한 것은 전후 혼란기로부터 20여 년이 지난 1970년대였다. 그녀는 바로 나오미에서 없어서는 안 될 인재가 되었다.

"이거, 소매가 뒤집어져 있어요."

어느 날 가운을 재단한 본을 보고 마사코가 지적했던 일이 있었다. 양재학교에서 기본기를 제대로 익혔던 마사코가 올 때까지 아무도 눈치 채지 못했다고 한다. 뛰어난 기술을 가졌으면서도 그렇다고 동료들에게 차근차근 가르쳐 주는 타입은 아니었다. 오쿠노는 마사코가 조용히 자기의 기술을 보고 배우라는 식으로 생각한 장인 정신의 소유자 타입이었다고 회상했다. 완벽주의를 추구하는 부분은 이중섭과 통했던 것처럼 느껴졌다. 우연히도 나오미에서도 한국과의 인연이 이어졌다. 어느 날 가게에 한국 청년이 갑자기 찾아온 적이 있었다. 한국어를 할 줄 안다고 마사코가 응대하자 이 청년은 감격하며 말했다. 한국제 가운을 일본에 도매로 팔려는 생각을 하고 있었는데 나오미의 가운이 훨씬 멋지다는 것이었다. 이를 계기로 마사코가 서울을 찾을 기회는 점점 늘어났다. 나오미 직원들이 함께 한국의 가운 가게를 방문한 적도 있었다.

모녀 정도로 나이 차이가 났던 도베와 둘이서 방한한 적도 부지기수였다. 1980년대부터 1990년대 초반까지 도베의 여권은 한국 출입국 기록으로 빼곡하다고 했다. 언론 인터뷰 등으로 한국을 찾을 때마다 마사코는 도베에게 동행을 권했다. 예전에 혹독한 피난 생활을 한 부산을 찾아 남편의 화가 동료들과 따뜻한 옛정을 나누기도 했다. 도베는 태성과 동갑이었다. 마사코는 딸 같던 도베가 자신의 제2의 고향과도 같은 한국에 관심을 가지고 있는 것이 기뻐 조금이라도 현지의 공기를 마시길 바랐는지도 모른다.

한국어를 배우겠다는 열의도 점점 뜨거워졌다. 낮에는 나오미, 밤에는 문화센터에 나가는 힘든 스케줄을 매주 소화했다. 그렇게 열정적인 활동에 마사코보다 열두 살, 스물네 살씩 젊은 지인들의 눈이 휘둥그레질 정도였다. 오쿠노가 "그분은 몸이 튼튼해서……"라고 말하면, 도베는 "나이와는 상관없이 긍정적이고 도전 정신이 왕성한 분이죠"라고 칭찬하는 식이었다. 문화센터에서는 한글 초급부터 상급까지 이수한 후 OB반까지 다녔다. 한국 언론의 취재가 있으면 자택으로 불러 각자 음식을 마련해오는 홈 파티를 열었다. 눈을 살포시 내리 깔고 겸손하게 말하면서도 항상 긍정적이고 웃음을 띤 얼굴을 했던 마사코의 모습을 보며 도베는 항상 본받아야겠다고 생각하며 감탄했다.

서울을 찾기 전에는 종종 조카 이영진에게 소식을 보냈다.

1990년 11월 18일자 『조선일보』에 실린 야마모토 마사코 관련 기사.

"안녕하세요. 한국어로 쓸 수 있으면 좋겠지만 시간이 걸리기 때문에 일본어로 씁니다."(여기까지 원문은 한국어로 썼다.)

1986년 2월 5일 이영진에게 보낸 엽서는 한글로 썼다. 1986년 『계간 미술』 여름호 인터뷰에서는 정확한 한국어 발음으로 이렇게 말했다고 한다.

"한국말을 지금 다시 공부하고 있는데 잘 안 됩니다. 발음이 나빠서 죄송합니다."

도베는 마사코가 한국 사람과 말을 나눌 때는 통역 없이도 고개를 끄덕이며 알아들었다고 기억했다. 청취력은 상당한 수준이었던 것 같다. 1986년 『계간 미술』 여름호 인터뷰 기사에는 마사코의 컬러 사진이 실려 있는데 회색 재킷에 앞자락이 트인 흰색 셔츠, 가슴께에는 진주목걸이가 햇빛에 반짝이는 모습이다.

"아직도 젊은 시절의 고운 눈매를 간직하고 있는 마사코 여사는 도저히 66세로 보기 어려웠다."

이런 서술은 겉치레 인사가 아니라 글쓴이의 본심이었을 것이다.

"이 모습이 제가 알고 있는, 미소가 근사한 야마모토 씨니까 꼭 봐주셨으면 좋겠어요."

도베가 추천을 해준 사진 한 장이 있다. 1990년 11월 18일자 『조선일보』 기사다. 부드러운 눈매로 가늘게 눈을 뜨고 하얀 이를 한껏 드러낸 마사코의 모습이 보인다. 이중섭의 이름을 따서 『조선일보』가 창설한 '이중섭 미술상' 시상식을 위해 마사코가 방한했다는 기사였다. 이때도 한국어로 대화를 나눴다고 한다. 마사코가 님편과의 추억을 그의 모국어를 통해 이야기하는 모습은 얼마나 아름다운 광경이었을까.

한국어를 배우기 시작해서인지 그동안 해보지 못했던 한국 음식을 만들어 집에서 대접하는 일도 있었다고 한다. 손녀 아야코는 마사코가 직접 만든 김치전을 친구들이 무척 맛있게 먹었다고 회상하며 이렇게 말했다.

"아직까지 할머니의 부침개를 뛰어넘는 것은 못 먹어봤을 정도로 맛있었어요."

각색

1979년 《이중섭 작품전 미공개 200점》 전시회에 맞춰 상연된 연극 「화가 이중섭」을 마사코는 서울의 극장에서 감상했다. 주간지 『선데이 서울』은 1979년 4월 29일자에 실린 인터뷰에서 마사코가 "남편을 너무나도 생생하게 묘사해서 놀랐다"고 말하며 감격스러운 모습이었다고 전했다. 이중섭의 요절을 애도하는 이 무대에 마사코가 아내로서 고마움을 느낀 것은 분명했다.

다만, 한국에서는 잘 알려지지 않은 사실이지만 연극을 보며 마사코는 지울 수 없는 위화감을 느끼기도 했다고 한다. 어쩌면 불쾌감이라고 말해야 할지도 모르겠다. 마사코의 어머니 도시코가 도쿄를 방문한 이중섭을 홀대했다는 식으로 각색되었기 때문이다. 시나리오의 바탕이 된 것은 시인이자 소설가인 고은이 쓴 『이중섭, 그 예술과 생애』라는 저작이다. 1973년에 출간된 이 책은 한국에서 나온 첫 번째 이중섭 평전이었다. 평전에는 이런 장면이 담겨 있었다.*

> "남득아, 남득아" 그는 한국어로 남득의 원명 남득을 불렀다. 남쪽에서 얻은 아내라는 처음의 뜻이었다. 그 소리를 듣고 장모 야마모토가 나왔다. 처음에는 알아보지 못했다. "접니다. 조선에서 온……." "아, 중섭 씨." 그러나 다음 순간 경악의 표정은 바로 싸늘하게 굳어져 버렸다. "당신 뭣 하러 왔어? 우리 딸 마사코를 또 고생시키려고? 안 돼요, 안 돼."

이 평전에는 마사코의 부모가 이중섭과의 결혼을 인정하지 않았다는 서술도 있었다. 마사코가 반대를 무릅쓰고 바다를 건너 결혼했다는 이야기다. 사실과는 전혀 다르다. 1933년생 고은은 이중섭보다 한참 젊었고 이중섭과 안면도 전혀 없었다. 이중섭의 친구들로부터 들은 내용을 바탕으로 쓴 책이었다. 지인들 중에 도시코가 그랬다는 이야기를 전한 사람이 있는지는 알 수 없다. 작가의 욕심으로, 조금 더 드라마틱한 전개로 만들기 위한 각색이 아니었을까 생각된다. 그러나 평전 형식을 띠었기 때문에 고은의 책은 한국에서 논픽션으로 받아들여졌다. 이중섭의 인기가 치솟으면서 베스트셀러가 되었고, 이 평전을 바탕으로 만들어진 영화가 한국 정부의 지원으로 칸 국제영화제에 출품되었을

---

* 고은, 『이중섭 평전』, 향연, 2004년, 246쪽. 고은의 '이중섭 평전'은 1973년 초판 출간 이후 여러 판본이 있다. 여기서는 2004년 출간된 판본을 참고했다. 옮긴이 주.

정도였다.

이중섭이 일본으로 올 수 있도록 분주히 힘을 쏟아 여당의 유력 정치인을 움직이도록까지 노력한 어머니가 이런 식으로 그려졌기에 마사코는 마음이 아팠다. 마사코는 1986년 『계간 미술』 여름호 인터뷰에서 이렇게 반론했다.

"사실과 다릅니다. 제 생각으로는 일본 사람을 나쁘게 설정해야만 드라마가 극적으로 표현된다는 심리 때문에, 그처럼 왜곡되었던 게 아닐까 생각됩니다. (중략) 한국의 장모들은 사위가 오면 극진히 대접하는 습관을 가지고 있지만, 일본에는 그런 관습은 없습니다. (중략) 그렇지만 먼 길을 찾아온 사위를 현관에서 내쫓는다는 건 말도 안 되지요. 왜 그런 터무니 없는 왜곡이 전해지게 됐는지 모르겠어요."

현재 한국 연구자들 사이에서는 『이중섭, 그 예술과 생애』는 평전이라는 이름을 한 소설로 받아들여진다. 미술사학자 최열은 고은의 각색에 대해 일본을 헐뜯기 위해서라기보다는 이중섭의 평가를 높이기 위해서였을 것이라고 분석했다. 이중섭이 민족적 긍지를 가지고 있다고 강조하려는 생각에, 일본인인 마사코나 어머니 도시코에 관한 비판적인 서사가 가미되었다고 보는 시각이다. 비극적인 천재 화가라는 이미지를 만드는 과정에서 이 평전이 일정한 역할을 했다는 것은 부정할 수 없다는 지적도 있다.

그렇다고는 해도 마사코는 어머니에게 상처를 주면서까지 남편을 인기 화가로 추켜세우는 것은 원치 않았다. 한국에서 잘못된 서사가 정착된 것에 대해서는 석연치 않은 마음을 여전히 가지고 있었다.

나는 2017년 11월 서울에서 상연된 연극 「길 떠나는 가족」을 감상했다. 이중섭의 대표작 중 하나의 유명한 제목을 그대로 붙인 것이다. 세월도 이만큼 흘렀으니 마사코의 주장이 다소 반영되어 있을지도 모른다는 기대를 희미하게 안고 극장으로 갔다. 하지만 역시 도쿄를 방문한 이중섭과 도시코 사이를 나쁘게 묘사한 장면이 있어서 나도 모르게 한숨이 나왔다. 마사코가 "아이를 키워야 하니 잠시 떠나는 거야"라며 일방적으로 남편을 두고 떠나자 "남덕아, 어딜

가니?"라며 이중섭이 어찌할 바 몰라 하는 장면도 연출 속에 포함되어 있었다. 비련일수록 두 사람의 사랑이 더욱 빛난다. 그러기 위해서 각색이 필요했다는 것은 이해가 된다. 하지만 마사코가 본다면 얼마나 가슴이 아플까. 그런 씁쓸한 뒷맛이 남는 무대였다.

트러블

한 가지 더 언급해둘 내용이 있다. 이중섭이 마사코나 태현, 태성에게 쓴 편지는 책으로 출간되고 전시에서도 공개되었지만 실은 마사코나, 태현, 태성의 동의를 얻지 않은 경우가 적지 않다고 한다.

태성에 따르면 마사코는 10여 년 전에 '무덤까지 가져가고 싶은 이야기가 있다'는 말을 자주 했다. 혹시 아버지에게 다른 여자가 있었다는 말일까, 태성은 그런 엉뚱한 상상까지 했다. 다름아닌 편지와 작품의 소유권을 둘러싼 문제였다. 전람회나 화집 제작을 위해 일시적으로 한국에 대여해준 작품들이 다시 돌아오지 않았다고 했다.

"억울한 일은 자식에게도 말하지 않았어요. 싫은 일도 전부 떠안는 성격이니까."

인터뷰에서 태성은 그렇게 말했다. 바로 옆에서 마사코는 "몇십 년도 더 전의 이야기니까······"라며 더는 이야기하려 하지 않았다. 다만 나오미에 일할 때, 어머니 도시코에 대한 묘사와 지금 말한 소유권 관련 사건에 대해서 강하게 불쾌감을 드러냈던 일을 오쿠노 게이코 역시 분명히 기억하고 있었다.

거장이라고 불리는 이들일수록 작품을 둘러싼 갈등이 많이 일어난다고 들었다. 태성 역시 트러블에 휘말렸다. 그는 15년 전쯤 한국에서 검찰 조사까지 받았다고 했다. 그무렵 고서 연구가 김용수가 이중섭의 새 작품을 1천 점 이상 발견했다고 주장하여 화제가 되었다. 태성에게도 연락이 와서 한국으로 달려와 실물을 보았다. 태성은 김용수를 믿을 만한 사람이라고 여겼다. 김용수는 작품 일부를 경매에 붙여 한 점에 3억 원이 넘는 가격으로 팔았다. 그런데 이 작품이 위작이라고 판명되었고 김용수는 사기 등의 혐의로 기소됐다. 그 와중에 자신이 김용수와 공모했다는 검찰의 의심을 받았다는 것이 태성의 주장이다.

2016년 국립현대미술관에서 열린 탄생 100주년 기념전에 태성은 마사코와 함께 개막식 테이프 커팅에 초대받았고, 주최 측은 마사코를 위해 휠체어를 타고 숙박할 수 있는 호텔까지 준비했지만, 두 사람은 자리에 함께 하지 못했다. 태성은 혹시 검찰에 구속될지도 모른다는 두려움 때문에 서울에 올 수 없었다. 대법원은 2017년 7월, 작품이 위작이었다는 1심 판결을 인정했다. 10년 이상 계속됐던 논란은 법적으로 마무리됐고 김용수는 징역 2년, 집행유예 3년의 유죄가 확정됐다.

이중섭과 관련된 위작 소동은 그때가 처음이 아니었다. 인기가 급상승하던 1970년대 이후 몇 차례나 반복되었다. 전설이 된 화가의 작품 관리에는 분명 어려움이 따른다는 점은 상상하기 어렵지 않다. 일본에서는 이중섭 개인전이 열린 적이 한 번도 없다. 여러 가지 문제를 뛰어넘고 언젠가 아버지의 전시회가 열릴 수 있기를 태성은 바라고 있다.

7년 간의 결혼 생활, 80년의 사랑

마사코가 백수, 만으로 99세가 되던 2020년 10월 12일, 함께 한국어를 배우던 도베 에이코가 축하 선물로 수를 놓은 손수건을 보내왔을 때였다. 태성이 손수건을 보여주자 마사코는 "고맙다는 전화를 해야지"라며 감격스러워했다. 어머니처럼 자신을 따르는 도베를 마사코 또한 딸처럼 여기며 마음을 열었다. 다만 그때는 이미 혼자 힘으로 전화를 걸 수 없는 상태였다.

"슬퍼요……."

언제나 명랑한 미소를 잃지 않고 살아온 마사코가 도베에게 태현의 부고를 전화로 전한 것은 그때로부터 4년 전의 일이었다. 도베는 그렇게 낙심한 목소리는 들어본 적이 없다고 느꼈다. 그 이후 마사코로부터 전화가 걸려오는 일은 거의 없었다.

내가 세 번째로 마사코를 인터뷰한 것은 2019년 7월이었다. 3년 전 처음 만났을 때는 두 시간 넘게 이야기를 나눴지만 세 번째 인터뷰를 할 때는 45분쯤 지나자, 이만 끝내야 한다는 생각이 들 수밖에 없었다.

"그래도 혼자 걸어 다니실 정도는 되니 다행이죠."

태성은 이렇게 말했지만 쇠약의 기미는 확연하게 느껴졌다. 혼자 힘으로 보행이 어려워져 2020년 늦가을에는 집 근처 병원에 입원했다. 입원한 병원에서 주위를 놀라게 할 정도로 급속한 회복세를 보였다. 99세라고는 도저히 믿기질 않는다며 의사들도 혀를 내둘렀다고 한다. 그녀의 건강을 지켜준 바탕은 식욕과 운동, 그리고 늘 흐트러진 모습을 보이지 않고 곱게 꾸미려는 마음가짐이었다.

입원 전까지도 월, 화, 목, 토는 데이케어 센터를 다니며 허벅지와 장딴지 근육을 늘리는 운동을 게을리하지 않았다. 음식은 의외로 생선도 야채도 별로 좋아하지 않는 '육식파'다. 아침 식사는 태성이 직접 만든 닭고기 야채 스프와 제철 과일을 섞은 요구르트, 김치를 세 입 정도 먹었다. 손녀 아야코도 이렇게 회상했다.

"먹고 싶은 것은 양껏 잘 드시니 건강하신가 싶었어요. 무언가를 먹고 싶어 하는 마음은 남들보다 갑절은 있었던 것 같아요."

양품점 나오미에 근무할 때는 긴자의 유명한 제과점 기무라야의 빵과 요쿠모쿠의 과자를 자주 사왔다. 다리와 허리가 아프기 전까지는 근처 편의점까지 좋아하는 먹을거리를 사러 자주 나갔다고 한다.

월요일 오전 10시가 되면 동네 미용실에 다니는 것도 오랜 습관이었다. 마사지를 받고 느긋해지면 산뜻한 마음으로 한 주를 맞이했다. 태성을 만나러 집에 손님이 오면 예정된 시간보다 훨씬 전부터 블라우스에 목걸이를 걸고 손님을 기다렸다. 그럴 때면 태성은 '엄마 만나러 오는 거 아니야'라고 했다며 웃었다.

좋아하는 배우는 미국의 해리 벨라폰테와 찰턴 헤스턴이다. 「겨울연가」가 유행할 때는 한류 드라마도 즐겨 봤다. 만약 이중섭을 누군가 연기한다면 '욘사마'보다 '이병헌'이었으면 좋겠다고 말했다고 한다. 아야코는 "미남을 굉장히 좋아해서 텔레비전을 보면서 '이 사람 너무 멋져!'라는 말을 자주 들었어요"라고 말하며 웃었다.

이중섭과 함께 산 시간은 불과 7년, 그때로부터 반세기 이상이 흘렀다. 34살에 홀로 남겨진 마사코에게 오랜 세월 버팀목이 되어준 것은 무엇이었을까? 세 번에 걸쳐 진행한 인터뷰에서 가장 알고 싶었던 것이다.

육아에 쫓기던 시절은 하루하루 생계를 꾸리는 데 분주했을 것이다. 좋은 친구들의 도움이나 교회의 인연, 나오미에서 일할 수 있던 것도 활력이 되어주었음이 틀림없다. 어린 시절 이웃에 살던 아저씨에게 마작을 배웠던 것이 계기가 되어 내기나 도박이 아니라 취미로 마작을 즐겼고 80세 정도까지는 긴자의 마작 사세를 나니기도 했다.

아들들이 성인이 되자 이바라키茨城 현 가시마鹿嶋에 별장을 샀다. 혼자 조용히 책 읽을 곳을 마련하기 위해서였다. 대지 60평에 흰 벽을 칠한 단층집을 지었다. 거친 파도 소리가 귓가에서 떠나지 않는 곳이었다. 주말이면 마사코는 책이 든 가방을 들고 혼자 고속버스를 타고 가시마로 갔다. 때로는 도베처럼 같이 한국어를 배웠던 친구를 초대하기도 했다.

"외로워 보이지는 않았어요."

그렇게 말하는 아야코의 눈에도 마사코는 충분히 충실한 나날을 보내고 있는 듯 보였다. 가족과 식탁에 둘러앉는 것보다 혼자 마음껏 피자나 햄버거를 사먹는 것이 기질에 맞는 '마이 페이스 타입'이었다. 오랜 세월을 함께 생활을 해왔기 때문인지 아야코도 할머니의 스타일에 자기도 모르게 영향을 받았다. 독립적인 삶을 꾸려갈 수 있던 것은 할머니와 함께 생활한 덕분이라고, 그러니

2019년 7월 24일 인터뷰 당시의 야마모토 마사코의 생전 모습. 오누키 도모코 촬영.

마사코의 삶의 방식을 충분히 이해할 수 있다고 말했다.

그렇다 하더라도, 때로는 다른 사람과 새로운 삶을 시작해보는 것은 어땠을까 하는 생각이 스쳐지나갔다고 해도 전혀 이상하지는 않다. 나는 2016년 첫 번째 인터뷰에서 마사코의 마음을 상하지 않게끔 신경 쓰면서 두 시간 정도가 지나 분위기가 부드러워지자 그런 핵심적인 질문을 던졌다. 달리 인연이 없었다는 긍정도 부정도 아닌 애매한 답이 돌아오지는 않을까 상상하면서.

"재혼? 그런 건 생각해본 적이 없어요."

'농담이죠?'라고 묻는 듯 마사코는 웃었다. 주위에서 재혼을 권유한 적은 있었지만 재혼 생각을 해본 적이 전혀 없다고 다시 한 번 잘라 말했다. 다음 해인 2017년 인터뷰에서는 내 앞에서 태성과 이런 대화를 나눴다.

"재혼 같은 건 생각해본 적이 없어."

"이성에 대한 관심이 별로 없는 거죠. 그게 이유 아니에요?"

"하하하."

  모자의 대화를 들으며 마사코에게 이중섭은 결코 과거가 아닌 현재진행형이라는 사실을 알 수 있었다. 스무 살 무렵이던 1939년, 문화학원 수돗가에서 이야기를 나눈 뒤 80년 넘게 마사코의 마음속에는 한결같이 그가 계속 살아 있었고, 함께 걷고 있었다. 그러니 그렇게 행복으로 가득한 표정을 지을 수 있었을 것이다. 마사코의 침대 베갯머리에는 그때까지도 결혼식 사진이 놓여 있었다.
  때때로 꿈에서 이중섭을 만난다고도 했다. 그런 날에는 태성에게 "아고리가 왔었어"라고 이야기했다. 인터뷰할 때, 최근 꾼 꿈에서 그는 안경을 쓰고 있었다고 했다. 남아 있는 사진 가운데 이중섭이 안경을 쓴 모습은 본 적이 없다. 할아버지가 된 그는 이런 느낌일까? 하고 마사코가 상상해본 모습일지도 모른다. 예전에 마사코가 이중섭에게 보낸 편지에서 이런 문장을 하나 발견했다.

  "당신의 힘찬 애정을 진심으로 느껴 남덕은 그저 기쁘고 가슴이 벅찼습니다. 이렇게 사랑을 받는 저는 전 세계 누구보다 가장 행복합니다. 그 사랑만 있으면 아무것도 무서운 것이 없습니다. 충분해요. 아무것도 바라지 않아요."_1953년 4월 27일.

  900쪽이 넘는 『이중섭 평전』을 집필하면서 미술사학자 최열은 객관성을 관철하기 위해 굳이 마사코를 포함한 이중섭과 관련된 당사자를 취재하지 않고 오직 자료를 철저히 파고들었다. 그런 최열은 나에게 이렇게 말했다.

  "그녀에게 남자는 이중섭 단 한 사람뿐이었을 것이다. 분명 그뿐이었을 것이다."

그 말을 듣고 나는 마사코가 걸어온 길을 정확하게 표현하고 있다는 생각에 무릎을 쳤다.

구상이 가져다준 이중섭의 유골은 야마모토 가문의 조상들과 함께 다마영원에 잠들어 있다. 가족끼리도 친분이 있던 구게누마에 사는 친한 친구는 20여 년 전에, 세타가야에 살던 제3고녀 시절의 또 다른 친구는 90살이 넘어서 세상을 떠났다. 쓸쓸해질 따름이네요, 태현까지 먼저 당신을 따라 갔어요, 라고 무덤 앞에서 마사코는 남편과 아마 그런 이야기를 나누지 않았을까.

2013년 다큐멘터리 영화 촬영차 한국을 찾았을 때였다. 프로듀서 쓰지모토 다카유키辻本隆行가 가보고 싶은 장소를 묻자, 마사코는 서울이라고 대답했다. '망우리 언덕에 올라가고 싶은 거로구나' 쓰지모토는 그렇게 짐작했다.

걷기 힘든 곳은 촬영 스태프가 업거나 두 사람이 안아서 마사코는 수십 년 만에 겨우 이중섭이 잠든 무덤 앞에 섰다. 휠체어를 탄 마사코는 지그시 눈을 감았다. 고요한 시간이 10여 분 지났다. 현장에서 그 모습을 지켜본 감독 사카이 아츠코는 아직 마사코를 깊게 알기 전이어서 침착함을 잃지 않던 그녀의 모습이 의외였다고 했다. '오랜만에 찾아간 남편의 묘소 앞에서 눈물 한방울도 흘리지 않는 여성인 걸까' 생각했던 사카이의 의문은 촬영이 거듭되면서 풀렸다. 아이들 앞에서 힘든 내색을 하지 않고 감정을 잘 다스려온 마사코는 그렇게 조용히 자신의 삶을 받아들인 사람이라고 이해하게 되었다고 했다.

"그저 물끄러미 무덤을 바라보고 있었어요. 지금은 그게 마사코 씨답다고 생각해요."

사카이의 말에 나는 고개를 끄덕였다.

"도망치려고 하지 말고 뭐라도 좀 써봐."

마사코는 어느 날 이중섭의 그런 목소리를 들은 것 같았다. 2016년 7월 제주 서귀포의 이중섭미술관에서 열린 《가족전》 당시 메시지를 보내줄 수 없겠냐는 요청을 받고 당황하던 마사코에게 용기를 준 한마디였다. 「나의 아고리」라는 제목으로 실린 이 글에서 마사코는 이렇게 적었다.*

"아고리와의 추억이 너무 많아 그와 함께 보낸 나날의 일상이나 그의 말조차도 그림이 되어 내 마음속에 남아 있습니다."

그리고 이렇게 글을 맺었다.

"나의 아고리는 지금도 살아 있습니다. 아고리의 넋이 나를 건강하게 지켜주고 있구나 하고 생각할 때가 있습니다. 그런 생각이 들 때면 '또 만날 수 있겠죠?' 하고 말을 걸고 싶어집니다. 그리고 '응, 다시 곧 만날 수 있어'라는 말을 듣고 싶어집니다.
재혼도 하지 않고 지금까지 이렇게 아들들과 건강하게 살아올 수 있었던 것도 아고리의 넋이 우리들 가족에게 '다시 만날 수 있어'라며 늘 미소로 지켜주고 있기 때문이라고 생각합니다."

---

* 야마모토 마사코가 일본어로 쓴 글을 이중섭미술관에서 번역하여 게재했다. 인용한 글은 그 번역문이다. 옮긴이 주.

에필로그

2023년 6월 28일 도쿄 이케부쿠로의 한 극장에서 상연된 연극 「길 떠나는 가족」 시작을 기다리며. 오누키 도모코 촬영.

"남덕 앞. 어린 것들 다리고 집까지 도라가는 길에 얼마나 고생 했소. 어머님께 또 동생들께 맞난 기쁨 얼마나 컷습니까. 그후 대향은 잘 있으니 안심하시요. 후일 또 편지 쓰기로 하고 부탁하는 말 몇 가지 쓰기로 하겠소.

① 홀로 계실 어머님을 잘 위하시여 기쁘게 해드릴 것.
② 대향 동경 가 공부할 길 하로 빨리 힘써주실 것.
③ 정식 수속이…시일 많이 요하면…적에 넣어서라도…적과 거주중을 속히 먼저해 보낸 후 자유미술가협회 친구들께 부탁하여 어머님과 협력하여 대향을 초청하는 형식으로…정식 수속을 힘써주십시요.
④ 공부하려 가는 길을 열기 위해 대향 자신이 돈 쓸 필요가 있을 때 한국 돈으로…. 백만원쯤 마 선생께 곧 취할 수 있께 마 선생께 약속해주십시요.
⑤ 대향한테 편지할 때는 그런데 대한 세세한 것을 쓰지 말고…. 부탁한 화십은 어느 때쯤 된나는 말로 바꿔서 써주시요. 마 선생께 편지 전할 때는 세세히 써주십시요.
⑥ 7월 초순에 시인 김광균 씨가 동경에 드러가시게 되니 남덕 집으로 전화를 걸 테니…. 꼭 맞나시고…잘 대접해주시요. 그리고 맘 놓으시고 부탁하시고 편지를 보내주십시요. 김광균 씨는 부산서 방 얻을 때 힘써주신 친구입니다. 광균씨 일에 힘이 될 수 있으면 협력해주십시요.
⑦ 발을 깨끗이 씻고 태성이 코를 늘 깨끗이 씿어주고 태현이를 울리지 마시요.

이만 또 쓰겠습니다. 몸튼이 일보십시요. 대향 살림사리는 마선생 부부께서 늘 돌보서주시니 안심하십시요."

이 글은 이중섭이 마사코에게 보낸 한글 편지 전문이다. 이 편지가 발견된 것은 2019년 11월. 마사코의 침실 벽장을 정리하던 태성의 눈에 지금까지

본 적 없던 편지 뭉치가 들어왔다. 이중섭이 마사코에게 보낸 편지가 57통, 이중섭의 친구들이 마사코에게 보낸 편지가 14통, 총 71통의 편지가 발견된 것이다. 놀란 태성이 밤 9시가 넘었음에도 불구하고 야마모토 가문의 대리인을 맡고 있는 쓰지모토 다카유키에게 흥분해서 전화를 걸었던 것도 무리는 아니었다. 그 가운데 몇몇 편지는 본문에서도 소개했다. 특히 눈길을 끈 것은 위에 그 전문을 쓴 한글로 쓴 편지다. 지금까지 이중섭이 마사코에게 보낸 편지는 일본어로 쓴 것밖에 발견되지 않았기 때문이다.

날짜나 소인은 없지만 마사코가 태현, 태성을 데리고 귀향한 직후인 1952년 6월말경에 썼으리라 추측된다. 모두 다섯 장으로 묶인 이 편지에는 마사코에게 부탁하는 일을 항목별로 써놓았다. 가로쓰기로 쓴 글과는 별개로 다섯 번째 장 왼쪽 구석에는 아들을 향해 이렇게 썼다.

"태현아 할머니 말씀 어머니 말씀 잘 들어라
태성아 할머니 말씀
아버지 그림 열심히 그릴게."

마사코는 한국어를 다 이해할 수 있었을까. 한글로 쓴 편지가 또 있을까. 확실한 정황은 파악할 수 없다. 다만, 이 한글 편지는 나중에 마사코 앞으로 쓴 정감 어린 편지와는 꽤 분위기가 다르다는 점은 확실하다. 거듭 소식을 전하다 보니 솔직한 심정을 토로하게 된 것일까. 이 편지는 마사코의 귀국 후 이중섭이 보낸 첫 번째 편지였을 가능성이 있다. 귀중한 서한을 가만히 바라보고 있으니 아직도 내가 모르는 두 사람의 이야기가 묻혀 있는 것 같다.

이 책의 집필은 좀먹은 흑백사진을 3차원 컬러로 만드는 것처럼 몹시도 어려운 일이었다고 말해도 좋을지 모르겠다. 이중섭과 마사코가 태어났던 100년 전으로 거슬러 올라가는 일부터 시작하여 전쟁 중 두 사람이 어떻게 데이트를 했을지, 38선 너머 원산에서는 어떤 신혼생활을 보냈는지 그런 정경을 묘사하기에는 자료나 증언이 너무 부족해 어려움을 겪었다.

지금까지 썼듯 한국에서는 이중섭이 마사코에게 보낸 편지가 주로 공개되어 있고 마사코가 보낸 편지는 거의 남아 있지 않아 입체적인 모습을 그릴 수 없었다. 국민 화가로 사랑받는 이중섭에 관한 자료는 넘쳐나는 반면, 일본인 마사코에 관한 정보는 압도적으로 적다. 2013년 다큐멘터리가 제작된 일은 이미 여러 차례 언급했다. 이 영화는 마사코의 사연에 푹 빠졌던 쓰지모토 다카유키가 몇 년에 걸쳐 설득하여 겨우 실현됐다. 알려지지 않은 마사코의 모습을 알 수 있는 귀중한 영상이지만 이중섭과 어떤 갈등이 있었는지, 오랜 세월을 혼자 어떻게 살아왔는지, 그녀의 속마음에 다가가려면 취재가 더 필요하다고 느꼈다. 게다가 식민지 시기와 한국전쟁이라는 무거운 역사적 배경도 자리하고 있었다. 신중하게 시대 고증을 하려다 보니 글이 잘 써지지 않았던 때도 종종 있었다. 이중섭과 주변 친구들이 건재했던 70년 전으로 돌아가 취재할 수 있었다면 구체적인 일화를 담아낼 수 있었을 것이다. 지금부터 새로운 사실을 찾아내는 일이 과연 가능할까, 그런 생각에 좌절하기도 했다.

그럼에도 두 사람의 이야기를 어떻게든 형상화하고 싶은 나를 이끌어준 것은 이중섭에 관해 이야기할 때 소녀 같았던 마사코의 표정이었다. 한국에서는 이중섭의 비극적인 삶이 너무나 유명하다. 그러나 나는 취재를 진행하면서 지금까지 이렇게 행복한 미소를 짓는 마사코의 삶의 태도가 무엇이었는지 알고 싶은 마음이 점점 강해졌다. 자료나 기록이 한정되어 있는 만큼 될 수 있는 대로 현장을 찾아가보자는 생각에 제주도나 부산, 통영 같은 연고지를 돌며 상상력을 동원해보았다. 풍경은 그때와 완전히 다르지만 마사코와 이중섭이 바로 거기서 가정을 일구고 살았거나 이중섭이 머물렀던 것은 틀림없다.

함께 살던 제주도와 부산에서는 어떤 대화가 오갔을까. 바다를 바라보며 데생하는 남편을 마사코는 어떤 눈빛으로 바라봤을까. 바닷바람을 맞으며 걷다보면 조금은 두 사람의 발자국을 따라가고 있는 듯한 기분이 들었다.

서울 특파원 임기를 마치고 2018년 봄, 일본으로 돌아가 태성으로부터 수많은 편지와 사진을 제공받을 수 있었다. 한국에 있던 마사코가 도쿄의 가족에게 보낸 엽서나 귀향한 마사코 앞으로 한국 친구들이 쓴 편지, 이중섭이 베껴 써준 발레리의 시 등이 그것이다. 그 가운데 상당수는 한국에서는 공개되지 않은 자료였다. 가끔 한글을 섞어가며 일본어로 쓴 육필을 눈으로 쫓다보니 이중섭과 마사코, 그리고 두 사람을 굳게 지켜준 친구들의 체온이 전해져 왔다. 그 덕분에 한 걸음 한 걸음씩 이야기의 윤곽을 붙여나갈 수 있었다.

가장 인상적이었던 것은 이중섭이 마사코에게 '이별'이라는 두 글자를 여러 번 적으면서 자신과 앞으로도 평생을 함께 할 생각이 있기는 하냐고 다그쳤던 사연이다. '육아에 바빠도 나를 생각하고 있다면 더 자주 편지를 써야 해요, 두 나라가 국교가 없더라도, 아무리 생활이 힘들더라도 나를 사랑한다면 핑계를 대지 말고 함께 살 수 있는 방법을 찾아야 할 텐데 왜 당신은 이래저래 이유만 늘어놓는 건가요'라고 이중섭이 그렇게 초조해 하며 마사코와 부딪힌 일은 지금까지 한국에서는 거의 알려지지 않았다.

'역시 가족은, 그리고 부부는 어떤 상황이든 함께 있어야 한다'는 것이 이중섭의 소망이자 신념이었음이 글 곳곳에 잘 드러나 있었다. 아이를 키우는 여성으로서 나는 마사코의 입장을 이해할 수 있을 것 같았다. 눈앞에 닥친 현실적인 문제는 아이들을 먹여 살려야만 하는 것이었을 테니 내가 마사코의 입장이라도 '물론 당장이라도 한국으로 달려가고 싶지만 이렇게 편지를 주고받으며 근황을 알리면서 차분히 방법을 알아봐요'라는 같은 선택을 할 것 같았다.

"정말 자주 왔다 갔다 할 수 있을 줄 알았다"는 마사코의 심정을 겨우 이해할 수 있게 된 것은 취재를 시작하고 4년 가까이 지난 2020년 봄이었다. 코로나19 확산 사태에 직면하면서 하네다 공항에서 김포 공항까지 단 두 시간, 언제든 마음먹으면 쉽게 오갈 수 있던 서울이 아득히 먼 곳이 되어버렸다. 소중한 사람을 다음에는 또 언제 만날지 모르게 되는 상황, 상상도 못했던 그런 환경에 나도 처하게 되면서 마사코의 말에 거짓이 없었음을 새삼 받아들이게 되었다. 다시 만날 수 있는 그날이 오리라고 믿어 의심치 않는 마음, 그것이 삶의 원동력이었다. 세 번의 인터뷰를 통해서도 마사코에게서 후회하는 기색을 전혀 느낄 수 없었던 것도 그 때문이라고 나는 확신하게 되었다.

제8장에서 서술했듯 취재 막바지에 이르러 손녀 아야코를 통해 마사코의 또 다른 모습을 알 수도 있었다. 그는 남편의 임종을 지키지 못하고 홀로 육아에 쫓기면서도 누군가를 원망하지 않고 살아왔던 사람이었다. 다만 아무리 마

사코가 강한 여성이라고 해도 성모처럼 완벽한 사람은 아니었다. 어딘가에는 연약함이 있기 마련이다. 인물에 깊게 접근하려면 어떻게 해야 할까 답답해하던 무렵, 아야코가 다양한 일화를 들려줬다. 한국어를 배우고 매년 서울을 찾던 시절, 실은 마사코는 집에서 큰 스트레스를 받고 있었다고 한다. 큰아들 태현 가족과 살았지만 술에 의존하며 살던 태현이 미슈쿠 집을 떠나자 마사코가 아야코와 남동생을 돌봐야 했다. 손자들의 도시락을 계속 싸주면서도 때로는 거친 말도 나왔다.

"내가 왜 너희들을 돌봐야 하니?"

"우리도 부탁한 적은 없는데."

아야코는 그렇게 할머니와 매일 부딪혔다고 쓴웃음을 지었다. 감정을 말로 꺼내지 않는 편인 아야코의 남동생은 홧김에 주먹으로 벽을 쳐서 구멍이 난 적도 있었다고 한다. 이런 말을 듣고 나는 비로소 날것 그대로의 마사코와 만난 것 같았다. 이중섭과도 때로는 이런 식으로 부딪혔겠지만 그 모든 것이 마사코에게는 이중섭과 함께 보낸 소중한 추억이었을 것이다.

역사에 이리저리 휘말리면서도 끝까지 사랑을 지켜낸 두 사람은 우리에게 행복한 삶이란 무엇인지 생각하게 한다. 글을 다 쓰고 난 후에도 이중섭의 작품이나 두 사람이 나눈 편지를 보면 나는 항상 마음이 충만해지는 느낌이었다. 한 사람이라도 더 많은 독자가 이 책을 통해 그런 따뜻함을 함께 느낄 수 있다면 다행이겠다.

5년에 가까운 취재는 결코 혼자 힘으로 이루어낼 수 없었다. 본문에서 여러 차례 인용한 『이중섭 평전』의 저자 최열 선생은 만날 때마다 여러 가지 조언뿐만 아니라 많은 자료와 이중섭의 작품 이미지를 제공해주었다. 이 책에 실린 작품과 이미지 자료 상당수는 최열 선생의 협조에 힘입은 것이다.

이중섭미술관의 학예사 전은자 선생은 두 차례 현지 취재에 동행해주며 틈틈이 조언을 해주기도 했다. 이들을 비롯한 한국미술계의 여러 분들을 소개해준 『조선일보』 김미리 기자께도 고마운 마음을 전하고 싶다. 저명한 근현대사 연구자인 서울시립대 명예교수 정재정 선생은 흔쾌히 시대 고증을 맡아주었다. 당시 신문기사 원본을 바로 보내준 각 한국 언론사 친구들의 도움도 컸다.

일본에서는 야마모토 마사코를 비롯하여 태성, 야마모토 집안의 대리인을 맡고 있는 쓰지모토 다카유키에게도 아낌없는 협력을 받았다. 코로나19 시국으로 인해 직접 만나지는 못했지만 손녀 야마모토 아야코에게도 이야기를 들을 수 있었다. 일일이 소개할 수는 없지만 한국과 일본의 각 방면에서 많은 분들이 글을 위해 힘을 보태주었다.

집필하는 내내 육아와 일을 병행하면서 글 쓸 시간을 확보하는 것이 가장 힘들었다. 자신감이 꺾일 때마다 버팀목이 되어준 마이니치신문사의 동료들, 가족, 그리고 참을성 있게 기다려 준 쇼가쿠칸의 편집자 가시와바라 고스케柏原航輔 편집자께도 진심으로 감사의 말씀을 전한다.

• 옮긴이의 글

　일본 유학을 떠나 얼마 지나지 않았을 무렵, 진보초 헌책방에서 논픽션 작가 사와치 히사에澤地久枝의 『화가의 아내들』画家の妻たち을 우연히 발견했다.* 일본 근대기 화가 두 명을 포함하여 피카소, 모네, 마티스, 모딜리아니 등 쟁쟁한 열아홉 명의 화가가 남긴 아내의 초상을 따라가며 삶과 예술의 질곡을 드라마틱하게 엮어낸 책이다.

　그날, 돌아가는 길은 일부러 문화학원 쪽으로 걸었다. 책에 등장하진 않았지만 우리가 챙길 '화가와 아내 목록'이 있다면 단연 첫 줄을 차지할 두 사람이 처음 만난 교정을 어쩐지 들러봐야 할 것 같았다. 번역을 하면서 알게 되었지만 진보초는 70여 년 전, 둘이 마지막으로 만났을 때 데이트를 했던 거리이기도 했다.

　길을 걸으면서 이중섭은 저들처럼 아내를 본격적인 단독상, 혹은 전형적인 초상화 형식으로 남기지는 않았구나, 그런 생각을 한 것도 같다. 그는 "최미最美, 최애最愛의 사람"이라 불렀던 이를 그저 초상화 프레임 속 경직된 모습으로 가둬두고 싶지는 않았으리라 추측해볼 따름이다.

　번역을 맡은 『이중섭, 그 사람』의 원서인 오누키 도모코의 『사랑을 그린 사람』愛を描いたひと은 한국의 '국민 화가'지만 일본에선 거의 무명에 가까운 이중섭을 소개한 첫 번째 단행본이다. 번역을 맡기 훨씬 전부터, 그러니까 이 책의

---

*　1993년 일본 문예춘추에서 나온 이 책이 몇 년 지나 '위대한 예술을 내조한 화가들의 아내 이야기'라는 부제를 달고 한국에서도 번역 출간되었다는 소식도 들었다(『화가의 아내』, 변은숙 옮김, 아트북스, 2006년. 현재 절판). '내조'라는 표현은 여러 가지 생각의 여지를 던진다. 이를테면 남성 화가와 여성 파트너를 말할 때는 빠지지 않고 등장하는 '뮤즈'와 같은 통념도 그렇다. 이 익숙하고 낭만적인 인식은 한편으론 '그리는 주체인 남편과 모델로서의 아내'라는 구도 아래 엄연한 비대칭성을 내재하고 있다. 더 섬세한 논의가 필요한 문제이지만 지면의 제약을 핑계 삼아 능력의 부족을 감춘다.

모태가 된 원고가 '쇼가쿠칸 논픽션 대상'을 받았다는 기사를 접했을 때, 이미 20년 가까이 지난 오래 전 기억이 떠오른 것은 그 때문이었다. 이제 일본에서도 이중섭의 이름을 아는 이가 많아지겠구나 싶은 반가운 마음도 컸다.

바다를 건너온 이 책이 이중섭이 높은 인지도를 가진 지금 이곳에서 어떤 의미로 읽히게 될까. 한국의 독자들에게 "마치 마사코 여사가 한국으로 건너와 이 가족이 재회한 것 같은 마음마저 들어 감회가 새롭다"고 전한 저자의 말에 덩달아 마음이 설레면서도 생기 없는 번역으로 누가 되지 않았을까 하는 조바심이 인다.

미술사를 공부하는 입장에서 보면 이중섭은 꽤 다루기 힘든 난제인 듯하다. 앞서 말한 대로 이른바 '국민 화가'라 불릴 정도의 압도적인 대중적 지명도와도 관련되겠지만 실상과 허상, 찬사와 비판으로 뒤섞인 화가의 삶과 작품 때문이다. "생애는 전설이 되었고 작품은 신화가 되었"던 까닭이다.*

저자 오누키 도모코가 이중섭과 야마모토 마사코에게 관심을 갖게 된 계기라고도 했던, 그의 탄생 100주년을 기념하여 2016년 국립현대미술관 덕수궁관에서 약 넉 달 동안 열린 전시회 제목은《이중섭, 백년의 신화》였다. 당시 몸담고 있던 한국근현대미술사학회에서 전시와 연계하여 기념 심포지엄 「이중섭 작가론, 어떻게 쓸 것인가」를 열었는데 나도 작게나마 준비의 한 부분을 맡게 되었다. 심포지엄의 부제는 '신화에서 역사로'였던 걸로 기억한다. 그러니 이미 이중섭과 한몸으로 엉겨 붙은 그의 '신화됨'을 국립미술관의 기념전은 공적으로 인정하고, 미술사학자는 그 강고함과 재차 마주하려는 시도와 고민으로도 보였다.

『이중섭, 그 사람』은 작품의 해석과 미술가의 평가를 제1의 목적으로 삼은 '작가론'은 아니다. 그렇다면 스스로를 미술에 대한 문외한이라 밝힌 저자는 이중섭을 우리 앞에 어떻게 데려왔을까. 베테랑 기자다운 치밀하고 성실한 취재

* 최열,『이중섭 평전』, 돌베개, 2014년, 5쪽.

가 뒷받침된 인터뷰 방식을 두고 굳이 '구술생애사'라는 방법론으로 한정하고 싶지는 않다.

　번역을 하면서 가장 인상적이었고 때때로 까다롭다고 생각한 것은 독특한 서술 태도였다. 원서에서 저자의 인용은 주된 인터뷰이 야마모토 마사코 여사의 육성뿐만 아니라, 그녀의 회상 속으로 거침없이 타고 들어가 예전 그녀가 애탔던 심정까지 문장 기호 없이 자유롭게 오간다. 이러한 서술은 이중섭과 간혹 그의 아들 태성으로까지 확장되기도 한다. 마사코의 마음속으로 쑥 들어갔다 빠져 나오는 방식이다. 어찌 보면 많다고는 할 수 없는 세 번의 인터뷰를 통해서도 이른바 라포rapport가 충분히 형성되었기에 가능했을 것이다. 번역 과정에서 애정 담은 농담조로 '빙의체'라고까지 이름 붙여보았던 그 '공감'의 문제와 태도에 점점 적응하고 나 역시 공감해 가면서 책의 주인공은 온전히 '그 사람, 마사코'로 조준되었던 것 같다.

　이 책은 정치·외교 문제를 필드로 삼은 기자가 한국의 서울 특파원으로 부임하여 아들을 데리고 워킹맘으로 일하던 당시에 알게 된 한일 부부의 이야기다. 우호와 갈등을 반복하지만, 아주 작은 계기에도 급속히 냉각되곤 하는 양국 관계의 최전선에 서 있던 그가 갑갑해 하던 때와도 겹친다. 본격적인 집필 시기는 코로나19로 양국의 왕래조차 힘들던 무렵이었다고 한다. 좀처럼 간단히 풀 수 없는 역사적 기억이 가로놓인 두 나라에서 '국경을 뛰어넘은 순수한 사랑과 우정'을 새기는 일은 말처럼 쉽지는 않았을 것이다. 저자가 그런 노력을 통해 일본에 이어 한국의 독자들께 건넨 이 책이 각자의 언어로 이 책과 마주한/마주할 한국과 일본의 독자들에게 그 의미를 떠올리는 작은 계기가 되기를 바란다.

　편집자로부터 '옮긴이의 글'은 조금 건조해도 좋으니, '왕년의' 미술사학자 입장에서 미술사적인 의미도 짚어줄 수 있겠느냐는 요청이 있었다. 기대를 채우지 못했고 글도 몹시 늦어지고 말았다. 물론 이 책은 새롭게 발굴된 자료가 소개되었다는 점에서 연구자의 눈길을 끌기에 충분하다. 이중섭이 마사코에게 보낸 미공개 편지뿐만 아니라 김인호, 김영환, 김향안(화가 김환기의 아내) 등 지인의 우정을 확인할 수 있는 서신, 서적 수입 사기 사건과 관련된 마영일의 편지까지 이중섭의 삶을 재구성할 흥미로운 자료로 가득하다. 하지만 더 이상 미술사적 언급을 이어가지 못하는 이유는 '그 사람, 이중섭과 야마모토 마사코' 가 뿜어내는 강렬한 정념과 그들에 대한 개인적인 기억 때문이겠다.

나는 이중섭 서간집을 세 가지 판본으로 가지고 있다. 제일 오래된 것이 어머니의 책장에 꽂혀 있던 첫 편지묶음인『그릴 수 없는 사랑의 빛깔까지도』 다.* 어린 시절 이 사람은 왜 부인을 남덕 '군'이라 부르는지 이상하다 생각하면서 책에 실린 신비롭고 천진한 그림을 한참 들여다 보곤 했다. 이중섭은 내가 알게 된 첫 한국 현대화가의 이름이었다. 그가 세상을 떠난 후 '이남덕'이 어떤 삶을 살았는지 무척 궁금해 하셨을 어머니는, 살아 계셨으면 이 책을 몹시 반기셨을 것 같다. 어머니와, 일 년 전 세상을 떠난 야마모토 마사코 여사의 평안과 안식을 빈다.

2023년 8월
최재혁

---

* 1980년 박재삼의 번역으로 한국문학사에서 출간되었다.

부록

- 이중섭과 야마모토 마사코 주요 연보
- 참고문헌

이중섭과 야마모토 마사코 주요 연보

이중섭 생전

1916년 9월 16일 평안남도 평원군에서 아버지 이희주, 어머니 안악이씨의 2남 1녀 중 막내로 이중섭 태어남.
1921년 10월 12일 모지에서 야마모토 마사코 출생, 곧 고베로 이주.
1923년 이중섭, 평양 공립종로보통학교 입학.
1929년 이중섭, 평양 제2고등보통학교 응시, 낙방. 야마모토 마사코, 아버지의 전근으로 모지로 이주.
1930년 이중섭, 평안북도 정주 오산고등보통학교 입학.
1932년 이중섭, 제3회 《전조선남녀학생작품 전람회》 회화 중등부 입선.
1933년 이중섭, 제4회 《전조선남녀학생작품 전람회》 회화 중등도화부 입선. 야마모토 마사코, 아버지의 전근으로 도쿄로 이주.
1935년 이중섭, 제6회 《전조선남녀학생작품 전람회》 회화 중등도화부 입선.
1936년 이중섭, 오산고등보통학교 졸업. 도쿄 제국미술학교 서양학과 입학. 정학 판정. 원산으로 귀향.
1937년 이중섭, 도쿄 제국미술학교 제명 처분. 도쿄 문화학원 입학.
1938년 이중섭, 제2회 《자유미술가협회전》 입선.
1939년 야마모토 마사코, 도쿄부립 제3고등여학교 졸업 후 문화학원 입학. 이중섭과 야마모토 마사코 교제 시작.
1940년 이중섭, 문화학원 졸업. 연구과 진학. 제4회 《자유미술가협회전》 입선. 자유미술가협회 미술창작가협회로 개명. 미술창작가협회 경성전 출품. 야마모토 마사코에게 엽서화 보내기 시작.
1941년 이중섭, 제1회 《조선신미술가협회 전람회》 출품. 제5회 《미술창작가협회 공모전》 입선. 미술창작가협회 회우 자격 획득. 야마모토 마사코 학교 그만둠. 이중섭이 야마모토 마사코에게 약 80여 점의 엽서화 보냄.
1942년 이중섭, 연구과 졸업. 제6회 《미술창작가협회전》 회우 자격 출품.
1943년 이중섭, 제7회 《미술창작가협회전》 회우 자격 출품. 제4회 조선예술상(태양상) 수상. 8월 원산으로 귀향.
1945년 4월 야마모토 마사코, 대한해협을 건너 경성을 거쳐 원산 도착. 5월 이중섭과 원산에서 결혼식. 이중섭, 조선미술건설본부 회원 가입. 원산미술협회 결성.

1946년 두 사람 사이에 첫째 아들 태어났으나 디프테리아로 7개월 만에 사망. 이중섭, 원산미술동맹 부위원장 취임. 평양에서 열린 제1회《해방기념종합전람회》출품. 10월 원산미술연구소 개소.
1948년 2월 9일 두 사람 사이에 아들 태현 탄생.
1949년 8월 16일 두 사람 사이에 아들 태성 탄생.
1950년 6월 25일 한국전쟁 발발. 11월 이중섭, 원산신미술가협회를 결성하고 초대 위원장 취임. 12월 이중섭과 야마모토 마사코가 두 아들과 함께 부산으로 피난.
1951년 1월 이중섭 가족, 제주도 서귀포로 이주. 12월 부산으로 다시 이주.
1952년 2월 19일 야마모토 마사코 부친 사망. 같은 달 이중섭, 종군화가단 가입. 제4회《대한미술협회전》,《종군화가미술전》출품. 6월 25일 야마모토 마사코와 태현, 태성 도쿄로 떠남. 이중섭, 월남미술인회 창립 참가, 대구와 부산에서 열린《월남화가 작품전》출품. 제1회《기조전》창립, 부산 창립전 출품.
1953년 이중섭, 3월 진해와 통영 여행. 4월 유강렬, 장윤성과 함께 3인전 개최. 5월 제3회《신사실파전》출품. 후배 마영일 서적 대금 사기 사건 발생. 7월 하순 선원 자격으로 일주일 일본 체류. 부산으로 돌아온 후 11월 통영으로 이주. 12월 통영에서 개인전.
1954년 이중섭, 통영에서 유강렬·장윤성·전혁림 등과 4인전, 유강렬·장욱진과 3인전, 김환기·남관·박고석·양달석·강신석 등과 6인전. 통영을 떠나 진주에서 한 달여 머물며 개인전 개최. 서울로 이주. 6월 제6회《대한미술협회전》출품. 7월 천일화랑 개관기념전《현대미술작가전》출품.
1955년 이중섭, 1월 18일 미도파 백화점의 미도파 회랑에서 개인전《이중섭 작품전》개최. 4월 대구에서 개인전《이중섭 작품전》개최. 대구 성가병원 입원. 8월 서울로 돌아온 뒤 수도육군병원 입원. 10월 성베드루 신경정신과병원 입원. 12월 퇴원.
1956년 이중섭, 6월 청량리뇌병원 입원. 7월 서울 서대문 적십자병원 입원. 퇴원 후 8월 말 다시 서대문 적십자병원 입원. 9월 6일 무연고자로 사망.

이중섭 사후

1956년 9월 11일 이중섭, 홍제동 화장터 화장. 서대문 봉원사 유골 봉안. 11월 망우리 묘소 안장.
1957년 9월 야마모토 마사코, 일본에 온 구상에게서 이중섭 유골 일부 전해 받음. 부산 밀크샵에서《화백 이중섭 유작전》개최.
1958년 이중섭, 문화훈장 추서.
1960년 부산 로타리다방에서《이중섭 유작전》개최.
1967년 한국미술협회에서 이중섭 화백 10주기 추도식.
1970년대 야마모토 마사코, 양품점 나오미에서 근무 시작. 아사히문화센터에서 한국어 강습 시작.
1972년 3월 20일 현대화랑에서 첫 대규모 회고전《15주기 기념 이중섭 작품전》개최. 전시 도록『이중섭 작품집』출간.

1973년 시인 고은, 이중섭에 관한 최초의 평전 『이중섭 그 예술과 생애』 출간.
1976년 야마모토 마사코, 이중섭 서거 20주년 추도식 참석 위해 귀향 후 첫 방한.
1978년 이중섭, 대한민국 건국 30주년 기념 은관문화훈장 추서. 야마모토 마사코, 수여식 참석.
1979년 4월 15일 서울 미도파백화점의 미도파화랑에서 대규모 유작전 《이중섭 작품전 미공개 200점》 전시회 개최. 전시 도록 『대향 이중섭』 출간.
1980년 이중섭과 마사코의 첫 서간집 『그릴 수 없는 사랑의 빛깔까지도』 출간.
1981년 이활, 『이중섭의 사랑과 예술』 출간.
1986년 호암갤러리에서 《30주기 특별기획전 이중섭》 전시 개최. 전시 도록 『30주기 특별 기획 이중섭전』 출간.
1988년 조선일보사, 이중섭 미술상 제정.
1995년 제주도 서귀포시에 화가 이중섭 표석 제막.
1996년 9월 제주도 서귀포시에서 이중섭기념관 개관 및 이중섭거리 지정. 1997년 제주도 서귀포시에서 이중섭 일가 거주했던 곳 매입 후 복원. 야마모토 마사코, 복원 기념식 참석.
1999년 '이 달의 문화인' 선정. 갤러리현대에서 《이중섭 특별전》 전시 개최. 전시 도록 『이중섭』 출간.
2000년 오광수, 『이중섭』 출간. 전인권, 『아름다운 사람 이중섭』 출간.
2002년 제주도 서귀포시에서 이중섭전시관 신축 개관.
2003년 서귀포시, 이중섭미술관 등록.
2000년대 초반 야마모토 마사코, 나오미 퇴직.
2005년 삼성미술관리움에서 《이중섭 드로잉, 그리움의 편린들》 전시회 개최. 전시 도록 『이중섭 드로잉, 그리움의 편린들』 출간. 한국에서 일어난 이중섭 위작 소동에 작은아들 태성 휘말림.
2012년 야마모토 마사코 이중섭미술관에 팔레트 기증.
2014년 최열, 『이중섭 평전』 출간.
2015년 현대어로 번역된 서간집 출판. 현대화랑에서 《이중섭의 사랑, 가족》 전시회 개최. 전시 도록 『이중섭의 사랑, 가족』 출간.
2016년 국립현대미술관에서 이중섭 탄생 100주년 기념 《이중섭, 백년의 신화》 전시 개최. 이중섭미술관 가족전 개회. 12월 큰아들 태현 사망.
2017년 7월 27일 대법원에서 위작 사건 관련자 유죄 확정.
2018년 3월 문화학원 폐교.
2019년 11월 작은아들 태성, 이중섭이 마사코 앞으로 보낸 미공개 서한 집에서 발견.
2020년 오누키 도모코(大貫智子), 일본에서 최초로 이중섭에 관한 글 『돌아오지 않는 강』(帰らざる河)으로 쇼가쿠칸(小学館) 논픽션 대상(大賞) 수상.
2021년 오누키 도모코, 일본에서 최초로 이중섭에 관한 책 『사랑을 그린 사람』(愛を描いたひと) 출간.
2022년 국립현대미술관에서 《MMCA 이건희컬렉션 특별전 이중섭》 전시회 개최. 8월 13일

야마모토 마사코, 사망.
2023년 8월 13일 오누키 도모코가 쓰고 최재혁이 옮긴 『이중섭, 그 사람』 출간. 최열, 『이중섭, 편지화』 출간.

참고문헌

• 외교·근현대사

연세대학교 국학연구원 편, 『일제의 식민지배와 일상생활』, 혜안, 2004.
이원덕·木宮正史他, 『한일관계사 1965—2015』, 역사공간, 2015.
정재정, 『철도와 근대 서울』, 국학자료원, 2018.
조세영, 『한일관계 50년, 갈등과 협력의 발자취』, 대한민국역사박물관, 2014.
하영선, 『역사 속의 젊은 그들』, 을유문화사, 2011.
허호준, 『4·3, 19470301-19540921, 기나긴 침묵 밖으로』, 혜화1117, 2023.

飯沼二郎·姜在彦編, 『植民地期朝鮮の社会と抵抗』, 未來社, 1982.
李元淳代表執筆, 『平壤三中 学窓の追遠史 朝鮮植民地時代末期の中学校の教育記録』, 君島和彦 監訳, 秋岡あや·野木香里·山口公一訳, 明石書店, 2010.
小此木政夫, 『朝鮮分断の起源 独立と統一の相克』, 慶應義塾大学出版会, 2018.
神谷不二, 『朝鮮戦争 米中対決の原形』, 中公文庫, 1990.
木宮正史, 『韓国 民主化と経済発展のダイナミズム』, ちくま新書, 2003.
金賛汀, 『関釜連絡船 海峡を渡った朝鮮人』, 朝日新聞社, 1988.
金東椿, 『朝鮮戦争の社会史 避難·占領·虐殺』, 金美恵·崔真碩·趙慶喜·鄭栄桓訳, 平凡社, 2008.
木村幹, 『韓国現代史 大統領たちの栄光と蹉跌』, 中公新書, 2008.
_____, 「総力戦体制期の朝鮮半島に関する一考察—人的動員を中心にして—」, 第1期日韓歴史共同研究報告書収録, 2005.
木村光彦, 『日本統治下の朝鮮 統計と実証研究は何を語るか』, 中公新書, 2018.
熊谷明泰編著, 『朝鮮総督府の「国語」政策資料』, 関西大学出版部, 2004.
早乙女勝元, 『炎のなかのリンゴの歌 東京大空襲·隅田川レクイエム』, 小学館, 1988.
三省堂旅行案内部編, 『朝鮮満州旅行案内』, 三省堂, 1936.
全国清津会, 「清津 平成25年」, 北斗書房, 2013.
高崎宗司, 『検証 日韓会談』, 岩波新書, 1996.
武内俊三編, 『ドキュメント東京大空襲』, 雄鶏社, 1968.
池東旭, 『韓国大統領列伝 権力者の栄華と転落』, 中公新書, 2002.
「済民日報」四·三取材班, 『済州島四·三事件 第一巻 朝鮮解放から四·三前夜まで』, 文京洙·金重明訳, 新幹社, 1994.

鄭在貞,「日帝下朝鮮における国家総力戦体制と朝鮮人の生活―「皇国臣民の錬成」を中心に―」,第1期日韓歴史共同研究報告書収録, 2005.
平井久志,『北朝鮮の指導体制と後継―金正日から金正恩へ―』,岩波書店, 2011.
平岩俊司,『北朝鮮―変貌を続ける独裁国家』,中央公論新社, 2013.
_____,『朝鮮民主主義人民共和国と中華人民共和国―「唇歯の関係」の構造と変容』,世織書房, 2010.
裵姶美編,『在日朝鮮人留学生資料1』,緑蔭書房, 2012.
芮珀寿·趙奎東,『韓国の動乱: 朝鮮戦史(戦史資料; 第63 号)』,陸上自衛隊幹部学校, 1959.
法務省入国管理局編,『出入国管理白書 出入国管理とその実態』, 1959.
宮本悟,「北朝鮮における建国と建軍―朝鮮人民軍の創設過程―」,神戸法學雜誌, 2001.
宮本正明,「戦前期の立教大学に留学した韓国人の回想―金允經·柳致眞」,立教学院史研究第13号 収録, 2016.
むくげの会編,『朝鮮 一九三〇年代研究』,三一書房, 1982.
森山茂徳,「植民地統治と朝鮮人の対応」,第1期日韓歴史共同研究報告書収録, 2005.
李鍾元·木宮正史·磯崎典世·浅羽祐樹,『戦後日韓関係史』,有斐閣, 2017.
劉浩一,『現代朝鮮の歴史―第二次世界大戦後の朝鮮―』,三一書房, 1953.
和田春樹,『朝鮮戦争全史』,岩波書店, 2002.

「海と空1(1)」,海洋文化協会, 1952.
『関釜連絡船史』,日本国有鉄道広島鉄道管理局, 1979.
『昭和五年 朝鮮國勢調査報告 全鮮編第一巻 結果表』,朝鮮総督府
『昭和史: 決定版 別巻1 日本植民地史: 満州·朝鮮·台湾』,毎日新聞社, 1985.
『朝鮮総督府国勢調査報告 第3 冊(外地国勢調査報告 第4 期)』, 2000.
『朝鮮鉄道旅行便覧』,朝鮮総督府, 1924.
『特集 京義線貫通と朝鮮半島』,アプロ21, 2000.
『日本地理大系 朝鮮篇』,改造社, 1930.
『別冊1 億人の昭和史 日本植民地史1 朝鮮』,毎日新聞社, 1978.

· 미술사
金智英,「戦前の大阪美術学校における朝鮮人留学生の実態と戦後の活動について―戦後の韓国の地方美術の発展に果たした役割を中心に―」,富士ゼロックス株式会社小林節太郎記念基金, 2016.
_____,「韓国の初期美術大学と東京美術学校―人的·制度的関連性(美術史 175 収録)」,美術史學會, 2013.
樋口とも子,「朝鮮戦争期·臨時首都釜山における美術活動研究」,福岡アジア都市研究所若手研究者研究活動助成報告書, 2007.

古川美佳,『韓国の民衆美術』, 岩波書店, 2018.
吉田千鶴子,『近代東アジア美術留学生の研究―東京美術学校留学生史料―』, ゆまに書房, 2009.

• 향토사
김봉옥,『증보 제주통사』, 세림, 2000.
김유정,『제주 돌담』, 대원사, 2015.
_____,『제주 해양 문화 읽기』, 가람과 뫼, 2017.
「Koreana 한국의 문화와 예술」, 한국국제교류재단, 가을호, 2015.
「Koreana 한국의 문화와 예술」, 한국국제교류재단, 가을호, 2016.

「広島市の100年」, 刊行委員会編,『目で見る広島市の100年』, 郷土出版社, 1997.
広島市文化財団広島市郷土資料館編,『平成29年度特別展 宇品港』, 広島市文化財団広島市郷土資料館, 2018.
藤沢市史編さん委員会編,『藤沢市史ブックレット1 回想の湘南 昭和史50選』, 藤沢市文書館, 2009.
みなと図書館編,『写された港区 三』, 港区立みなと図書館, 1983.
武蔵野市編,『武蔵野市百年史 記述編Ⅰ 明治22年~昭和22年』, 武蔵野市, 2001.

• 이중섭·문화학원 관련
고은,『이중섭 그 예술과 생애』, 민음사, 1973.
백영수,『성냥갑 속의 메시지』, 문학사상사, 2000.
이중섭,『그릴 수 없는 사랑의 빛깔까지도』, 한국문학사, 1980.
_____,『이중섭 편지』, 현실문화연구, 2015.
전은자,「이중섭의 서귀포 시대」, 제주대학교 탐라문화연구소, 2011.
전인권,『아름다운 사람 이중섭』, 문학과지성사, 2000.
최석태,『황소의 혼을 사로잡은 이중섭』, 현실문화연구, 2015.
최석태·최혜경,『이중섭의 사랑, 가족』, 디자인하우스, 2015.
최열,『이중섭 평전』, 돌베개, 2014.
허나영,『이중섭, 떠돌이 소의 꿈』, 아르테, 2016.

田中修司,「西村伊作の研究」, 東京大学審査学位論文, 1997.
西村伊作,『我に益あり 西村伊作自伝』, 紀元社, 1960.
橋本紀子,『男女共学制の史的研究』, 大月書店, 1992.
文化学院史編纂室,『愛と叛逆―文化学院の五十年―』, 文化学院出版部, 1971.
白榮洙,『茶房と画家と朝鮮戦争 ペク・ヨンス回想録』, 与那原恵監訳, 五十川潔訳, 白水社, 2020.

또한 한국에서 열린 이중섭 관련 전시회의 다수 도록과 '이중섭 작품 전작도록 사업단'이 정리한 전작도록을 참조했으며 일본에서 출간한 도록에서는 다음을 참조했다.

『日韓近代美術家のまなざしー『朝鮮』で描く』, 2015.
『世田谷美術館コレクション選集 村井正誠 あそびのアトリエ』, 世田谷美術館, 2020.

• 그외

石井妙子,『原節子の真実』, 新潮社, 2016.
井上雅人,『洋服と日本人 国民服というモード』, 廣済堂出版, 2001.
以玄,『1945, 鉄原』, 梁玉順訳, 影書房, 2018.
李炳注,『関釜連絡船 上·下』, 橋本智保訳, 藤原書店, 2017.
李英載,『帝国日本の朝鮮映画 植民地メランコリアと協力』, 三元社, 2013.
キムミヒョン責任編集,『韓国映画史 開化期から開花期まで』, 根本理恵訳, キネマ旬報社, 2010.
小泉和子編著,『洋裁の時代 日本人の衣服革命』, OM 出版, 2004.
鈴木信太郎訳,『ヴァレリー詩集』, 岩波書店, 1968.
平塩左右吉編,『婦人の向上 女學校卒業者の進むべき上級學校と選ぶべき職業全』, 帝國教育向上社, 1929.
堀川惠子,『原爆供養塔 忘れられた遺骨の70年』, 文藝春秋, 2015.
「家庭よみうり」, 読売新聞社出版局, 1952年8月11日号, 同8月21日号.
「キネマ旬報」, 1953年度ベストテン発表特別号.

덧붙여『조선일보』,『중앙일보』,『동아일보』,『경향신문』,『서울신문』,『부산일보』,『제민일보』등 한국의 신문이나『계간 미술』,『선데이서울』등 잡지 기사도 많이 참조했다. 인용시 출처를 밝혔다.

• 영상 자료

「아버지의 나라, 재일동포 청년들의 선택」, KBS, 2013.
「정전 60 년 기획 -63 년의 그리움, 내 딸 미요코」, KBS, 2013.

小津安二郎監督,「東京物語」, 1953.
酒井充子監督,「ふたつの祖国, ひとつの愛ーイ·ジュンソプの妻ー」, 2014.
宮崎駿企画·脚本, 宮崎吾朗監督,「コクリコ坂から」, 2011.
「おはサタ! 海峡を越えて芸術でつながる日韓」, NHK, 2016.
「北国の米(日本の米)」, 国際文化振興会, 1944년경.
「銃後の体育」, 国際文化振興会, 1943년경.
「日曜美術館 海峡を越えて 画家イ·ジュンソプと妻マサコ」, NHK, 2016.
「美の巨人たち」, テレビ東京, 2004.

◆ 미공개 자료

야마모토 가문에서 제공한 미공개 서한 가운데 본문에서 인용한 목록이다. 이중섭이 야마모토 마사코에게 보낸 편지에는 ★표시를 붙였으며, 본문에서 인용하지 않은 것도 목록에 포함했다.

- 1948년

3월 28일 : 야마모토 마사코가 어머니 도시코에게 보낸 편지.

- 1951년

12월 31일 : 김인호가 마사코의 아버지 야마모토 히로마사에게 보낸 편지.

- 1952년

1월 10일 : 김인호가 야마모토 히로마사에게 보낸 편지.
1월 17일 : 어머니 도시코가 마사코에게 보낸 편지.
2월 19일 : 마영일이 야마모토 히로마사에게 보낸 편지.
2월 25일 : 마사코가 도시코에게 보낸 편지.
4월 18일 : 마사코가 도시코에게 보낸 편지.
5월 29일 : 마사코가 도시코에게 보낸 편지.
6월 11일 : 마사코가 도시코에게 보낸 편지.
6월 말경 : 이중섭이 마사코에게 보낸 편지. ★
8월 5일 : 마영일이 도시코에게 보낸 편지.
8월 7일 : 김인호가 마사코에게 보낸 편지.
9월 3일 : 김인호가 마사코에게 보낸 편지.
9월 20일 : 마영일이 마사코에게 보낸 편지.
9월 22일 : 김향안이 마사코에게 보낸 편지.
11월 3일 : 김향안이 마사코에게 보낸 편지.

- 1953년

1월 19일 : 정규가 마사코에게 보낸 편지.
5월 2일 : 이중섭이 마사코에게 보낸 편지. ★
5월 5일 : 이중섭이 마사코에게 보낸 편지. ★
7월 18일 : 이재우가 마사코에게 보낸 편지.
7월 23일 : 김영환이 마사코에게 보낸 편지.
8월 8일 : 김영환이 이중섭에게 보낸 편지.
9월 1일 : 김안라가 마사코에게 보낸 편지.
10월 28일 : 김향안이 마사코에게 보낸 편지.

- 1954년

2월 11일 : 이중섭이 마사코에게 보낸 편지. ★

4월 2일 : 이중섭이 마사코에게 보낸 편지. ★
4월 12일 : 이중섭이 마사코에게 보낸 편지. ★
4월 23일 : 이중섭이 마사코에게 보낸 편지. ★
5월 24일 : 이중섭이 마사코에게 보낸 편지. ★
9월 29일 : 김영환이 마사코에게 보낸 편지.

- 1955년

1월 30일 : 김향안이 마사코에게 보낸 편지.
10월 4일 : 김광균이 마사코에게 보낸 편지.

이 책을 둘러싼 날들의 풍경

한 권의 책이 어디에서 비롯되고, 어떻게 만들어지며,
이후 어떻게 독자들과 이야기를 만들어가는가에 대한 편집자의 기록

2016년 6월. 마이니치신문사 서울 특파원 4년차를 보내고 있던 저자가 이중섭 화가의 탄생 100주년을 기념하여 국립현대미술관에서 열린 《이중섭, 백년의 신화》 전시를 관람하다. 이를 계기로 이중섭 화가에 대해 관심을 갖기 시작한 저자가 그해 9월 취재차 도쿄에 살고 있던 이중섭 화가의 아내 야마모토 마사코 여사와의 인터뷰를 진행하다. 그해 11월 6일 『마이니치신문』에 저자가 서울과 제주, 도쿄를 다니며 취재한 내용의 기사가 특집으로 한 면 전체에 걸쳐 게재되다.
2017년 2월. 저자가 부산시립미술관에서 열린 《이중섭, 백년의 신화》 전시를 관람하다.
2017년 5월 13일. 『마이니치신문』의 기사를 본 일본 쇼가쿠칸 출판사 편집자 가시와바라 고스케柏原航輔가 서울 롯데호텔 라운지에서 저자를 처음 만나 일본에서의 이중섭 화가의 평전 출간을 의논하다. 이후 제주, 부산, 통영, 서울, 도쿄 등 이중섭 화가의 족적을 좇는 저자의 여정이 시작되다. 편집자는 한국어판 출간에 앞서 저자에게 이후 취재의 과정을 요청하다. 그 내용은 다음과 같다.

> **2017년 8월.** 2016년 9월 제1차 인터뷰에 이어 두 번째로 야마모토 마사코 여사와 인터뷰하다. 10월. 서울 망우리 이중섭 화가의 묘소를 방문하다. 11월. 서울에서 이중섭 화가의 생애를 그린 연극 「길 떠나는 가족」을 관람하다. 2018년 1월. 부산의 이중섭 전망대를 방문하다. 2월. 서울 서대문 적십자병원을 취재하다. 3월. 통영을 방문하다. 9월. 서울 특파원 임기를 마치고 도쿄로 돌아간 뒤 옛 문화학원 건물을 방문하다. 2019년 1월. 제주도 서귀포 이중섭미술관을 두번째로 방문하다. 7월. 야마모토 마사코 여사와 세 번째로 인터뷰하다. 2020~2021년. 코로나19로 인해 비대면으로 이중섭 화가의 아들 이태성과 수시로 접속해 취재하다. 이밖에 마사코 여사의 손녀와 지인들과의 인터뷰를 진행하다. 2023년 3월. 서울에서 《MMCA이건희컬렉션 특별전 이중섭》 전시회를 관람하다. 6월. 도쿄에서 연극 「길 떠나는 가족」을 관람하다.

2020년. 저자가 가장 좋아하는 이중섭 화가의 작품 제목에서 가져온 『돌아오지 않는 강』帰らざる河이라는 제목으로 완성한 원고가 쇼가쿠칸 논픽션 대상大賞작으로 선정되다.
2021년 6월. 일본 쇼가쿠칸에서 이중섭 화가에 관한 최초의 평전으로 출간되다. 다만 제목은 일본에서 이중섭 화가를 아는 이들은 거의 없다고 해도 과언이 아닌 현실을 감안하여 그가 비운의 화가라는 사실을 좀 더 잘 전달하기 위해 『돌아오지 않는 강』이 아닌 『사랑을 그린 사람』愛を描いたひと으로 출간하다. 책의 출간 소식을 접한 편집자는 '혜화1117'을 시작하고 번역서는 진행하지 않고 있기는 하나, 그 대상이 이중섭 화가라는 점에서 번역 출간을 고려해보기로 하다. '혜화1117'의 저자이신 최열 선생과 처음 인연을 맺은 것이 2014년 『이중섭 평전』 때부터였으며, 이 책의 저자 역시 집필 과정에서 최열 선생의 이 책을 길잡이로 삼았다는 사실에 그 인연을 다시 혜화1117의 책으로 이어보고 싶은 마음이 일다. 그러나 우선 내용을 파악한 뒤 결정하기로 하고 책의 검토, 나아가 계약이 성사되었을 경우 번역자로 최재혁 선생을 떠올리다. 평소 그가 쓰고 옮긴 책을 읽기는 하였으나 일면식도 없는 선생에게 불쑥 메일을 보내 책의 검토를 의뢰하다. 초면의 제안이긴 했으나 '흔쾌

한' 회신을 받다. 대개 이런 내용의 메일을 주고 받을 때의 형식적이고 건조한 회신이 아닌 매우 다정하고 친근한 어조의 문장을 읽으며 편집자는 마음 한쪽에서 낯선 관계의 첫 순간에 갖게 마련인 경계의 벽이 무너지는 느낌을 받다. 달이 바뀌기 전 역시 다정하지만 꼼꼼한 검토서를 받아들고 출간을 해보기로 결정하다. 한국어판 출간을 희망한다는 의사를 일본 쿠온 에이전시에 전달하다. 이중섭 화가의 생몰일이 모두 9월이므로 가능하다면 2022년 9월 출간을 예정하다.

2022년 4월 6일. 몇 개월 동안 몇 차례의 메일을 주고 받은 끝에 일본 쪽과 한국어판 출간 계약을 마치다. 14일. 번역자 최재혁 선생께 번역을 정식으로 의뢰하다. 현실적으로 9월 출간은 어렵게 되었으니 차라리 2023년 9월 출간을 예정하다.

2022년 6월 8일. 최재혁 선생과 연립서가 박현정 대표 부부를 함께 만나다. 이 자리에 일본에서 유학한 경험이 있는 최재혁 선생 부부와 공통의 관심사가 있을 것으로 여겨 마침 한국을 방문 중인 로버트 파우저 선생을 함께 모시다. 모두 함께 혜화동 칼국수집에서 저녁을 먹고 혜화1117 작은 한옥 마당에서 유쾌하고 즐거운 여름 밤을 보내다. 이 책의 번역과 출간을 전후한 여러 계획을 중구난방으로 이야기하고, 나아가 작은 출판사를 꾸려나가는 일의 기쁨과 슬픔에 대해서도 경계 없이 토로하다.

2022년 8월 13일. 이중섭 화가의 부인 야마모토 마사코 여사가 세상을 떠나다. 한국어판을 보여드리고 싶었던 편집자로서는 뜻밖의 비보에 애도와 함께 안타까움을 금치 못하다. 2023년 9월이 아닌 8월 13일, 1주기에 맞춰 출간을 예정하다. 이에 번역자 최재혁 선생도 적극적으로 동의하다.

2023년 2월. 2022년 연말부터 최재혁 선생으로부터 번역 원고가 들어오기 시작하다. 책에 인용한 원문의 대조를 위해 여러 문헌을 찾아 도서관 등을 전전하며 찾아낸 수정사항 등이 꼼꼼하게 반영된 여러 버전의 원고가 편집자의 폴더에 쌓이다.

2023년 3월 21일. 저자 오누키 도모코 선생이 서울을 방문하다. 책 집필 중 도움을 받은 인연으로 최열 선생과 만나기로 한 자리에 편집자도 동석하다. 최열 선생과 오누키 도모코 선생과 함께 셋이서 2022년 8월부터 열리고 있던 국립현대미술관의 《MMCA 이건희컬렉션 특별전 이중섭》 전시를 관람하고, 이중섭이 한때 살던 서촌 누상동 인근에서 점심을 먹고 차를 마시며 오후를 함께 하다. 이 날 오누키 도모코 선생으로부터 책을 집필하는 동안 최열 선생께 줄곧 도움을 많이 받았다는 것, 선생의 책 『이중섭 평전』을 거의 교과서처럼 의지했다는 이야기를 전해 듣다. 이 날 최열 선생이 이중섭의 편지화를 주제로 집필 중인 새 책과의 동시 출간 계획을 의논하고, 책의 제목 및 표지에 사용할 그림을 협의하다. 3월 29일 디자이너 김명선에게 디자인 의뢰서를 보내다.

2023년 5월 2일. 1차 레이아웃 시안을 입수하다. 편집자의 의견을 보태 수정을 거쳐 일본 및 번역자에게도 전달하다. 한편으로 8월 출간을 앞두고 책을 널리 알릴 수 있는 방법을 찾기 시작하다. 관심을 보일 법한 기관 및 단체 등에 출간 예정 소식을 전하다.

2023년 6월. 화면초교 및 본문 구성 요소를 모두 정리한 조판용 데이터를 디자이너에게 보내다. 저자의 원고가 워낙 탄탄하고 한국어로 번역하는 과정에서 문장이 거의 정리되었으며 이미 원서를 통해 구성 요소가 정해져 있던 까닭에 이후의 과정은 비교적 순조롭게 진행이 되다. 초교 및 재교를 진행하며 표지 디자인을 확정하고, 이를 일본의 에이전시를 통해 원서의 출판사와 저자, 번역자 등의 확인을 받는 과정 등이 동시다발적으로 이어지다.
2023년 7월 16일. 도쿄의 저자와 한국의 편집자가 일요일 저녁 8시에 줌을 통해 만나 새벽 3시 가까이까지 본문의 모든 페이지의 교정 및 수정사항을 점검하다. 분명히 일본에서 출간한 책의 한국어판을 만들고 있었으나 작업의 과정은 그동안 만들어온 국내서의 저자와 작업할 때와 전혀 다르지 않게 진행되다. 저자는 한국어의 매우 미묘한 어감 및 의미까지 파악하여 한국의 독자들에게 자신이 전하려는 바를 최대한 정확하게 표현하는 데 집중하였고, 이 과정에서 편집자는 함께 작업하고 있는 저자가 한국어를 성인이 되어 학습한 외국인이라는 사실을 내내, 전혀 의식하지 못하다. 이후 교정의 단계에서 저자와 이메일, 카카오톡, 보이스톡 등으로 수시로 확인 및 의견의 교환을 거치다. 편집자는 문득 이 책의 첫 순간에 서 있던 편집자이자 이중섭 화가에 대해 서로 다른 나라에서 같은 책을 만든 그의 소회를 기록으로 남기고 싶어지다. 저자를 통해 그에게서 받은 소회를 원문과 함께 여기에 남기다. 특별히 '돌아간' 부분에 방점을 찍어달라고 요청해온 그의 메모를 존중하여 아래 표시하다.

"서울 특파원이었던 오누키 씨와 첫 만남은 2017년 5월 13일, 롯데호텔 라운지에서였습니다. 그보다 조금 앞서 그녀가 『마이니치신문』 특집 기사로 쓴 이중섭과 마사코의 글에 감명을 받았던 제가 연이 닿는 지인의 도움으로 성사된 약속이었습니다. 어느덧 6년 가까이 지났네요. 일본에서 먼저 출판된 이 책이 번역되어 한국 땅으로 돌아간 것이 무척이나 감개무량합니다."_쇼가쿠칸 편집자 가시와바라 고스케
('돌아간'에 가능하면 강조하는 의미로 방점을 찍어주세요. 한국어에 그런 문화가 없다면 생략해도 괜찮습니다.)

"ソウル特派員だった大貫さんにはじめてお目にかかったのは2017年5月13日、ロッテホテルのラウンジのこと。その少し前、イ・ジュンソプさんと方子さんについて彼女が書いた毎日新聞の特集に感銘を受け、知り合いのツテをたどって手繰り寄せたアポイントでした。それから6年余り。まず日本で出版された本書が、翻訳版として韓国の地に帰っていくことが、非常に感慨深いです。"_小学館 編集者 柏原航輔
('帰っていく'に、可能なら強調の傍点振ってください。ハングルでそういう文化がないなら、なしでもよいです。)

2023년 7월. 미술사학자 최열 선생께 전체적인 검토를 요청하다. 살펴주신 덕분에 몇몇 부분의 오류를 바로잡다. 번역자의 최종 검토를 마치다. 번역자의 '옮긴이의 글'이 들어오다. 23일. 도쿄의 저자와 서울의 편집자가 일요일 저녁 8시에 줌을 통해 다시 만나 최종 교정사항을 점검하고 보완, 확인, 수정하다. 자정을 넘길 것으로 예상했으나 예상보다 일찍 마무리하다. 저자와의 줌 미팅을 마

친 뒤 편집자는 문득 이 책의 처음 시작부터 이 순간까지의 과정을 홀로 돌아보다. 2016년, 낯선 나라의 낯선 이름의 화가와 처음 만난 저자의 그 순간, 그 순간이 만들어낸 특집 기사, 그 기사를 통해 한국의 낯선 이름의 화가에 관한 책을 기획한 일본인 편집자의 그 순간, 두 사람의 만남, 그로 인해 확장된 헤아릴 수 없는 많은 이들과의 인연, 일본에서의 출간, 그리고 다시 한국에서 출간으로 이어지는 이 순간들이 겹겹이 쌓여 오늘에 이르렀음을 문득 깨닫다. 나아가 이 책의 한국어판 출간을 위해 애써준 쿠온 에이전시의 김승복 대표와 담당자 이토 아키에伊藤明惠의 마음을 떠올리다. 우리 모두는 직업인으로서 '주어진 일'을 하고 있으나 우리 모두는 '주어진 일 그 너머의 무엇'을 위해 일하고 있다는 생각을 하다. 책의 세계에서 같은 방향을 바라보고 있는 이들의 존재에 대해 새삼 생각하다. 24일. 마감을 예정하였으나 하루 지체되다. 25일. 모든 작업을 마무리하다. 제작처 및 물류의 여름휴가 일정을 고려하여 무리가 없도록 제작을 맡고 있는 제이오 쪽과 사전에 협의하다. 표지 및 본문 디자인은 김명선이, 제작 관리는 제이오에서 (인쇄 : 민언 프린텍, 제본 : 다온바인텍, 용지 : 표지 아르떼 순백색210그램, 화보 클라우드80그램, 본문-클라우드70그램, 면지 -화인페이퍼 110그램), 기획 및 편집은 이현화가 맡다.

2023년 8월 3일. 혜화1117의 스물세 번째 책이자 첫 번째 번역서인 『이중섭, 그 사람-그리움 너머 역사가 된 이름』이 출간되다. 그러나 판권일은 이중섭 화가의 아내 야마모토 마사코 여사를 기리기 위해 그녀가 세상을 떠난 8월 13일로 표시하다. 애도를 표하기 위하여 책에는 이중섭 화가와 야마모토 마사코 여사의 젊은 날의 사진을 싣다.

2023년 8월 8일. 출간일에 맞춰 일본에 거주하고 있는 저자가 한국을 방문하다. 저자의 숙소에서 기다리던 편집자가 체크인을 마친 저자와 함께 곧바로 인터뷰를 위해 『중앙일보』 사옥으로 향하다. 문화부 권근영 기자와 인터뷰하다. 『연합뉴스』에 '이중섭과 그를 가장 그리워한 사람, 그리고 편지화에 담은 마음'이라는 제목의 기사가 실리다. 『뉴시스』에 "이중섭의 뮤즈" 야마모토 1주기…편지화·평전 나란히 출간'이라는 제목의 기사가 실리다. 『제주일보』에 '편지에 담긴 이중섭 부부의 애틋한 사랑'이라는 제목의 기사가 실리다.

2023년 8월 9일. 이른 아침 『이중섭, 편지화』의 저자 최열 선생, 저자, 편집자가 인터뷰를 위해 『한국일보』 사옥에서 만나다. 문화부 이혜미 기자와 인터뷰하다. 인터뷰를 마친 뒤 이어지는 인터뷰를 위해 모두 함께 곧장 『조선일보』 사옥으로 이동하다. 문화부 곽아름 기자와 인터뷰하다. 『중앙일보』에 '부부로 7년, 70년은 홀로 버텼다…이중섭 향한 그녀의 연가'라는 제목으로 저자의 인터뷰 기사가 실리다. 『매일경제』에 '이중섭을 읽는 두 가지 시선'이라는 제목의 기사가 실리다.

2023년 8월 10일. 이른 아침 『이중섭, 편지화』의 저자 최열 선생, 저자, 편집자가 인터뷰를 위해 『동아일보』 사옥에서 만나다. 문화부 김민 기자와 인터뷰하다. 인터뷰를 마친 뒤 세 사람은 부암동 자하손만두에서 점심 식사를 하고 클럽에스프레소에서 커피를 마시며 비로소 한숨을 돌리다. 그날 저녁 종로문화재단 청운문학도서관의 저자 강연 준비를 위해 저자는 숙소로 향하다. 저녁 7시 30분으로 예정되어 있던 저자 강연은 태풍 카눈으로 인한 기상악화로 대면 강연에서 비대면 병행으로, 다시 전면 비대면 강연으로 순차적으로 변경 진행되다. 뜻밖에 저자는 숙소에서 줌을 통해 한국의 독자들을 만나는 것으로 출간 후 첫 행사를 치르다. 『중앙일보』에 '이중섭 절절한 그림편지, 그의 일본인 아내가 궁금해졌다'라는 제목의 기사가 다시 실리다. 『서울신문』에 '익숙하지만 제대로 본 적 있나요, 이중섭의 또다른 예술, 편지화'라는 제목의 기사가 실리다. 『국민일보』에 '이중섭 부인 마사코 여사에게 헌정된 두 권의 책'이라는 제목의 기사가 실리다.

2023년 8월 11일. 『한국일보』에 '한국인이 가장 사랑하는 화가 이중섭을 그동안 우리는 절반만 알았다'라는 제목으로 최열 선생과 저자의 인터뷰 기사가 실리다. 『서울신문』에 '편지화에 담은 아빠 이중섭의 애틋한 사랑'이라는 제목의 기사가 실리다. 『한겨레』에 '이중섭의 가족 향한 그리움 담은 편지그림'이라는 제목의 기사가 실리다. 『문화일보』에 '사랑꾼 이중섭…'최애'에 대한 애정으로 빚은 작품세계'라는 제목의 기사가 실리다. 『경향신문』에 '애끓는 편지화…예술가·남편·아버지로 다시 보는 국민화가 이중섭'이라는 제목의 기사가 실리다. 『서울경제』에 '국민화가의 애절한 그림편지, 예술이 되다'라는 제목의 기사가 실리다.

2023년 8월 12일. 거의 '연예인급 일정'이라는 우스갯소리를 나눌 만큼 빽빽한 일정을 마치고 저자가 일본으로 돌아가다. 『조선일보』에 '7년 함께 살고, 70년을 홀로 남편 그리워한 이중섭의 최애'라는 제목으로 최열 선생과 저자의 인터뷰 기사가 실리다.

2023년 8월 13일. 『한겨레21』에 관련 기사가 실리다.

2023년 8월 15일. 『조선일보』 북클럽에 '기다리고 그리워하는 행복'이라는 제목의 글에 이 책이 언급되다.

2023년 8월 18일. 『동아일보』에 '아내가 밝힌, 편지글로 남긴… 우리가 몰랐던 이중섭'이라는 제목으로 최열 선생과 저자의 인터뷰 기사가 실리다.

2023년 8월 19일. 『동아일보』에서 발행하는 뉴스레터 '영감 한 스푼'에 '이중섭의 아내를 만난 일본의 신문기자'라는 제목으로 저자 인터뷰 기사가 실리다. 출간 후 한국 주요 언론에서 뜨거운 관심을 보이는 것을 본 저자는 이중섭 화가가 한국에서 얼마나 사랑 받는 존재인가에 대해 새삼 실감하다.

2023년 8월 28일. 초판 2쇄본을 출간하다. 초판 2쇄본 출간 시점에 정해진 주요 일정을 미리 밝혀두다.

2023년 9월 7일. 제주도서관에서 저자의 강연이 예정되다. 같은 날 제주 보배책방에서 저자의 강연이 예정되다.

2023년 10월 14일. 서울 최인아책방의 9월 북클럽 도서 선정과 연계하여 최인아책방 선릉점에서 저자의 강연이 예정되다. 이후의 기록은 3쇄 이후 추가하기로 하다.

———————— 책 중심 문화공간　11 17 혜화

옛 그림으로 본 서울 - 서울을 그린 거의 모든 그림
최열 지음 · 올컬러 · 436쪽 · 값 37,000원

"모처럼 좋은 책을 한 권 읽었습니다. 평생 한국 미술사에 매달려온 미술사학자 최열 선생의 『옛 그림으로 본 서울』, 125점의 조선시대 그림이 최고의 해설과 함께 수록되어 있으니, 저자로서도 출판사로서도 역작이라고 할 만합니다." _ 문재인, 대한민국 제19대 대통령 SNS에서

옛 그림으로 본 제주 - 제주를 그린 거의 모든 그림
최열 지음 · 올컬러 · 480쪽 · 값 38,500원

제주에 관한 현전하는 거의 모든 그림의 집결, 미술사학자 최열의 안목의 집성! 조선의 변방, 육지와는 다른 풍광과 풍속의 제주, 그곳의 그림을 바탕으로 풀어낸 풍경과 사람과 문자향의 향연. 출간 전 바로 그곳, 제주의 독자들로부터 뜨겁게 환영 받은 책.

조선시대 사가기록화, 옛 그림에 담긴 조선 양반가의 특별한 순간들
박정혜 지음 · 누드사철양장제본 · 올컬러 · 712쪽 · 값 59,000원

한국 미술사 최고 권위자 박정혜 선생의 30여 년 탐구의 집성, 그림으로 기록한 조선 시대 일상 문화, 그 문화를 이끈 문화 지형도! 휘갑 잔치, 결혼 60주년 기념 혼례식, 봉기봉창 노임, 관직의 이력, 가문의 온갖 영광, 조상의 업적, 평생도에 담긴 양반의 일생……조선시대 그림 속에 펼쳐지는 조선 양반가의 생생한 일상 풍경, 그동안 외부에 거의 공개되지 않던 국내외 소장품 대거 수록!

동아시아 미술, 젠더Gender로 읽다 - 한중일 여성을 생각하는 11개의 시선
고연희 엮음 · 유미나, 고연희, 지민경, 유순영, 유재빈, 이정은, 조인수, 서윤정, 김수진, 김소연, 김지혜 지음
올컬러 · 456쪽 · 값 40,000원

젠더Gender 라는 화두를 들고 21세기에서 출발, 예술의 시대와 지역, 매체를 타임슬립! 거침없이 자유롭게 전복적으로! 하나의 시대, 고정된 지역, 일정한 매체의 좁고 깊은 세계를 건너, 광폭의 합종연횡을 통해 마침내 획득한 예술의 새로운 독법! 한중일 여성을 바라보는 11개의 시선,
대한한국 미술사의 중추, 11명 저자들의 빛나는 연대의 결과,
이들이 따로 또 같이 만들어낸 새로운 성취!

미술사 입문자를 위한 대화
- 미술사란 무엇이며, 어떻게 읽고 보아야 하는가에 관한 후배의 질문 선배의 생각
최열, 홍지석 지음 · 300쪽 · 값 18,000원

미술사 기본 정보에서부터 우리 미술사의 지난 100년을 주제로 평생 한국미술사에 헌신해 온 미술사학자 최열과 소장학자 홍지석이 나눈 미술사에 관한 매우 입체적이고 종합적인 대화.

화가 하인두 - 한국 추상미술의 큰 자취
김경연, 신수경 지음 · 올컬러 · 372쪽 · 값 23,000원

전후 한국 화단에 추상미술을 들여놓은, 한국 추상미술의 큰 자취, 화가 하인두 최초의 평전. 약 6년여에 걸쳐 집성한 그의 일대기, 한국 현대미술사의 의미 있는 기록의 탄생.

외국어 전파담 [개정판] - 외국어는 어디에서 어디로, 누구에게 어떻게 전해졌는가
로버트 파우저 지음 · 올컬러 · 392쪽 · 값 23,000원

미국인이자 전 서울대 교수인 저자가 언어학자로서 고찰해온 언어 전파역사 탐구의 기록. 독특한 주제, 다양한 도판 등으로 2018년 출간 후 독자들의 뜨거운 관심을 받았다. 코로나 19 이후의 변화를 담아 개정판을 출간했다.

외국어 학습담 - 외국어 학습에 관한 언어 순례자 로버트 파우저의 경험과 생각
로버트 파우저 지음 · 올컬러 · 336쪽 · 값 18,500원

"영어가 모어인 저자가 다양한 외국어의 세계를 누비며 겪은 바는 물론 언어학자이자 교사로서의 경험을 담은 책. 나이가 많으면 외국어를 배우기 어렵다는 기존 통념을 비틀고, 최상위 포식자로 군림하는 영어 중심 학습 생태계에 따끔한 일침을 놓는다. 나아가 미국에서 태어난 백인 남성이라는 자신의 위치에 대한 비판적인 인식은 특히 눈길을 끈다."
_ 김성우, 응용언어학자, 『단단한 영어 공부』, 『유튜브는 책을 집어삼킬 것인가』 저자

* 2021년 교보문고 9월 '이 달의 책'   * 일본어판 번역 출간 예정   *2022 세종도서 교양부문 선정 도서

호텔에 관한 거의 모든 것 - 보이는 것부터 보이지 않는 곳까지
한이경 지음 · 올컬러 · 348쪽 · 18,500원

미국 미시간대와 하버드대에서 건축을, USC에서 부동산개발을 공부한 뒤 약 20여 년 동안 해외 호텔업계에서 활약한, 현재 메리어트 호텔 한국 총괄PM 한이경이 공개하는 호텔의 A To Z. 호텔 역사부터 미래 기술 현황까지, 복도 카펫부터 화장실 조명까지, 우리가 궁금한 호텔의 모든 것!

4·3, 19470301-19540921 - 기나긴 침묵 밖으로
허호준 지음 · 양장제본 · 컬러 화보 수록 · 양장본 · 400쪽 · 값 23,000원

"30년간 4·3을 취재해 온 저자가 기록한 진실. 1947년 3월 1일부터 1954년 9월 21일까지 제주에서 일어난 국가의 시민 학살 전모로부터 시대적 배경과 세계사와 현대 한국사에서의 4·3의 의미까지 총체적인 진실을 드러내는 책.
건조한 문체는 이 비극을 더 날카롭게 진술하고, 핵심을 놓치지 않는 문장들은 독서의 몰입을 도와 어느새 4·3에 대한 통합적인 이해가 자리 잡힌다. 이제 이 빼곡하게 준비된 진실을 각자의 마음에 붙잡는 일만 남았다. 희망 편에 선 이들이 만들 수 있는 가장 큰 힘이다."
_ 알라딘 '편집장의 선택' 중에서

* 대만판 번역 출간 예정

경성 백화점 상품 박물지 - 백 년 전 「데파-트」 각 층별 물품 내력과 근대의 풍경
최지혜 지음 · 올컬러 · 656쪽 · 값 35,000원

백 년 전 상업계의 일대 복음, 근대 문명의 최전선, 백화점! 그때 그 시절 경성 백화점 1층부터 5층까지 각 층에서 팔았던 온갖 판매품을 통해 마주하는 그 시대의 풍경!

딜쿠샤, 경성 살던 서양인의 옛집 - 근대 주택 실내 재현의 과정과 그 살림살이들의 내력
최지혜 지음 · 올컬러 · 320쪽 · 값 18,000원

백 년 전, 경성 살던 서양인 부부의 붉은 벽돌집, 딜쿠샤! 백 년 후 오늘, 완벽 재현된 살림살이를 통해 들여다보는 그때 그시절 일상생활, 책을 통해 만나는 온갖 살림살이들의 사소하지만 흥미로운 문화 박물지!

백 년 전 영국, 조선을 만나다 - '그들'의 세계에서 찾은 조선의 흔적
홍지혜 지음 · 올컬러 · 348쪽 · 값 22,000원

19세기말, 20세기 초 영국을 비롯한 서양인들은 조선과 조선의 물건들을 어떻게 만나고 어떻게 여겨왔을까. 그들에게 조선의 물건들을 건넨 이들은 누구이며 그들에게 조선은, 조선의 물건들은 어떤 의미였을까. 서양인의 손에 의해 바다를 건넌 달항아리 한 점을 시작으로 그들에게 전해진 우리 문화의 그때 그 모습.

동네책방 생존탐구 - 출판평론가 한미화의 동네책방 어제오늘 관찰기+지속가능 염원기
한미화 지음 · 272쪽 · 값 15,000원

"책방을 꿈꾸거나 오래 하고 싶은 이들에게 시의적절한 책! 동네책방을 사랑하는 분들께 20여 년 넘게 책 생태계를 지켜본 저자의 애정과 공력 가득한 이 책의 일독을 권한다."
_ 김기중, 삼일문고 대표

* 한국출판문화산업진흥원 2020년 '10월의 추천도서' * 대한출판문화협회 2020년 '한국도서해외전파사업 기증 도서'
* 일본어판 번역 출간

나의 집이 되어가는 중입니다 - 1936년 지어진, 작은 한옥 수선기
황우섭 사진, 이현욱 글 · 올컬러 · 256쪽 · 값 16,000원

"어떤 집을 지을까보다 어떻게 살까를 고민한 흔적의 기록, 재료의 살갗이 살아 숨쉬는 듯한 사진, 이 시대에 맞는 한옥 한 채의 탄생" _ 김동욱, 경기대 명예교수
"아름다운 한옥 한 채, 기억과 기록으로 집을 삼다" _ 황두진, 건축가

* EBS '건축탐구 집-도시한옥의 진화', '지식채널e - 내가 만든 우주' 방영

우리가 사랑한 소녀들 - 캔디부터 삐삐까지, 다시 만난 '어린 나'의 그녀들
최현미, 노신회 지음 · 올컬러 · 324쪽 · 값 16,500원

"소녀 시절이 내게도 있었나 싶을 때 어린 시절 동경했던 그녀들을 다시 만나는 기쁨을 누리게 하는 책." _ 한미화, 출판칼럼니스트

"어린 시절 만난 최고의 여성 캐릭터에게 바치는 팬레터! 여성이라는 약속을 따라 우리가 오래전부터 연대했음을 알게 하는 책" _ 김지은, 아동문학평론가

이중섭, 그 사람

2023년 8월 13일 초판 1쇄 발행
2023년 8월 28일 초판 2쇄 발행

지은이 오누키 도모코
옮긴이 최재혁
펴낸이 이현화

펴낸곳 혜화1117 **출판등록** 2018년 4월 5일 제2018-000042호
주소 (03068)서울시 종로구 혜화로11가길 17(명륜1가)
전화 02 733 9276 **팩스** 02 6280 9276 **전자우편** ehyehwa1117@gmail.com
블로그 blog.naver.com/hyehwa11-17 **페이스북** /ehyehwa1117 **인스타그램** /hyehwa1117

ISBN 979-11-91133-12-7 03600

이 책에 실린 모든 내용의 무단 전재와 복제를 금합니다. 이 책의 전부 또는 일부를 재사용하려면
반드시 서면을 통해 저자와 출판사 양측의 동의를 받아야 합니다.

책값은 뒤표지에 있습니다.

잘못된 책은 구입하신 곳에서 바꿀 수 있습니다.

No part of this book may be reprinted or reproduced without permission in writing from the publishers.
Publishers : HYEHWA1117 11-gagil 17, Hyehwa-ro, Jongno-gu, Seoul, 03068, Republic of Korea.
Email. ehyehwa1117@gmail.com